中国法学会研究会支持计划
最高人民法院审判理论研究会主持

中国法院类案检索与
裁判规则专项研究

海上货物运输合同纠纷案件裁判规则

王淑梅 主编

法律出版社
LAW PRESS · CHINA

最高人民法院审判理论研究会
类案同判专项研究首席专家组组长
曹士兵

首席专家组成员（以姓氏笔画为序）：

丁文严　王保森　王　锐　王毓莹　牛　凯　代秋影
包献荣　刘俊海　李玉萍　李　明　杨　奕　吴光荣
沈红雨　宋建宝　张勇健　陈　敏　范明志　胡田野
钟　莉　俞秋玮　姜俊禄　唐亚南　曹守晔　韩德强
黎章辉

海上货物运输合同纠纷案件裁判规则

主　编：王淑梅
副主编：许俊强
专家组（以姓氏笔画为序）：

邓金刚　许俊强　李　越　宋建宝　张珠围
陈　耀　林　倩　周诚友　俞建林　姜昭琪
蔡福军

中国法院类案检索与裁判规则专项研究说明

最高人民法院“五五改革纲要”提出“完善类案和新类型案件强制检索报告工作机制”，周强首席大法官提出法官办案应当进行案件检索。为配合司法体制综合配套改革，落实周强首席大法官的指示要求，循序推进人民法院类案同判工作，中国应用法学研究所组织了最高人民法院审判理论研究会及其下设18个专业委员会的力量，开展中国法院类案索引与类判规则专项研究，并循序推出类案索引和裁判规则研究成果。

最高人民法院审判理论研究会及其分会的研究力量主要有最高人民法院法官和地方各级人民法院法官、国家法官学院和大专院校专家教授、国家部委与相关行业的专业人士，这些研究力量具有广泛的代表性，构成了专项研究力量的主体。与此同时，为体现法为公器，应当为全社会所认识，并利用优秀的社会专业人士贡献智慧力量，专项研究中也有律师、企业法务参加，为专项研究提供经验与智慧，并参与和见证法律适用的过程。以上研究力量按照专业特长组成若干研究团队开展专项研究，坚持同行同专业同平台研究的基本原则。

专项研究团队借助大数据检索平台，形成同类案件大数据报告，为使用者提供同类案件裁判全景；从检索到的海量类案中，挑选可索引的、优秀的例案，为使用者提供法律适用参考，增加裁判信心，提高裁判公信；从例案中提炼出同类案件的裁判规则，分析裁判规则提要，提供给使用者参考。从司法改革追求的目标看，此项工作能够帮助法官从浩如烟海的同类案件中便捷找到裁判思路清晰、裁判法理透彻的好判决（即例案），帮助法官直接参考，从这些好判决中提炼、固化裁判规则。如此，方能帮助法官在繁忙工作中实现类案同判。法院类案索引与类判规则专项研究，致力于统一法律适用，实现法院依法独立行使审判权与法官依法独立行使裁判权的统一。这也正是应用法学研究的应有之义。

专项研究的成果体现为电子数据和出版物（每年视法律适用的发展增减），内容庞大，需要大量优秀专业人力长期投入。有关法院裁判案件与裁判内容检索的人工智能并不复杂，算法也比较简单，关键在于“人工”，在于要组织投入大量优秀的“人工”建设优质的检索内容。专项研究团队中的专家学者将自己宝贵的时间、智力投入到“人工”建设优质内容的工作中，不仅需要为统一我国法律适用、提升裁判公信力作出贡献的情怀，还需要强烈的历史感、责任感，具备科学的体系思维和强大的理性能力。此次专项研究持续得越久，越能向社会传达更加成熟的司法理性，社会也越能感受到蕴含在优质司法中的理性力量。

愿我们砥砺前行。

曹士兵

二〇一九年五月十六日

前　言

“完善统一法律适用机制”，实现类案同判，是《人民法院第五个五年改革纲要（2019—2023）》确定的主要任务之一。法律是统一的，但法律概念是抽象的，法官的知识背景、生活经验等也存在地区及个体的差异，由此导致对法律理解的不同、法律适用的差异、个体差异，甚至发生类案不同判的现象。开展类案检索和裁判规则研究，提供同类案件的全景式裁判、提炼相应的裁判规则，对司法决策者而言，有利于及时发现各地重复出现的法律适用问题、当下存在的法律适用争议抑或新类型的法律纠纷，汇聚各地司法实践经验，从而为自上而下统一法律适用提供实践依据和智力支持。对司法裁判者而言，通过类案检索和裁判规则研究，能够展示更多不同角度的法律理解与裁判思路，避免裁判的定式思维，从而为法律更大程度地被准确理解和适用个案提供契机。对理论研究者而言，亦是参与和见证法律适用的有效途径。因此，类案检索和裁判规则研究是一项很有意义、值得持续投入、久久为功的工作。

海运是国际物流中最主要的运输方式，全球贸易的90%是通过海运完成。与之相应，海上货物运输合同纠纷一直是海事法院受理的主要纠纷类型。公正审理海上货物运输合同纠纷案件、建立统一的行业规则，对于保障国际贸易和我国进出口事业的健康开展，都有着重要意义。以海上货物运输合同纠纷为切入点，开展海事案件的类案检索和裁判规则研究，对海事司法裁判的统一而言无疑有着提纲挈领、纲举目张的功效。

对我们而言，类案检索和裁判规则研究毕竟是全新的研究方法，没有经验可循，因此，在研究方法、研究深度等方面必定存在问题和不足。在此，我们恳请慧眼卓识者不吝批评指正，为我们更扎实地前行指引方向。同时，我们也期待以此书抛砖引玉，吸引越来越多的有识有志之士参与并完善类案检索与裁判规则提炼的研究，共同为我国的法律统一适用、类案同判贡献智慧和力量。

本书在编写过程中得到最高人民法院余晓汉法官、侯伟法官的大力支持，得到大连海事大学蒋跃川、朱作贤、王欣、吴煦老师的悉心指导，在此表示衷心感谢。

凡　　例

一、法律法规

1.《中华人民共和国民法典》(2020 年 5 月 28 日通过,2021 年 1 月 1 日起施行),简称《民法典》

2.《中华人民共和国合同法》(1999 年 3 月 15 日通过,1999 年 10 月 1 日起施行,2021 年 1 月 1 日废止),简称《合同法》

3.《中华人民共和国民事诉讼法》(1991 年 4 月 9 日通过,1991 年 4 月 9 日起施行,2007 年 10 月 28 日第一次修正,2012 年 8 月 31 日第二次修正,2017 年 6 月 27 日第三次修正),简称《民事诉讼法》

4.《中华人民共和国海商法》(1992 年 11 月 7 日通过,1993 年 7 月 1 日起施行),简称《海商法》

5.《中华人民共和国仲裁法》(1994 年 8 月 31 日通过,1995 年 9 月 1 日施行,2009 年 8 月 27 日第一次修正,2017 年 9 月 1 日第二次修正),简称《仲裁法》

6.《中华人民共和国民法总则》(2017 年 3 月 15 日通过,2017 年 10 月 1 日起施行,2021 年 1 月 1 日废止),简称《民法总则》

7.《中华人民共和国民法通则》(1986 年 4 月 12 日通过,1987 年 1 月 1 日起施行,2009 年 8 月 27 日第一次修正,2021 年 1 月 1 日废止),简称《民法通则》

8.《中华人民共和国物权法》(2007 年 3 月 16 日通过,2007 年 10 月 1 日起施行,2021 年 1 月 1 日废止),简称《物权法》

9.《中华人民共和国担保法》(1995 年 6 月 30 日通过,1995 年 10 月 1 日起施行,2021 年 1 月 1 日废止),简称《担保法》

10.《中华人民共和国涉外民事关系法律适用法》(2010 年 10 月 28 日通过,2011 年 4 月 1 日起施行),简称《涉外关系法律适用法》

11.《中华人民共和国公司法》(1993 年 12 月 29 日通过,1994 年 7 月 1 日起施行,1999年12月25日第一次修正,2004年8月28日第二次修正,2005年10月27日修订,2013年12月28日第三次修正,2018年10月26日第四次修正),简称《公司法》

12.《中华人民共和国海事诉讼特别程序法》(1999年12月25日修订通过,2000年7月1日起施行),简称《海事诉讼特别程序法》

二、司法解释及司法文件

1. 最高人民法院《关于人民法院处理与涉外仲裁及外国仲裁事项有关问题的通知》(法发〔1995〕18号,1995年8月28日起施行),简称《涉外仲裁事项通知》

2. 最高人民法院《关于审理和执行涉外民商事案件应当注意的几个问题的通知》(法〔2000〕51号,2000年4月17日起施行),简称《涉外商事注意问题通知》

3. 最高人民法院《关于审理海上货运代理纠纷案件若干问题的规定》(法释〔2012〕3号,2012年1月9日通过,2012年5月1日起施行;法释〔2020〕18号,2020年12月23日修正,2021年1月1日起实施),简称《货代解释》

4. 最高人民法院《关于审理无正本提单交付货物案件适用法律若干问题的规定》(法释〔2009〕1号, 2009年2月16通过,2009年3月5日起施行;法释〔2020〕18号,2020年12月23日修正,2021年1月1日起实施),简称《无单放货解释》

5. 最高人民法院《关于民事诉讼证据的若干规定》(法释〔2011〕33号,2002年4月1日起施行,2020年5月1日第一次修正),简称《证据规定》

6.《第二次全国涉外商事海事审判工作会议纪要》(法发〔2005〕26号,2005年12月26日起施行),简称《涉外商事纪要》

7. 最高人民法院《关于适用〈中华人民共和国民事诉讼法〉的解释》(法释〔2015〕5号,2014年12月18日通过,2015年2月4日起施行;法释〔2020〕20号,2020年12月23日修正,2021年1月1日起实施),简称《民事诉讼法解释》

8. 最高人民法院《关于审理民事案件适用诉讼时效制度若干问题的规定》(法释〔2008〕11号,2008年8月11日通过,2008年9月1日起施行;法释〔2020〕17号,2020年12月23日修正,2021年1月1日起实施),简称《诉讼时效规定》

9. 最高人民法院民事审判第四庭《涉外商事海事审判实务问题解答(一)》(2008年12月公布),简称《涉外实务解答》

10. 最高人民法院《关于适用〈中华人民共和国合同法〉若干问题的解释(二)》(法释〔2009〕5号,2009年5月13日施行,2021年1月1日废止),简称《合同法解释二》

三、地方性法规、规章等规范性文件

1. 中华人民共和国交通部《国内水路货物运输规则》(中华人民共和国交通部令2000年第9号,2001年1月1日起施行,2016年5月30日起废止),简称《水路货物运输规则》

目　录

海上货物运输合同纠纷案件裁判规则第 1 条：
提单正面未明确记载将租约包括仲裁条款并入，或未明确并入的具体租约，应视为提单未有效并入仲裁条款

〔**规则描述**〕：航次租船的租约仲裁条款要有效并入提单，必须满足以下条件：提单正面明确载明租约中的仲裁条款并入提单，及并入租约的日期、当事人信息等细节，使得被并入的租约是明确无误的，且承运人能够证明其所提供的租约就是提单所并入的租约。

一、类案检索大数据报告

时间：2019 年 11 月 6 日之前，案例来源：Alpha 案例库，数据采集时间：2019 年 11 月 6 日。本次检索以法院认为中包含“提单”“并入”“仲裁”，文书类型以“裁定”作为检索条件，共获取了 27 篇裁判文书，剔除无关的文书 1 篇，剩余的 26 篇裁判文书中：

（1）认为租约仲裁条款未有效并入提单的文书有 24 篇；

（2）认为租约仲裁条款有效并入提单的文书有 2 篇。

整体情况如下：

如图 1－1 所示，认为租约仲裁条款未有效并入提单的文书占 92%，认为租约仲裁条款有效并入提单的文书占 8%。

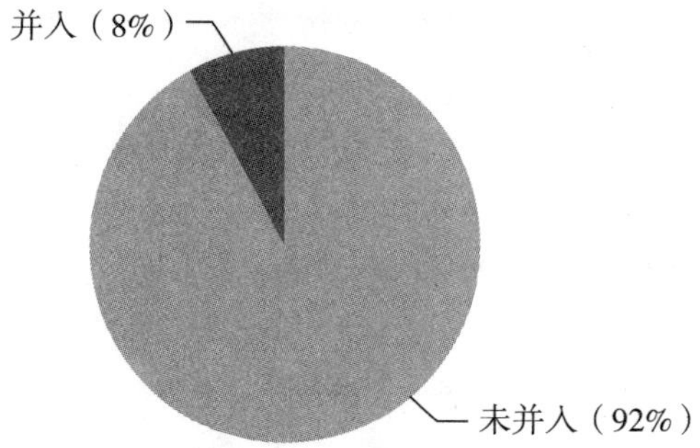

图 1－1　租约仲裁条款是否有效并入提单比例

从图1－2所示的年份分布情况可以看到当前条件下案例数量的变化趋势。

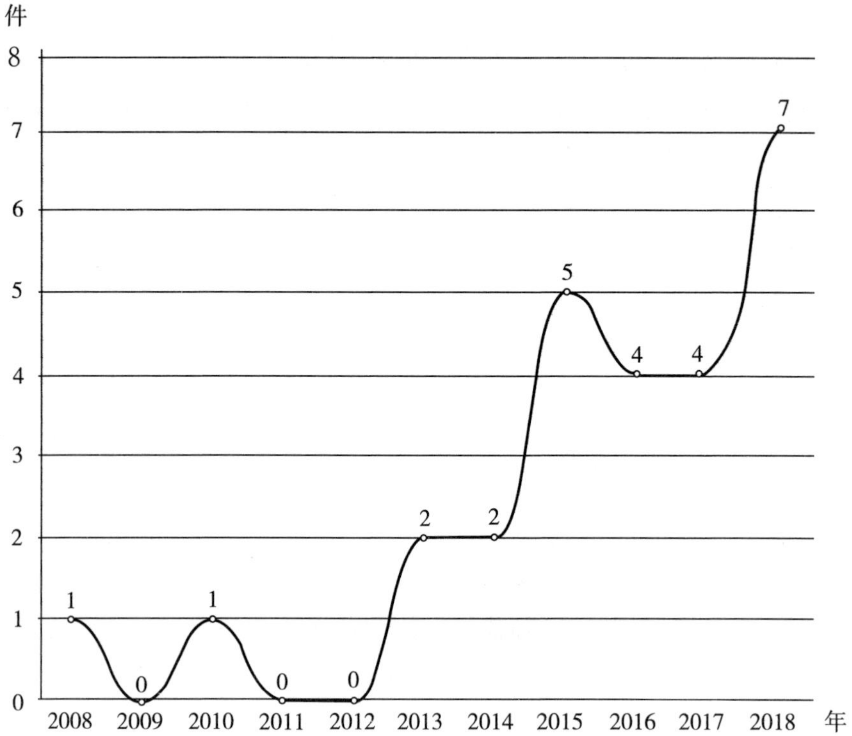

图1－2　案件年份分布情况

从图1－3所示的地域分布情况来看，当前案例主要集中在山东省、浙江省、上海市等，分别占比26.92%、19.23%、15.38%，其中山东省的案件量最多，达到7件。

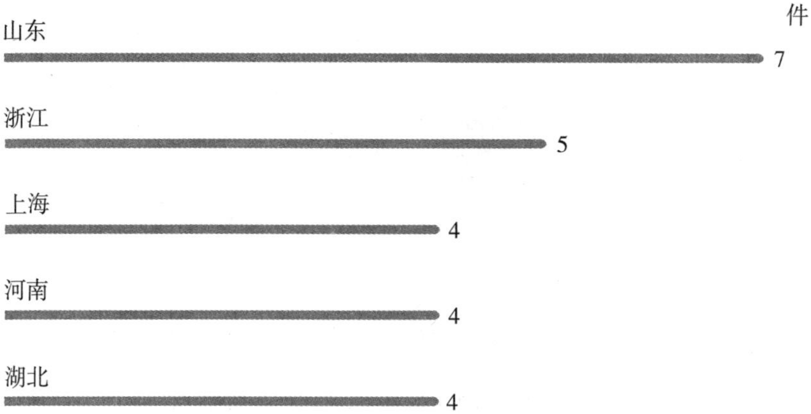

图1－3　案件主要地域分布情况

从图 1－4 所示的案由分类情况可以看到，当前最主要的案由是合同、无因管理、不当得利纠纷，占 2/3 以上，其次是海事海商纠纷，适用特殊程序案件案由和物权纠纷。

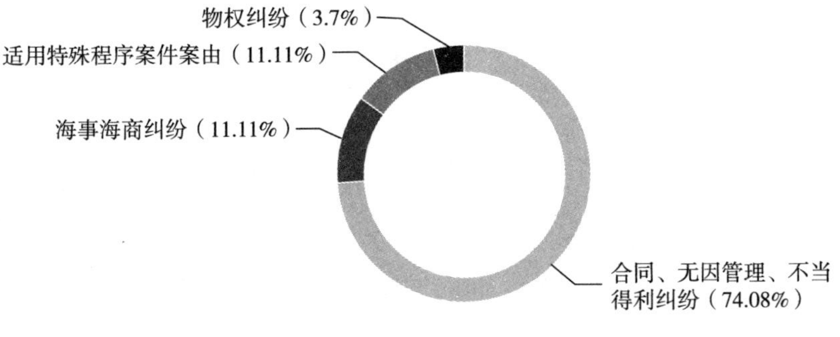

图 1－4　案件案由分类情况

从图 1－5 所示的行业分类情况可以看到，当前的行业分布主要集中在批发和零售业，交通运输、仓储和邮政业，金融业，制造业，科学研究和技术服务业，其他行业。

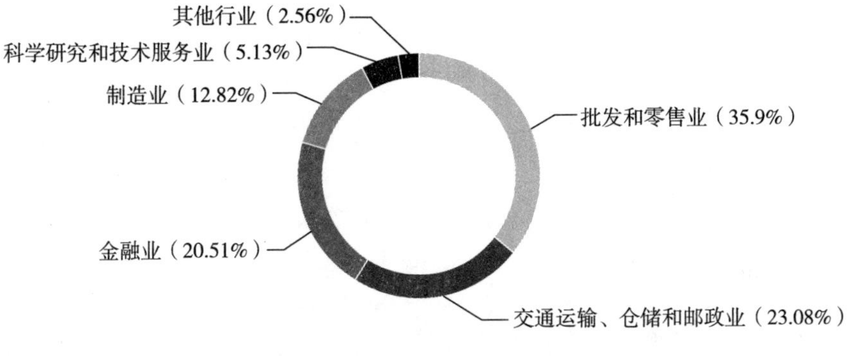

图 1－5　案件行业分类情况

二、可供参考的例案*

例案一　福州特威化工有限公司与 FPG 船舶控股巴拿马公司、化路翼航海公司海上货物运输合同纠纷案

【法院】

最高人民法院

---

* 例案中引用的法律法规等规范性文件，涉及的地名、机构名称、机关名称等均以裁判文书生效时为准。全书同。

【案号】

(2015)民四他字第45号

【当事人】

原告:福州特威化工有限公司

被告:FPG船舶控股巴拿马公司

被告:化路翼航海公司

【基本案情】

原告福州特威化工有限公司(以下简称特威公司)以FPG船舶控股巴拿马公司(以下简称FPG公司)、化路翼航海公司(以下简称化路翼公司)为被告向宁波海事法院起诉称:2014年2月11日,特威公司与沙特基础工业亚太有限公司(SABIC Asia Pacific Pte Ltd.)达成买卖合同,特威公司向该公司购买1000吨三乙醇胺。2014年3月23日,涉案货物装上"CHEMROAD WING"轮,该轮就涉案货物签发了编号为JUBNB01的清洁已装船提单,该提单记载的货物数量为1039.105吨,收货为凭指示。货物在运输期间发生损坏,为此,中国再保险集团股份有限公司于2014年4月22日向特威公司出具担保函一份,根据担保函所载明内容,FPG公司系该轮的登记船舶所有人,化路翼公司系该轮的光船租船人。特威公司因货物受损遭受仓储费损失38,250元、货物受损贬值损失1,285,344.5元,以上合计1,323,594.5元。特威公司认为,两被告作为涉案货物的承运人,应对货物运输期间产生的损坏承担赔偿责任,故诉至法院,请求判令被告赔偿原告损失1,323,594.5元及利息。

宁波海事法院于2015年5月3日对本案立案受理后,FPG公司、化路翼公司提出管辖权异议认为,在涉案提单下的货物运输航次中,化路翼公司将"CHEMROAD WING"轮期租给IINO Kaiun Kaisha Ltd.(以下简称IINO公司),IINO公司则于2013年2月27日与Saudi Basic Industries Corporation(以下简称SABIC公司)签署包运/连续航次租船合同,其中第34条约定:"仲裁应依据所附ASBATANKVOY(1977年10月)租船合同第24条进行,仲裁(如有)应在伦敦市进行。"[①]鉴于涉案提单系依据该租船合同签发,且涉案提单正面载明"本提单与船舶

① 原文为:"Arbitration will be in accordance to Clause 24 of the attached ASBATANKVOY(October1977) Charter Party, with arbitration (if any) to be in the city of London"。

租约一并使用”，[①]“运费按2013年2月27日的租约支付”。[②] 因此，涉案提单已经有效并入该租船合同中的伦敦仲裁条款，故原告、被告之间在涉案提单下产生的所有纠纷应提交伦敦仲裁解决。

【案件争点】

在提单正面记载提单与租约并用，并在提单背面写明租约仲裁条款并入提单，能否构成租约仲裁条款有效并入提单。

【裁判要旨】

宁波海事法院认为，本案租约中的仲裁条款并未有效并入涉案提单。租约仲裁条款的有效并入应当是指在提单的正面完整、明确记载“具体日期签订的租约的一切条款、条件和免责事项，包括仲裁条款和法律适用条款，均并入本提单”，在提单正面仅载明租约日期而未明示租约包括仲裁条款并入，或者在简式提单背面记载的格式并入条款都不能视为有效的并入。本案中，涉案提单采用康金提单1994版(CONGENBILL 1994)格式提单。该提单正面仅载明“本提单与船舶租约一并使用”，“运费按2013年2月27日的租约支付”，并未在提单正面完整、明确记载租约中的仲裁条款并入提单，仅在提单背面条款中记载“提单正面指明日期的租船合同中的所有条款、条件、权利和例外规定，包括法律和仲裁条款并入本提单”。[③] 对于非承租人的提单持有人而言，租约的并入是直接影响其权利义务的关键内容，并入条款在一定程度上决定了提单持有人义务的不确定性，且租约仲裁条款又属于独立于租船合同权利义务条款之外的附属性条款，只有进行特别说明才可以并入提单。根据两被告的主张，涉案租船合同系出租人IINO公司和承租人SABIC公司所签订，故有关仲裁条款仅在上述租船合同当事人之间具有约束力。本案原告特威公司作为提单持有人，并未明示接受租船合同中仲裁条款，故该条款对其没有约束力。综上，对被告提出的管辖权异议，宁波海事法院拟裁定予以驳回。依据《涉外仲裁事项通知》第1条的规定，向浙江省高级人民法院请示。

浙江省高级人民法院经审查认为，本案涉案租约中的仲裁条款未有效并入提单。提单条款是承运人事先签署的格式条款，在提单持有人不是租船人的情况下，承运人为了实现将航次租船合同中仲裁条款约束提单持有人，应当在提单正面以

---

① 原文为：“Bill of lading to be used with charter – parties”。

② 原文为：“Freight payable as per CHARTER – PARTY dated 27th February 2013”。

③ 原文为：“All terms and conditions, liberties and exceptions of the Charter Party, dated as overleaf, including the Law and Arbitration Clause, are herewith incorporated”。

非常明确的文字提示提单持有人注意。本案中，涉案提单仅在其背面记载有关租约中仲裁条款并入的格式条款，不能产生租约仲裁条款并入提单的法律效果。浙江省高级人民法院根据《涉外商事注意问题通知》的规定，将本案报请最高人民法院审查。

最高人民法院认为，涉案租船合同仲裁条款因未在提单正面予以明示，不产生有效并入提单的法律效果，不能约束提单持有人。被告FPG公司、化路翼公司以涉案提单并入租船合同仲裁条款为由提出管辖权异议，缺乏事实与法律依据。涉案货物运输目的地为宁波港，宁波海事法院对本案具有管辖权。

例案二 上海森福实业有限公司与日本德宝海运株式会社、哈池曼海运公司海上货物运输合同纠纷案

【法院】

最高人民法院

【案号】

(2010)民四他字第52号

【当事人】

上诉人(一审被告)：日本德宝海运株式会社

上诉人(一审被告)：哈池曼海运公司

被上诉人(一审原告)：上海森福实业有限公司

【基本案情】

2008年9月23日，上海森福实业有限公司(以下简称森福实业)委托上海锦江国际贸易有限公司(以下简称锦江公司)进口苯酚1400吨。该批苯酚由巴拿马籍"金色蒂凡尼"轮(M/V GOLDEN TIFFANY)承运，日本德宝海运株式会社(以下简称德宝株式会社)签发了编号为GIHJ－5701号的海运提单，哈池曼海运公司(以下简称哈池曼公司)为船舶所有人。锦江公司经托运人背书受让了该提单，并据此在卸货港提取了船载货物。货物到港后经检验因苯酚色度升高发生货损，2009年5月19日，森福实业向武汉海事法院起诉，要求德宝株式会社和哈池曼公司承担赔偿责任。

德宝株式会社、哈池曼公司在原审答辩期内提出管辖异议，认为涉案海运提单证明记载，"本次运输在德宝株式会社和作为租船人的住友公司于2007年12月27

日在日本东京签订的租约下进行，除运费费率和支付条款外，此租约中的无论何种性质的所有条款适用于并约束与本运输有关的当事方的权利”。① 因此，涉案运输是在德宝株式会社和作为租船人的住友公司签订的租约下进行的，该租约第16条第10款规定：“共同海损和仲裁：在伦敦进行，适用英国法。”②现原告依据提单起诉，理应受提单条款，包括提单载明适用的租约条款的约束。鉴于涉案租约中已经约定了伦敦仲裁，适用英国法，故武汉海事法院不享有管辖权，因此请求驳回原告森福实业的起诉。

【案件争点】

在提单正面载明租约中“无论何种性质的所有条款”均并入提单，能否构成租约仲裁条款有效并入提单。

【裁判要旨】

武汉海事法院认为，涉案租约所载的仲裁条款未有效并入提单。涉案提单正面的租约并入条款中，并未明示将租约中的仲裁条款及法律适用条款并入提单，鉴于森福实业为非承租人的提单持有人，仅由德宝株式会社单方面拟定的仲裁条款不能约束森福实业，裁定驳回德宝株式会社、哈池曼公司对本案提出的管辖权异议。

德宝株式会社、哈池曼公司不服该裁定，上诉于湖北省高级人民法院，主要理由如下：(1)租约中的所有条款是直接适用于本案运输的，本案不存在租约及其中的仲裁条款能否并入提单的问题。本案提单条款非常明确地规定，本案货物的运输是按照2007年12月27日签订的租约进行的，除运费费率和运费支付外，此租约中的无论什么条款都适用且调整与本次运输有关的各方当事人的权利，因此该租约才是海上货物运输合同。(2)即使按照租约并入提单的理论，本案租约中的仲裁条款也已有效并入提单。租约中的全部条款无论任何一款(除明确指明的运费费率和运费支付条款外)均应当有效适用，因此租约中的仲裁条款是完全有效被并入了提单的。(3)原审裁定认为仲裁条款不能约束森福实业也是错误的。森福实业一旦接受提单，就概括接受了提单中的各种条款，应受其约束。提单接受方不能

---

① 原文为：“This shipment is carried under and pursuant to the chapter 27th December, 2007 at Tokyo, Japan between Dorval Kaiun K. K. and Sumitrans Europe GMBH as charterer, and all terms whatsoever of the said chater except the rate and payment of freight specified therein apply to and govern the rights of the parties concerned in this shipment”。

② 原文为：“G. A. and Arbitration: In London In English Law”。

只接受提单中对其有利的内容,不接受对其不利的内容。

湖北省高级人民法院认为:(1)虽然涉案提单正本载明,"此租约中的无论何种性质的所有条款适用于并约束与本运输有关的当事方的权利",但德宝株式会社提供的此份租约因没有住友公司的签章而不能成立。因该租约不成立,其中第16条第10款关于仲裁的约定自然无效。(2)即使该租约成立生效,也没有并入涉案提单。仲裁自愿是国际上普遍遵循的仲裁基本原则,也是判断仲裁协议效力的基本准则。以一个未经提单持有人同意的提单条款约束提单持有人,有违仲裁自愿原则,对提单持有人显失公平。《海商法》第95条明确将可以并入提单约束提单持有人的租约条款限制在"权利、义务关系"方面的条款。仲裁条款作为争议解决方式条款具有独立性,与货物运输没有直接关系,不涉及当事人的实体权利和义务,将其并入提单,不符合法律的规定。(3)涉案提单载明"本次运输在德宝株式会社和作为租船人的住友公司于2007年12月27日在日本东京签订的租约下进行"。该提单仅指明并入租船合同的日期,并没有标明租船合同的编号,不能确认是上诉人主张的租船合同并入了涉案提单。综上,湖北省高级人民法院拟裁定驳回上诉,维持原裁定,根据《涉外仲裁事项通知》,将本案报请最高人民法院审查。

最高人民法院认为,涉案提单虽将租约条款并入提单,但没有关于租约中的仲裁条款并入提单的明示记载,因此,涉案提单不能产生租约仲裁条款并入提单的法律效果,对森福实业不具有约束力。德宝株式会社在诉讼中提供的合同文本没有涉案租船人住友公司的签字或盖章,无法证明该合同为提单并入条款记载中所称的租约,也无法证明租约双方当事人已就仲裁约定达成一致意见。德宝株式会社与哈池曼公司主张涉案提单并入仲裁条款,对持有涉案提单的森福实业具有约束力的主张没有事实依据。

例案三 中国太平洋财产保险股份有限公司上海分公司与太阳海运有限公司、远洋货船有限公司、联合王国保赔协会海上货物运输合同纠纷案

【法院】

最高人民法院

【案号】

(2008)民四他字第50号

【当事人】

原告：中国太平洋财产保险股份有限公司上海分公司

被告：太阳海运有限公司

被告：远洋货船有限公司

被告：联合王国保赔协会

【基本案情】

2007 年 7 月 25 日，原告中国太平洋财产保险股份有限公司上海分公司（以下简称太平洋保险上海公司）诉称：原告承保的 60,500 吨散装油菜籽装载于被告太阳海运有限公司所有、被告远洋货船有限公司经营的“庞特利盟”轮（PONTOVREMON）上，从加拿大温哥华港（VANCOUVER）运至中国张家港。2006 年 7 月 19 日，科利西部航运公司（COLLEY WEST SHIPPING LTD）作为“庞特利盟”轮船长的代理人签发了 VCR/ZJG－1 号清洁已装船正本指示提单。提单载明发货人为艾格瑞柯勒公司（AGRICORE UNITED），收货人凭指示，通知方为东海粮油工业（张家港）有限公司（以下简称东海粮油公司），运费预付。“庞特利盟”轮抵达张家港后，经检验发现货物短少 471.22 吨。被告联合王国保赔协会（以下简称保赔协会）为太阳海运有限公司需要承担的赔偿责任提供担保。原告依据保险合同向收货人东海粮油公司赔付保险金，依法取得保险代位求偿权后，向三被告追偿，但遭拒绝。为此，原告请求判令三被告赔偿原告经济损失人民币 844,530.04 元及利息。

在答辩期内，被告太阳海运有限公司对本案管辖权提出异议认为，原告太平洋保险上海公司据以起诉的提单是依据租船合同签发的提单，根据 2006 年 6 月 22 日托运人艾格瑞克勒公司与案外人中外运百幕大公司［SINOTRANS（BERMUDA）LTD.］以巴尔的摩 C 式租船合同格式签订的租船合同，其中的仲裁条款明确约定：“除非双方当事人就指定独任仲裁员达成合意，任何因本合同引起的纠纷应当由双方各自指定的两名在伦敦从事航运和或谷物交易的波罗的海国际海事组织成员担任仲裁员，再由这两名仲裁员依据授权指定第三名仲裁员进行终局仲裁。任何请求均应当以书面形式提起，且请求提起人应在卸货后九个月内选定仲裁员。与本规定不符的请求应被视为放弃权利和超过时效。除非在仲裁裁决作出前对仲裁员的行为提出异议，任何仲裁裁决均不得以仲裁员的资格与上述规定不符为由而被质疑或被认为无效”，[①]且本案提单正面明确记载：“即便与本提单所含内容不符，租船合同中包括仲裁条款在内的所有条款、条件及除外条款均并入本提单，如同全部所述条款全部写在提单上”，[②]因此，租船合同约定的仲裁条款已有效并入提单，原告太平洋保险上海公司应当根据仲裁条款提起仲裁程序解决货损纠纷，无权在武汉海事法院对其提起诉讼。

【案件争点】

提单正面记载租约仲裁条款并入提单，但未记载租约的日期、当事人名称等细节，能否构成租约仲裁条款有效并入提单。

【裁判要旨】

武汉海事法院认为，本案中，被告太阳海运有限公司仅向本院提交了托运人艾格瑞柯勒公司和案外人中外运百幕大公司签订的租船合同，涉案提单虽有“租船合同包括仲裁条款并入本提单”的记载，但并未指明所要并入的租船合同当事人名称和订立日期，因此，提单所要并入的租船合同指向不明，太阳海运有限公司所称之租船合同并未有效并入提单，其上所载之仲裁条款也未并入提单。此外，太阳海运有限公司提交的租船合同签订于加拿大，系形成于境外的证据材料，但未履行相关公证认证手续，不符合证据规则的要求，不能认定为有效证据。据此拟裁定驳回被告的管辖权异议，并于2008年7月1日报请湖北省高级人民法院决定。

湖北省高级人民法院认为，由于本案所涉提单所要并入的租船合同指向不明确，该租船合同仲裁条款对提单持有人不具有约束力，且原告太平洋保险上海公司也未明示接受涉案租船合同海上货物运输合同有关仲裁条款。因此，被告太阳海运有限公司提出的管辖权异议不能成立，原审法院依法应当裁定予以驳回。根据《涉外仲裁事项通知》第1条的规定，将本案报请最高人民法院决定。

最高人民法院认为，本案提单为租船合同项下的格式提单，提单正面虽然载明

---

① 原文为：“All disputes from time to time arising out of this contract Shall, unless the parties agree forth with on a Single arbitrator, be referred to the final arbitrament of two arbitrators carrying on business in London who shall be members of the Baltic and engaged in the Shipping and/of Grain Trades, one to be appointed by each of the parties, with power to Such Arbitrators to appoint an Umpire. Any Claim must be made in writing and Claimant's arbitrator appointed within nine months of final discharge and where this provision is not complied with the claim shall be deemed to be waived and absolutely barred. No award shall be questioned or invalidated on the grounds that any of the Arbitrators is not qualified as above, unless objection to his acting be taken before the award is made”。

② 原文为：“All terms, (including arbitration clause) conditions as incorporated herein as if fully written, anything to the contrary contained in this bill of lading notwithstanding”。

租船合同仲裁条款并入本提单，但并没有明确记载被并入提单的租船合同当事人名称及订立日期，属于被并入的租船合同不明确，被告主张租船合同中的仲裁条款并入提单没有事实依据，提单正面并入租船合同仲裁条款的记载不产生约束提单持有人及其保险人的合同效力，本案原告太平洋保险上海公司有权以保险代位求偿人身份提起诉讼。本案货物运输目的港为张家港，根据最高人民法院颁布的海事法院受理案件范围和管辖区域的有关规定，武汉海事法院对本案具有诉讼管辖权。

三、裁判规则提要

提单并入条款，是指航次租船合同的出租人在提单上载明将租船合同中约定的权利义务并入提单，使租船合同内容可以约束承租人以外的提单持有人的提单条款。实践中，出租人与承租人往往在租船合同中约定通过仲裁方式解决租船合同项下的纠纷，而出租人通常倾向于该仲裁条款并入提单。从各国的立法和司法实践来看，对于租约中的仲裁条款有效并入提单应满足的条件，各国的标准不一。

在此方面，《海商法》第95条规定，“对按照航次租船合同运输的货物签发的提单，提单持有人不是承租人的，承运人与该提单持有人之间的权利、义务关系适用提单的约定。但是，提单中载明适用航次租船合同条款的，适用该航次租船合同的条款。”本条款是对于航次租船合同并入提单的规定，但对于如何确定租约条款包括仲裁条款是否并入提单，法律并未做明确的规定。尽管在例案二中，湖北省高级人民法院认为上述规定将可以并入提单约束提单持有人的租约条款限制在“权利、义务关系”方面的条款，而不包括仲裁条款，然而，最高人民法院在该案的批复中并未对此进行回应。相反，最高人民法院在《涉外实务解答》第98问中明确，“租船合同条款有效并入提单后，承运人和提单持有人（非托运人）的关系属于提单运输法律关系，而非租船合同法律关系。除非在并入条款中明示，租船合同中的仲裁条款、管辖权条款及法律适用条款并入提单，否则这些条款不能约束非承租人的提单持有人。”也就是说，理论上，仲裁条款、法律适用条款等程序性条款并未被排除出可以并入提单的租约条款的范围，但在司法实践中，我国法院基于仲裁意思自治的原则，对于仲裁条款能否有效并入提单问题采取较为严格的审查态度。

在例案一中，法院以提单正面只明示了提单与租约并用，没有写明法律适用和仲裁条款并入涉案提单，而是在提单背面记载了上述条款内容为由，认为租约仲裁条款不构成有效并入提单；在例案二中，尽管涉案提单载明了“此租约中的无论何种性质的所有条款适用于并约束与本运输有关的当事方的权利”，但法院认为该表述并不能构成关于租约中的仲裁条款并入提单的明示记载，且被告提供的租约没有涉案租船人的签字或盖章，无法证明该合同为提单并入条款记载中所称的租约，据此驳回被告的管辖权异议；在例案三中，法院认为，提单正面虽然载明租船合同仲裁条款并入本提单，但并没有明确记载被并入提单的租船合同当事人名称及订立日期，属于被并入的租船合同不明确，不构成租约仲裁条款的有效并入。

结合上述案例及其他相关案例，我们可以看出，租约仲裁条款要有效并入提单，并入提单的用语必须明确，并明确租约当事人、签订日期等细节，有效的并入应当是指在提单正面明确记载“某年某月某日签订的租约条款、条件，包括仲裁条款并入本提单”[①]，使被并入的租约是确定无误的，发生争议时，承运人应能够举证其所提供的租约就是提单所并入的租约。此外，考虑到如果租约未随提单一起流转，提单持有人无从了解租约的内容特别是仲裁条款的内容，显然是无法并入的，因此，提单下需附有租约的副本，以便提单持有人了解租约条款。

需要注意的是，即便租约仲裁条款已有效并入提单，在审查仲裁条款效力时，还应当审查租约中的仲裁条款是否为明确的、可执行的有效仲裁条款。所谓明确可执行包含两种情况：如果是机构仲裁，要求明确约定具有排他意义的仲裁意愿、明确的仲裁事项或仲裁范围；如果是临时仲裁，要求必须约定仲裁地、仲裁庭的组成程序和适用的法律等项内容。[②] 当然，根据《仲裁法》，我国目前只承认机构仲裁，对于临时仲裁仅仅在自贸区内作出有限地承认，[③]未来是否将逐步放开对临时仲裁的适用还有待确定。

---

① 刘贵祥：《在我国海事法院院长工作座谈会上的总结讲话》（2009 年 5 月 25 日），载万鄂湘主编、最高人民法院民事审判第四庭编：《涉外商事海事审判指导》（总第 19 辑），人民法院出版社 2010 年版，第 21～22 页。

② 王彦君：《人民法院审查与协助执行涉外商事海事仲裁案件的法律与适用》，载万鄂湘主编、最高人民法院民事审判第四庭编：《涉外商事海事审判指导》（总第 17 辑），人民法院出版社 2009 年版，第 181～184 页。

③ 《最高人民法院关于为自由贸易试验区建设提供司法保障的意见》第 9 条第 3 款：“在自贸试验区内注册的企业相互之间约定在内地特定地点、按照特定仲裁规则、由特定人员对有关争议进行仲裁的，可以认定该仲裁协议有效。人民法院认为该仲裁协议无效的，应报请上一级法院进行审查。上级法院同意下级法院意见的，应将其审查意见层报最高人民法院，待最高人民法院答复后作出裁定。”

四、辅助信息

高频词条：

《海商法》

第 95 条 对按照航次租船合同运输的货物签发的提单，提单持有人不是承租人的，承运人与该提单持有人之间的权利、义务关系适用提单的约定。但是，提单中载明适用航次租船合同条款的，适用该航次租船合同的条款。

《仲裁法》

第 4 条 当事人采用仲裁方式解决纠纷，应当双方自愿，达成仲裁协议。没有仲裁协议，一方申请仲裁的，仲裁委员会不予受理。

第 16 条 仲裁协议包括合同中订立的仲裁条款和以其他书面方式在纠纷发生前或者纠纷发生后达成的请求仲裁的协议。

仲裁协议应当具有下列内容：

（一）请求仲裁的意思表示；

（二）仲裁事项；

（三）选定的仲裁委员会。

第 18 条 仲裁协议对仲裁事项或者仲裁委员会没有约定或者约定不明确的，当事人可以补充协议；达不成补充协议的，仲裁协议无效。

《最高人民法院关于仲裁司法审查案件报核问题的有关规定》

第 2 条第 1 款 各中级人民法院或者专门人民法院办理涉外涉港澳台仲裁司法审查案件，经审查拟认定仲裁协议无效，不予执行或者撤销我国内地仲裁机构的仲裁裁决，不予认可和执行香港特别行政区、澳门特别行政区、台湾地区仲裁裁决，不予承认和执行外国仲裁裁决，应当向本辖区所属高级人民法院报核；高级人民法院经审查拟同意的，应当向最高人民法院报核。待最高人民法院审核后，方可依最高人民法院的审核意见作出裁定。

海上货物运输合同纠纷案件裁判规则第2条：在没有约定或约定不明时，应根据合同履行的实际情况识别托运人与货运代理企业之间是否成立海上货物运输合同关系

〔**规则描述**〕：在没有约定或约定不明的情况下，应从运输单证的签发、单据记载、收费种类、交易惯例等合同履行的实际情况进行综合分析判断，准确认定托运人与货运代理企业之间是否成立海上货物运输合同关系。

一、类案检索大数据报告

时间：2019年11月24日之前，案例来源：Alpha案例库，数据采集时间：2019年11月24日。本次检索以引用法条《货代解释》“第4条”、法院认为中包含“海上货物运输合同关系”作为检索条件，共获取了28篇裁判文书，剔除重复的文书13篇，无关的文书7篇，剩余的8篇裁判文书均认为：在没有约定或约定不明时，应根据合同履行的实际情况对托运人与货运代理企业之间的法律关系进行识别。

整体情况如下：

如图2-1所示，认为在没有约定或约定不明时，应根据合同履行的实际情况对托运人与货运代理企业之间的法律关系进行识别的文书占100%。

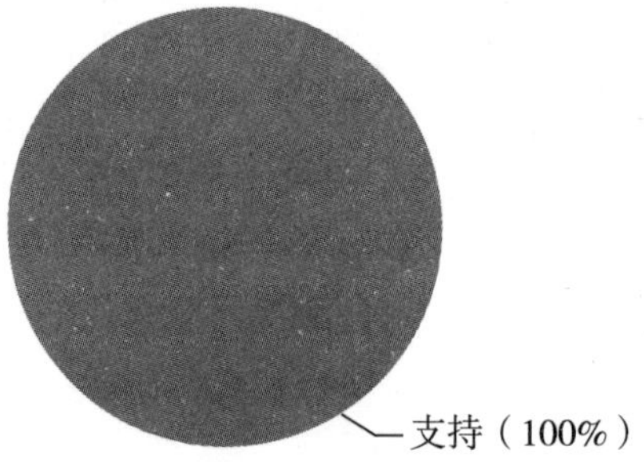

图2-1　托运人与货运代理企业之间法律关系的识别

从图 2 –2 所示的年份分布情况可以看出当前条件下案例数量的变化趋势。

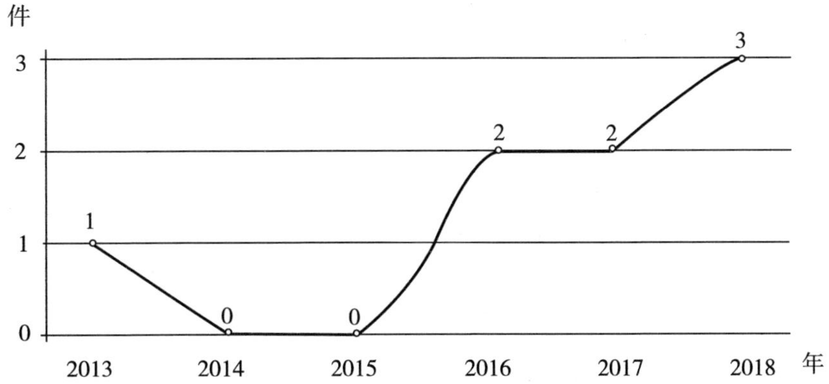

图 2 –2　案件年份分布情况

从图 2 –3 所示的地域分布情况来看，当前案例主要集中在浙江省、上海市、福建省等，分别占比 37.5% 、25% 、12.5% ，其中浙江省的案件量最多，达到 3 件。

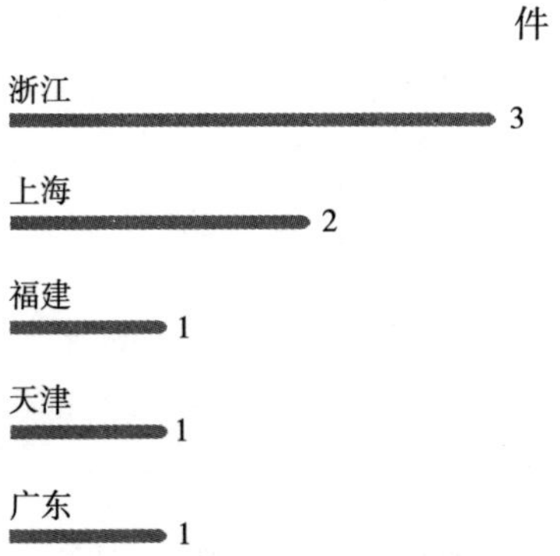

图 2 –3　案件主要地域分布情况

从图 2 –4 所示的案由分类情况可以看到，当前的案由分布由多至少分别是运输合同纠纷、委托合同纠纷。

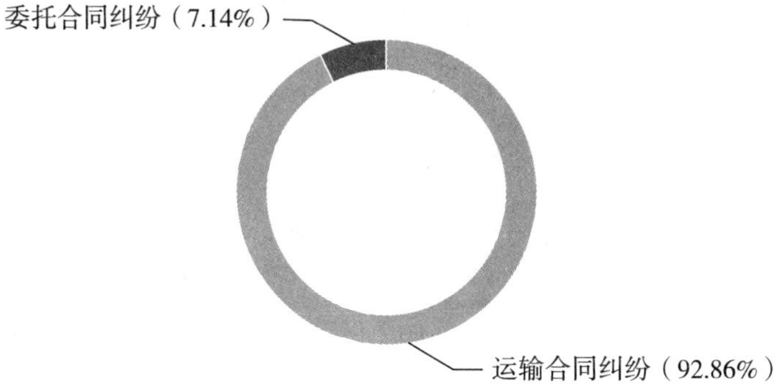

图 2 –4　案件案由分类情况

从图 2 –5 所示的行业分类情况可以看到，当前的行业分布主要集中在交通运输、仓储和邮政业，批发和零售业，制造业。

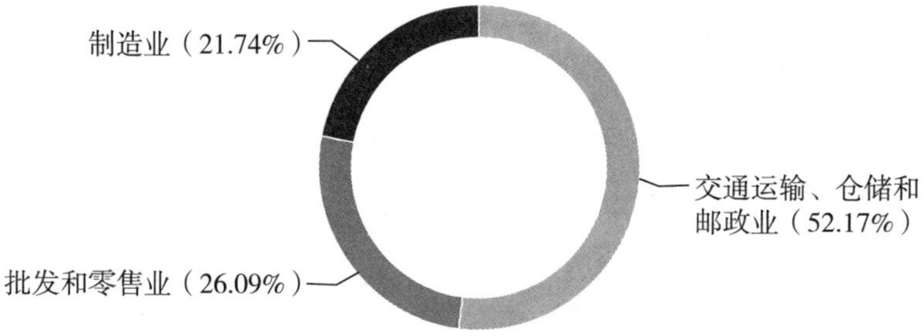

图 2 –5　案件行业分类情况

二、可供参考的例案

例案一　浙江绍兴太阳制衣有限公司与上海平帆货运代理有限公司海上货物运输合同纠纷案

【法院】

上海海事法院

【案号】

(2013)沪海法商初字第 1065 号

【当事人】

原告：浙江绍兴太阳制衣有限公司

被告：上海平帆货运代理有限公司

【基本案情】

2011年6月7日，原告浙江绍兴太阳制衣有限公司（以下简称太阳制衣）与案外人铭星公司签订采购合约，约定由铭星公司向原告购买一批拉毛布，总价118,800美元，贸易术语FOB上海，支付方式T/T，货装2个40英尺高箱，于同年9月30日前交货。为履行贸易合同约定，原告遂委托被告上海平帆货运代理有限公司（以下简称平帆货代）分两批代理出运涉案货物。根据涉案两份出口货物报关单记载，经营单位及发货单位均为原告，货物为全涤染色针织拉毛布，船名/航次为CSCLFELIXSTOWE/UX035E、CSAVPUYEHUE/1132E，提运单号为CNSPBV00475、CNSWBV02038，运抵国为墨西哥曼萨尼略，成交方式为FOB，结汇方式为电汇。装箱单载明信息与出口货物报关单记载一致。被告平帆货代接收原告交付的涉案货物并完成陆运、报关等货代事宜后，于同年8月12日、23日分别开具货代发票，载明船名/航次为CSCLFELIXSTOWE/UX035E、CSAVPUYEHUE/1132E，提单号为VLAE67K00、VLAE7PK00，费用明细为拖车费、包干费共计11,060元。原告于同年9月23日向被告支付了上述货代费用。

就涉案两批货物订舱出运事宜，被告于2011年8月10日、17日，以承运人名义在上海分别签发了两套记名提单，载明托运人为原告，收货人及通知方为STAR UNIVERSAL PROFITS LTD（地址与采购合约抬头载明的铭星公司地址一致），装港为上海，卸港为曼萨尼略，交货地为墨西哥城，并注明目的港代理为SEAMASTER，船名/航次、集装箱及货物信息均与出口货物报关单记载一致。随后，被告通过南美轮船（中国）船务有限公司（以下简称南美船务）向CSAV订舱。南美船务接受订舱后，于同年8月11日、18日，在上海分别代理签发了抬头为CSAV、编号为VLAE67K00（出口参考号CNSPBV00475）、VLAE7PK00（出口参考号CNSWBV02038）的两套记名海运提单，载明托运人为被告，收货人及通知方为SEAMASTER，其余船名/航次、集装箱及货物信息均与被告所签发提单记载一致。

在原告与被告宁波分公司开展的案外业务中，原告系通过电邮附件方式向被告发送托运单，亦曾通过电邮多次向被告明示索要案外业务项下的相关正本提单。根据涉案纠纷发生之后，原告与被告宁波分公司开展的案外业务中后者开具的货代发票显示，被告亦曾签发提单。

根据中华航运网载明信息，被告具有无船承运人经营资格，其在涉案运输中签发的提单样式与其向国务院交通主管部门登记的提单样式一致。

【案件争点】

原告、被告双方间就涉案货物出运事宜所建立的法律关系认定问题。

【裁判要旨】

上海海事法院经审理认为：首先，除涉案出口货物报关单载明的提运单号存误（实为海运提单上所载的出口参考号）外，涉案诸多证据均可印证就涉案货物出运同时存在无船承运人提单及海运提单的事实。具有无船承运人经营资格的被告，在涉案运输中以自己名义签发了与其登记提单样式一致的无船承运人提单，理应被认定为无船承运人。而 CSAV 海运提单上托运人为被告、收货人及通知方为被告目的港代理 SEAMASTER 的记载，亦符合航运实际操作中无船承运人借以控制货物运输的操作惯例。其次，在涉案 FOB 贸易中，作为卖方的原告理应依约在指定装运港上海将货物交付承运人，以完成贸易合同项下的交货义务。同时，原告亦应负责办理报关、陆运等交货前的货运代理事宜并支付相关费用。被告在接收原告交付货物的同时，接受原告委托办理上述货运代理事宜亦合常理，这与其无船承运人的法律地位并无相悖之处。再次，根据原告所主张交付提单之诉请，就提单交付环节而言，被告或居于货运代理人地位而负有转交所取得提单之义务，或居于无船承运人地位而负有应要求签发提单之义务，两者不可重叠并存。故在被告已被认定为无船承运人的情况下，就提单交付环节而言，其不应再被同时认定为货运代理人。最后，原告在涉案 FOB 贸易中向作为无船承运人的被告实际交付了货物，依法应被认定为实际托运人，并由此取得合同缔约关系人地位。据此，在作为实际托运人的原告与作为无船承运人的被告间，就涉案货物出运事宜所建立的法律关系应被认定为海上货物运输合同关系，故本案案由亦应调整为海上货物运输合同纠纷，应据此对原告诉请交付提单所涉双方权利义务加以审查认定。

例案二 | 广州市华骏咨询服务有限公司、华鼎机械设备有限公司与乔达国际货运（中国）有限公司深圳分公司海上货物运输合同纠纷案

【法院】

广州海事法院

【案号】

（2017）粤72民初68号

【当事人】

原告:广州市华骏咨询服务有限公司

原告:华鼎机械设备有限公司

被告:乔达国际货运(中国)有限公司深圳分公司

【基本案情】

2015年12月9日,华鼎机械设备有限公司(以下简称华鼎公司)通过电子邮件委托乔达国际货运(中国)有限公司深圳分公司(以下简称乔达深圳公司)将一批机械设备从深圳运往印度那瓦舍瓦。乔达深圳公司接受委托后向华鼎公司发出自己格式的以华鼎公司为托运人的订舱单,并于同日向华鼎公司发出提柜通知。12月11日,乔达深圳公司向华鼎公司发送以CCL公司为抬头的提单样本,提单样本记载托运人为华鼎公司,收货人和通知方均为柏林公司,货运代理人为乔达深圳公司,提货联系人为乔达海外公司,承运船舶为"意大利现代"轮,装货港为中国深圳,卸货港为印度那瓦舍瓦,货物为装载在编号为WHLU2720968的20尺集装箱内的4个托盘,明细为12套万能摇臂铣床,39套数显表,21箱直线测量仪和206箱配件,重量为14,480公斤,体积为23.04立方米,运费到付。提单签发人处记载为乔达深圳公司作为承运人CCL公司的代理签发。12月12日,华鼎公司出具了本案货物的装箱单和商业发票,装箱单和商业发票记载的货物名称、规格、数量与提单记载一致,商业发票编号为BM-1511,记载货物总价为45,525.20美元。同日,广州市华骏咨询服务有限公司(以下简称华骏公司)作为本批货物的发货单位向海关申报,出口货物报关单记载合同协议号为BM-1511,成交方式为FOB,货物为12台万能摇臂铣床,51台光栅数显表,15台直线位移测量仪,总价为43,273.23美元。12月17日,本案货物在深圳港由"意大利现代"轮实际承运,华鼎公司与乔达深圳公司确认采取电放形式提货,货物提单未实际签发。12月24日,华骏公司向乔达深圳公司支付了本案货物的操作费、电放费、单证费、封条费和码头杂费等费用共2095元,乔达深圳公司以代理运费的名义向华骏公司开具了发票。同日,华鼎公司发电子邮件给乔达深圳公司,要求乔达深圳公司在收到华鼎公司的电放保函后再予放货。12月30日,柏林公司在印度那瓦舍瓦港提取了本案货物。

CCL公司在我国交通运输主管部门备案登记了该公司样式的无船承运人提单,具有无船承运经营资格。2008年1月1日,乔达国际货运(上海)有限公司与CCL公司签订代理协议,约定由乔达国际货运(上海)有限公司作为CCL公司的代理人处理从中国港口出运的货物并签发以CCL公司为抬头的提单。因乔达国际货运(上海)有限公司名称变更为乔达国际货运(中国)有限公司,2015年3月10日,乔达国际货运(中国)有限公司与CCL公司签订了修改协议,确认之前签订的代理协议的条款和条件仍然有效。

【案件争点】

华骏公司、华鼎公司与乔达深圳公司之间的法律关系。

【裁判要旨】

广州海事法院经审理认为:华骏公司、华鼎公司主张与乔达深圳公司成立海上货物运输合同关系,乔达深圳公司认为其接受华鼎公司的委托办理订舱事宜,与华鼎公司成立海上货运代理合同关系,本案货物的承运人应为CCL公司。根据《海商法》第71条的规定,提单是海上货物运输合同的证明,但本案提单未实际签发,乔达深圳公司依据提单样本认为华鼎公司与CCL公司成立海上货物运输合同关系的抗辩不能成立。在本案中,华鼎公司委托乔达深圳公司出运货物,乔达深圳公司发出自己格式的订舱单对华鼎公司的托运事项予以确认,并安排后续的提柜、运输等事宜,在本案货物运输未实际签发提单的情况下,应认定华鼎公司与乔达深圳公司成立海上货物运输合同关系,华鼎公司为托运人,乔达深圳公司为承运人。

例案三 | 振华物流集团有限公司与中油宝世顺(秦皇岛)钢管有限公司海上货物运输合同纠纷案

【法院】

天津市高级人民法院

【案号】

(2017)津民终124号

【当事人】

上诉人(一审原告):振华物流集团有限公司

上诉人(一审被告):中油宝世顺(秦皇岛)钢管有限公司

【基本案情】

2016年1月12日,中油宝世顺(秦皇岛)钢管有限公司(以下简称宝世顺公司)控股股东案外人宝鸡石油钢管有限责任公司就埃及桩管项目钢管海洋运输及港口操作、绑扎加固事宜进行招标。招标文件的主要内容为:货物数量为11.2万吨钢管,自2016年1月22日至5月14日,分12船运输;装货港为秦皇岛港、鲅鱼圈港和上海港，目的港为埃及塞得港、塞得东港或塞得西港等。2016年1月17日，振华物流集团有限公司（以下简称振华公司）到宝世顺公司处进行投标。2016年1月22日，宝世顺公司向振华公司发出中标通知书，中标价格与振华公司最后一次报价一致，并通知振华公司于2016年1月25日来宝世顺公司处签订合同，但双方至今未签订书面合同。

2016年2月15日，涉案68根钢管在秦皇岛港装载于“CARIBBEANID”轮，该轮由振华公司控股的案外人丰华物流有限公司（以下简称丰华公司）航次期租，案外人秦皇岛富盛船务代理有限公司代表船长签发了提单，提单记载的卸货港为埃及塞得港。该港位于苏伊士运河北端地中海海岸，港区以苏伊士运河河口为界，分为东港和西港两部分。船舶离开装货港后，宝世顺公司要求货物在塞得东港进行卸货。2016年2月26日，宝世顺公司将墨西哥项目余款向振华公司支付完毕。2016年3月18日，宝世顺公司向振华公司确认涉案航次的海运费、绑扎费和港杂费。宝世顺公司同时确认如要求在埃及塞得东港卸货，其应承担该港靠泊卸货高出塞得西港杂货码头的各项港口费用，并自行提供合适的卸货吊具，保证承运船舶到达卸货港后24小时内靠泊卸货，确认承担除天气因素之外，超过24小时免费时间产生的一切非因船方导致的船舶延滞及卸货中止等损失的计算方法及支付时间。2016年3月20日19时30分，“CARIBBEANID”轮抵达塞得港。由于塞得东港泊位紧张，振华公司于3月23日向宝世顺公司提出利用当地驳船公司在塞得西港锚地卸货的方案，并要求宝世顺公司分担卸货费用，但宝世顺公司没有明确答复。

【案件争点】

涉案合同的性质是海上货运代理合同还是海上货物运输合同。

【裁判要旨】

天津海事法院经审理认为：确定涉案合同属于货运代理合同还是海上货物运输合同，主要应考察以下两个方面：一是运输事宜的承担主体，二是运输费用的收取方式。就本案而言，振华公司的主要义务是将宝世顺公司的货物自秦皇岛港海运至埃及塞得港，而非代宝世顺公司寻找第三人完成上述运输。故振华公司的主要义务侧重于运输而非货运代理。本案中，振华公司依据合同可以收取海运费，海运费的数额根据货物数量直接计算，并不以振华公司已向实际承运人支付运费或租金为条件。因此，振华公司的主要权利体现的也是运输合同的性质。综上，涉案合同的性质为海上货物运输合同。由于合同中还约定了船舶滞期费的支付条件和计算方法，上述内容是航次租船合同所特有的，故涉案合同属于海上货物运输合同中的航次租船合同，振华公司为出租人，宝世顺公司为承租人。

天津市高级人民法院经审理认为：《货代解释》第3条规定，人民法院应根据书面合同约定的权利义务的性质，并综合考虑货运代理企业取得报酬的名义和方式、开具发票的种类和收费项目、当事人之间的交易习惯以及合同实际履行的其他情况，认定海上货运代理合同关系是否成立。首先，振华公司、宝世顺公司虽未签订书面合同，但双方在书面的招标、投标、中标文件、费用确认函以及往来邮件中，对合同权利义务作出了要约、承诺。涉案招标文件载明报价项目为海运费、港口操作、加固绑扎三项，上述项目均为运输费用及运输附随项目所产生的费用。此外，振华公司虽在其二审期间提交证据1－1邮件中比较了三种卸货方案，但同时表示驳船费成本其无法接受，除非由发货人和收货人自行承担，以及振华公司作为海运服务商并不负责门到门的服务等，该证据可以表明振华公司系以海运承运人的身份与托运人宝世顺公司磋商。其次，振华公司以约定标准收取运输费用，运费标准在指定承运船舶之前已经确定，并非以海运费代收代付、另行收取代理费的方式取得利润。一般而言，赚取运费差价是无船承运人的利润取得方式和通行做法，振华公司收取费用的方式能够在一定程度上证明其具有承运人的法律地位。结合振华公司兼具无船承运业务经营者资格和国际货运代理资格，故仅凭其开具国际货物运输代理服务费发票，尚不足以否定其无船承运人身份。最后，涉案货物运输过程中，振华公司主要义务系将宝世顺公司托运货物自中国秦皇岛港运至埃及塞得港，并在目的港制定卸货方案，最终将货物交付收货人，其履行行为具有海上货物运输合同中承运人的法律特征。鉴于涉案提单系船代代船长签发，其上未记载承运人，仅凭提单记载亦不足以否定振华公司承运人的身份。综上，振华公司与宝世顺公司在本案中成立合法有效的海上货物运输合同关系，振华公司为承运人、宝世顺公司为托运人。

三、裁判规则提要

无船承运业务是国际货运代理业务发展到一定阶段所延伸的产物，货运代理企业以货运代理人和无船承运人双重身份从事经营活动屡见不鲜。《国际海运条例实施细则》对无船承运业务的范围作出了具体规定，其中包含的接收、交付货物、收取运费和其他服务报酬、订舱和办理托运、集装箱拆箱、集拼箱等业务，与货运代理业务的范围大致相同。实践中，委托人在订立合同时，对于货运代理企业的身份以及所订立的合同性质并不十分关心，双方仅凭交易惯例或口头约定而未签订书面合同或未签发运输单据的情况时有发生。因业务操作的不规范，导致承运人与货运代理人在身份识别上容易发生混淆。

《海商法》第41条明确规定，海上货物运输合同，是指承运人收取运费，负责将托运人托运的货物经海路由一港运至另一港的合同。何为海上货运代理合同，法律、司法解释没有具体规定，通常认为，海上货运代理合同是指委托人和受托人约定，由受托人为委托人处理海上货物运输及相关业务的合同。就如何认定海上货运代理合同，《货代解释》第3条规定，人民法院应根据书面合同约定的权利义务的性质，并综合考虑货运代理企业取得报酬的名义和方式、开具发票的种类和收费项目、当事人之间的交易习惯以及合同实际履行的其他情况，认定海上货运代理合同关系是否成立。因此，如何区分海上货物运输合同与海上货运代理合同，可以从当事人之间权利义务的具体约定；运输单证的签发和记载的内容；收入的取得方式；以往业务操作的习惯做法四个方面进行判断。

运输单证是运输合同关系的证明，当事人若签发了提单，如无船承运人提单、多式联运提单的，可以直接认定其身份为无船承运人、多式联运经营人，其与发货人、收货人之间的合同关系为运输合同关系。根据《货代解释》第4条第1款的规定，货运代理企业在处理海上货运代理事务过程中以自己的名义签发提单、海运单或者其他运输单证，货运代理企业应承担承运人的责任。在例案一中，被告签发与其备案登记提单样式一致的无船承运人提单，接收原告交付的货物，符合海上货物运输合同法律关系的特征。且根据查明的事实，被告在原告与其分公司开展的多次案外业务中，也曾签发提单。被告接受原告的委托办理部分货运代理事宜符合操作惯例，不影响其作为无船承运人的法律地位。法院据此认定双方之间成立海上货物运输合同关系。

实践中，当事人未签订书面合同或者所签订合同的名称与内容不一致，或未实际签发提单的情况也时常出现。此时，可以从合同的实际履行情况以及当事人承担的权利义务入手，探究双方之间真实的法律关系。在例案二中，案涉货物运输未实际签发提单，但法院认为被告接受原告的委托，发出自己格式的订舱单对案涉货物出运事项进行确认，并安排后续提柜、运输事宜，其行为表明了其作为海上货物运输合同责任承担主体的事实，双方之间成立海上货物运输合同关系。在例案三中，原、被告也未签订书面合同，但从双方往来的招标、投标文件等所约定的权利义务看，被告的主要义务在于货物运输，被告收取费用的项目也备注为海运费、绑扎费、港杂费等，且其是以约定标准收取运输费用，并非以海运费代收代付、另行收取代理费的方式赚取利润。结合被告兼具无船承运业务经营者资格及其在货物运输过程中多次以承运人的身份与原告就卸货费用分摊事宜进行磋商等情况，法院认定双方之间成立海上货物运输合同关系，而非货运代理合同关系。可见，司法实践中法院在双方没有合同约定时，以合同实际履行的情况为依据，明确货运代理企业承担责任主体的事实，对双方之间的法律关系进行判断。

四、辅助信息

高频词条：

《海商法》

第 41 条 海上货物运输合同，是指承运人收取运费，负责将托运人托运的货物经海路由一港运至另一港的合同。

第 71 条 提单，是指用以证明海上货物运输合同和货物已经由承运人接收或者装船，以及承运人保证据以交付货物的单证。提单中载明的向记名人交付货物，或者按照指示人的指示交付货物，或者向提单持有人交付货物的条款，构成承运人据以交付货物的保证。

《货代解释》

第 3 条 人民法院应根据书面合同约定的权利义务的性质，并综合考虑货运代理企业取得报酬的名义和方式、开具发票的种类和收费项目、当事人之间的交易习惯以及合同实际履行的其他情况，认定海上货运代理合同关系是否成立。

第 4 条第 1 款 货运代理企业在处理海上货运代理事务过程中以自己的名义签发提单、海运单或者其他运输单证，委托人据此主张货运代理企业承担承运人责任的，人民法院应予支持。

海上货物运输合同纠纷案件裁判规则第 3 条：
运输单据记载的托运人与订舱人不一致时，订舱事项的委托人是海上货物运输合同的托运人

〔**规则描述**〕：运输单据记载的托运人与订舱人不一致时，应根据运输单据的记载及合同的签订和履行情况识别托运人。当其中一方能够证明订舱系接受另一方委托时，委托人会被认定为托运人。当承运人在与受托人订立海上货物运输合同时不知道委托关系的存在，在委托人不履行义务的情况下，承运人对于托运人的确定享有选择权。

一、类案检索大数据报告

时间：2019 年 9 月 16 日之前，案例来源：Alpha 案例库，数据采集时间：2019 年 9 月 16 日。本次检索以“订舱 委托 托运人”为全文检索条件，共获取了 200 篇判决书，剔除无关的文书 167 篇，共获 2019 年 9 月 16 日前裁判文书 32 篇。其中，单据托运人与订舱人不一致情形下：

（1）单据托运人与订舱人均是被告，法院认为做出委托订舱行为的一方是海上货物运输合同的托运人有 28 篇。

（2）仅有订舱人是被告，法院认为订舱人无法证明订舱事项系受第三人委托，订舱人应当是海上货物运输合同托运人有 3 篇。

（3）仅有订舱人是被告，法院认为订舱人能够证明订舱事项系受第三人委托，但是仍认定订舱人为托运人有 1 篇。

整体情况如下：

如图 3 - 1 所示，运输单据记载的托运人与订舱人不一致的，认为委托订舱人是托运人的比例是 87.5%。

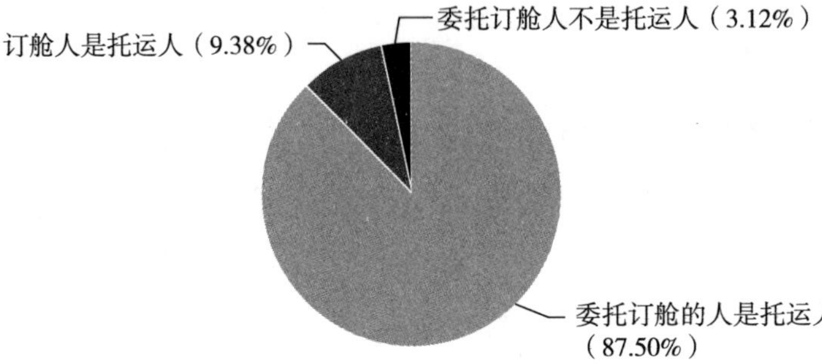

图3－1　海上货物运输合同托运人识别案例分布

从图3－2所示的案件年份分布情况可以看到当前条件下案例数量的变化趋势。

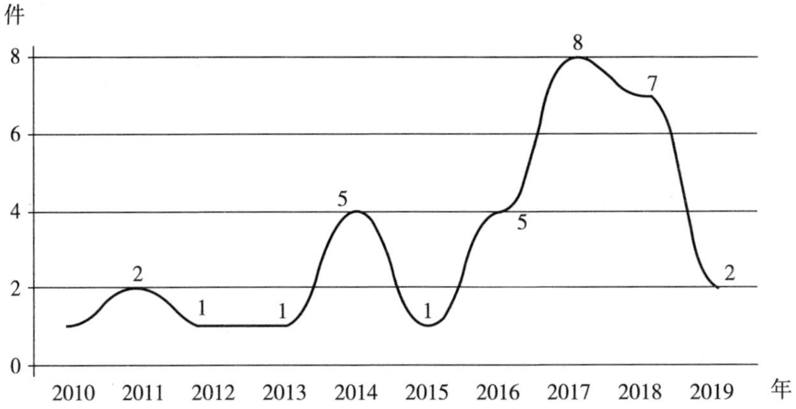

图3－2　案件年份分布情况

从图3－3所示的案件主要地域分布情况来看，当前案例主要集中在广东省、上海市、天津市等，分别占比56.25%、25%、6.25%，其中广东省的案件最多，达到18件。

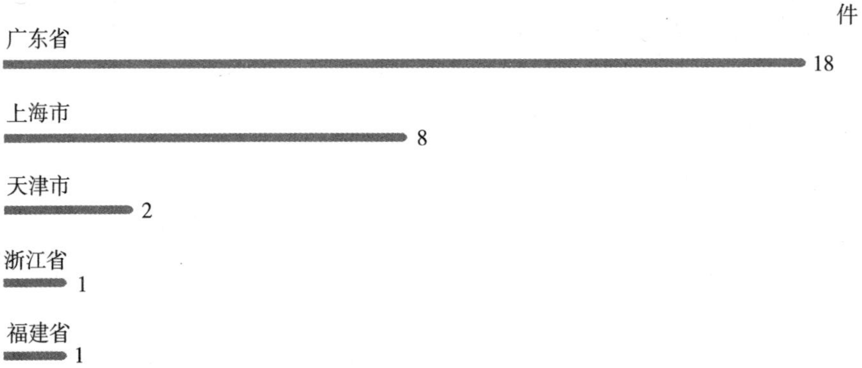

图3－3　案件主要地域分布情况

二、可供参考的例案

例案一 | 武汉元开进出口贸易有限公司与中远集装箱运输有限公司海上货物运输合同纠纷案

【法院】

天津市高级人民法院

【案号】

(2012)津高民四终字第 134 号

【当事人】

上诉人(一审被告):武汉元开进出口贸易有限公司

被上诉人(一审原告):中远集装箱运输有限公司

【基本案情】

2009 年 12 月 28 日,武汉元开进出口贸易有限公司(以下简称元开公司)与廊坊神州玻璃棉制品有限公司签订贸易合同购买涉案货物。2009 年 12 月 20 日,元开公司与国外收货人 PE 公司签订贸易合同卖出涉案货物。后元开公司委托上海铧驭通公司作为货运代理人办理出运事项,中远集装箱运输有限公司(以下简称中远集运)随后接到奥晟公司委托,作为承运人运输涉案货物,并签发提单。提单载明托运人为河北意力玻璃棉有限公司(以下简称意力公司),收货人为 PE 公司,起运港为天津新港,到达港为澳大利亚墨尔本,由天津中远集装箱船务代理有限公司(以下简称天远船代公司)作为中远集运的代理签发该提单。提单背面条款中第 2 条约定,承运人使用的滞箱费率并入提单。2010 年 1 月 26 日,涉案货物装船经二次转船后,于 2010 年 3 月 8 日到达卸货港卸货。2010 年 3 月 15 日,收货人 PE 公司发出弃货通知。2010 年 3 月 22 日,元开公司向中远集运发出弃货通知,并委托中远集运全权处理。中远集运在卸货港找到新的买家购买涉案货物充抵发生的港杂费、滞箱费。元开公司作为发货人委托天津中货报关行有限公司办理涉案货物报关业务。意力公司并未在工商局进行注册登记。

【案件争点】

关于元开公司的身份识别及是否应承担赔偿责任问题。

【裁判要旨】

一审天津海事法院认为:元开公司委托上海铧驭通公司出运涉案货物,以自己名义办理报关事项，并实际向承运人交付涉案货物。虽提单注明托运人为意力公司，但提单只是海上货物运输合同的证明，同时元开公司不能证明该公司确实存在。在卸货港出现无人提货情况下，元开公司也向承运人出具了弃货声明，据此元开公司是涉案货物运输的托运人，对承运人的损失应承担赔偿责任。

二审天津市高级人民法院认为：元开公司是就涉案货物所签订的买卖合同的卖方，其向中远集运出具的《弃货函》及涉案货物发票、装箱单、报关单都可以佐证元开公司系涉案货物的发货人。根据《海商法》第42条第3项之规定，可以认定元开公司为涉案货物运输的托运人。涉案提单并未流转至提单记载的收货人，因此，元开公司既是涉案货物运输的托运人，也是提单持有人，即提单所证明的运输合同当事方的权利、义务并未转让给收货人。涉案货物运至卸货港后，元开公司与收货人均向中远集运出具了弃货通知，在此情况下，中远集运结合目的港的实际情况对涉案货物进行的处理是合理的，对其未能清偿的费用，有权向托运人元开公司进行追偿。

例案二 山东神氏食品集团有限公司与青岛新海丰国际船舶代理有限公司海上货物运输合同纠纷案

【法院】

山东省高级人民法院

【案号】

(2013)鲁民四终字第83号

【当事人】

上诉人(一审被告)：山东神氏食品集团有限公司

被上诉人(一审原告)：青岛新海丰国际船舶代理有限公司

【基本案情】

涉案货物系由青岛广豪船务有限公司(以下简称广豪公司)作为山东神氏食品集团有限公司(以下简称神氏公司)的代理，以传真方式发送订舱委托，向青岛新海丰国际船舶代理有限公司(以下简称新海平船代公司)订舱，托运单载明托运人为神氏公司。新海丰船代公司接受订舱后，向广豪公司确认了船名航次、提单号。2008年7月15日，新海丰船代公司代表承运人新海丰集装箱公司签发了三份正本提单，广豪公司签收了提单。2008年7月16日，涉案货物随船出运。2008年7月

19日，涉案货物运至目的港香港，无人提取货物，新海丰船代公司也无法联系到收货人。新海丰船代公司曾于2009年3月6日向神氏公司发送函件，告知目的港无人提货，要求神氏公司予以处理。新海丰船代公司也曾联系广豪公司。广豪公司提供了神氏公司委托青岛高阳国际物流有限公司代为订舱的证据，以及该公司代神氏公司委托广豪公司代为订舱的证据，还告知了神氏公司李副总的联系方式。2008年7月28日，广豪公司向新海丰船代公司支付了涉案货物的运费。涉案货物至今仍在目的港无人提取，且没有清空集装箱。

新海丰船代公司提交的SITTAHKG425887号提单复印件载明，托运人为神氏公司，收货人为CH公司，接收地为青岛，装运港为青岛港，目的港为香港，船名航次为YELANV. 813S，货物品名为1个20尺集装箱。并载明，正本提单一式三份，该提单复印件上有"ORIGINAL"字样，并有"齐某"的签名。新海丰船代公司提交的场站收据副本（大副联）载明的托运人为神氏公司，收货人、接收地、装运港、目的港、货物信息等均与提单复印件载明的内容相同。该场站收据副本上有"From：广豪船务，TO：海丰，Date：08－07－0309：14"字样，且有"广豪船务"字样的方形印章。新海丰船代公司提交的青岛高阳国际物流有限公司的订舱单以及该公司发给神氏公司的入货通知、费用明细所显示的提单号、船名航次等信息均与提单记载一致。新海丰船代公司提交的青岛高阳国际物流有限公司与广豪公司往来的提单确认件载明的货物信息、船名航次、提单号、收货人等均与提单复印件一致，且载明托运人为神氏公司。上有手写的"许经理，本周提单确认，请确认一下""TO：赵某OK！正本！"等字样。新海丰船代公司陈述，许经理即为神氏公司的工作人员，赵某为广豪公司工作人员，该提单确认件系广豪公司发给神氏公司，神氏公司的许经理确认后回传给广豪公司，该许经理自广豪公司处领取了涉案货物的正本提单。新海丰船代公司提交了有"许某某"（字迹潦草，无法识别）7月16日签名的SITTAHKG425887号提单复印件以及有"齐某"与"韩某宏"于2008年7月16日签名的SITTAHKG425887号提单复印件。新海丰船代公司提交的山东捷丰国际储运有限公司的序号为1063306的出口装箱理货单/设备交接单载明的船名、航次、目的港、箱型箱号、提单号、包装件数、毛重、尺码、货物名称等均与提单记载相同。在装箱单位签章栏有"神氏公司专用章"的方形红章，并有车队、司机以及运输工具牌号等。

神氏公司否认出口过涉案货物，也否认委托过包括新海丰集装箱公司、广豪公司、青岛高阳国际物流有限公司等在内的公司运输过涉案货物，也否认委托他人代为办理涉案货物的运输事宜,并否认持有涉案货物的正本提单,否认交付过涉案货物所涉的海运费等一切费用,对新海丰船代公司的陈述以及有关证据也不认可。

2009年11月20日,新海丰集装箱公司与新海丰船代公司签订《债权转让协议书》,约定由新海丰集装箱公司将涉案货物在目的港无人提货产生的包括集装箱超期使用费、换单费等在内的SITTAHKG425887号提单项下的全部权利转让给新海丰船代公司。

【案件争点】

神氏公司是否为委托新海丰集装箱公司运输涉案货物的托运人。

【裁判要旨】

一审青岛海事法院认为:新海丰船代公司提交了出口货物报关单以及委托报关协议,能够相互印证,可以认定神氏公司为涉案货物的出口经营单位,也是出口货物的货主。新海丰船代公司提交的涉案货物的出口装箱理货单/设备交接单上有神氏公司的盖章,可以认定神氏公司发运了涉案货物。新海丰船代公司提交的提单复印件与青岛高阳国际物流有限公司的订舱单以及该公司发给神氏公司的入货通知、费用明细、青岛高阳国际物流有限公司与广豪公司往来的提单确认件、场站收据副本(大副联)、提单确认件等均能与新海丰船代公司的陈述相互印证,神氏公司没有提交证据予以推翻,足以认定,广豪公司、青岛高阳国际物流有限公司以神氏公司的名义委托新海丰集装箱公司运输涉案货物,应视为代表神氏公司委托新海丰船代公司运输涉案货物,其行为后果应由神氏公司承担,神氏公司即为涉案货物的契约托运人。神氏公司虽然否认出口以及出运过涉案货物,也否认委托新海丰集装箱公司或其他人运输过涉案货物,但神氏公司无法推翻其实际出口涉案货物的事实,也没有提交证据推翻新海丰船代公司提交的证据,其辩解没有证据支持,不予采信。

二审山东省高级人民法院认为:新海丰船代公司提交的报关单复印件盖有大港海关报关单据复印件专用章,虽然神氏公司对该证据不予认可,但其不申请法庭对该证据进行调查,因此,对新海丰船代公司关于报关单复印自大港海关的主张,予以认可,该报关单真实性应予认定。新海丰船代公司提交的提单复印件载明发货人为神氏公司,该提单复印件载明的发货人可以与取自大港海关及盖有神氏公司储运专用章的理货单相印证,因此,可以认定神氏公司即为涉案货物的托运人。

例案三 原告地中海航运有限公司与被告深圳市林氏进出口有限公司、宁波市扬帆物流有限公司、宁波市扬帆物流有限公司深圳分公司海上货物运输合同纠纷案

【法院】

广州海事法院

【案号】

(2014)广海法初字第343号

【当事人】

原告：地中海航运有限公司

被告：深圳市林氏进出口有限公司

被告：宁波市扬帆物流有限公司

被告：宁波市扬帆物流有限公司深圳分公司

【基本案情】

2013年2月22日，深圳市林氏进出口有限公司（以下简称林氏公司）委托宁波市扬帆物流有限公司深圳分公司（以下简称扬帆深圳分公司）代为办理一批货物的海上运输事宜。林氏公司发送给扬帆深圳分公司的托运单记载：托运人为林氏公司，收货人凭指示，通知方为ET公司，货物为两个40英尺超高集装箱的铝产品，装货港为中国深圳，目的港为埃及亚历山大，运费到付。扬帆深圳分公司随后以宁波市扬帆物流有限公司（以下简称扬帆公司）为托运人向原告订舱委托运输，原告接受委托后向其提供了编号为INKU6551430和MSCU7036721的两个40英尺超高集装箱装载货物，并出具订舱确认单告知扬帆公司交还集装箱的时间截至2月27日。林氏公司于2月25日将装载货物的上述集装箱交还至赤湾码头。根据林氏公司、扬帆深圳分公司提供的运输信息，原告于2月26日出具了编号为MSCUDT180082的提单打印件，该提单打印件记载的托运人、收货人、通知方、装货港、卸货港与林氏公司发送给扬帆深圳分公司的托运单记载一致，同时记载货物被装载于INKU6551430和MSCU7036721的两个40英尺集装箱内，运费预付。后涉案货物因为商标违规问题被海关扣押滞留装货港，产生集装箱超期使用费和码头堆存费。

【案件争点】

被告林氏公司与原告地中海航运有限公司的法律关系。

【裁判要旨】

广州海事法院认为：被告扬帆深圳分公司接受被告林氏公司代为办理涉案货物运输事宜的委托，以自己名义与原告订立涉案海上货物运输合同。扬帆深圳分公司向原告披露货物托运人为林氏公司后，原告在庭审中明确表示选择林氏公司作为相对人主张其诉讼请求，根据《合同法》第403条第2款①“受托人因委托人的原因对第三人不履行义务，受托人应当向第三人披露委托人，第三人因此可以选择受托人或者委托人作为相对人主张其权利”的规定，原告与林氏公司之间成立海上货物运输合同关系，林氏公司为托运人，原告为承运人，双方均应该按照合同约定行使权利、履行义务。在林氏公司不履行合同或者履行合同义务不符合约定的情况下，原告有权要求林氏公司承担继续履行、采取补救措施或者赔偿损失等违约责任。

三、裁判规则提要

承运人在履行海上货物运输过程中，因合同相对方的过错导致损失的，可以主张违约损害赔偿责任。在此类案件中，运输单据记载的托运人及订舱行为的实施人都可能成为承运人索赔的对象。由于贸易模式复杂多变、交易参与方多，存在层层委托代理关系，所以运输合同相对方的认定是此类案件审理的难点。我国《海商法》第42条规定了两类托运人：(1)本人或者委托他人以本人名义或者委托他人为本人与承运人订立海上货物运输合同的人（缔约托运人）；(2)本人或者委托他人以本人名义或者委托他人为本人将货物交给与海上货物运输合同有关的承运人的人（交货托运人）。《海商法》关于两种托运人定义较为模糊，两种托运人的法律地位和权利、义务没有得到明确的界定，在理论界和实务中产生很多争议。实践观点认为，《海商法》规定两种托运人的立法本意是保障FOB卖方取得提单，并在结汇前保留对货物的控制权，而不是让交货托运人对承运人承担缔约托运人的责任。② 缔约托运人才是海上货物运输合同的相对方，享有运输合同项下完整的权利并承担相对应的义务，而交货托运人是特殊的托运人，只有在满足特定条件下才能依法取得运输法下的托运人主体地位。本规则所识别的是与承运人相对应的海上货物运输合同的另一方主体即《海商法》第42条规定的缔约托运人，识别应主要依

---

① 参见《民法典》第926条第2款。

② 余晓汉：《关于解决〈海商法〉中托运人问题的新思考》第359页，载《民商法论丛》（第33卷）2005年第1期。

据运输单据记载及合同双方在合同签订及履行过程中实施的行为。[①]

（一）当提单载明的托运人与订舱人不一致时，运输单据记载的托运人仅具有初步的证明效力，应结合运输合同的订立及履行情况来识别托运人

运输合同一般以托运人通过填写订舱单（托运单）提出运输货物的请求为要约，承运人同意运输为承诺。在运输合同订立过程中，做出订舱指示的行为人，合同履行过程中发出改港通知或弃货声明的指示人，都是确定托运人的重要因素。如例案一中，订舱人不能证明提单记载的托运人真实存在，且合同履行过程中发出弃货声明的也是订舱人，在此情况下，法院认定了订舱人为运输合同的相对方。

（二）当订舱人够证明订舱系接受第三人委托时，委托人会被认定为托运人

实践中，订舱人会抗辩其受委托进行订舱，此种情况下，承担委托代理情况存在证明责任的是订舱人。在例案二中，提单记载的托运人否认出口以及出运过涉案货物，也否认委托他人运输过涉案货物，订舱人提交了出口货物报关单、委托报关协议、集装箱理货单、设备交接单用以证明提单记载的托运人委托订舱，法院据此认定订舱人不是运输合同的相对方，提单记载的托运人是订舱行为的委托人，其才是承担目的港无人提货损失的责任主体。

（三）委托代理关系中的受托人与承运人订立运输合同时，依据《民法典》第 925 条的规定，应区分受托人是以委托人的名义还是以自己的名义订立合同，当受托人以委托人的名义与承运人订立运输合同时，委托人是运输合同的托运人

当受托人以自己的名义与承运人订立海上货物运输合同，如果承运人知道委托合同的存在并且没有证据表明运输合同只约束承运人与受托人的，委托人是运输合同的托运人。当承运人在与受托人订立海上货物运输合同时不知道委托关系的存在，在委托人不履行义务的情况下，承运人对于托运人的确定享有选择权。在例案三中，受托人以自己名义向承运人订舱托运，在货物被扣产生滞箱费情况下，承运人可以选择向委托主张权利，而不选择向订舱人主张权利。

---

① 余妙宏：《海上货物运输合同中托运人法律制度研究》，大连海事大学 2010 年博士学位论文，第 34 页。

四、辅助信息

高频词条：

《海商法》

第42条 本章下列用语的含义：

（一）“承运人”是指本人或者委托他人以本人名义与托运人订立海上货物运输合同的人。

（二）“实际承运人”，是指接受承运人委托，从事货物运输或者部分运输的人，包括接受转委托从事此项运输的其他人。

（三）“托运人”是指：

1. 本人或者委托他人以本人名义或者委托他人为本人与承运人订立海上货物运输合同的人；

2. 本人或者委托他人以本人名义或者委托他人为本人将货物交给与海上货物运输合同有关的承运人的人。

（四）“收货人”，是指有权提取货物的人。

（五）“货物”，包括活动物和由托运人提供的用于集装货物的集装箱、货盘或者类似的装运器具。

《民法典》

第925条 受托人以自己的名义，在委托人的授权范围内与第三人订立的合同，第三人在订立合同时知道受托人与委托人之间的代理关系的，该合同直接约束委托人和第三人；但是，有确切证据证明该合同只约束受托人和第三人的除外。

第926条 受托人以自己的名义与第三人订立合同时，第三人不知道受托人与委托人之间的代理关系的，受托人因第三人的原因对委托人不履行义务，受托人应当向委托人披露第三人，委托人因此可以行使受托人对第三人的权利。但是，第三人与受托人订立合同时如果知道该委托人就不会订立合同的除外。

受托人因委托人的原因对第三人不履行义务，受托人应当向第三人披露委托人，第三人因此可以选择受托人或者委托人作为相对人主张其权利，但是第三人不得变更选定的相对人。

委托人行使受托人对第三人的权利的，第三人可以向委托人主张其对受托人的抗辩。第三人选定委托人作为其相对人的，委托人可以向第三人主张其对受托人的抗辩以及受托人对第三人的抗辩。

海上货物运输合同纠纷案件裁判规则第 4 条：

货物交付前持有全套正本提单的托运人请求变更或解除合同的权利

〔**规则描述**〕：在海上货物运输合同中，承运人将货物交付收货人之前，持有全套正本提单的托运人享有请求变更、解除合同的权利，但双方当事人应遵循公平原则确定各自的权利和义务。

一、类案检索大数据报告

时间：2019 年 11 月 18 日之前，案例来源：Alpha 案例库，数据采集时间：2019 年 11 月 18 日。本次检索以引用法条为"《海商法》""《合同法》第 308 条"[①]全文包含"海上货物运输合同"作为检索条件，共获取了 52 篇裁判文书，剔除重复的文书 31 篇，无关的文书 9 篇，剩余的 12 篇裁判文书中：

（1）认为货物交付前持有全套正本提单的托运人虽享有请求变更、解除合同的权利，但双方当事人应遵循公平原则确定各自权利义务的文书有 10 篇；

（2）认为货物交付前持有全套正本提单的托运人对货物享有控制权，享有请求变更、解除合同权利的文书有 2 篇。

整体情况如下：

如图 4－1 所示，认为货物交付前持有全套正本提单的托运人虽享有请求变更、解除合同的权利，但双方当事人应遵循公平原则确定各自权利义务的文书占 83%，认为货物交付前持有全套正本提单的托运人对货物享有控制权，享有请求变更、解除合同权利的文书占 17%。

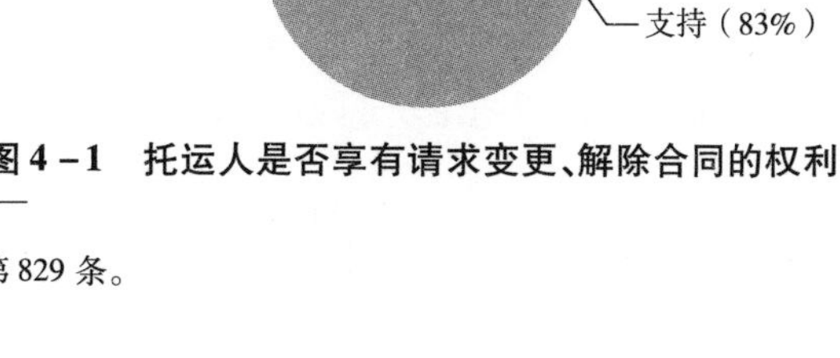

图 4－1　托运人是否享有请求变更、解除合同的权利

① 参见《民法典》第 829 条。

从图4－2所示的年份分布情况可以看到当前条件下案例数量的变化趋势。

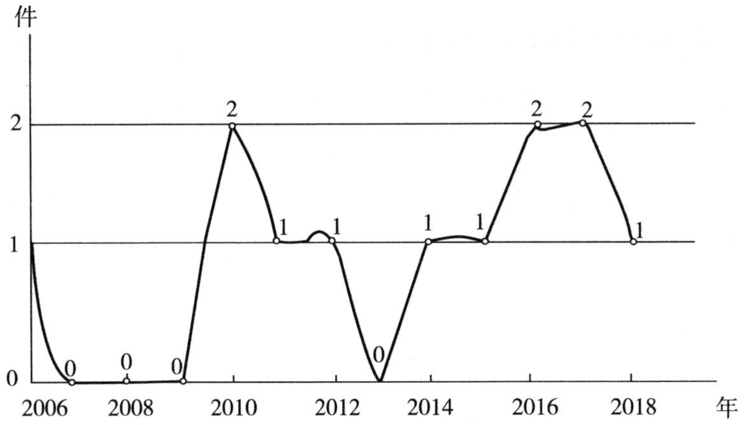

图4－2　案件年份分布情况

从图4－3所示的地域分布情况来看，当前案例主要集中在上海市、浙江省、广东省等，分别占比41.66%、25%、16.66%，其中上海市的案件量最多，达到5件。

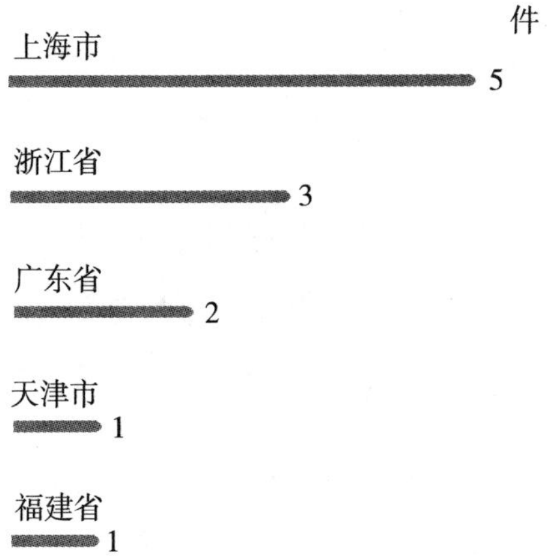

图4－3　案件主要地域分布情况

从图4－4所示的案由分类情况可以看到，当前最主要的案由是合同、无因管理、不当得利纠纷，占一半以上，其次是海事海商纠纷，适用特殊程序案件案由。

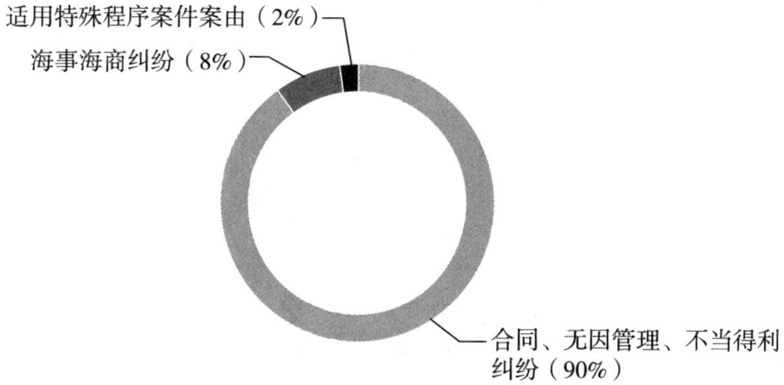

图4－4　案件案由分类情况

从图4－5所示的行业分类情况可以看到，当前的行业分布主要集中在交通运输、仓储和邮政业，批发和零售业，制造业，建筑业。

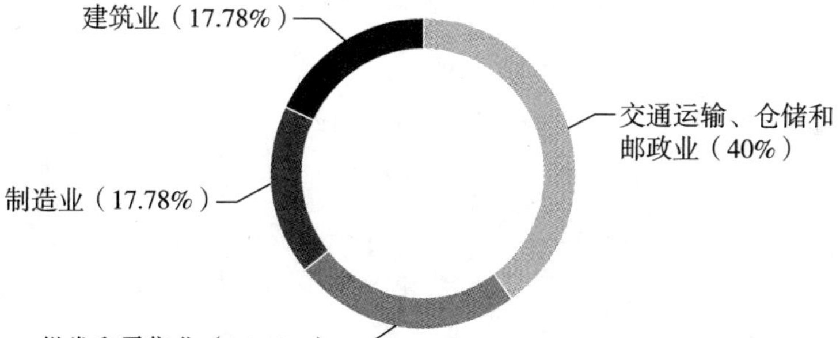

图4－5　案件行业分类情况

二、可供参考的例案

例案一　浙江隆达不锈钢有限公司与A.P.穆勒－马士基有限公司海上货物运输合同纠纷案

【法院】

最高人民法院

【案号】

(2017)最高法民再412号

【当事人】

再审申请人(二审被上诉人、一审被告):A. P. 穆勒－马士基有限公司

再审被申请人(二审上诉人、一审原告):浙江隆达不锈钢有限公司

【基本案情】

2014年6月,浙江隆达不锈钢有限公司(以下简称隆达公司)由中国宁波港出口一批不锈钢无缝产品至斯里兰卡科伦坡港,货物报关价值为366,918.97美元。隆达公司通过货代向A. P. 穆勒－马士基有限公司(以下简称马士基公司)订舱,涉案货物于同年6月28日装载于4个集装箱内装船出运,出运时隆达公司要求做电放处理。2014年7月9日,隆达公司通过货代向马士基公司发邮件称,发现货物运错目的地要求改港或者退运。马士基公司于同日回复,因货物距抵达目的港不足2天,无法安排改港,如需退运则需与目的港确认后回复。次日,隆达公司的货代询问货物退运是否可以原船带回,马士基公司于当日回复"原船退回不具有操作性,货物在目的港卸货后,需要由现在的收货人在目的港清关后,再向当地海关申请退运。海关批准后,才可以安排退运事宜"。2014年7月10日,隆达公司又提出"这个货要安排退运,就是因为清关清不了,所以才退回宁波的,有其他办法吗?"此后,马士基公司再未回复邮件。2014年7月12日,涉案货物到达目的港。马士基公司应隆达公司的要求于2015年1月29日向其签发了编号603386880的全套正本提单。根据提单记载,托运人为隆达公司,收货人及通知方均为VENUS STEEL PVT LTD,起运港中国宁波,卸货港科伦坡。2015年5月19日,隆达公司向马士基公司发邮件表示已按马士基公司要求申请退运。马士基公司随后告知隆达公司涉案货物已被拍卖。

隆达公司诉称:案涉货物到达目的港后,因收货人未支付货款,隆达公司向马士基公司提出退运要求,马士基公司也同意安排退运,但至今未能安排退运。马士基公司声称涉案货物在目的港已被拍卖,但未提供任何文件予以证明。马士基公司未尽到妥善保管货物的义务或已实施无单放货,导致隆达公司提单物权落空,应向隆达公司承担赔偿责任。

宁波海事法院经审理认为:隆达公司系涉案货物托运人,且持有全套正本提单,马士基公司系承运人,故原告与被告之间成立海上货物运输合同法律关系。货物到港前,隆达公司虽曾要求马士基公司进行改港或退运处理,但马士基公司已明

确告知货物距抵达目的港不足2天，无法安排改港，且自身无法安排退运。货物抵港后，隆达公司作为涉案货物的托运人和正本提单持有人，理应及时关注货物状态并采取有效措施，其虽知晓货物到港后无人提货，亦主张因货物在目的港清关风险太大，想要在当地寻找买家，但直至货物被海关拍卖长达半年时间内，隆达公司均未采取自行提货等有效措施，最终导致货物在目的港被海关拍卖，相应货损风险应由隆达公司自身承担。隆达公司主张马士基公司未按指示更改港口或退运，违反法定义务，但证据与理由不足，不予采信，判决驳回隆达公司的诉讼请求。

浙江省高级人民法院认为：隆达公司系涉案货物托运人，且持有全套正本提单，其对涉案货物享有控制权。根据《合同法》第308条、《无单放货解释》第9条的规定，隆达公司作为涉案货物的托运人，在货物交付收货人之前，依法可以要求承运人马士基公司进行退运或改港。根据双方确认的事实，涉案货物于2014年7月12日到达目的港，在此之前的7月9日，隆达公司通过其货代向马士基公司申请改港或退运。马士基公司于同日回复称"因货物距抵达目的港不足2天，无法安排改港，如需退运则需与目的港确认后回复。"隆达公司于涉案货物交付收货人之前可以向承运人申请变更到达地或返还货物，若马士基公司采取措施配合隆达公司变更或解除合同，则依法可向隆达公司主张相应损失。因此，隆达公司上诉提出其享有改港及退运的权利有相应的法律依据。在隆达公司提出退运要求后，马士基公司既未明确拒绝安排退运，也未通知隆达公司自行处理，对涉案货损应承担相应的赔偿责任，酌定责任比例为50%。

马士基公司申请再审称：二审判决认定马士基公司应配合隆达公司退运或者改港系适用法律错误。第一，二审判决适用《合同法》及《无单放货解释》不恰当。马士基公司是否有配合隆达公司改港或者退运的义务，应根据斯里兰卡当地的法律规定。依据斯里兰卡海关条例的相关规定，涉案货物客观不能转港和退运，只能先办理进口清关手续再退运，且办理进口清关手续系进口方的义务。马士基公司作为承运人，无法协助也没有能力办理进口清关手续。二审判决苛责马士基公司应进一步配合隆达公司办理进口清关手续，于法无据也违背航运实践和惯例。第二，马士基公司已将涉案货物运抵目的港，海上货物运输合同项下的义务已经履行完毕。如果托运人选择回运，应另行订舱并建立新的海上货物运输合同关系，否则，承运人不负有当然的回运义务。第三，即使隆达公司行使的是中途停运权，该权利系基于国际货物买卖合同的不安抗辩权，并不必然约束作为运输合同当事人的承运人。且在班轮运输的方式下，托运人行使中途停运权将侵害同船其他货主的权益，也不具有实际可操作性，承运人没有必须配合变更或解除原海上运输合同关系的义务。

【案件争点】

隆达公司在马士基公司交付货物前是否享有请求其改港或者退运的权利。

【裁判要旨】

最高人民法院认为：因《海商法》未就航程中托运人请求变更运输合同的权利予以规定，故本案适用《合同法》的有关规定。依据《合同法》第 308 条的规定，在承运人将货物交付收货人之前，托运人享有请求变更运输合同的权利，但双方当事人仍要遵循《合同法》[①]第 5 条规定的公平原则确定各方的权利和义务。海上货物运输具有运输量大、航程预先拟定、航线相对固定等特殊性，托运人要求改港或者退运的请求有时不仅不易操作，还会妨碍承运人的正常营运或者给其他货物的托运人或收货人带来较大损害。在此情形下，如果要求承运人无条件服从托运人变更运输合同的请求，显失公平。因此，在海上货物合同下，托运人并非在任何情况下都应无条件服从托运人请求变更运输合同的指示。为合理平衡海上货物运输合同中各方当事人的利益，在托运人可以行使请求变更运输合同权利的同时，承运人也相应地享有一定的抗辩权。如果变更运输合同难以实现或者将严重影响承运人正常营运，承运人可以拒绝托运人改港或者退运的请求，但应当及时通知托运人不能执行的原因。涉案运输方式为国际班轮运输，载货船舶除运载隆达公司托运的四个集装箱外，还运载了其他货主托运的众多货物。涉案货物于 2014 年 6 月 28 日装船出运，7 月 12 日左右到达目的港，而隆达公司于 7 月 9 日才要求马士基公司改港或者退运。在承运船舶距离到达目的港只有两三天时间的情形下，马士基公司主张由于航程等原因无法安排改港，原船退回不具有可操作性，客观合理。关于货损，隆达公司已了解货物到港的大体时间并明知涉案货物在目的港无人提货，但在长达 8 个月的时间里未采取措施处理涉案货物致其被海关拍卖。隆达公司虽主张马士基公司未尽到谨慎管货义务，但并未举证证明马士基公司存在管货不当的事实。隆达公司的该项主张缺乏依据，再审法院不予支持。根据《海商法》第 86 条的规定，马士基公司卸货后所产生的费用和风险应由收货人承担，马士基公司作为承运人无须承担相应风险。综上，二审判决判令马士基公司承担涉案货物一半的损失，缺乏事实依据，适用法律不当，应予纠正。一审判决适用《无单放货解

---

① 参见《民法典》第 6 条。

释》的规定，与本案事实及争议的法律问题不符，应予纠正，但判决结果正确，可予维持。

例案二　浙江省绍兴县明星皮塑有限公司与万海航运股份有限公司海上货物运输合同纠纷案

【法院】

上海市高级人民法院

【案号】

(2006)沪高民四(海)终字第23号

【当事人】

上诉人(一审原告)：浙江省绍兴县明星皮塑有限公司

被上诉人(一审被告)：万海航运股份有限公司

【基本案情】

2003年9月26日，万海航运股份有限公司(以下简称万海公司)为浙江省绍兴县明星皮塑有限公司(以下简称明星公司)出运一批纺织品，自中国上海至泰国曼谷。正本提单上记载：托运人为明星公司，收货人凭指示，通知方为C公司，集装箱号为FSCU3239235。货物于同年10月7日抵达目的港。同年12月26日，目的港海关向万海公司发出公函，称由于货物没有提单、报关单以及未缴纳应付关税，仍处于海关的监管之中，15日内如未收到相应的关税，海关将作无主货物处理。该函附由海关官员签署，并出具船舶清单滞留货物表，表中列明的收货人为提单上的通知方C公司。同年11月28日及12月31日，明星公司两次以电报形式要求案外人万海航运(香港)股份有限公司驻沪办事机构将涉案货物回运。2004年8月27日，目的港海关再次向万海公司发出公函，告知货物已于同年6月10日被拍卖，所得货款为410,880泰铢。此前，明星公司就以万海公司不配合将货物回运为由诉至宁波海事法院，宁波海事法院于2004年1月17日立案受理后，将本案移送上海海事法院审理。涉案提单未经背书，诉讼时由明星公司持有。

明星公司诉称：因国外贸易买方未支付货款，明星公司要求承运人万海公司回运货物，但因万海公司迟迟不将货物回运，致使明星公司遭受了21,322.4美元的经济损失，请求法院判令万海公司承担赔偿责任。

万海公司辩称：其已将货物安全运抵目的港，完成了运输义务，明星公司无权单方面变更运输合同,双方也未就回运事项达成协议。货物被目的港海关拍卖是明星公司的国外贸易买方拒绝提货的结果,万海公司对此没有过错。

【案件争点】

在案涉货物交付收货人之前,明星公司是否有权要求万海公司将货物运回。

【裁判要旨】

上海海事法院认为:本案为海上货物运输合同纠纷,根据特别法优于普通法的法律适用一般原则,本案应当优先适用《海商法》。由于《海商法》对涉案运输合同项下涉及的货物返还即货物回运问题未作明确规定,本案可以退而适用《合同法》的相关规定。《合同法》第308条规定了"托运人可以要求承运人返还货物",其中"可以要求"的法律用词表明托运人在运输合同下享有的该项权利仅仅在于向承运人提出要求,至于该项权利最终能否得以实现,则需视承运人的意思表示而定。也就是说,承运人并不负有一经托运人要求就必须返还货物的法定义务。并且,在本案中,明星公司是在原运输合同约定的两港运输业已完成数月以后,且货物已卸于国外港口,并处于当地海关监管的状态下,提出返还货物的要求。鉴于运输合同涉及的运输期间与运输合同项下承运人的责任期间分属不同的概念,明星公司提出的回运要求,不属于合同变更的情形,而应被视为在原运输合同约定的两港运输完成之后,另行发出的从原目的港至原装货港的新的运输合同要约。根据《合同法》的相关规定,新要约必须要有相应的新承诺才能达成新的合意。明星公司没有提供证据证明,其与万海公司之间就涉案货物的回运事宜进行过磋商,并最终达成回运协议,应当认定明星公司与万海公司之间就涉案货物没有达成回运协议。涉案货物滞港的主要原因是没有提单,导致货物被拍卖的直接原因是目的港无人向海关申报和及时缴纳关税。明星公司作为托运人,知道或者应当知道涉案提单不经流转会使货物在目的港的交付产生困难,如其出于贸易因素在未收回贸易款项时不愿进行提单流转,则其应随时关心涉案货物在目的港的情况,并在万海公司不能配合返还货物时,以提单持有人身份直接要求目的港有关机构安排回运或处理。明星公司主张就回运事宜同万海公司进行过接触,那么其知道或者应当知道涉案货物在目的港的实际情况,其指责万海公司未将货物情况及时通知明星公司的主张不能成立。在明星公司就涉案纠纷向宁波海事法院提起诉讼之时,货物尚未被拍卖,在其后的近5个月内,明星公司如能向目的港有关机构及时主张权利,涉案货物被拍卖的结局应该是可以避免的。因此,对涉案货物最终被拍卖的结果,明星公司自身负有相应责任。反之,万海公司对此没有任何过失,并且明星公司关于系万海公司将提单上的通知方 C 公司向当地海关错误申报为货物收货人的主张，缺乏事实依据，故万海公司无须承担赔偿责任。

上海市高级人民法院认为：涉案运输合同系国际海上货物运输合同，当货物运抵泰国曼谷的目的港时，就要接受当地海关的监管，然后等待收货人办理清关、提货手续。如果没有收货人或提单持有人为货物办理申报、缴纳关税等清关手续，货物不可能被重新运回装货港。就本案而言，在目的港无人收货，持有提单的托运人明星公司又不亲自或者委托他人到目的港为货物办理清关手续的情况下，承运人万海公司根本无法将已处于海关监管下的货物擅自运回装货港。明星公司要实现将货物回运的目的，就必须亲自或者委托他人持涉案提单到目的港，先行为货物办理清关手续，然后才能够着手办理回运事宜。一旦明星公司到目的港为货物办理清关、提货手续后，涉案的运输合同就履行完毕。明星公司若需要万海公司将货物回运，必须同万海公司协商订立一个新的运输合同。即将货物运回装货港的要求是明星公司向万海公司发出的一个新的要约，万海公司可以视实际情况，选择承诺或者拒绝接受该要约。当然，明星公司也可以另行委托其他承运人将货物回运。即使目的港海关允许已经处于海关监管状态下的货物在不进关的情况下可以运离该港，则承运人也必须为重新装船的货物再次签发提单，即在托运人和承运人之间建立一个新的运输合同关系。在无证据表明万海公司与明星公司之间达成了将货物运回装货港的新的运输协议的前提下，明星公司要求万海公司承担未将货物回运的责任，于法无据。现有证据表明，涉案货物滞港的主要原因是没有提单，导致被拍卖的直接原因是目的港无人向海关申报和及时缴纳关税，而与明星公司主张的万海公司将提单记载的通知人 C 公司错误申报为收货人并无干系。涉案货物于 2003 年 10 月 7 日抵达目的港，直至 2004 年 6 月 10 日才被当地海关拍卖，在如此长的时间内，明星公司明知目的港无人提货且自己持有提单，却不到目的港提取、处理货物，即使其有回运货物的意图，且于 2004 年 1 月就将万海公司诉诸法院，也不能因此免除其负有的关注货物的状况、及时处理货物的义务。正是明星公司这种漠视货物的状况，怠于履行处置货物义务的行为，导致货物最终被当地海关拍卖。因此，明星公司应当为自身的过错承担相应责任，而不应要求并无过错的万海公司承担赔偿责任。

例案三 广州市星亚金属材料有限公司与深圳市欣运达国际货运代理有限公司海上货物运输合同纠纷案

【法院】

广州海事法院

【案号】

(2017)粤72民初221号

【当事人】

原告:广州市星亚金属材料有限公司

被告:深圳市欣运达国际货运代理有限公司

【基本案情】

原告广州市星亚金属材料有限公司(以下简称星亚公司)向位于阿拉伯联合酋长国迪拜的JM公司出售两批铝板。为此,原告分别于2016年1月12日、1月18日、3月6日开具形式发票,对合同号、商品信息、贸易方式以及已付订金、未付余款等进行记载。2016年3月7日及9日,原告分两次委托广州市尚霖国际货运代理有限公司就16UAE－JM01号、16UAE－JM02号贸易合同项下的货物进行出口报关。2016年3月,原告就本案货物委托被告深圳市欣运达国际货运代理有限公司(以下简称欣运达公司)运输。被告接受委托后,向原告签发两份提单。3月9日,被告向原告出具两张账单,内容为包括本案两个集装箱货物的封条费、操作费等费用,两张账单的金额均为1733元,原告于3月14日向被告支付3466元。被告接受委托后,将本案两个集装箱货物的运输委托美国总统轮船公司承运,美国总统轮船公司接受委托后向被告签发两份提单。2016年3月8日和10日,涉案两个集装箱从黄埔运抵香港中转,于4月3日到达目的港沙特阿拉伯达曼。

由于JM公司未支付除预付款外的货款,原告未将被告签发的两套提单交付JM公司。4月5日,原告的员工邓某(Joyce)向被告的员工Helen发邮件,要求不要放货,并将货物回运。4月9日,原告员工文某(Bill)向被告的员工Helen发邮件,要求将货物更改目的港或者退运。被告的员工Helen收到以上邮件后于4月25日发邮件回复文某表示不同意更改目的港或者退运。4月22日,原告员工文某向被告的员工Helen发邮件,要求将货物退运中国起运港,或者转运到迪拜,或者将收货人改为位于沙特的AL－GEALDY TRADE ST。被告告知原告的员工邓某,如果更改收货人,需要满足5个条件:(1)美国总统轮船公司已签发的全套正本提单必须收回并交给美国总统轮船公司；(2)美国总统轮船公司提单上的原收货人需要出具更改收货人的确认函；(3)改单费每单 266 美元；(4)托运人或者新收货人应结清集装箱超期使用费；(5)新收货人应结清港口延滞费。由于原告无法满足第 2 个条件，被告未更改收货人。2016 年 8 月 25 日，被告通知原告本案货物于 2016 年 8 月 23 日在目的港被拍卖。至庭审之日，原告仍持有编号为 XYD16030096 和 XYD16030097 的两套各一式三份的正本提单。

星亚公司诉称：被告收到货物后，未按原告的指示，在船东提单上擅自确定了收货人。原告多次交涉，要求被告将货物转运、变更收货人或将货物运回中国，均未实现。2016 年 7 月，被告通知原告上述货物在目的港被拍卖。被告的上述违约行为，导致原告货物既无法交付原告指定收货人，也无法运回中国，故被告应赔偿其全部损失。

【案件争点】

案涉货物交付收货人之前，星亚公司是否有权要求欣运达公司回运货物、更改目的港或者变更收货人。

【裁判要旨】

广州海事法院经审理认为：本案货物运输是由我国港口运至国外港口，而且已经在目的港完成卸货。由于回运货物涉及进出口货物报关清关等手续，《合同法》第 308 条关于托运人在承运人将货物交付收货人之前可以要求承运人中止运输、返还货物的规定，不能当然适用于本案运输合同。根据查明的事实，被告已经将本案货物运抵目的港并卸货待交，履行了其作为承运人的主给付义务，原告要求被告回运货物，已经超出了运输合同的约定，由于双方事先并没有对回运货物作出约定，原告的请求系在原运输合同之外提出了新的要约，除非被告承诺同意，否则被告有权拒绝原告回运货物。原告主张，被告未按原告的指示，在船东提单(美国总统轮船公司签发的提单)上擅自确定了收货人，要求被告将美国总统轮船公司签发的提单上记载的收货人变更为原告指定的收货人被拒绝。根据查明的事实，美国总统轮船公司签发的编号为 APLU051681970 和 APLU051682116 提单记载的托运人为被告，原告并非上述提单证明的运输合同的当事人，根据合同相对性原则，原告无权请求被告更改美国总统轮船公司签发的提单上记载的收货人。

三、裁判规则提要

（一）货物交付前托运人变更或解除合同的权利

就海上货物运输合同而言，《合同法》与《海商法》属于普通法与特别法的关系。根据《海商法》第89条的规定，船舶在装货港开航前，托运人可以要求解除合同。但《海商法》未就航程中托运人要求变更、解除运输合同的权利作出规定，故应适用《合同法》第308条关于托运人变更、解除运输合同的规定。在提单运输的场合，托运人行使《合同法》第308条规定的变更、解除合同权利的，必须持有全套正本提单，并将提单交给承运人，如果提单已经流转，则托运人丧失对货物的控制权，不能享有该项权利。即在承运人将货物交付收货人之前，仍持有全套正本提单的托运人可以请求承运人中止运输、返还货物、变更到达地或者将货物交给其他收货人。例如，上述三个例案中，作为原告的托运人均持有全套正本提单。但托运人单方变更或者解除合同给承运人造成损失的，例如中止运输、变更到达地点造成的路途增加、时间延长、运费上升等，托运人应承担因变更或者解除合同而产生的各种费用，给承运人造成损失的还应承担相应的赔偿责任。

（二）应遵循公平原则确定承托双方的权利义务

托运人依据《合同法》第308条主张变更、解除运输合同的权利，应遵循《合同法》第5条规定的公平原则合理确定承托双方的权利义务，不得使双方当事人的权利义务显失公平。例如，不得使承运人违反对其他托运人承担的安排合理航线等义务，或剥夺承运人关于履行海上货物运输合同变更、解除事项的相应抗辩权。海上货物运输具有运输量大、航程预先拟定、航线相对固定等特殊性，托运人要求改港或者退运的请求不仅不易操作，缺乏可行性，往往还会妨碍承运人的正常营运。在此情况下，如果要求承运人无条件服从托运人变更、解除运输合同的请求，显然有失公平。因此，在海上货物运输合同下，为合理平衡海上货物运输合同中各方当事人利益，在托运人行使变更、解除合同的权利时，应赋予承运人一定的抗辩权利。如果变更运输合同难以实现或者将严重影响承运人正常营运，承运人可以拒绝托运人改港或者退运等要求，但应当及时通知托运人不能执行的原因。如果承运人不能执行托运人指示的原因有理，承运人未按照托运人退运或改港等指示执行并无不当，由此导致货物在目的港因无人（迟延）提货产生损失的，承运人不承担赔偿责任。在例案一中，再审判决对二审判决适用《合同法》第308条持肯定态度，但是从公平原则的角度认定马士基公司以到港前两三天来不及安排改港为由，未按隆达公司的指示改港、退运，不违反《合同法》第308条的规定。在例案二中，案涉货物已经运抵目的港曼谷并进入当地海关监管之下，原告明知无人提货，自己既不亲自也不委托他人为货物办理清关手续，承运人缺乏直接回运货物的条件，故法院不支持其援引《合同法》第308条要求被告回运货物。

（三）托运人要求回运货物不属于返还货物

前述三个例案的托运人均认为，涉案货物虽然已经运抵目的港，但尚未交付收货人，所以运输合同尚未履行完毕，其有权依据《合同法》第308条规定变更运输合同。托运人要求承运人将货物重新运回属于《合同法》第308条规定的返还货物的情形。这实际涉及货物运抵目的港但尚未交付收货人时，海上货物运输合同是否已经履行完毕的问题。即运输合同的完成，是以货物运抵目的港，还是以承运人将货物交付收货人为标志。运输期间与承运人的责任期间分属不同的概念。关于运输期间，《海商法》第41条规定，"海上货物运输合同，是指承运人收取运费，负责将托运人托运的货物经海路由一港运至另一港的合同。"货物虽未交付，运输合同尚未履行完毕，但承运人将货物运抵目的港后已履行了运输合同的主给付义务。关于责任期间，《海商法》第46条规定，"承运人对集装箱装运的货物的责任期间，是指从装货港接收货物时起至卸货港交付货物时止，货物处于承运人掌管之下的全部期间。承运人对非集装箱装运的货物的责任期间，是指从货物装上船时起至卸下船时止，货物处于承运人掌管之下的全部期间。"因此，在货物运抵目的港交付前，承运人虽然履行了主合同义务，但其责任期间尚未届满，运输合同也未履行完毕。

当货物运抵目的港后，一般应当接受当地海关的监管，等待收货人办理清关、提货手续。如果收货人或者持有提单的托运人不到目的港为货物办理清关，货物通常是无法重新运回装货港的。无论是货物被清关提取再回运还是目的港海关允许其监管下的货物在不进关的情况下可以直接运离该港，此时原运输合同都已履行完毕，承运人必须为重新装船的货物再次签发提单或其他运输单证。原运输合同项下的提单或其他运输单证的失效，也意味着原运输合同的终结。此时，托运人要求承运人将货物回运的情形，不属于《合同法》第308条中规定的返还货物的范畴。回运合同是一个新的海上货物运输合同，该合同项下的提单或其他运输单证上，关于装货港、目的港、航次、签发时间，甚至船名、托运人、收货人等记载都与原运输合同项下的提单或其他运输单证上的记载不同。因此，托运人向原承运人发出的回运请求，其性质属于托运人为与原承运人订立一个新的海上货物运输合同而发出的要约。承运人可以根据实际情况，选择接受或者拒绝托运人发出的新要约。在例案三中，被告已经将货物运抵目的港并卸货待交，此时原告要求被告回运货物，显然超出了运输合同的约定，在双方未重新订立海上货物运输合同的前提下，被告有权拒绝回运货物。

四、辅助信息

高频词条：

《民法典》

第 6 条 民事主体从事民事活动，应当遵循公平原则，合理确定各方的权利和义务。

第 829 条 在承运人将货物交付收货人之前，托运人可以要求承运人中止运输、返还货物、变更到达地或者将货物交给其他收货人，但是应当赔偿承运人因此受到的损失。

《海商法》

第 41 条 海上货物运输合同，是指承运人收取运费，负责将托运人托运的货物经海路由一港运至另一港的合同。

第 46 条 承运人对集装箱装运的货物的责任期间，是指从装货港接收货物时起至卸货港交付货物时止，货物处于承运人掌管之下的全部期间。承运人对非集装箱装运的货物的责任期间，是指从货物装上船时起至卸下船时止，货物处于承运人掌管之下的全部期间。在承运人的责任期间，货物发生灭失或者损坏，除本节另有规定外，承运人应当负赔偿责任。

前款规定，不影响承运人就非集装箱装运的货物，在装船前和卸船后所承担的责任，达成任何协议。

第 86 条 在卸货港无人提取货物或者收货人迟延、拒绝提取货物的，船长可以将货物卸在仓库或者其他适当场所，由此产生的费用和风险由收货人承担。

《无单放货解释》

第 7 条 承运人依照提单载明的卸货港所在地法律规定，必须将承运到港的货物交付给当地海关或者港口当局的，不承担无正本提单交付货物的民事责任。

第 9 条 承运人按照记名提单托运人的要求中止运输、返还货物、变更到达地或者将货物交给其他收货人，持有记名提单的收货人要求承运人承担无正本提单交付货物民事责任的，人民法院不予支持。

海上货物运输合同纠纷案件裁判规则第 5 条：
承运人提供的集装箱不适货造成货损的应承担相应责任

〔**规则描述**〕：承运人提供的集装箱不适货致使货物受损的，应承担赔偿责任，承运人通过约定排除该责任的，约定无效。

一、类案检索大数据报告

时间：2019 年 12 月 12 日之前，案例来源：Alpha 案例库，数据采集时间：2019 年 12 月 12 日。本次检索以法院认为中包含"集装箱"和"适货"并不包含"非集装箱"为检索条件，共获取了 16 篇裁判文书，剔除无关、重复的文书 6 篇，剩余的 10 篇裁判文书中：

（1）认为承运人应承担因其提供的集装箱不适货所导致的货损责任的文书为 10 篇；

（2）认为承运人无须承担前述货损责任的文书为 0 篇。

整体情况如下：

如图 5－1 所示，认同本项裁判规则的文书占 100%。

图 5－1　本项裁判规则的认同情况

从图 5 - 2 所示的年份分布情况可以看到当前条件下案例数量的变化趋势。

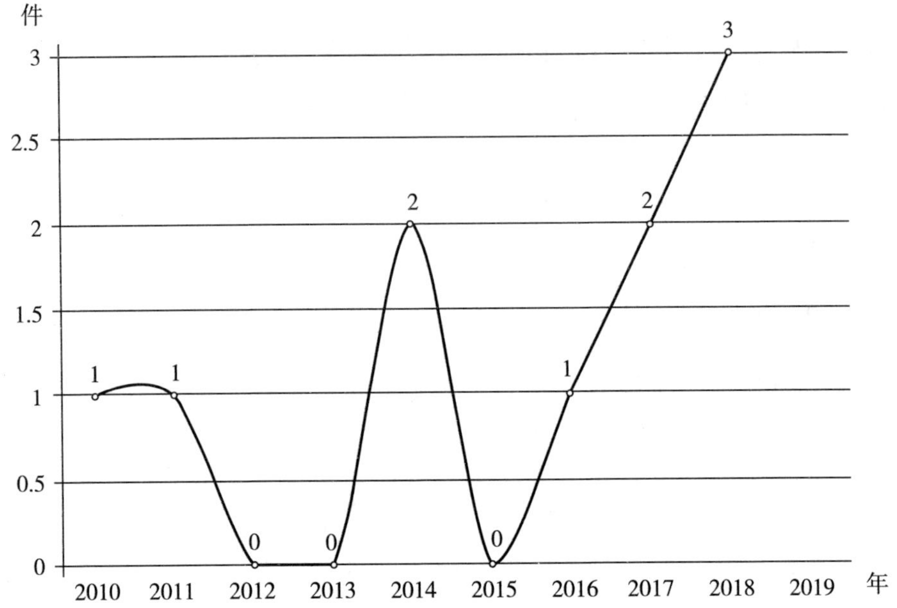

图 5 - 2　案件年份分布情况

从图 5 - 3 所示的地域分布情况来看,当前案例主要集中在上海市、山东省、浙江省等,分别占比 40%、20%、20%,其中上海市的案件量最多,达到 4 件。

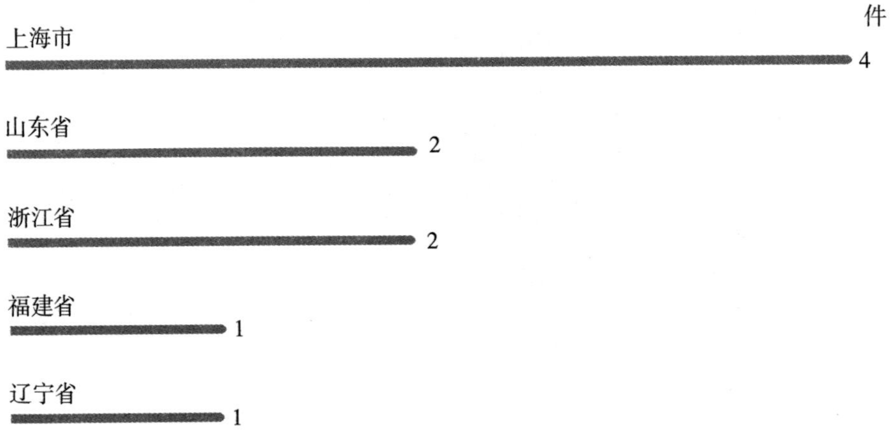

图 5 - 3　案件主要地域分布情况

从图5-4所示的案由分类情况可以看到,当前的案由分布由多至少分别是合同、无因管理、不当得利纠纷,海事海商纠纷。

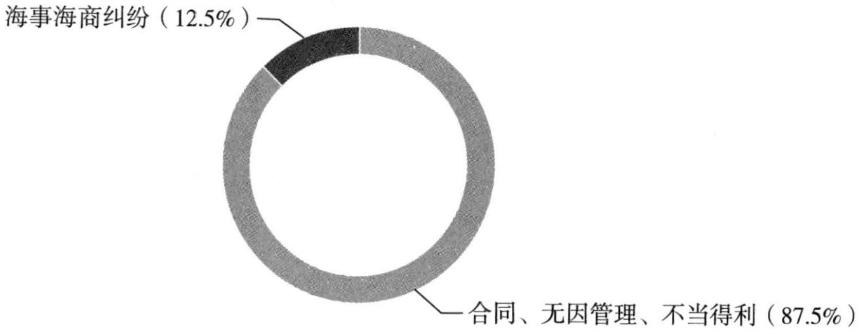

图5-4 案件案由分类情况

从图5-5所示的行业分类情况可以看到,当前的行业分布主要集中在交通运输、仓储和邮政业,批发和零售业,制造业和金融业。

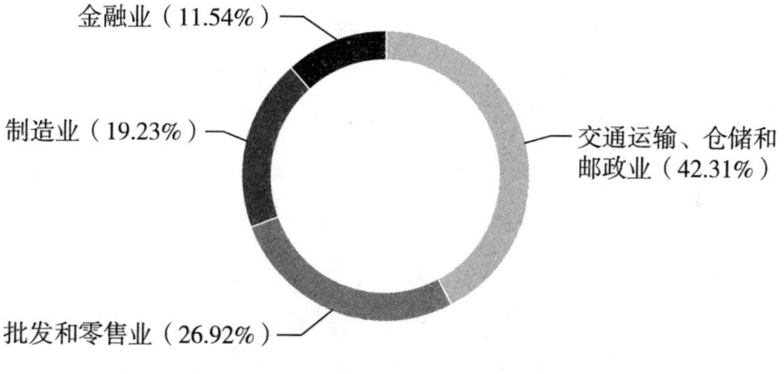

图5-5 案件行业分类情况

二、可供参考的例案

例案一 阳明海运股份有限公司、辽宁万融贸易有限公司海上货物运输合同纠纷案

【法院】

辽宁省高级人民法院

【案号】

(2017)辽民终687号

【当事人】

上诉人(一审被告):阳明海运股份有限公司

被上诉人(一审原告):辽宁万融贸易有限公司

【基本案情】

阳明海运股份有限公司(以下简称阳明海运)接受辽宁万融贸易有限公司(以下简称万融公司)委托,将预检合格的一个40尺冷藏集装箱(以下简称空箱)交给万融公司。万融公司于2014年11月19日将冷藏集装箱货物(以下简称重箱)送至阳明海运。阳明海运于2014年11月22日签发出运提单,提单记载托运人为万融公司,收货人为卡机山进出口公司,装货港为大连,卸货港为吉拜阿里港,1个40尺集装箱内装2400箱共25,800千克冻大马哈鱼,托运人装箱计数,承运温度-18℃,运费预付。重箱于2014年12月23日运抵伊朗班达巴斯后在港存放。2015年3月2日,万融公司向阳明海运出具出口货物退运保函,请求阳明海运将重箱退运至大连港,并表示:如因阳明海运执行退运指示所产生的一切损失、风险、责任和费用概由万融公司承担。2015年3月23日,阳明海运签发退运提单,同年4月26日,重箱运抵大连港。大连出入境检验检疫局于2015年4月30日对重箱进行了开箱检验并签发检验证书,认定:集装箱卫生状况良好,无污染情况,货物内外包装完好无破损,标识一致,温度显示-18.2℃;检验结果为无杂质、无血块,色泽、气味不正常,有风干、缓化现象,冰霜过多,集装箱内门口第一排,箱内左右两侧各两列、箱内顶部第一层货物氧化风干、返霜、缓化粘连更严重;检验结论为运输过程中有温度超过0℃以上的情况,货物缓化后冷冻,该批货物经检验不合格,禁止再出口。

阳明海运提交的集装箱温度记录显示:设定温度-18℃;冷藏设备自动除霜时间大多为60分钟,回风温度均有升高并呈现不规律变化,极少数为-18℃左右,低于0℃和高于0℃的情况常有发生,0℃以上的情况多出现在重箱抵达国外目的港之后;不包括除霜时间和显示设备停止工作的时间,回风温度显示大多在-18±1℃区间;多次出现设备停止工作的情况,时长在几十分钟、几小时、十几小时不等,期间的回风温度远高于设定温度或不显示温度;在整个期间,特别在退运途中发生多次记录蒸发器传感器故障。

【案件争点】

阳明海运是否应赔偿因集装箱故障产生的货物损失。

【裁判要旨】

大连海事法院一审认为:根据《海商法》第51条第2款的规定,阳明海运应就责任期间内发生的货损存在本条规定的免责事由承担举证责任。现阳明海运仅凭2014年11月18日当天的温度记录，不能证明货物未经冷冻即装箱前已变质，也不能证明托运人在货物装箱前未对空箱进行充分预冷构成托运人过失行为的科学性，其提供的未经证明科学性的内部培训资料也不能证明货损属于货物的自然属性，亦未证明有本条第十二项规定的非因承运人或其受雇人、代理人的过失造成的其他原因存在。而在整个承运人掌管货物期间，集装箱存在多次除霜期升温超过0℃以上，以及停止工作升温，或蒸发器传感器故障等情况出现，可以佐证检验证书记载的运输期间温度超过0℃的检验结论客观。还有，案涉空箱经过预检合格仅能证明船舶开航前或开航当时船舶处于适航适货状态，承运人在责任期间内对装载货物的集装箱应尽到与对待货物相同的管货义务；集装箱预检合格及集装箱温度显示符合托运要求均不构成承运人的法定免责事由，故阳明海运应对其责任期间内发生的货损承担赔偿责任。

辽宁省高级人民法院二审认为：《海商法》第48条规定，承运人应当妥善地、谨慎地装载、搬移、积载、运输、保管、照料和卸载所运货物；第44条规定，海上货物运输合同和作为合同凭证的提单或者其他运输单证中的条款，违反本章规定的，无效。此类条款的无效，不影响该合同和提单或者其他运输单证中其他条款的效力。出口退运保函约定，阳明海运因货物退运所产生的一切损失、风险、责任和费用均由万融公司承担。此约定，是当事人的真实意思表示，并未明确约定阳明海运可以不履行妥善处理货物的法定义务，未违反法律规定，应为有效条款。但阳明海运主张此款应作免除其法定理货义务的解释，于法相悖，不予支持。阳明海运提供的空箱的零件在退运途中发生故障，以致空箱工作失常，应属阳明海运履行妥善处理货物义务不当，现发生的货损与空箱工作状态有关，阳明海运对货损应承担法定责任。

例案二　太平洋日升国际公司诉海贸国际运输有限公司、中远集装箱运输有限公司、上海泛亚航运有限公司海上货物运输合同纠纷案

【法院】

大连海事法院

【案号】

（2009）大海商外初字第23号

【当事人】

原告:太平洋日升国际公司

被告:海贸国际运输有限公司

被告:中远集装箱运输有限公司

被告:上海泛亚航运有限公司

【基本案情】

2008年8月8日,原告与大连应捷食品有限公司(以下简称应捷公司)签订买卖合同,约定应捷公司向原告出售重量约95,040磅的太平洋鳕鱼,分两个集装箱装载。2008年8月28日,根据被告中远集装箱运输有限公司(以下简称中集公司)的委托,大连鑫三利集装箱有限公司对涉案CRLU1808571号集装箱进行了预检。9月2日,应捷公司从被告中集公司提取CRLU1808571号集装箱后,装入1106箱鳕鱼并开具发票,总计到岸价格为143,534美元。9月4日,应捷公司将该集装箱货物交给被告海贸国际运输有限公司(以下简称海贸公司)。

2008年9月4日,被告海贸公司签发编号为COSU0102970340的提单,载明:托运人为应捷公司,收货人凭指示,通知方为原告,装货港为大连,卸货港为美国波士顿,船舶航次"PANHE"轮410S,货物为一个40尺冷藏集装箱的冻鳕鱼,箱号CRLU1808571,温度-18℃,托运人设置。该提单背面条款第8条第(4)款载明:"承运人不保证集装箱在整个航程中都能妥当地通风、制冷或加温,承运人也不对由于集装箱、船舶、运输工具或其属具或其他设施的潜在缺陷、部分或全部故障、制冷设备故障等引起的货物损坏或灭失承担赔偿责任,只要承运人在开航前或开航当时谨慎处理使集装箱处于有效工作状态。"同日,被告中集公司签发编号为COSU0102970340的海运单,载明:托运人被告海贸公司大连办公室,收货人被告海贸公司新泽西州办公室,装货港为大连,卸货港为美国波士顿,船舶航次"PANHE"轮410S,货物为一个40尺冷藏集装箱的冻鳕鱼,温度-18℃,托运人设置。应捷公司支付了该航次的运费,从被告海贸公司取得提单,并将提单转让给原告。

该集装箱货物于9月4日在大连装上"PANHE"轮起运,9月6日运至上海港卸下,9月12日,装上二程船"COSCO KOBE"轮继续运输。9月15日,船员发现该集装箱的压缩机不制冷,压缩机的进气端非常热后,尝试添加氟利昂。9月16日,船员再次添加氟利昂,温度下降到-13℃。9月17日该集装箱内温度升高,船员对集装箱冷机系统的所有重要部件进行测漏,发现蒸发器盘管处泄露氟利昂。

船员认为该故障在船上不可能修好，故与被告中集公司的箱管部门技术人员联系，并按其指示继续添加氟利昂以维持故障集装箱的温度，但因系统泄漏严重，集装箱内温度升高很快，自9月20日起一直在-2℃左右。9月24日，船员根据指示关闭了该集装箱的供电。

10月14日，上述集装箱货物运到波士顿港，并于次日卸船。原告于10月22日提货，同时委托检验人对货物损失进行检验，承运人派代表参加了检验。11月11日，检验人出具《货损检验报告》，载明：集装箱铅封完好，集装箱外表没有发现任何可见的缺陷，但散发着一种鱼腥及腐烂的味道；航程温度记录表在-18℃以上显示明显的偏移，没有找到任何标签显示该集装箱在装货之前做过预冷操作，且该集装箱的通风设施是关闭的；集装箱内温度过高，鳕鱼肉已完全解冻，并且腐烂的味道非常强烈，该批货物已经全损，没有施救价值和残值，货物被作为垃圾处理。检验结论为：集装箱在“COSCO KOBE”轮运输期间，冷冻设备不工作致使温度升高，导致货物的损坏。

被告上海泛亚航运有限公司是“PAN HE”轮的船舶所有人，被告中集公司是“COSCO KOBE”轮的船舶经营人，是该轮涉案运输期间的实际承运人。

【案件争点】

承运人是否应当因集装箱制冷功能损坏导致的货损承担责任。

【裁判要旨】

大连海事法院认为：涉案集装箱由被告中集公司提供，运输该集装箱的船舶由被告中集公司经营，该集装箱应视为船舶属具①。被告海贸公司所签提单的背面第8条第(4)款免除了承运人在船舶航行过程中保证集装箱适载的责任，但没有免除承运人在开航前或开航当时谨慎处理使集装箱处于有效工作状态的责任。因此，作为被告海贸公司和被告中集公司在船舶开航前和开航当时，依法应当谨慎处理，使该集装箱适于并能安全收受、载运和保管货物。

托运人接受空集装箱时在集装箱设备交接单上签字，只能证明集装箱表面状况良好，不能证明托运人认可集装箱适于并能安全收受、载运和保管货物。被告中集公司在将该集装箱交给托运人前，对集装箱进行了预检，该检验是所有冷藏集装箱在装货前必经的常规检验，是通过目测和降温检测集装箱能否适合装载冷藏货物。

① 一般认为船舶属具应为附属于船舶的行业必需物品，集装箱是否属于船舶属具尚有争议，笔者认为集装箱应属于载货处所的一部分，并非船舶航行的必需物品，故并不同意大连海事法院在该案例中的认定。但该认定对案件结论并无影响。

被告海贸公司和被告中集公司所主张的出入境检验检疫局对集装箱进行的适载检验,同样也是所有冷藏集装箱必经的初步检验。这两项检验不足以证明被告中集公司作为集装箱提供人在船舶开航前和开航当时,已对集装箱进行了谨慎处理,即谨慎地采取适当方法检查并维修集装箱,以使集装箱能安全收受、载运和保管货物。

被告海贸公司和被告中集公司关于集装箱冷机系统的故障是潜在缺陷,可以免责的理由,因其不能举证证明冷机系统故障是非由于承运人或者承运人的受雇人、代理人的过失造成的其他原因引起的,不能将该故障归结为集装箱的潜在缺陷。因此,被告海贸公司作为承运人,对涉案集装箱内货物在其承运期间发生的损失,应当承担赔偿责任。被告中集公司作为发生损失区段的实际承运人,对该损失应承担连带赔偿责任。

例案三 中国太平洋财产保险股份有限公司湖北分公司与德国汉堡南美航运公司海上货物运输合同纠纷案

【法院】

上海市高级人民法院

【案号】

(2014)沪高民四(海)终字第74号

【当事人】

上诉人(一审原告):中国太平洋财产保险股份有限公司湖北分公司

上诉人(一审被告):德国汉堡南美航运公司

【基本案情】

2012年3月15日,武汉三和众城进出口贸易有限公司(以下简称三和公司)向墨西哥的AB公司出售了一套工业自动化控制系统,编号为WHAEIN120XXXXX的发票及装箱单记载:货物重量为5615公斤,装载在25个木箱中,金额为308,942.32欧元,交付地址为墨西哥维拉克鲁斯科尔多瓦联邦大道49号的仓库。

2012年3月30日,上港集团长江物流湖北有限公司作为德国汉堡南美航运公司(以下简称南美航运)的代理在武汉签发了提单号为SUDUN215461XXXXX的南美航运抬头联运提单,该提单记载:托运人为三和公司,收货人为AB公司,收货地及装货港均为中国武汉,卸货港为墨西哥拉萨罗卡德纳斯,交货地为墨西哥维拉克鲁斯,集装箱号SUDU57XXXXX,货物为工业自动化控制系统,件数25件,由托运人负责装箱、计数和封箱。上述集装箱货物被装载JIHAIZHICHENG V. XXXX轮从中国武汉运至中国上海，在上海港转船MONTEVERDE轮海运至墨西哥拉萨罗卡德纳斯港，然后再通过铁路及卡车运输，于2012年6月8日运抵收货人位于墨西哥维拉克鲁斯科尔多瓦联邦大道49号的仓库。

2012年6月15日，VRS RTSMEXICO接受中国太平洋财产保险股份有限公司湖北分公司的委托在收货人的仓库对涉案货物进行了检验。2013年3月19日，VRS RTSMEXICO出具了检验报告，检验报告称涉案货物受损原因是因为集装箱箱体密闭不严或存在漏洞，货物装箱时未进行防潮及箱体检查。在运输过程中，海水或淡水渗漏集装箱，致使箱内货物受潮氧化，从而导致所有设备和电子零部件损坏，估算出修理及更换的费用为338,623.7美元，并建议本次事故的最终赔偿金额为266,595.08美元。

【案件争点】

因集装箱箱体密闭不严或存在漏洞导致货损承运人应否承担责任。

【裁判要旨】

一审上海海事法院认为：从理货单、装箱单来看，托运人三和公司委托案外人装货时，对货物的状况并无任何批注，根据公估报告和照片，货物到目的地后，集装箱内部潮湿，货物氧化生锈。检验报告的最终货损原因是“集装箱箱体密闭不严或存在漏洞，货物装箱时未进行防潮及箱体检查。在运输过程中，海水或淡水渗漏集装箱，致使箱内货物受潮氧化，从而导致所有设备和电子零部件损坏”。承运人认为系货物在装箱时就存在湿损或收货人收货后产生了湿损，并无证据予以佐证。承运人主张涉案货物湿损并非发生在其责任期间，但无充分证据予以佐证。根据《海商法》的规定，在承运人的责任期间，货物发生灭失或者损坏，除《海商法》第4章第2节另有规定外，承运人应当负赔偿责任。南美航运应承担赔偿责任，其关于不应对涉案湿损承担赔偿责任的主张，无事实和法律依据，故不予采纳。

二审上海市高级人民法院认为：从理货单、装箱单来看，托运人三和公司委托案外人装货时，对货物的状况并无任何批注，根据公估报告和照片，货物到目的地后，集装箱内部潮湿，货物氧化生锈。检验报告的最终货损原因是“集装箱箱体密闭不严或存在漏洞，货物装箱时未进行防潮及箱体检查。在运输过程中，海水或淡水渗漏集装箱，致使箱内货物受潮氧化，从而导致所有设备和电子零部件损坏”。承运人认为系货物在装箱时就存在湿损或收货人收货后产生了湿损，并无证据予以佐证。承运人主张涉案货物湿损并非发生在其责任期间，但无充分证据予以佐证。根据《海商法》的规定,在承运人的责任期间,货物发生灭失或者损坏,除《海商法》第4章第2节另有规定外,承运人应当负赔偿责任。原审法院认定南美航运应承担赔偿责任,并无不当,本院予以确认。南美航运关于其不应对涉案湿损承担赔偿责任的上诉理由,无事实和法律依据,本院不予采纳。

三、裁判规则提要

(一)承运人提供集装箱的适货义务

《海商法》第47条规定了承运人的适货义务:"承运人在船舶开航前和开航当时,应当谨慎处理,使船舶处于适航状态,妥善配备船员、装备船舶和配备供应品,并使货舱、冷藏舱、冷气舱和其他载货处所适于并能安全收受、载运和保管货物"。集装箱是承运人为履行海上货物运输合同而提供的运输工具的组成部分,是船舱的延伸,在运输过程中直接装载、接触并保护货物,应视为属于前述规定中"其他载货处所",故承运人提供的集装箱根据前述规定应符合适货要求。集装箱一旦存在破损、锈蚀、渗漏、污染、异味、冷藏系统故障等缺陷,可能对内装货物造成损害,由此产生的货损责任应由提供集装箱的承运人承担。此外,一旦因集装箱缺陷导致货损,货损必然发生于承运人掌管之下的期间,基于《海商法》第46条的规定,承运人也应当承担赔偿责任,除非承运人能够证明存在《海商法》第51条规定的免责事由。

需要注意的是,集装箱存在缺陷并不当然导致责任产生,还需证明货损与集装箱缺陷之间存在因果联系。如集装箱被气味严重污染显然不适于运载食品,但并不影响运载钢材的适货性。

(二)契约承运人与实际承运人的集装箱适货义务

1. 契约承运人

集装箱如为契约承运人提供,其负有适货义务无须赘述。需要注意的是,即便集装箱由实际承运人提供,契约承运人也不能因此免责,根据《海商法》第60条的规定,对实际承运人承担的运输,契约承运人仍应当对实际承运人的行为负责,除非运输合同同时约定,货物在指定的实际承运人掌管期间发生的灭失、损坏或者迟延交付,承运人不负赔偿责任。

2. 实际承运人

《海商法》第61条规定,"本章对承运人责任的规定,适用于实际承运人",据此，实际承运人对其提供的集装箱，应当基于《海商法》第 47 条的规定负有适货义务。即便集装箱由契约承运人提供，对于接受该集装箱作为本船载货处所一部分的行为，实际承运人也应当根据《海商法》第 61 条承担谨慎确认该集装箱适货的责任。

综上可见，除《海商法》第 60 条的规定的情形外，无论集装箱是由实际承运人还是契约承运人提供，对于因集装箱不适货导致的货损，契约承运人和实际承运人应当根据《海商法》第 63 条的规定承担连带责任。

（三）承运人的集装箱适货义务与管货义务的区分

《海商法》第 48 条规定了承运人的管货义务："承运人应当妥善地、谨慎地装载、搬移、积载、运输、保管、照料和卸载所运货物"。集装箱适货义务和管货义务的区别在于：承运人履行集装箱适货义务，是确保其提供的集装箱的内在属性、功能和状态符合货物妥善运输的要求；承运人履行管货义务，是在运输过程中妥善管理、维护、保养集装箱，确保集装箱持续正常发挥其功能。以例案二为例，尽管船员已经尽力进行管理和修缮，但由于承运人提供的集装箱存在内在缺陷仍导致了货损，这属于未履行集装箱适货义务；若集装箱本身并无缺陷，但运输中因疏于管理和照料导致集装箱无法发挥其功能（如不制冷），则属于未履行管货义务。

（四）因集装箱不适货造成货损的免责抗辩

1. 如承运人已谨慎、充分地检验了其提供的集装箱，但未能发现潜在缺陷，可免除相应责任

《海商法》第 51 条第 11 项规定，"经谨慎处理仍未发现的船舶潜在缺陷可予免责"，这里的"船舶"应解释为包括承运人提供的集装箱，故承运人如能证明其已谨慎、充分地检验了其提供的集装箱但未能发现潜在缺陷，亦可免责。"谨慎、充分"应解释为：承运人对未发现集装箱潜在缺陷的结果，没有疏忽大意或过于自信的过失，其检验方法和操作已充分符合合同的约定、对货物性质的一般认识及有关法律规定、行业标准和运输习惯的要求。

2. 集装箱适货义务由托运人承担的约定不能免除承运人的责任

《海商法》第 44 条规定，"海上货物运输合同和作为合同凭证的提单或者其他运输单证中的条款，违反本章规定的，无效。"关于集装箱适货义务由托运人承担的约定，包括由托运人负责验箱、由托运人签字确认集装箱适货、运输过程中一切责任由托运人承担等内容，即便是当事人的真实意思表示，也与《海商法》第 46 条、第

47条、第48条的规定相悖，故属无效条款，不能依此免除承运人的责任。如例案一中的出口退运保函约定，阳明海运因货物退运所产生的一切损失、风险、责任和费用均由万融公司承担，该约定因前述理由不能免除阳明海运的责任。再如例案二中，大连海事法院认为，托运人接受空集装箱时在集装箱设备交接单上签字，只能证明集装箱表面状况良好，不能证明托运人认可集装箱适于并能安全收受、载运和保管货物。但即便托运人认可了集装箱适货，仍不能免除提供集装箱的承运人的责任。

四、辅助信息

高频词条：

《海商法》

第44条 海上货物运输合同和作为合同凭证的提单或者其他运输单证中的条款，违反本章规定的，无效。此类条款的无效，不影响该合同和提单或者其他运输单证中其他条款的效力。将货物的保险利益转让给承运人的条款或者类似条款，无效。

第46条 承运人对集装箱装运的货物的责任期间，是指从装货港接收货物时起至卸货港交付货物时止，货物处于承运人掌管之下的全部期间。承运人对非集装箱装运的货物的责任期间，是指从货物装上船时起至卸下船时止，货物处于承运人掌管之下的全部期间。在承运人的责任期间，货物发生灭失或者损坏，除本节另有规定外，承运人应当负赔偿责任。

前款规定，不影响承运人就非集装箱装运的货物，在装船前和卸船后所承担的责任，达成任何协议。

第47条 承运人在船舶开航前和开航当时，应当谨慎处理，使船舶处于适航状态，妥善配备船员、装备船舶和配备供应品，并使货舱、冷藏舱、冷气舱和其他载货处所适于并能安全收受、载运和保管货物。

第48条 承运人应当妥善地、谨慎地装载、搬移、积载、运输、保管、照料和卸载所运货物。

第51条 在责任期间货物发生的灭失或者损坏是由于下列原因之一造成的，承运人不负赔偿责任：

……

（十一）经谨慎处理仍未发现的船舶潜在缺陷；

……

第 60 条 承运人将货物运输或者部分运输委托给实际承运人履行的，承运人仍然应当依照本章规定对全部运输负责。对实际承运人承担的运输，承运人应当对实际承运人的行为或者实际承运人的受雇人、代理人在受雇或者受委托的范围内的行为负责。

虽有前款规定，在海上运输合同中明确约定合同所包括的特定的部分运输由承运人以外的指定的实际承运人履行的，合同可以同时约定，货物在指定的实际承运人掌管期间发生的灭失、损坏或者迟延交付，承运人不负赔偿责任。

第 61 条 本章对承运人责任的规定，适用于实际承运人。对实际承运人的受雇人、代理人提起诉讼的，适用本法第五十八条第二款和第五十九条第二款的规定。

第 63 条 承运人与实际承运人都负有赔偿责任的，应当在此项责任范围内负连带责任。

海上货物运输合同纠纷案件裁判规则第6条：

承运人承担迟延交付赔偿责任需以明确约定货物交付时间为前提

〔**规则描述**〕:《海商法》第50条规定的“迟延交付”,应以双方明确约定货物交付时间为前提。如双方未明确约定交货时间,则不能以迟延交付为由要求承运人承担赔偿责任。

一、类案检索大数据报告

时间:2019年10月30日之前,案例来源:Alpha案例库,数据采集时间:2019年10月30日。本次检索以引用法条为“《海商法》第50条”、法院认为中包含“明确约定”作为检索条件,共获取了30篇裁判文书,剔除重复的文书5篇,剩余的25篇裁判文书中:

(1)认为承运人承担迟延交付赔偿责任需以明确约定货物交付时间为前提的文书有22篇;

(2)以超出合理时间交货认定构成迟延交付及以超出合理时间交货且已届满60日为由认定货物推定灭失的文书有3篇。

整体情况如下:

如图6－1所示,认为承运人承担迟延交付赔偿责任需以明确约定货物交付时间为前提的文书占88%,不认同的文书占12%。

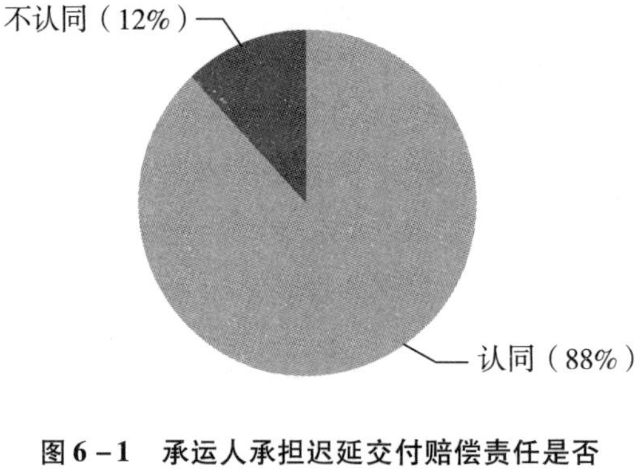

图6－1 承运人承担迟延交付赔偿责任是否应以明确约定交货时间为前提比例

从图 6 – 2 所示的年份分布情况可以看到当前条件下案例数量的变化趋势。

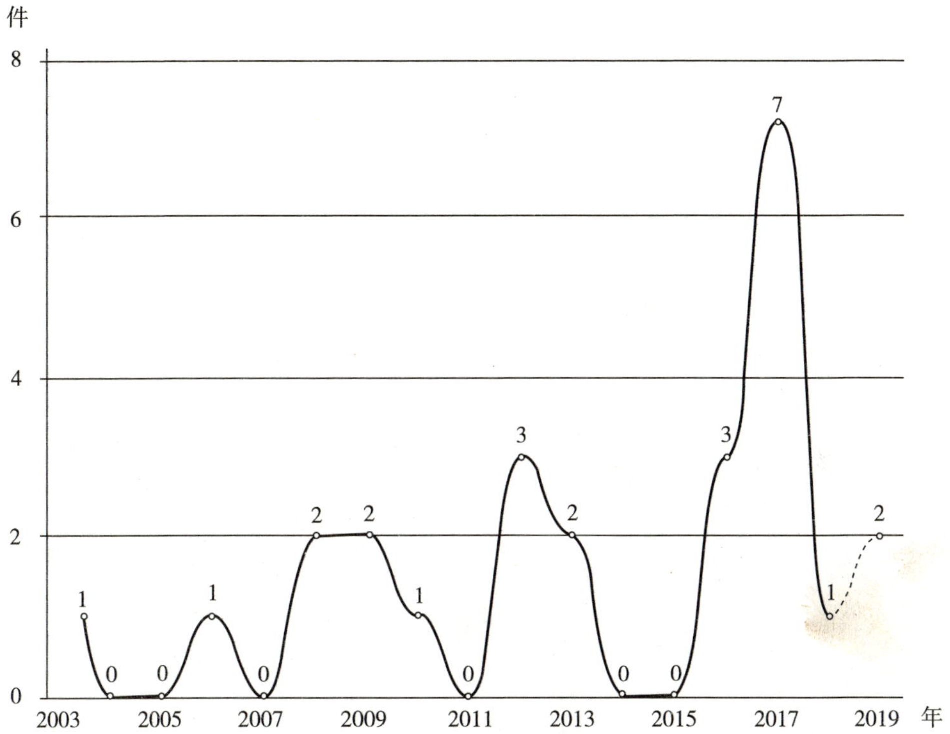

图 6 – 2　案件年份分布情况

从图 6 – 3 所示的地域分布情况来看，当前案例主要集中在上海市、浙江省、广东省等，分别占比 36%、28%、16%，其中上海市的案件量最多，达到 9 件。

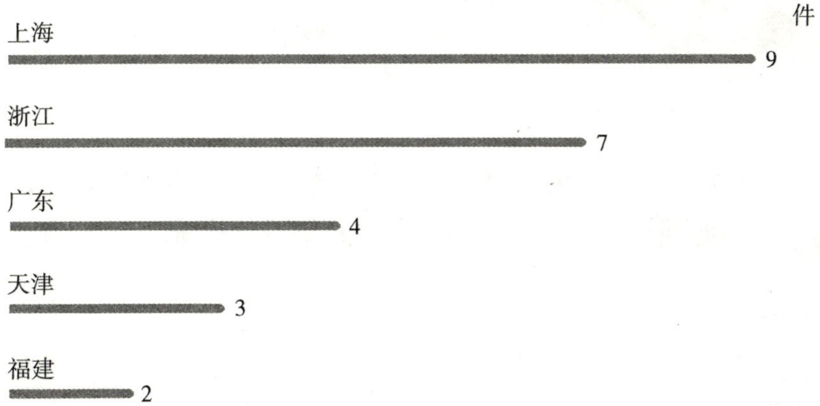

图 6 – 3　案件主要地域分布情况

从图 6－4 所示的案由分类情况可以看到，当前的案由分布由多至少分别是合同、无因管理、不当得利纠纷，海事海商纠纷。

图 6－4　案件案由分类情况

从图 6－5 所示的行业分类情况可以看到，当前的行业分布主要集中在交通运输、仓储和邮政业，批发和零售业，制造业，金融业，租赁和商务服务业。

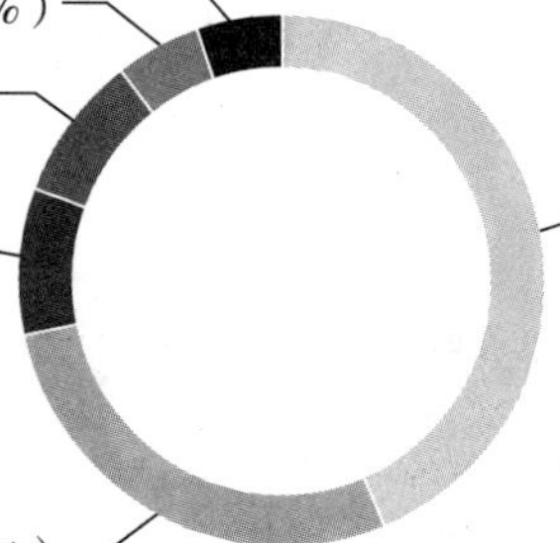

图 6－5　案件行业分类情况

二、可供参考的例案

例案一　青岛旭日伟业进出口有限公司与俄远东海洋轮船运输有限公司、青岛麦特国际货运代理有限公司海上货物运输合同纠纷案

【法院】

上海市高级人民法院

【案号】

（2012）沪高民四（海）终字第 92 号

【当事人】

上诉人(一审原告)：青岛旭日伟业进出口有限公司

被上诉人(一审被告)：俄远东海洋轮船运输有限公司

被上诉人(一审被告)：青岛麦特国际货运代理有限公司

【基本案情】

2010年11月15日，青岛旭日伟业进出口有限公司(以下简称旭日公司)与案外人俄罗斯远东建筑有限责任公司(以下简称远东建筑公司)签订供货合同，约定由旭日公司向远东建筑公司出售一套移动房屋。旭日公司委托青岛麦特国际货运代理有限公司(以下简称麦特公司)办理涉案移动房屋建筑材料出运事宜。麦特公司将涉案业务转委托给上海众耀国际货运代理有限公司。2011年4月8日，中国上海外轮代理有限公司作为签单代理人签发了正本提单，提单编号为FLC507663，托运人为旭日公司，收货人为远东建筑公司，起运港为中国上海，卸货港为符拉迪沃斯托克，交货地为彼得罗巴甫洛夫斯克，货物为移动房屋，共6个集装箱，提单记载的承运人为FESCO INTEGRATED TRANSPORT LLC。

2011年4月14日，涉案货物进入俄罗斯海关符拉迪沃斯托克港辖区。4月20日，俄远东海洋轮船运输有限公司(以下简称俄远东公司)通知TRANSFES船务代理公司(以下简称TRANSFES船代)，涉案集装箱的铅封号因上海海关进行了开箱查验而已发生改变。4月26日，TRANSFES船代向俄罗斯海关进行申报，报关材料中含有申报铅封号变更的材料。俄罗斯海关进行检查后认为申报材料上记载的货物数量及名称有误，并作出行政处罚裁定，认定TRANSFES船代构成了《俄罗斯联邦行政违法法典》第16.1条第3部分(在为获取海关货物转运许可时向海关提供了不真实的货物数量信息)规定的行政违法，对其处以罚款60,000卢布的行政处罚。

2011年5月2日和6月8日，旭日公司向远东建筑公司出具保函，表示愿意承担涉案货物运输中的一切经济费用和法律责任，请求其与相关部门疏通、磋商及担保放行涉案货物。2011年6月9日，承运人将货物交付收货人。2011年6月21日，旭日公司向俄远东公司支付了10,000美元的中转滞留费用。俄远东公司确认承运人从旭日公司及收货人处收取了21,162.80美元的额外费用，用于支付因涉案货物滞留中转港期间额外发生的保管费、装卸费、检查费等。

原审法院另查明，承运人FESCO INTEGRATED TRANSPORT LLC系在俄罗斯注册成立的公司，并委托俄远东公司作为其在有关中国境内港口和内陆地点的代理人。该公司与俄远东公司同属FESCO运输集团(FESCO Transportation Group)

的关联公司。

旭日公司以货物构成迟延交付为由，起诉要求俄远东公司返还运费、中转港滞纳金及赔偿差旅费、人工费，并要求麦特公司承担连带赔偿责任。

【案件争点】

在双方未约定交货时间的情况下，承运人是否应当承担迟延交付赔偿责任。

【裁判要旨】

上海海事法院一审认为，旭日公司提起的是海上货物运输合同迟延交付纠纷，我国《海商法》第50条对此作出了明确规定，承运人承担迟延交付赔偿责任需以"明确约定"货物交付时间为前提且对于货物迟延交付具有过失。在本案中，旭日公司未与承运人约定交付货物的具体时间，也没有证据证明承运人对于货物迟延交付具有过失，因此旭日公司的诉讼请求缺乏法律依据，不予采纳。

旭日公司不服原判，提起上诉称，旭日公司与案外人远东建筑公司在合同中约定了具体的交货时间，因此旭日公司在委托货运时，肯定将相应的时间告知了货代，原审判决关于其未与承运人约定交货时间与事实不符。

上海市高级人民法院二审认为，依据我国《海商法》第50条的明确规定，构成货物迟延交付赔偿责任以"明确约定"货物交付时间为前提，本案中没有证据证明各方曾经明确约定了涉案货物的交付时间，故不构成我国《海商法》下的迟延交付，据此判决驳回上诉，维持原判。

例案二 | 宁波萌恒工贸有限公司与穆勒－马士基有限公司海上货物运输合同纠纷案

【法院】

浙江省高级人民法院

【案号】

(2016)浙民终449号

【当事人】

上诉人(一审被告)：A.P. 穆勒－马士基有限公司

被上诉人(一审原告)：宁波萌恒工贸有限公司

【基本案情】

2014年12月，宁波萌恒工贸有限公司(以下简称萌恒公司)为出口一批提花布至非洲贝宁，委托货代向A.P.穆勒－马士基有限公司（以下简称马士基公司）订舱。12月28日，货物装船，次日马士基（中国）航运有限公司作为马士基公司的代理签发托运人为萌恒公司的正本提单一式三份，装货港为宁波，卸货港为贝宁的科托努港。涉案货物出口报关价为248,872.32美元。

货物出运后，萌恒公司查询集装箱跟踪信息，得知涉案集装箱于2015年3月11日被卸至喀麦隆的杜阿拉港（Douala），为此萌恒公司与马士基公司多次联系，称涉案货物销售具有季节性，要求尽快将货物运往目的港。2015年5月4日，马士基公司告知萌恒公司，涉案集装箱在杜阿拉港如果要继续运输，需要提供货物的商业发票用于在杜阿拉港清关，次日萌恒公司提供了货物的商业发票，涉案集装箱于5月18日从杜阿拉港起运，5月29日到达目的港科托努港，涉案货物到港后因当局的调查原因被拉至邻国尼日利亚的拉哥斯清关，货物于6月25日清关完毕后被收货人提取。马士基公司于2015年8月将涉案货物全额海运费1750美元退还给了萌恒公司。

一审法院另查明，萌恒公司与收货人的往来邮件显示：涉案提花布的颜色和花型系收货人为当地2015年3月的销售季节采购，当年6月为提花布的另一个销售季节（虽然颜色和花型不适合）。货物交付迟延后，收货人曾称将不提货，后又称仅支付20%的货款。

萌恒公司以马士基公司将货物运错目的港，以至货物最终到达目的港时已错过销售季节，导致损失一半货款为由提起诉讼，请求判令马士基公司赔偿货款损失770,324.69元人民币及利息。

【案件争点】

双方未约定交货时间，承运人将货物错运至其他港口导致运输时间明显超出合理期限是否构成迟延交付。

【裁判要旨】

宁波海事法院一审认为，涉案货物于2015年12月28日从宁波港装船后，直至2016年5月29日才抵达目的港，运输时间长达5个月之久，根据查明的事实，货物在抵目的港之前停留杜阿拉港2个多月，且在杜阿拉港办理了清关手续才得以装船前往目的港，而马士基公司确认宁波港至科托努港的航程一般为2个月左右，故可以认为涉案货物运输时间明显超出了合理期限，马士基公司交付货物存在明显的迟延。对于涉案货物的运输航程，马士基公司称其系按正常航线运输，货物停留杜阿拉港系正常的中转，因当地办事效率低才导致停留时间过长，而萌恒公司称据马士基公司网站公布的航线信息，宁波至科托努港的船期是35天，宁波至杜阿拉港的船期是41天,涉案货物运输航线应是先到科托努港再到杜阿拉港,马士基公司在船舶到达科托努港时未将货物卸下,而是将货物错误地卸至杜阿拉港。一审法院认为作为承运人理应掌握涉案货物运输的全程节点信息,但马士基公司至今仍拒绝对此作出披露,现虽无法判定萌恒公司上述陈述是否成立,但即便杜阿拉港系中转港,涉案货物在中转港停留2个多月且需清关才能重新装船,显然不符合正常的集装箱中转流程,故有理由认为马士基公司将杜阿拉港视为涉案货物的卸货港将其卸下并被报关进入喀麦隆,在萌恒公司多次催促下,马士基公司仍花费2个多月才将货物重新装船,故马士基公司在杜阿拉港对货物的操作明显具有过错,显然违反了《海商法》第48条规定的承运人妥善处理货物的义务。因双方对货物在卸货港的交付时间未有明确约定,涉案货物运输并不符合《海商法》第50条规定的迟延交付情形,马士基公司应就其违反《海商法》规定的承运人未妥善处理货物的义务承担相应违约责任。

马士基公司不服一审判决,提起上诉称,双方就海上货物运输合同事先并没有明确约定交付货物的时间,即使货物途中被错运只要承运人在自行承担费用的情况下将货物运至原定目的地并交付给收货人,仍不构成迟延交付。况且,即使构成迟延交付,承运人依法享有在运费限额范围内承担赔偿责任。

浙江省高级人民法院二审认为,萌恒公司与马士基公司签订的合同虽未明确约定交付的时间,但马士基公司应在合理的时间内履行合同,交付货物。马士基公司官网上登载货物从宁波至科托努港的船期是35天,至杜阿拉港的船期是41天。案涉货物于2015年12月28日从宁波港装船后,直至2016年5月29日才抵达目的港科托努港,运输时间长达5个月之久,远超马士基公司官网登载的运输时间。对此迟延,马士基公司未能作出合理的说明。经萌恒公司查询,案涉货物在中转港杜阿拉港停留2个多月,且需清关才能重新装船,这一不符合常理的情形,也侧面印证了马士基公司未妥善谨慎地运输货物。一审法院由此认定马士基公司违反《海商法》第48条规定,存在违约行为,并无不当。

案涉货物到达目的港的时间是2016年5月29日,尚未完全错过当年第二个销售旺季,此后由于清关的原因,造成买方未能及时提走货物,最终错过第二个销售旺季,萌恒公司没有证据证明系马士基公司的原因造成清关困难。一审法院综合双方当事人的过错大小及与损害结果之间的因果关系,酌定马士基公司对货物贬值损失负担20%,比例适中。马士基公司系因自身过失造成货物迟延交付,不符合《海商法》第50条的规定,其不能主张在运费范围内享受限制责任。

例案三 | 浙江银尔洁具制品有限公司与江苏苏迈克斯国际货运有限公司海上货物运输合同货损赔偿纠纷案

【法院】

浙江省高级人民法院

【案号】

(2006)浙民三终字第253号

【当事人】

上诉人(一审原告):浙江银尔洁具制品有限公司

被上诉人(一审被告):江苏苏迈克斯国际货运有限公司

【基本案情】

2005年8月,浙江银尔洁具制品有限公司(以下简称银尔公司)委托江苏苏迈克斯国际货运有限公司(以下简称苏迈克斯公司)出运一批货物由宁波港到美国纽约港,货物价值为13,163美元。2005年8月13日,苏迈克斯公司签发了编号为MSCUNG884546、抬头为苏迈克斯公司的全套正本提单,载明:托运人为银尔公司,收货人为J&R WORLD WIDE INC,装货港宁波,卸货港纽约,运费到付等。苏迈克斯公司依约将货物运至目的港,银尔公司收到上述提单后,认为银尔公司及其指定的收货人未提到货物,提单项下的货物依据《海商法》的规定推定灭失,与苏迈克斯公司协商未果,遂诉至宁波海事法院,请求苏迈克斯公司赔偿货物损失13,163美元。

苏迈克斯公司庭审中承认其未凭正本提单将货物放行,银尔公司不予认可,仍坚持以货物推定灭失为由要求苏迈克斯公司承担赔偿货物损失13,163美元的责任。

【案件争点】

双方未约定交货时间的情况下,银尔公司是否有权以货物迟延交付从而推定灭失要求承运人承担货物损害赔偿责任。

【裁判要旨】

一审法院认为,银尔公司以货物到港已超过一年,其尚持有正本提单情况下,银尔公司及其指定的收货人未能提到提单项下的货物,根据《海商法》第50条的规定,推定货物已经灭失为由,要求苏迈克斯公司赔偿货物灭失损失,由于《海商法》第50条第4款适用的前提是承运人迟延交付货物,即货物未能在明确约定的时间内在约定的卸货港交付的,为迟延交付,而银尔公司未能证明双方对交付货物的时间有明确的约定,且未能提供证据证明苏迈克斯公司未交付货物,相反,鉴于苏迈克斯公司在庭审中已认可货物放行而只是未凭单放货的事实，银尔公司对此仍坚持以根据《海商法》第50条的规定，推定货物灭失主张货款损失，而未以无单放货主张货款损失，故该诉请无事实与法律依据，不予支持。

银尔公司不服，提起上诉称：从2005年8月13日货物装船已逾一年货物仍未交付，苏迈克斯公司也未能证明货物的去向，应当认定货物迟延交付并推定已灭失，且原判认定无单放货证据不足。苏迈克斯公司提供的证据未办理公证认证手续，银尔公司对其真实性有异议。一审法院对无单放货的证据不予采信，却又要求银尔公司以无单放货主张货款损失，先后矛盾。

浙江省高级人民法院认为，苏迈克斯公司作为涉案货物的承运人，向目的港的提单记名的收货人或者提单的合法持有人交付货物是其法定义务。现涉案的正本提单仍为银尔公司所持有。在此情况下，苏迈克斯公司应承担证明货物去向的举证责任。苏迈克斯公司抗辩认为其已将货物在目的港未凭正本提单放货给记名收货人，并在一审中提供了其在目的港代理的说明和记名收货人支付海运费的发票，然这些证据均未办理公证认证手续，故仅凭苏迈克斯公司陈述无单放货，不能认定其已向收货人交付了货物。涉案货物于2005年8月13日出运，时至银尔公司起诉日2006年8月11日已近一年时间，苏迈克斯公司仍无法提供货物去向的证据，在此情况下，对于能否推定货物灭失，《海商法》对这种情形未作规定，而该法第50条第1款、第4款规定了"货物未能在明确约定的时间内，在约定的卸货港交付的，为迟延交付"以及"承运人未在规定的时间届满六十日内交付货物，有权对货物灭失提出赔偿请求的人可以认为货物已经灭失。"从法律规定看，该条款规定的迟延交付是指仅限于海上货物运输合同当事人在合同中明确约定运输期限的情况。因此，法律仅明确规定了约定运输期限的情形，本案显然不适用这一规定，故银尔公司以货物迟延交付从而推定灭失要求苏迈克斯公司承担货物损害赔偿责任的诉讼请求没有法律依据支持。苏迈克斯公司不能证明其已将货物交付给收货人或其他合法提单持有人，也不能证明货物的去向，对此银尔公司可基于其他诉因主张货损，本案中银尔公司的诉请没有法律依据，上诉理由不能成立。一审法院认定事实清楚，适用法律正确。

三、裁判规则提要

（一）迟延交付的概念

关于海上货物运输中的迟延交付，根据1978年《联合国海上货物运输公约》

(《汉堡规则》)第 5 条第 2 款的定义,迟延交付是指"货物未能在明确约定的期间内,或虽无此项约定,但未能在考虑到实际情况对一个勤勉的承运人所能合理要求的时间内,在海上运输合同所规定的卸货港交货"。[①]《海商法》部分采纳了《汉堡规则》的规定,只规定了承运人未在约定的时间内交付为迟延交付,但并未采纳公约中关于"合理期间"的概念。相比之下,《合同法》第 290 条[②]及已被废止的《国内水路货物运输规则》第 34 条[③]均规定了承运人应当在合理期间内交付货物的义务。因此,学界对于《海商法》下的迟延交付是否应包含货物交付超出合理期间的情形存在较大的争议。

有观点认为,《海商法》第 50 条第 1 款并非对承运人在"合理期间"内交付货物所负责任的法定排除,而只是对迟延交付的概念作出了不周延的表述。[④] 根据法律适用原则,作为特别法的《海商法》对未约定期间的情形未作规定时,应适用作为一般法的《合同法》第 290 条,即应对超出合理期间的交付也视为迟延交付。[⑤] 然而,从立法的本意来看,交通部政策法规司在《海商法》颁布之后组织编写的条文释义中对《海商法》第 50 条作出了明确的说明,第 50 条第 1 款之所以没有规定合理期限的情形,是考虑到我国海运实际情况及可操作性等因素有意而为之。[⑥] 而从特别法与一般法的关系及适用来说,只有特别法就同一事项没有规定的,才有一般法作补充的问题。在《海商法》已就迟延交付事项作出规定的情形下,不应以其对迟延交付构成的事项要素与《合同法》规定的一致或者不一致,适用《合同法》进行补充。

最高人民法院民四庭在《涉外实务解答》第 134 问的回答中,也对此问题作出明确回复,即"我国海商法规定的迟延交付仅限于海上货物运输合同的当事人在合同中明确约定了运输期限的情况。"在海事司法实践中,绝大多数法院也均持此观

---

① 原文为:"Delay in delivery occurs when the goods have not been delivered at the port of discharge provided for in the contract of carriage by sea within the time expressly agreed upon or, in the absence of such agreement, within the time which it would be reasonable to require of a diligent carrier, having regard to the circumstances of the case。"

② 参见《民法典》第 811 条。

③ 《国内水路货物运输规则》第 34 条:"承运人应当在约定期间或者在没有这种约定时在合理期间内将货物安全运送到约定地点。货物未能在约定或者合理期间内在约定地点交付的,为迟延交付。"

④ 尹东年、郭瑜:《海上货物运输法》,人民法院出版社 2000 年版,第 124 页。

⑤ 徐欣:《论迟延交付的概念》,载《世界海运》2002 年第 5 期。

⑥ 交通部政策法规司、交通法律事务中心:《中华人民共和国海商法条文释义》,人民交通出版社 1993 年版,第 41 页。

点。上文的三个例案中，法院均认为，《海商法》第50条下的迟延交付应以“明确约定”货物交付时间为前提，并以此认定涉案货物不符合迟延交付的情形。

（二）《海商法》第50条与承运人基本义务的关系

通过检索迟延交付相关案例可以发现，实践中，承运人与托运人之间明确约定货物交付时间的情况少之又少，而常见的格式提单中也没有交货时间一项约定，如果严格适用《海商法》第50条的规定，只要承运人与托运人没有明确约定交货时间，承运人均不承担迟延交付的赔偿责任，对于托运人来说未免有失公平。对于此种情况，应根据《海商法》第47条、第48条及第49条的规定，视承运人是否已履行了适航、妥善谨慎地运输货物以及不进行不合理绕航的三项义务，如因此造成货物灭失或损坏，承运人也应承担相应赔偿责任。在例案二中，法院尽管认为涉案货物运输并不符合《海商法》第50条规定的迟延交付情形，但仍以马士基公司对货物的操作明显具有过错为由，认定其应就违反《海商法》第48条承运人妥善处理货物的义务承担相应违约责任。

然而，值得注意的是，在例案二中，货物本身并未发生灭失或损坏，而是因货物迟延到港产生了经济利益损失，但法院依然对此类损失给予支持。对于迟延交付的情形，《海商法》第50条第3款明确规定了“由于承运人的过失，致使货物因迟延交付而遭受经济损失的，即使货物没有灭失或者损坏，承运人仍然应当负赔偿责任”，而对于承运人违反适航、妥善处理货物、直航等基本义务，《海商法》仅仅规定了承运人承担货物损毁、灭失的责任，而未规定应承担经济利益损失。因此，在没有约定交付时间，且货物未发生灭失或损毁的情况下，承运人是否应承担迟延到港的经济损失，仍有待商榷。况且，如认定在此种情况下承运人需承担相应经济损失，那么，便可能出现这样的情形：即在约定交货时间的情况下，承运人可根据《海商法》第57条享受以运费数额为限的赔偿限额，而在没有约定交货时间的情况下，承运人却不能享受赔偿限额。从违约程度来说，约定交货时间下的违约程度显然大于未约定交货时间的违约程度，但承运人却应承担较轻的责任，似乎有失公平。

四、辅助信息

高频词条：

《海商法》

第47条 承运人在船舶开航前和开航当时，应当谨慎处理，使船舶处于适航状态，妥善配备船员、装备船舶和配备供应品，并使货舱、冷藏舱、冷气舱和其他载货处所适于并能安全收受、载运和保管货物。

第48条 承运人应当妥善地、谨慎地装载、搬移、积载、运输、保管、照料和卸载所运货物。

第49条 承运人应当按照约定的或者习惯的或者地理上的航线将货物运往卸货港。

船舶在海上为救助或者企图救助人命或者财产而发生的绕航或者其他合理绕航，不属于违反前款的规定的行为。

第50条 货物未能在明确约定的时间内，在约定的卸货港交付的，为迟延交付。

除依照本章规定承运人不负赔偿责任的情形外，由于承运人的过失，致使货物因迟延交付而灭失或者损坏的，承运人应当负赔偿责任。

除依照本章规定承运人不负赔偿责任的情形外，由于承运人的过失，致使货物因迟延交付而遭受经济损失的，即使货物没有灭失或者损坏，承运人仍然应当负赔偿责任。

承运人未能在本条第一款规定的时间届满六十日内交付货物，有权对货物灭失提出赔偿请求的人可以认为货物已经灭失。

第57条 承运人对货物因迟延交付造成经济损失的赔偿限额，为所迟延交付的货物的运费数额。货物的灭失或者损坏和迟延交付同时发生的，承运人的赔偿责任限额适用本法第五十六条第一款规定的限额。

海上货物运输合同纠纷案件裁判规则第7条：
货物灭失或者损坏系因经谨慎处理仍未发现的船舶潜在缺陷造成的，承运人可以免责，但承运人对此须承担举证责任

〔**规则描述**〕：货物灭失或者损坏系因经谨慎处理仍未发现的船舶潜在缺陷造成的，承运人不负赔偿责任，但承运人应举证证明该缺陷系承运人按照法律规定和专业人员的一般注意义务的标准对船舶进行检查所不能发现的缺陷，且潜在缺陷与货物灭失或者损坏之间存在因果关系。

一、类案检索大数据报告

时间：2019年11月5日之前，案例来源：Alpha案例库，数据采集时间：2019年11月5日。本次检索以引用法条为"《海商法》第51条第1款第11项"作为检索条件，共获取了28篇裁判文书，剔除重复的文书3篇，无关的文书2篇，剩余的23篇裁判文书中：

（1）认为涉案船舶缺陷构成经谨慎处理仍未发现的船舶潜在缺陷，承运人不负赔偿责任的文书有19篇；

（2）认为涉案船舶缺陷不构成经谨慎处理仍未发现的船舶潜在缺陷，承运人应当承担赔偿责任的文书有4篇。

整体情况如下：

如图7-1所示，认为涉案船舶缺陷构成经谨慎处理仍未发现的船舶潜在缺陷，承运人不负赔偿责任的文书占83%，认为不构成船舶潜在缺陷，承运人应承担赔偿责任的文书占17%。

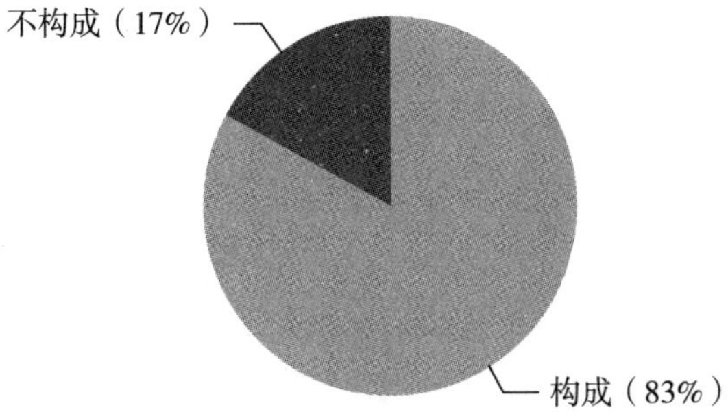

图7－1　涉案船舶缺陷是否构成经谨慎处理仍未发现的船舶潜在缺陷比例

从图7－2所示的年份分布情况可以看到当前条件下案例数量的变化趋势。

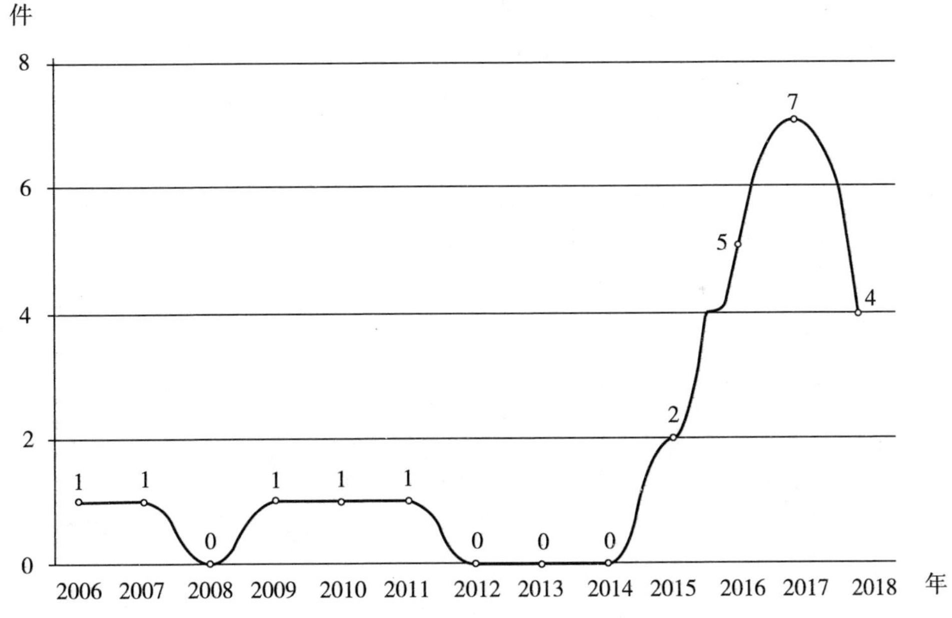

图7－2　案件年份分布情况

从图7－3所示的地域分布情况来看，当前案例主要集中在广东省、浙江省、福建省等，分别占比34.78%、30.43%、26.09%，其中广东省的案件量最多，达到8件。

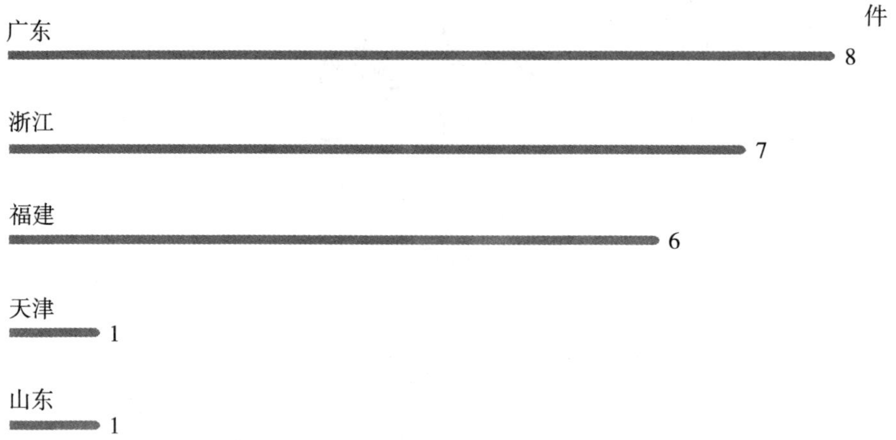

图7－3　案件主要地域分布情况

从图7－4所示的案由分类情况可以看到，当前最主要的案由是合同、无因管理、不当得利纠纷，占一半以上，其次是与公司、证券、保险、票据等有关的民事纠纷，海事海商纠纷。

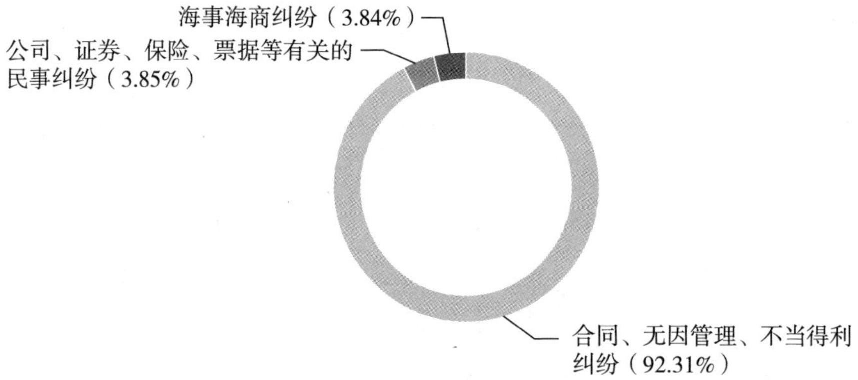

图7－4　案件案由分类情况

从图7－5所示的行业分类情况可以看到，当前的行业分布主要集中在金融业，交通运输、仓储和邮政业，批发和零售业，制造业，文化、体育和娱乐业。

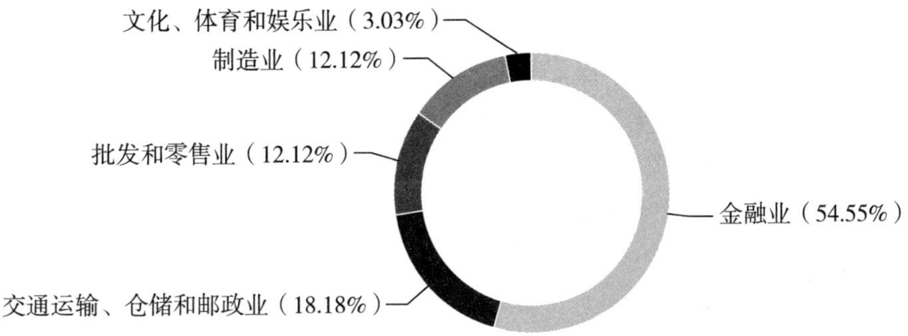

图7-5 案件行业分类情况

二、可供参考的例案

例案一 绍兴县金斯顿针纺织有限公司与商船三井株式会社海上货物运输合同纠纷案

【法院】

浙江省高级人民法院

【案号】

(2016)浙民终480号

【当事人】

上诉人(一审原告):绍兴县金斯顿针纺织有限公司

被上诉人(一审被告):商船三井株式会社

【基本案情】

2013年6月,绍兴县金斯顿针纺织有限公司(以下简称金斯顿公司)金斯顿公司将其所属的毯子等货物委托商船三井株式会社(以下简称三井会社)出运,三井会社作为承运人于同年6月1日签发编号为MOLU11020554421的提单,载明托运人为金斯顿公司,收货人为某沙特阿拉伯公司,货物价值49,710.24美元,起运港宁波港,目的港沙特吉达港。2013年6月17日,运输船舶"MOL COMFORT"轮在印度洋海域船体中部断裂沉没,船上货物全部灭失。金斯顿公司持有全套正本提单,认为三井会社应对货损承担全部责任,故起诉至宁波海事法院。

该案事故发生后,日本船级社和国土交通部组织了大量专家对事故进行调查、分析、论证。2014年9月,日本船级社出具调查报告,认为事故当时总纵弯矩的载荷确实可能超过船体梁极限强度，事故船的安全余量与其他船舶存在显著差异，产生屈曲破坏的可能性差异。2015 年 3 月，日本国土交通部出具调查报告，作出如下调查结果：可以推断的是事故船的船体断裂始自船底外板，对事故船的姊妹船（与事故船设计相同的大型集装箱船）进行的安全检查中发现船底外板存在屈曲变形；通过模拟发现，事故船在事故发生时确有船体断裂的可能性，在姊妹船的船底外板检测到的屈曲变形可通过施加比船体结构强度略低的载荷实现，且变形幅度可通过反复施加载荷而变大；日本船级社中的其他不同于事故船设计的大型集装箱船，安全检查并未发现类似的船底外板变形，同时将它们和事故船的模拟结果进行比较后发现，它们具有更加充足的结构余量。专家证人在庭审中强调了涉案船舶（包括其姊妹船）设计体系中安全余量的不足，这种不足随着时间的推移容易导致船舶外板变形、断裂，而且这种屈曲变形是船员的日常检查无法发现的，因为这需要特别的技术人员利用专业的工具进行针对性的检查才可能发现，而一般的细微变形不同于屈曲变形，广泛存在于大型船舶，并不会被解读为船舶设计存在缺陷。

三井会社据此抗辩称是船舶本身存在的潜在缺陷导致了船舶沉没，且三井会社已经进行了谨慎处理，未能发现该潜在缺陷，不应承担赔偿责任。金斯顿公司认为，调查报告仅仅表明船舶的设计缺陷可能导致事故的发生，但这种可能性很小，相反同批次姊妹船未发生事故恰恰说明了船舶的固有缺陷并不必然导致发生事故，三井会社的过载或者其他行为促使了船舶的沉没，因此船舶的设计缺陷与船舶的沉没不存在必然的因果关系，无法认定“MOL COMFORT”轮的沉没系船舶潜在设计缺陷所致，而且即使船舶存在潜在缺陷，三井会社亦未尽到谨慎处理的义务。

【案件争点】

涉案船舶设计的安全余量不足导致船底外板屈曲变形是否构成经谨慎处理仍未发现的船舶潜在缺陷。

【裁判要旨】

宁波海事法院认为：关于本案船舶“MOL COMFORT”轮沉没事故原因，由于船舶沉没无法打捞，船上数据已随船舶一起沉没，故调查报告只能对同批次、同设计体系的姊妹船进行检查，并结合模拟实验的数据进行分析论证，因此对事故发生原因的认定无法做到绝对的排除其他可能性，且民事诉讼的举证达到优势程度即可。回到本案的事故原因分析，调查报告认为包括“MOL COMFORT”轮在内的同批次、同设计体系的船舶与其他集装箱船相比存在安全余量不足，而这种安全余量的不足容易导致船底外板的变形，报告也显示涉案船舶的断裂始自船体中部的船底外板，设计上缺陷的后果（船底外板屈曲变形）与事故的客观情况（船舶外板断裂引发船体断裂）发生了高度吻合，再结合船舶未发生火灾、爆炸、触礁、碰撞等因素，从现有证据分析，设计上的缺陷是船舶沉没的最大可能原因，两者具有因果关系。因此，“MOL COMFORT”轮设计上的潜在缺陷导致了沉没事故的发生。

三井会社按时委托船级社进行日常检验，船级社在检验中从未发现“MOL COMFORT”轮存在设计缺陷，也从未提示承运人该轮存在潜在缺陷，根据保养记录，三井会社亦定期完成了对船舶的日常维护、检查，因此三井会社在日常的运营中已对船舶进行了谨慎处理。根据事故航次的装载图和开航声明，三井会社未存在超载情形，亦对船舶进行了谨慎处理，船舶处于适航状态。综上，认定三井会社已对“MOL COMFORT”轮进行了谨慎处理，但确实无法发现该潜在缺陷，三井会社据此可以免责，无须承担赔偿责任。

金斯顿公司上诉称：(1)一审判决认定本案船舶存在潜在缺陷的证据为日本国土交通部出具的非针对涉案船舶的调查报告及专家证人意见，上述证据与案涉船舶无直接关联。其中调查报告的结论系推断得出，而专家证人并未参与事故调查，其意见也仅是对调查报告的解读，且从未确认缺陷与沉船之间存在法律关联。(2)一审判决以举证优势和最大可能认定承运人免责，法律适用错误。承运人在援引《海商法》第51条主张免责时，应履行严格的举证责任。因此，本案不能适用优势证据，三井会社对于其主张的免责事项必须承担举证责任，即证明设计缺陷与沉船存在法律上的因果关系及承运人已经尽到了谨慎注意义务。(3)本案判令三井会社承担赔偿责任符合公平原则。就本次事故，承运人已在日本向造船方提起诉讼，故本次事故确系设计缺陷，则承运人在向金斯顿公司赔付后可向造船方索赔，如本次事故非设计缺陷所致，则三井会社无权主张免责。相反，如果在本案中判令三井会社免责，那么一旦发现沉船原因非设计缺陷所致或三井会社未尽到谨慎注意义务、相关缺陷非潜在缺陷，金斯顿公司无其他救济途径。综上，请求二审法院将本案发回重审或依法改判。

浙江省高级人民法院认为：针对沉船原因，根据三井会社在一审期间提交的调查报告及专家证人的陈述意见，包括涉案船舶在内的同批次、同设计体系的船舶设计上缺陷的后果（船底外板屈曲变形）与事故的客观情况（船舶外板断裂引发船体断裂）发生了高度吻合，专家证人在一审出庭作证时也阐述了类似的观点。由于涉案船舶沉没无法打捞，船上数据已随船舶一起沉没，调查报告与专家证人证言虽系推测，但符合民事证据的高度盖然性证明标准，应当予以采信。一审判决判定涉案船舶沉没原因系设计上的潜在缺陷所致正确。关于三井会社作为承运人对于该潜在缺陷是否尽到谨慎注意义务，三井会社一审期间提交的证据显示，三井会社按时委托船级社进行日常检验，船级社在平时检验中从未发现涉案船舶存在设计缺陷，三井会社亦定期对船舶进行日常保养、维护、检查，且根据事故航次的装载图和开航声明，三井会社未存在超载情形，亦对船舶进行了谨慎处理，船舶处于适航状态。据此，一审判决认定三井会社已对涉案船舶进行了谨慎处理并无不当。综上，裁定驳回上诉，维持原判。

例案二　中国人民财产保险股份有限公司宁波市分公司与富森航运有限公司海上货物运输合同纠纷案

【法院】

福建省高级人民法院

【案号】

(2016)闽民终102号

【当事人】

上诉人(一审原告)：中国人民财产保险股份有限公司宁波市分公司

被上诉人(一审被告)：富森航运有限公司

【基本案情】

2013年10月10日，案外人江苏万林现代物流股份有限公司(以下简称万林物流公司)和富森航运有限公司(以下简称富森公司)代表TL ENTERPRISE LIMITED签订《租船合同》，委托富森公司承运进口所罗门群岛原木，价值2,385,561.19美元。2013年12月15日至2014年1月8日，富森公司所属“富森”轮(M/V RICH FOREST)装运了涉案货物，太平洋船务有限公司代表其签发三套已装船海运指示提单。万林物流公司已付海运费490,414.97美元。2014年1月4日，万林物流公司连同海运费一起，向中国人民财产保险股份有限公司宁波市分公司(以下简称人保宁波公司)投保了货物远洋运输一切险(2009)以及战争险、罢工险等附加险，人保宁波公司签发两套保险单，溢价10%后，保险金额合计3,176,182美元。

2014年1月10日，“富森”轮装载18,643.848立方米原木开往中国。1月20日，该轮航行至关岛附近时发现机舱突然进水，于是采取降速并发出堵漏信号，调整航向将破损位置处于下风舷便于堵漏。全体船员尝试各种方法堵漏未果，未能阻止海水继续内流，机电设备和发电机无法正常工作，且船身左倾4度。因天气恶劣，船舶一直剧烈摇晃和颠簸，船舶处在很危险境况。因船舶无法续航且随时有沉没危险，船长最终宣布弃船。随后为减少损失，根据该轮保险公司指示与确认，委托日本打捞救助公司打捞救助，但搜寻多日未发现“富森”轮踪迹，遂于2014年1月30日宣布停止救助。根据以上情况，推定“富森”轮和货全损。

“富森”轮为建造于1982年巴拿马籍船舶，持有相关船舶航行、入级、安全、管理等证书，总吨位13,295，登记所有人为被告富森公司，案发时船舶管理人为深圳市深粤航运有限公司。案涉船舶沉没系因机舱辅机海水冷却管出海阀与船壳连接的管路存在缺陷，突然爆裂而引起的机舱进水所致，在案发前日常维护、保养以及相关单位的多次检查中，均未发现案涉爆裂管路存在缺陷。

事故发生后，人保宁波公司依据保单约定，按货物推定全损进行理赔。2014年4月11日，人保宁波公司支付保险理赔款2,922,087.44美元，万林物流公司出具二份收据及权益转让书。人保宁波公司认为，富森公司作为承运人，负有将托运货物安全完好运输至目的港并交付的合同义务，应对货物在运输途中发生的货损事故承担赔偿责任。富森公司辩称，本案货物灭失系由船舶辅机冷却管路破损造成，属于“经谨慎处理仍未发现的船舶潜在缺陷”，富森公司对于因此造成的货物灭失无须承担赔偿责任。

【案件争点】

涉案船舶辅机隐蔽部位的冷却管路破损是否属于经谨慎处理仍未发现的船舶潜在缺陷。

【裁判要旨】

厦门海事法院认为：双方对于案涉船舶“辅机冷却管路破损构成潜在缺陷”没有异议，但最大的争议在于案涉辅机海水冷却管破损是否构成了《海牙规则》和《海商法》中“经谨慎处理仍未发现的潜在缺陷”。在本案中，富森公司作为承运人，已尽根据各项法律规定将其所属“富森”轮进坞全面检修、聘用适任船员、日常维护保养和定期接受相关海事部门各项检查，且均符合航行安全要求等义务，履行了法定职责。又根据富森公司提交且经本院委托的专家出具的《专家意见书》认可的相关证据，该管路破损部位“较为隐蔽”，并不在可直接观察的视线以内，平常值班人员如没有仔细检查是比较难以发现；而专业船舶修理厂也没能觉察到管路潜在缺陷；泰州海事局和张家港海事局在检查中，也未能发现事发管路存在可能导致突然破损的缺陷。在此情况下仍然发生的冷却管路破损，应当属于“经谨慎处理仍未发现的船舶潜在缺陷”。至于《专家意见书》中所说的“认真”的“坞内监修”和“日常的仔细检查”等，即便可以发现该管路存在缺陷，但这种标准显然已超出法律规定的承运人所应承担和所能注意的义务范围，更不符合法律对国际海上承运人所担风险状况的保护性关注。故富森公司关于其对“富森”轮本航次因“经谨慎处理仍未发现的船舶潜在缺陷”造成的货损不负赔偿责任的抗辩可以成立，应予采纳。

人保宁波公司不服上述判决，提起上诉。上诉理由如下：“富森”轮的船舶入级证书等只是船舶适航的初步证据，船舶管理公司没有对船舶进行充分的管理，也没有证据证明富森公司对案涉管路破损的潜在缺陷履行了谨慎处理的义务。“富森”轮运营已逾30年，接近我国交通部规定的强制报废年限，因此较之一般船况的船舶承运人，富森公司理应负有更加严格的谨慎处理义务。“富森”轮作为一艘运营30多年的老龄船，特别是在此前一次更换了8段(处)辅机海水冷却管路，船舶轮机员应很清楚该管路腐蚀的严重程度，对未更换的管路理应严加注意观察和检查。富森公司对此有明显过错，应当承担货物全损的赔偿责任。

福建省高级人民法院认为，“谨慎处理”的认定不属于事实问题而是法律问题。实践中，对于能够导致事故发生的船舶的缺陷，若以现有的科技技术力量，尽最大的努力，应该是可以发现的。但本案中的“谨慎处理”的认定应从承运人的角度出发，结合现行的法律法规的规定，予以认定。本案，根据富森公司提交的证据，查明了：“富森”轮在本航次期间，船舶入级证书均在有效期内；《ISM规则》的符合证明和安全管理证书也在有效期内；SMS体系运行记录较为完整，体系运行有效；“富森”轮在2011年12月至2012年1月进入船厂全面坞修的基础上，又于2012年6月18日、2013年1月9日、5月23日进行了三次港口国监督检查，均符合要求，并无滞留记录；在距本事故航次最近的2013年5月23日由江苏张家港海事局所进行的船舶安全检查中，未发现重大不符合项目，而且“所有检查发现的潜在缺陷项目均已得到整改、纠正”，被准许离港续航。以上港口国检查至发生海事事故，间隔时间不足8个月，其间，除日常保养修理外，法律未规定该轮还须进行其他项目的检查。据此应认定富森公司对于“富森”轮已经尽了法律规定和日常运营中应尽的谨慎义务，也就是尽到专业人员的一般注意义务。上诉人人保宁波公司对此的上诉理由不能成立。据此，判决驳回上诉，维持原判。

例案三 | 中远集装箱运输有限公司与中国平安财产保险股份有限公司上海分公司、上海胜狮冷冻货柜有限公司海上货物运输合同纠纷案

【法院】

上海市高级人民法院

【案号】

(2010)沪高民四(海)终字第120号

【当事人】

上诉人(一审被告):中远集装箱运输有限公司

上诉人(一审原告):中国平安财产保险股份有限公司上海分公司

被上诉人(一审原告):上海胜狮冷冻货柜有限公司

【基本案情】

2006年11月6日,上海胜狮冷冻货柜有限公司(以下简称胜狮公司)委托(中远集装箱运输有限公司(以下简称中远集运)中远集运出运200个冷冻集装箱自中国上海运往哥斯达黎加利蒙。中远集运接受委托后,于2006年11月19日出具了两套正本提单,提单记载船名为“M/V COSCO PANAMA”,该船舶系一艘隔栅式集装箱船,甲板上集装箱的装载和系固通过组合使用底扭锁、绑扎杆和T4全自动扭锁来完成,每个箱堆的绑扎系固独立于相邻箱堆。

2006年11月28日,受太平洋上低气压影响,涉案船舶遭遇8级以上大风和7~8米涌浪,船上第42号、第46号贝位上的涉案86个集装箱落海,船上积载的涉案其他23个集装箱发生撞击损坏。11月29日,中远集运通知胜狮公司发生了涉案事故。12月12日,涉案船舶抵达巴尔博亚。

2006年3月31日,胜狮公司与中国平安财产保险股份有限公司签订一份海上货物运输预约保险协议,被保险人为胜狮公司,保险期间2006年4月1日至2007年3月31日,范围包括被保险人所有业务、活动和经营。涉案事故发生后,中国平安财产保险股份有限公司上海分公司(以下简称平安上海公司)对涉案灭失的86个集装箱箱体和23个损坏集装箱中的部分损失进行了理赔,赔偿金额为764,843.72美元,因此取得对该部分赔偿的代位求偿权,法院准许其作为共同原告参加诉讼。

原告胜狮公司诉称,货物在运输过程中,因中远集运未妥善积载、保管货物,导致86只集装箱落海灭失,24只集装箱严重损坏,请求判令中远集运赔偿集装箱灭失损失、修理费及利息损失。原告平安上海公司诉称,由于中远集运未妥善积载保

管涉案货物，导致平安上海公司作为保险人向胜狮公司支付保险赔偿金764,843.72美元并取得代位求偿权，请求判令中远集运赔偿货款损失及其利息损失，检验费损失及其利息损失。

中远集运辩称，涉案货损事故是因海上危险以及船舶使用T4型全自动扭锁的固有缺陷所致，承运人依法可以免责。

【案件争点】

承运人能否以船舶T4型全自动扭锁的技术缺陷系经谨慎处理仍未发现的船舶潜在缺陷进行免责。

【裁判要旨】

上海海事法院经审理认为：中远集运能否对涉案事故的发生享受法定免责，关键在于T4全自动扭锁是否存在技术缺陷以及该种技术缺陷是否可以构成承运人的免责事由。关于T4全自动扭锁是否存在技术缺陷，根据查明的事实，不能排除T4全自动扭锁可能存在缺陷，但其缺陷均以涉案船舶按照船舶系固手册对T4全自动扭锁进行了正确安装和妥善积载为前提，一旦安装错误或有所遗漏，也可能导致涉案事故的发生。中远集运在本案中未能提交有效证据证明其按照系固手册的要求对船舶进行了充分有效的系固，也未能提供证据证明对涉案集装箱堆正确安装、使用了T4型全自动扭锁，其提交的报告中仅对遗留在船上的T4全自动扭锁的安装情况进行分析，并不能得出落海灭失或损坏的集装箱上均正确、完全安装了T4全自动扭锁的结论。同时，在事故发生当时，涉案船舶共装载1135个集装箱，但最终落海的均为42号和46号贝位的集装箱，其中大部分是40尺的空箱，由此也更印证了42号和46号贝位的T4全自动扭锁可能未正确安装或完全安装的推论。

关于T4全自动扭锁可能存在的技术缺陷是否可以构成承运人的免责事由，根据双方当事人提交的证据，可以认定T4全自动扭锁得到了包括德国、美国在内的主要船级社的安全认证，在无相反证据证明T4全自动扭锁本身的缺陷会导致涉案事故发生的情况下，可以认定T4全自动扭锁并非导致涉案事故发生的单独诱因，中远集运不能据此直接免责。结合以上事实可以推定承运人并未尽到谨慎的管货义务，中远集运应当对涉案事故造成的货物损失承担赔偿责任。因两原告同意按其实际主张的金额比例计算受偿金额（按两原告各自对货物灭失部分的诉请占两原告对货物灭失部分诉请的比例乘以中远集运的赔偿责任限额1,267,235.18美元），据此，法院依判决中远集运向胜狮公司和平安上海公司分别赔偿769,336.63

美元和569,242.27美元，以及相应的利息损失。

一审宣判后，平安上海公司及中远集运均不服提起上诉。中远集运上诉提出，其已尽到了管货义务，原判推定中远集运未尽到谨慎的管货义务有误，原判认为中远集运未能证明T4扭锁存在潜在缺陷并且该缺陷是造成事故的原因有误。

上海市高级人民法院认为：《海商法》规定，承运人的法定责任包括适航、管货、不得进行不合理绕航和正确交付货物。其中，管货是承运人的基本义务，违反该义务，承运人必须承担赔偿责任。本案中，现有证据证明，包括德国、美国在内的世界主要船级社均对T4扭锁进行严格的安全认证，船舶在集装箱的海运实践中也证明T4扭锁具有足够的安全性能，并无相反证据证明T4扭锁的产品本身存在缺陷。中远集运也没有提供相应的证据证明T4扭锁存在技术缺陷，也没有证明T4扭锁潜在缺陷是导致涉案货损的直接原因，该锁具产品是否存在潜在缺陷并非中远集运必然可以免责的前提，且涉案海损事故中仅有两个贝位的集装箱落海，从而也可以证明两个贝位的T4扭锁没有正确安装或完全安装的推定成立，中远集运未履行承运人谨慎的管货义务，应当对海损事故造成的经济损失承担赔偿责任。原判对此认定正确，中远集运关于承运人对T4扭锁存在产品缺陷所造成的事故可以免责的上诉理由没有事实依据。据此，上海市高级人民法院判决驳回上诉，维持原判。

三、裁判规则提要

（一）“潜在缺陷”的认定

《海商法》第51条第1款第11项规定了承运人对于“经谨慎处理仍未发现的船舶潜在缺陷”享有免责权。根据第51条第2款的规定，承运人主张依照该条款免责的，应该承担举证责任。然而，对于如何认定该船舶缺陷是“经谨慎处理仍未发现的潜在缺陷”，法律并未明确规定。

在认定船舶缺陷是否系“潜在缺陷”时，重点在于对“谨慎处理”的认定。如果船舶缺陷已经承运人谨慎处理仍未发现，那么应被认定为是法律意义上的“潜在缺陷”。所谓的“谨慎处理”，通常来说，应指按照法律或行业惯例认可的标准和技术，由合格的专业人员以通常方法对船舶进行检查、维修及日常保养等处理。而船舶潜在缺陷，便是指经过上述处理仍不能发现的缺陷。例如，某船从波特兰装运小麦至孟买，在航行途中，因减速齿轮断裂失去自航能力，英国法院认为，验船师在装货港已按英国劳氏船级社技术规范，并用熟练的技巧，以通常的方法，对船舶做了全面的检验而无任何疏忽，他无须像托运人所主张的那样，应把齿轮中的油泥擦去检查每一个螺丝，因此，判决承运人已尽谨慎处理职责，减速齿轮的断裂系潜在缺陷所致，承运人无须对船舶不适航负责。①

例案二即对“谨慎处理”的标准进行了阐释，法院认为，尽管在实践中，对于能够导致事故发生的船舶的缺陷，若以现有的科学技术力量，尽最大的努力，应该是可以发现的，但该标准对于承运人未免过于严苛。法律意义上的“谨慎处理”的认定应从承运人的角度出发，结合现行的法律法规的规定予以认定，如承运人是否已根据各项法律规定对船舶进行全面检修、是否日常维护保养和定期接受海事部门各项检查等。

（二）潜在缺陷与货损之间应存在因果关系

只有货物的灭失或损害系因船舶潜在缺陷造成的，承运人才能够援引《海商法》第 51 条第 1 款第 11 项免责。在例案三中，法院便是以导致货损的原因系承运人未尽到谨慎的管货义务，而非船舶潜在缺陷为由，认定承运人不能享有免责的权利。法院认为，承运人未能提交有效证据证明其按照系固手册的要求对船舶进行了充分有效的系固，也未能提供证据证明对涉案集装箱堆正确安装、使用了 T4 型全自动扭锁，未履行承运人谨慎的管货义务，不能享有免责的权利，也就是说，如果导致货损的原因系承运人未尽到谨慎的管货义务，承运人便不能依据《海商法》第 51 条第 1 款第 11 项享受免责。

例案一对货损与潜在缺陷之间存在因果关系的证明标准进行了阐释。在该案中，由于涉案船舶已沉没无法打捞，对事故发生原因的认定无法做到绝对的排除其他可能性，然而，从对与涉案船舶同批次、同设计体系的船舶的考察来看，其设计上与其他集装箱船相比存在明显缺陷，而这种缺陷的后果与事故的客观情况发生了高度吻合，从现有证据分析，设计上的缺陷是船舶沉没的最大可能原因，根据民事证据的高度盖然性标准，可以认定二者之间存在因果关系。

（三）小结

通过梳理我国司法实践，承运人援引《海商法》第 51 条第 1 款第 11 项免责时，

---

① 司玉琢：《海商法专论》（第四版），中国人民大学出版社 2018 年版，第 86 页。

应重点审查以下事项：(1)该缺陷是否系承运人经谨慎处理所不能发现的缺陷。在认定承运人是否已尽到“谨慎处理”的义务时，应结合法律规定和专业人员的一般注意义务的标准进行认定，如承运人能够证明已经根据各项法律规定，按时委托船级社对船舶实施日常检验，定期对船舶进行日常维护、检查，聘用适任船员，定期接受相关海事部门各项检查，则可初步推定承运人已尽到谨慎处理的义务。(2)潜在缺陷与货损之间存在因果关系，对于该因果关系的认定，如无法做到绝对的排除其他可能性，证明标准只需达到高度的盖然性即可。同时，承运人须证明其已尽了其“适航”和“管理货物”的义务，如果发现造成意外的原因是由于承运人未尽到适航或谨慎管货的义务，则承运人就不能依《海商法》第51条第1款第11项享有免责的权利。

四、辅助信息

高频词条：

《海商法》

第47条　承运人在船舶开航前和开航当时，应当谨慎处理，使船舶处于适航状态，妥善配备船员、装备船舶和配备供应品，并使货舱、冷藏舱、冷气舱和其他载货处所适于并能安全收受、载运和保管货物。

第48条　承运人应当妥善地、谨慎地装载、搬移、积载、运输、保管、照料和卸载所运货物。

第51条　在责任期间货物发生的灭失或者损坏是由于下列原因之一造成的，承运人不负赔偿责任：

(一)船长、船员、引航员或者承运人的其他受雇人在驾驶船舶或者管理船舶中的过失；

(二)火灾，但是由于承运人本人的过失所造成的除外；

(三)天灾，海上或者其他可航水域的危险或者意外事故；

(四)战争或者武装冲突；

(五)政府或者主管部门的行为、检疫限制或者司法扣押；

(六)罢工、停工或者劳动受到限制；

(七)在海上救助或者企图救助人命或者财产；

(八)托运人、货物所有人或者他们的代理人的行为；

(九)货物的自然特性或者固有缺陷；

（十）货物包装不良或者标志欠缺、不清；

（十一）经谨慎处理仍未发现的船舶潜在缺陷；

（十二）非由于承运人或者承运人的受雇人、代理人的过失造成的其他原因。

承运人依照前款规定免除赔偿责任的，除第（二）项规定的原因外，应当负举证责任。

海上货物运输合同纠纷案件裁判规则第 8 条：

特定航程中遭遇台风导致货损，若台风带来的恶劣海况超过正常的、可预见的海上风险，尽到管货义务的承运人可以免责

〔**规则描述**〕：由于台风的风力、时间、范围等通常是可以预测的，因此，台风一般不被认定为《海商法》第 51 条第 1 款第 3 项下的天灾或海上风险。但在台风带来的恶劣海况已超过正常的、可预见的海上风险时，对于因此遭遇的货损，尽到管货义务的承运人可以免责。

一、类案检索大数据报告

时间：2019 年 11 月 5 日之前，案例来源：Alpha 案例库，数据采集时间：2019 年 11 月 5 日。本次检索以引用法条为“《海商法》第 51 条”、法院认为中包含“台风”作为检索条件，共获取了 21 篇裁判文书，剔除重复的文书 2 篇，无关的文书 4 篇，剩余的 15 篇裁判文书中：

（1）认为涉案台风构成天灾或海上风险，承运人可以免责的文书有 9 篇；

（2）认为涉案台风不构成天灾或海上风险，承运人应承担赔偿责任的文书有 6 篇。

整体情况如下：

如图 8－1 所示，认为涉案台风构成天灾或海上风险，承运人可以免责的文书占 60%，认为台风不构成天灾或海上风险的文书占 40%。

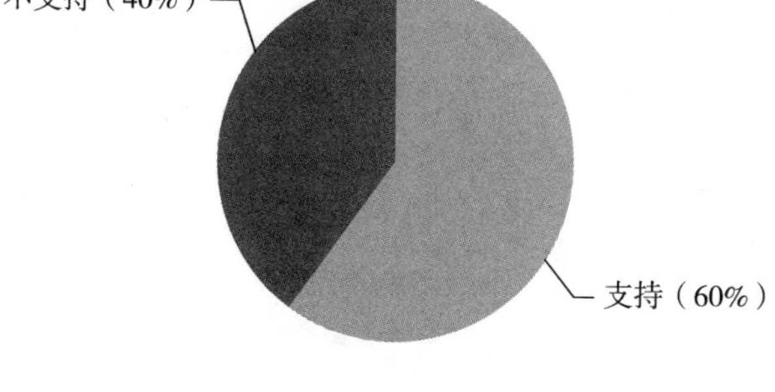

图 8－1　涉案台风是否构成天灾或海上风险，承运人可以免责比例

从图8－2所示的年份分布情况可以看到当前条件下案例数量的变化趋势。

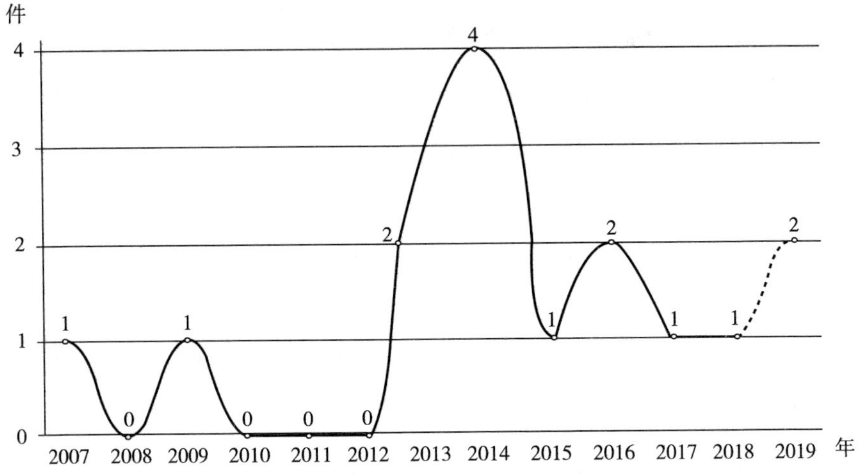

图8－2 案件年份分布情况

从图8－3所示的地域分布情况来看，当前案例主要集中在上海市、福建省、广东省等，分别占比40%、26.67%、20%，其中上海市的案件量最多，达到6件。

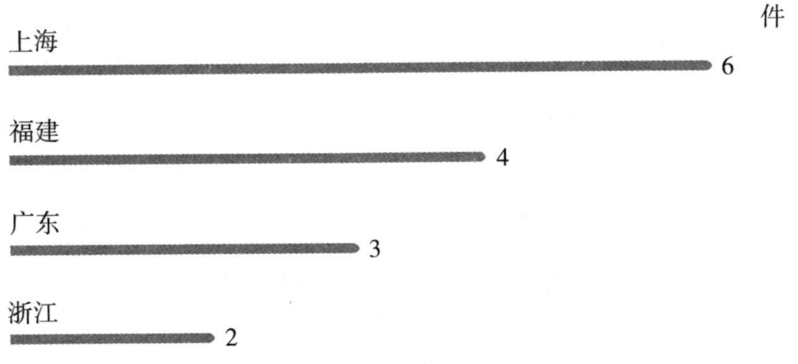

图8－3 案件主要地域分布情况

从图8－4所示的案由分类情况可以看到，当前的案由分布由多至少分别是合同、无因管理、不当得利纠纷，海事海商纠纷。

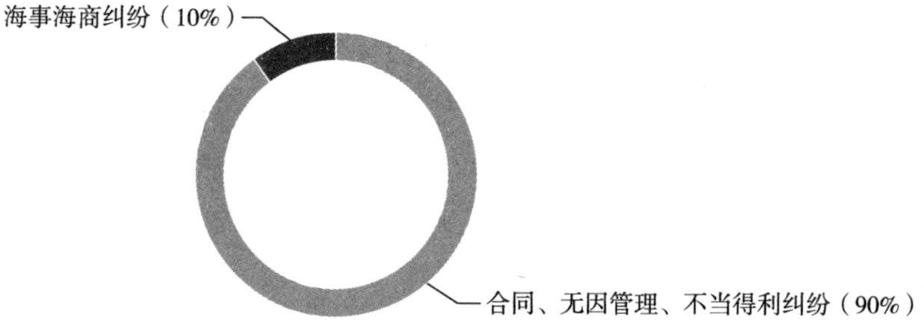

图8－4　案件案由分类情况

从图8－5所示的行业分类情况可以看到，当前的行业分布主要集中在交通运输、仓储和邮政业，金融业，批发和零售业，科学研究和技术服务业，制造业。

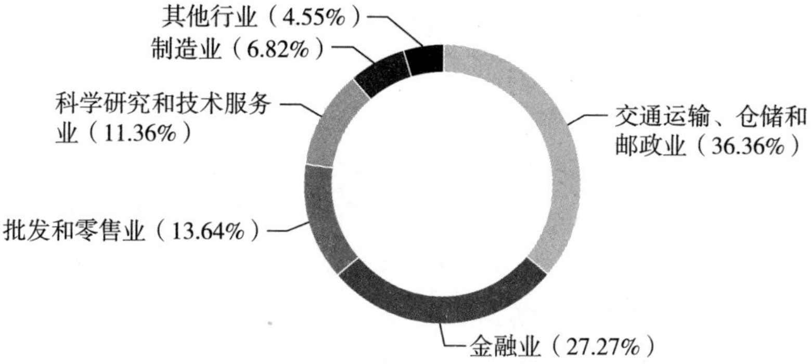

图8－5　案件行业分类情况

二、可供参考的例案

例案一　中国太平洋财产保险股份有限公司航运保险事业营运中心与莫曼斯科航运股份有限公司海上、通海水域货物运输合同纠纷案

【法院】

上海海事法院

【案号】

（2013）沪海法商初字第337号

【当事人】

原告：中国太平洋财产保险股份有限公司航运保险事业营运中心

被告：莫曼斯科航运股份有限公司

【基本案情】

2011 年 4 月 14 日,船东莫曼斯科航运股份有限公司(以下简称莫曼斯科)与案外人 Kings Ocean 签订定期租船合同,将"尤利"轮(M/V Yuriy Ashenevskiy)出租给 Kings Ocean。此前的 2011 年 4 月 7 日,Kings Ocean 与案外人香港恒鑫签订定期租船合同,将"尤利"轮转租给香港恒鑫。涉案航次即"尤利"轮第 11125 航次时,由香港恒鑫以航次租船方式出租给上海恒鑫。山东电力建设第三工程公司(以下简称山东电建)为出运涉案货物通过案外人向上海恒鑫订舱。上海联合国际船舶代理有限公司(以下简称联合船代)作为"尤利"轮的船舶代理人为涉案货物签发了编号为 SHM06、SHM07、SHM08 三套提单。三套提单均记载:托运人为山东电建,收货人凭指示,船名航次为"尤利"轮 11125E 航次,起运港为中国上海,目的港为印度蒙德拉(MUNDRA),货物为蒸汽发电机、蒸汽轮机、发电机辅件和仪表装置等,装船日期和签发日期为 2011 年 8 月 3 日,承运人为莫曼斯科,右下角显示"联合船代作为承运人的代理人"。

"尤利"轮于 2011 年 7 月 30 日到达第二装货港上海港开始装货作业,至 8 月 3 日装货完成,涉案航次由上海恒鑫负责装卸、绑扎和系固。涉案 12 件货物,除 SHM06 提单项下的 1 件钢结构(烟道)被装载在"尤利"轮 4 号舱舱盖甲板上外,其余货物被装载在 2 号舱的二层舱和底舱。根据航海日志记载,每个货舱装载完毕后,船方均检查了系固情况并解决检查出的问题。

考虑到台风"梅花"将正面袭击上海地区,8 月 5 日,"尤利"轮前往济州岛方向避台。8 月 6 日至 7 日,"尤利"轮近距离遭遇台风"梅花",根据航海日志记载、船上拍摄的视频、船员证词以及"尤利"轮向船东莫曼斯科实时进行的"四小时报告"记载:8 月 6 日 0400UTC,"船员加上的链条已无法发挥作用","2 号舱盖上货堆可能倒塌,考虑到船员的安全问题,此时不能对该堆货堆进行加固";0800UTC,"2 号舱盖上货物在船舶横摇的作用下发生位移";0900UTC,"甲板船员在大副的指导下系固 2 号舱舱盖上的甲板货物";1600UTC,"甲板船员已完成甲板货物的系固";1620UTC,2 号货舱舱盖上大部分甲板货物落海,船舶受损。1650UTC,1 号和 3 号货舱舱盖上甲板货物落海,5 号货舱舱盖上部分甲板货物散落。2120UTC 连接在甲板上的吊钩在共振横摇中断裂,船吊 2A 的吊臂随船舱一起转向右侧。2400UTC 频繁遭遇暴风,风力计停留在 36 米/秒(12 级近 13 级)的最大刻度上,无法准确测量风力级别。船舶速度不时降至 0 节。8 月 7 日 0400UTC,每 5 ~ 10 分钟遭遇一次暴风,船舶横摇幅度达 40° ~ 45°,船速降至 0 节,"由于激浪,在半个小时不能摆脱船舷共振摇摆状态”。0425UTC，4号货舱舱盖上甲板货物几乎全部落海。5号货舱舱盖上货物完全倒塌跌落。浪高12米，风速超过50米/秒（15级近16级）。8月7日0601时，“尤利”轮船长通过电子邮件告知Kings Ocean、上海恒鑫及莫曼斯科，1号至4号货舱舱盖上甲板货物落海丢失，5号货舱舱盖上货物部分损坏，并造成船舶损坏。

关于台风“梅花”，南京信息工程大学太平洋台风研究中心主任吴立广出具的风力等级分析报告认为，以中国气象局2011年的台风预报年度平均误差值为参照，“尤利”轮离港前及离港后一段时间内，中国气象局对台风“梅花”移动方向的预报较为可信，但2011年8月6日8时后，台风“梅花”实际移动方向与预报路径严重东偏；8月6日2时以后，台风海表风场结构呈现明显不对称性，大风区偏向台风中心东侧；6日8时和14时“尤利”轮所处位置的平均风速达到7级，6日20时和7日8时位于9级风圈内；根据卫星反演的船舶所处位置的平均风速，考虑平均风与阵风之间的线性关系，8月6日8时“尤利”轮遇到的阵风等级达到9～11级，6日14时为9～10级，6日20时为11～13级，7日8时为11～13级；如果考虑卫星反演的可能误差，“尤利”轮遭遇的阵风等级可能更大。国家海洋局东海预报中心出具的报告称，结合浮标实况数据等资料对“尤利”轮航行期间遭遇风力波高的分析得出：8月6日16时至7日2时“尤利”轮遭遇的风力可能达到10级，波高可能达到7～9米。

货物抵达目的港印度蒙德拉港后，经公估公司和收货人代表共同检验，最终找到12件货物中的5件，另7件货物无法找到，估计是落海或坏成碎片以致全损。2013年1月11日，原告中国太平洋财产保险股份有限公司航运保险事业营运中心（以下简称太平洋保险公司）根据其为涉案货物向山东电建签发的货物运输保险单，向山东电建支付了278,399.82美元保险赔款。山东电建就上述所获赔款向太平洋保险公司出具了收据及权益转让书，太平洋保险公司为此诉请被告莫曼斯科赔偿经济损失278,399.82美元及相应利息。

被告莫曼斯科辩称：涉案货物因台风“梅花”受损，可依据《海商法》第51条第1款第3项和《合同法》第311条①之规定，享受“天灾”和“不可抗力”免责。

【案件争点】

在预定航次遭遇台风带来的恶劣海况导致货损，承运人能否根据《海商法》第

① 参见《民法典》第832条。

51 条第 1 款第 3 项的规定免责。

【裁判要旨】

上海海事法院认为：根据航海日志、船员拍摄的视频以及上海气象局和莫曼斯科提供的风力等级分析报告来看，可以认定“尤利”轮当时长时间遭遇了 12 级以上风力、船舶横摇 35°以上的恶劣海况，且该恶劣海况是造成涉案货损的主要原因。

台风的强度预报是公认的世界性难题，影响台风移动路径的不确定因素也很多，以目前的科技水平尚无法对台风作出非常准确的预报。台风的强风直接作用于海面而引起的台风浪对船舶安全构成巨大威胁。即使是在锚地避台的船只，台风来袭时也并不能确保万无一失。面对台风威胁，只能通过采取尽可能合理的避台措施，以尽可能地避免或减小遭受的损害。现有证据表明“尤利”轮当时长时间遭遇了 12 级以上风力，船舶横摇 35°以上。因此，“尤利”轮遭遇海况的恶劣程度已非属正常的海上风险，足以构成我国海商法下“天灾”性质的“海上风险”，由此造成的损失，承运人依法可以享受免责。

此外，尽管台风“梅花”带来的恶劣海况系涉案货损最主要和决定性的原因，但涉案货损是由于绑扎系固的缺陷以及船舶遭遇恶劣海况共同造成的，因此，酌定造成涉案货损的 80% 的原因为恶劣海况，绑扎系固的缺陷占 20%。对于因绑扎系固缺陷而导致 20% 部分的货损，承运人仍须承担赔偿责任。

例案二 ｜ 阳明海运股份有限公司与美达船务有限公司、大诺控股有限公司海上、通海水域货物运输合同纠纷案

【法院】

厦门海事法院

【案号】

(2005)厦海法商初字第 380 号

【当事人】

原告：阳明海运股份有限公司

被告：美达船务有限公司

被告：大诺控股有限公司

【基本案情】

2005 年 7 月，原告阳明海运股份有限公司（以下简称阳明公司）将所承揽的一

批集装箱货物(阳明公司对相关货主签发了全程提单)从福州到高雄区段的运输任务委托给船舶经营人美达船务有限公司(以下简称美达公司)。2005年7月17日，中国福州外轮代理有限公司代表美达公司对一批货物签发了SPSOCO50296号海运提单，提单记载托运人为阳凯有限公司福州代表处(Young Carrier Co.,Ltd. Fuzhou Office)，收货人为阳明海运股份有限公司高雄分公司(Yang Ming Marine Transport Corp. Kaohsiung Branch)，装货港为福州、卸货港为高雄，承运船为"景云"轮(M/V Golden Cloud)，航次号为115E，集装箱号见提单附件，货物包装品名一栏注明9个20呎普通柜、6个40呎普通柜、15个40呎高柜，据称装有普通货物，托运人装船、计数和铅封。大诺控股有限公司(以下简称大诺公司)为"景云"轮船舶所有人。

本航次船舶于2005年7月17日04:45时在福州马尾港青州码头开始装货，14:54时前后缆绳清爽，开航离港。15:00时，因收到"海棠"台风预报，船长计划开往福州江阴港兴化湾锚地抛锚避风。18:00左右船舶驶出闽江口，当时海上东北风7~8级，中浪，根据17:51时收到最新的台风警报信息，台风将于18日08:00左右在花莲和宜兰之间登陆，然后继续向西北方向移动，逐渐向兴化湾靠近。船长于17日20:00时左右(20:35时前)决定改为直航高雄，并向高雄代理发了一份电报，告知船舶预计18日13:00时抵高雄，但没有收到代理的回复。

7月18日08:51时，船舶在向高雄港申请引水时获悉高雄港已于18日零时封港，无法进港。10:30时船抵高雄港锚地。抛锚(左锚五节下水)并以船车顶风抗台。抛锚后，船开始调头受横风横浪，由于船舶干舷较低，甲板容易上浪，巨浪不断冲上甲板，10:40时02贝位(BAY02)集装箱倒塌，部分从左右两舷分别掉入海中。此后因风力增强，风浪太大，船舶左右剧烈摇摆，前后颠簸厉害，船长采取车舵配合全速顶风顶浪抗台，直至台风过境。经检查，船舶甲板上装载的198个集装箱中132个落海，其余66个倾倒在舱面上发生损坏。

关于"海棠"台风的情况，根据福建省专业气象台2005年第084期台风紧急警报，2005年7月18日11时"海棠"台风中心位于北纬23.4度，东经121.4度，10级风圈半径180公里。根据船舶抛锚时的位置，"景云"轮在台风中心西南方向，与台风中心相距不足80海里，已位于10级风圈范围内。第一次集装箱落海时风力为9级，其后的事故过程中船舶分别遭遇了9~12级的风，并均逢巨浪。而关于台风路径，根据福建省专业气象台的《气象资料证明》等，"海棠"台风在经过17日的西北方向移动后，18日05时转向西行，在18日08时靠近台湾花莲，在花莲近海转向西南和南行，约11 时又开始北上，再转西北，完成逆时针自转一圈，而后于18 日14:50时在台湾宜兰登陆，然后偏西行穿过台湾岛，在18 日22 时左右从新竹南面进入台湾海峡北部，最终于19 日17:10 时在福建连江黄岐登陆并沿西北方向继续移动。

原告阳明公司认为，原告是相关货物的全程承运人，在对货损承担了赔偿责任后，有权向负责区段运输的承运人追偿，请求法院判令两被告承担连带责任全额赔偿其损失388,749.74 美元及相应利息。而二被告则辩称，构成货损的原因是“海棠”台风产生的狂风巨浪这一情形的发生，是由于“海棠”的移动路径发生了无法预测的奇异的逆时针打转的现象。船舶在18 日05:00 时，在所收的预报均为台风正向西北（而非西或西北偏西）方向移动的情况下，采取了左转向准备驶入高雄港的动作，导致进入了台风10 级风圈的范围，从而遭遇了狂风巨浪。因此，应当认为打了转的台风构成天灾或不可抗力，承运人和实际承运人可以免责。

【案件争点】

因台风实际路径与初始预测路径有偏差，导致船舶遭遇台风引发货损，承运人能否根据《海商法》第51 条第1 款第3 项的规定免责。

【裁判要旨】

厦门海事法院认为：“海棠”台风逆时针打转虽然是罕见的现象，但是，就实际的风力和海况而言，首先，“景云”轮在开离马尾港时已知“海棠”台风的来临，按航海日志的记载，离港后当日即遭遇了8 级风，次日凌晨风力已达9～10 级，船舶完全应当预见未来海上风力可能也有9 级或更高——实际上第一次集装箱落海时的风力也仅为9 级；其次，台风出现打转一圈的情况虽然不可预测，但在台风变向之初，船上如能注意及时获取台风的新信息，分析台风有西至南移的趋势，可以调整航向、远离台风，避免事故；最后，直接造成集装箱的倒塌、落海，是缘于船长抛锚抗台时没有注意受风的主体方向，使船舶在调头过程中受横浪冲击的驾驶过失所致。同时舱盖板上固定式集装箱绑扎设备因存在缺陷不堪受力，也是导致集装箱掉落的另一原因。由此可见，二被告有关事故原因为台风，并符合不可预见、不可避免、不可克服的条件，构成不可抗力、天灾或海上风险的主张不能成立。本案中，风浪的作用仅为事故的自然原因，事故在法律上的原因为船舶的缺陷和船长驾驶船舶的过失。舱盖板上固定式绑扎设备的缺陷（脱焊），由于已经船员以通常的方法检查所不能发现，应认定该项缺陷为承运人经谨慎处理仍未发现的潜在缺陷，其与船长在驾驶船舶上的过失，均属于《海商法》规定的承运人的免责事由，因此被告美达公司可以免除责任。被告大诺公司作为实际承运人，根据《海商法》第61 条，有关承运人责任的规定，也适用于实际承运人，故其亦可以免责。

例案三　川崎汽船株式会社、川崎汽船（中国）有限公司与中国太平洋财产保险股份有限公司厦门分公司海上货物运输合同纠纷案

【法院】

福建省高级人民法院

【案号】

（2013）闽民终字第127号

【当事人】

上诉人（一审被告）：川崎汽船株式会社

被上诉人（一审原告）：中国太平洋财产保险股份有限公司厦门分公司

一审被告：川崎汽船（中国）有限公司

【基本案情】

2011年4月29日，案外人华安荣益矿业有限公司委托厦门港务贸易有限公司（以下简称厦门港务公司）代理从澳大利亚进口297吨的锆英砂，由厦门港务公司与外商签订合同并开立信用证。2011年6月11日，上述货物在澳大利亚弗里曼特尔港装船，川崎汽船（澳大利亚）有限公司（以下简称川崎澳大利亚公司）签发了编号为KKLUFRE470703的一式三份正本提单。该提单抬头为川崎汽船株式会社（以下简称川崎公司），川崎澳大利亚公司作为承运人川崎公司的代理人签发了提单。涉案提单为川崎公司在中国交通部备案的格式提单，川崎汽船（中国）有限公司（以下简称川崎中国公司）受川崎公司委托，办理提单备案手续，并在格式提单上加盖了川崎中国公司公章。

之后，川崎公司将上述11个集装箱交付阳明海运股份有限公司的“YMMATURITY”轮005E航次实际承运。涉案进口货物系由中国太平洋财产保险股份有限公司厦门分公司（以下简称厦门太保）承保货物运输险，承保险别为一切险。

2011年6月24日，装载涉案货物的“YMMATURITY”轮抵达中国宁波锚地等候靠泊。6月25日上午，接到宁波港引航站通知，因强热带风暴“米雷”逼近取消靠泊计划。根据浙江省宁波市海洋预报台2011年6月24日15时发布的海浪Ⅲ警报，受第5号热带风暴“米雷”影响，宁波海域25日白天有7级阵风，8~9级的东北风，下午增大到9~11级；预计24日下半夜宁波近（沿）海有2~3米的中到大

浪,25日白天增大到2.5~4米的大到巨浪。另据浙江省气象台2011年6月25日8时发布的台风报告单,受“米雷”台风影响,浙江省沿海地区和沿海海面分别有8~10级和10~12级大风,“米雷”中心经过的附近海面达11~13级;东部沿海和岛屿及浙北部分地区有大雨到暴雨,局部大暴雨。6月25日,船上5个集装箱跌落,内装货物掉出砸坏其他集装箱。因该跌落事故,导致涉案锆英砂混入杂质并发生漏失。根据上海恒量保险公估有限公司出具的检验报告,集装箱由于跌落、倒伏,内装货物飞出而遭受的损失系由于在宁波遭遇台风所致。

2011年8月19日,保险人厦门太保与被保险人厦门港务公司签订一份《赔偿协议书》,双方就被保险人进口锆英砂发生短量及混入杂质一事达成协议,保险人厦门太保以银行转账方式向被保险人厦门港务公司支付了保险赔偿款323,596.5元。2012年1月31日,厦门太保委托律师致函川崎中国公司厦门分公司及川崎公司,就提单号KKLUFRE470703项下货损行使保险代位追偿权,向其提出索赔,要求支付323,596.5元的保险赔偿金及1750元的公估费。

【案件争点】

承运人能否以遭遇台风导致货损为由,根据《海商法》第51条第1款第3项关于天灾的规定免责。

【裁判要旨】

厦门海事经审理认为:虽然涉案船舶在中国宁波港锚地等候靠泊时遭受“米雷”台风影响,且相关的检验报告也表明集装箱跌落、倒伏是遭遇台风所致,但台风并不必然导致货损,承运人并未提供证据证明其对集装箱的系固、积载是妥善的、合理的,即现有证据不足以证明承运人已恪尽管货职责,故川崎公司关于台风应免责的抗辩,不予采信。据此判决川崎公司应向厦门太保支付赔偿款301,778元及利息。

一审宣判后,川崎公司提出上诉,认为:(1)本案中台风属于不可抗力,川崎公司应免责。首先,台风实际导致船舶无法按计划于2011年6月25日上午靠泊,而在海上遭遇台风的袭击,台风导致的大浪造成船舶颠簸进而造成货损。其次,台风的等级超过了预报等级,属船舶和川崎公司不能预见。最后,船舶实际无法躲避或避免台风和台风导致的大浪带来的危险以及损害结果。因此,台风构成了《民法通则》和《合同法》中的不可抗力,川崎公司应当免责。(2)承运人已经尽到合理的管货义务。川崎公司提交的证据显示“所有集装箱的固定捆扎情况每天都经过船员检查并处于良好状态”,更为关键的是,在案涉集装箱所在区位,尽管遭遇极为恶劣的台风天气,但是所有集装箱均未坍塌、倒状,仍然保持正常的装载位置,足以说明承运人对集装箱货物的积载、保管和照料是妥善的。原审判决错误认定现有证据不足以证明承运人已尽到合同的管货职责,应予纠正。

福建省高级人民法院判决驳回上诉,维持原判,主要理由如下:在案证据表明装载案涉货物的船舶遭遇台风,但并非船舶遭遇台风必然导致货损,案涉提单项下货物总共11个集装箱,受损的集装箱只有2个亦可为证,川崎公司未能证明船舶遭遇台风与案涉货损的产生之间存在必然的因果关系,其主张因装载案涉货物的船舶遭遇台风免除承运人的赔偿责任不能成立。由于川崎公司未能举证证明其已按照《海商法》第48条的规定尽了相应的管货义务,案涉货物在承运人川崎公司的责任期间内受损,川崎公司应对案涉货损承担赔偿责任,原审对此认定正确。

三、裁判规则提要

(一)"天灾、海难"的定义

对于船舶遭遇台风天气而导致的货损纠纷,承运人往往以《海商法》第51条第1款第3项下遭遇"天灾"或"海难",或是以《合同法》第117条[①]"不可抗力"为由进行抗辩,主张承运人免责。对于此类台风免责抗辩的司法审查,在法律适用方面,应根据特别法优于一般法的原则,适用《海商法》对台风是否属于天灾或海上或者其他可航水域的危险或者意外事故进行审查。

"天灾"(Act of God)是英美法系国家法律中的概念,指承运人通过采取合理预期的各种措施后,仍不能抵御或者防止的自然现象。[②] 海上或者其他可航水域的危险或者意外事故,通常又称为"海难",是指除天灾以外,一艘适航的船舶依靠船员的良好船艺也不能防止、不能合理预见或避免的海上或者其他可航水域中的各种风险或意外事故。我国《海商法》将"天灾"和"海难"规定在同一免责事项中,而实践中,往往也很难对"天灾"和"海难"进行区分,对于台风来说,严格意义上构成的是"天灾",而台风带来的巨浪则可能构成"海难"范畴,然而,货物的灭失或损毁往往是由于狂风和巨浪共同造成的。司法实践中通常将"海难"也认定为是广义的"天灾",并未对二者进行严格的区分。

国际上对天灾或海难的认定主要存在两种观点:一种是强调其应具有不可预

---

① 参见《民法典》第180条。

② 司玉琢:《海商法》(第三版),法律出版社2012年版,第112页。

见性；另一种是不考虑是否“可预见”，而是强调具体事实，如承运人是否已谨慎及恰当行事、坏天气/大风浪持续的时间、船舶结构、大小、船舶本身是否受到损害等情况。① 从我国的司法实践来看，较多的做法还是采纳第一种观点，即把不可预见性作为认定天灾或海难的核心因素之一。

（二）台风通常不被认定为天灾或海难

我国是世界上少数几个受台风影响严重的国家之一，夏秋季节我国南海北部、台湾海峡及东部沿海等区域均为台风通过的高频区。随着技术的进步，人类已经能够在一定程度上提前预知台风的等级、时间及影响范围，因此，在司法实践中，对于大部分承运人以遭遇台风作为免责抗辩的情况，法院通常不予支持。在例案二中，尽管台风实际路径与初始的预测路径出现了一定的偏差，但法院认为，台风的来临、风力是可以预见的，此后台风变向的新情况也是承运人可以及时了解并据此调整船舶航向的，因此，承运人关于台风构成天灾或海难的抗辩不能成立。

尽管如此，在该案中，法院认为造成事故的原因在于船舶潜在缺陷及驾驶船舶过失，并以此认定承运人免责，从该案也可以看出，“天灾、海难”免责抗辩常常与驾驶船舶过失等问题交织在一起，承运人对船长在驾驶船舶中的过失依法也可免责。

（三）例外情况

尽管台风因其可预见性通常不被认定为天灾或海难，然而，当台风的路径、影响范围、风力已超过了一般可预见的范围，从而导致海况的恶劣程度已超出正常的海上风险时，则应被认定为构成《海商法》第 51 条第 1 款第 3 项下的免责事由。也就是说，对于“不可预见”的理解，不应仅仅包括完全的不可预见，还应包括不可准确预见，并根据具体的事实情况具体分析。

从例案一中可以看出，对于台风免责抗辩，应重点审查海况的恶劣程度是否超出正常的海上风险，其中，风力及持续时间、波高及船舶横摇角度均是重要的指标。除了审查海况的恶劣程度，还要审查台风与货损的因果关系，是否存在其他的因素共同造成货损结果，并根据原因力的比例划分责任承担结果。例案一中，法院即根据现有证据，认定货损系绑扎系固的缺陷以及船舶遭遇恶劣海况的

---

① 司玉琢：《海商法专论》（第 4 版），中国人民大学出版社 2018 年版。

共同原因造成，并酌定造成涉案货损的 80% 的原因力为恶劣海况，绑扎系固的缺陷占 20%。

（四）承运人的管货义务

承运人要引用《海商法》第 51 条第 1 款第 3 项进行免责，除了要证明台风属于该条意义下的“天灾”，还需证明尽到谨慎管货的义务。在例案三中，尽管承运人以遭遇台风恶劣天气进行抗辩，但台风并不必然导致货损，承运人并未提供证据证明其对集装箱的系固、积载是妥善的、合理的，即现有证据不足以证明承运人已恪尽管货职责，法院因此判定承运人应承担赔偿责任。

四、辅助信息

高频词条：

《海商法》

第 48 条　承运人应当妥善地、谨慎地装载、搬移、积载、运输、保管、照料和卸载所运货物。

第 51 条　在责任期间货物发生的灭失或者损坏是由于下列原因之一造成的，承运人不负赔偿责任：

（一）船长、船员、引航员或者承运人的其他受雇人在驾驶船舶或者管理船舶中的过失；

（二）火灾，但是由于承运人本人的过失所造成的除外；

（三）天灾，海上或者其他可航水域的危险或者意外事故；

（四）战争或者武装冲突；

（五）政府或者主管部门的行为、检疫限制或者司法扣押；

（六）罢工、停工或者劳动受到限制；

（七）在海上救助或者企图救助人命或者财产；

（八）托运人、货物所有人或者他们的代理人的行为；

（九）货物的自然特性或者固有缺陷；

（十）货物包装不良或者标志欠缺、不清；

（十一）经谨慎处理仍未发现的船舶潜在缺陷；

（十二）非由于承运人或者承运人的受雇人、代理人的过失造成的其他原因。

承运人依照前款规定免除赔偿责任的，除第（二）项规定的原因外，应当负举证责任。

《民法典》

第180条 因不可抗力不能履行民事义务的,不承担民事责任。法律另有规定的,依照其规定。

不可抗力是不能预见、不能避免且不能克服的客观情况。

海上货物运输合同纠纷案件裁判规则第 9 条：
承运人援引提单不知条款主张免责的应符合相关条件

〔**规则描述**〕：承运人在提单批注的“不知条款”应满足如下条件方具备免除承运人责任的效力：(1)承运人知道或者有合理的根据怀疑提单记载的货物的品名、标志、包数或者件数、重量或者体积与实际接收的货物(或已装船的货物)不符，或没有适当的方法核对提单记载；(2)承运人须在提单批注中说明不符之处、怀疑的根据或者无法核对的理由；(3)承运人在责任期间履行了管货义务。

一、类案检索大数据报告

时间：2019 年 12 月 12 日之前，案例来源：Alpha 案例库，数据采集时间：2019 年 12 月 12 日。本次检索以引用法条为“《海商法》第 75 条”、法院认为包含“不知条款”或“提单批注”为检索条件，共获取了 35 篇裁判文书，剔除无关、重复的文书 5 篇，剩余的 32 篇裁判文书中：

(1)认为承运人在提单批注“不知条款”应满足规则描述中所述三个条件方具免责效力的文书为 32 篇；

(2)认为承运人在提单批注“不知条款”即可无条件免责的文书为 0 篇。

整体情况如下：

如图 9－1 所示，认同本项裁判规则的文书占 100%。

图 9－1　本项裁判规则的认同情况

从图 9 -2 所示的年份分布情况可以看到当前条件下案例数量的变化趋势。

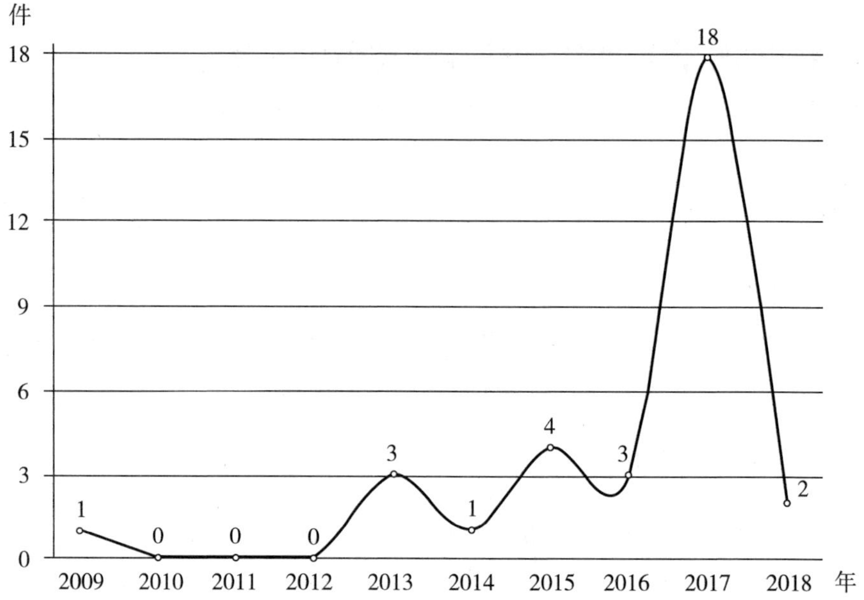

图 9 -2　案件年份分布情况

从图 9 -3 所示的地域分布情况来看，当前案例主要集中在广东省、湖北省、山东省等，分别占比 54.13%、25%、12.5%，其中广东省的案件量最多，达到 17 件。

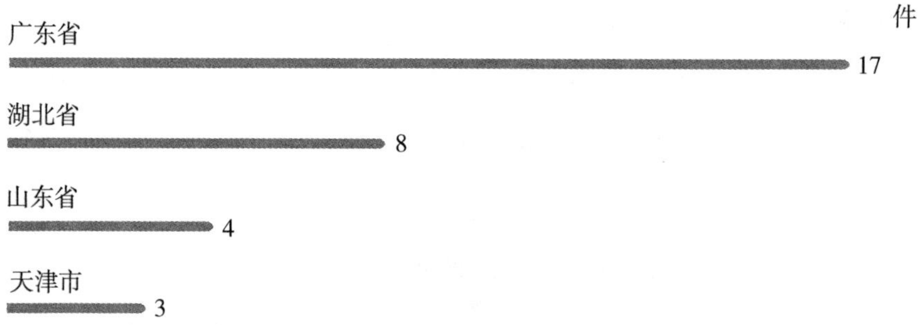

图 9 -3　案件主要地域分布情况

从图 9 - 4 所示的案由分类情况可以看到，当前的案由分布由多至少分别是合同、无因管理、不当得利纠纷，海事海商纠纷，侵权责任纠纷。

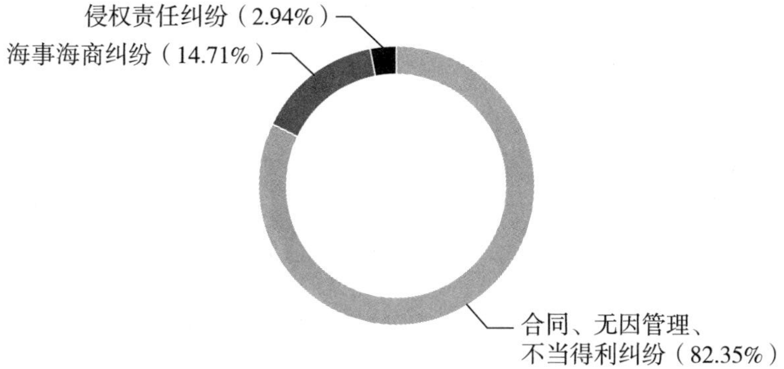

图 9 - 4　案件案由分类情况

从图 9 - 5 所示的行业分类情况可以看到，当前的行业分布主要集中在交通运输、仓储和邮政业，租赁和商务服务业，批发和零售业，金融业，制造业，其他行业。

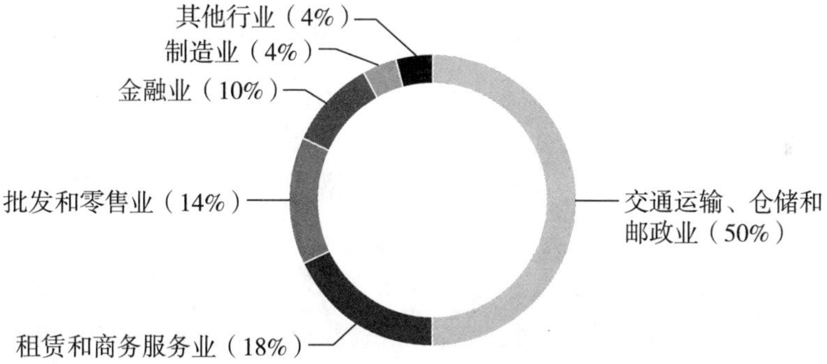

图 9 - 5　案件行业分类情况

二、可供参考的例案

例案一　安联全球企业及特殊风险有限公司、恩艾驰易船务公司海上货物运输合同纠纷案

【法院】

天津市高级人民法院

【案号】

(2016)津民终138号

【当事人】

上诉人(一审原告):安联全球企业及特殊风险有限公司

上诉人(一审被告):恩艾驰易船务公司

【基本案情】

中国天津外轮代理有限公司于2013年7月12日签发了编号为135645F14～16的清洁提单。提单记载,承运人为恩艾驰易船务公司(以下简称恩艾驰易公司),托运人为唐山丰润区广丰贸易有限公司(以下简称广丰贸易公司),收货人凭指示,通知方为阿里巴巴钢铁贸易公司(以下简称阿里巴巴公司),船舶航次为“海澜之衡”轮V.001航次,装货港为中国新港,卸货港为阿拉伯联合酋长国迪拜阿里山港,货物描述为261捆中碳角钢和中碳槽钢,提单预先印制“重量、尺码、标志、号数、品质、内容和质量是托运人所提供的,承运人在装船时并未核对”等字样。提单附件为货物清单,记载各型号货物对应的捆数、理论重量等信息,合计捆数261捆、合计理论重量641.251公吨[①]。同日,货物卖方开具了编号为800的发票和装箱单。发票和装箱单共同记载,货物卖方国际米兰公司(以下简称米兰公司),货物买方为阿里巴巴公司,制造商为广丰贸易公司,提单号为135645F14～16,货物描述为119捆角钢和142捆槽钢,其中角钢理论重量为301.492公吨、单价为570美元/公吨,槽钢理论重量为339.759公吨,单价为575美元/公吨。同日,安联全球企业及特殊风险有限公司(以下简称安联公司)和卡尔公司共同签发了编号为25的保单(涉案保单)。涉案保单记载,保险单签发给凭阿里巴巴公司指示,承保货物为119捆角钢和142捆槽钢,保险金额为403,933.06美元,承保航次为“海澜之衡”轮V.001航次。

“海澜之衡”轮于2013年10月13日抵达阿拉伯联合酋长国迪拜阿里山港,同日开始卸货。英之杰公司于2014年2月6日出具《检验报告》,记载检验日期为2013年10月31日和11月6日,出席人员为提单通知方代表、船东保赔协会代表和船舶承租人保赔协会代表,受损货物为111捆角钢和88捆槽钢,受损角钢理论重量281.594公吨,受损槽钢理论重量212.112公吨,理论重量共计493.706公吨,上述受损货物在海玛利亚自由区第二区实际称重结果共计436.64公吨,上述受损货物以实际称重结果为基准以1400阿联酋迪拉姆/公吨的价格出售给废品回收买家,卖出价格为

① 1公吨=1000公斤,目前该单位已废止。

611,296阿联酋迪拉姆,经纪佣金为61,129.6阿联酋迪拉姆,经济损失为131,740.18美元,货物的损坏是由于在运输的过程中货物与外界物质的接触所产生的,实验结果显示这种外界物质就是氯化钙。英之杰公司于2014年2月9日开具了编号为18274的发票,发票记载检验费3019美元。水瓶座公司于2014年2月26日出具《检验报告》,《检验报告》记载,检验日期为2013年10月31日和11月6日,受损货物为111捆角钢和88捆槽钢,受损角钢理论重量275.55公吨,受损槽钢理论重量212.105公吨,理论重量共计487.655公吨。

【案件争点】

受损货物重量应以提单记载为准还是以受损货物出售给废品收买家时的称重为准。

【裁判要旨】

天津市高级人民法院认为:涉案提单明确记载了涉案货物的重量为641,251千克(641.251公吨),并于提单附件中列明涉案货物中各型号钢材对应的理论重量,理论重量总值与提单记载重量一致。依照《海商法》第75条的规定,承运人或者代其签发提单的人,知道或者有合理的根据怀疑提单记载的货物的品名、标志、包数或者件数、重量或者体积与实际接收的货物不符,在签发已装船提单的情况下怀疑与已装船的货物不符,或者没有适当的方法核对提单记载的,可以在提单上批注,说明不符之处、怀疑的根据或者说明无法核对。本案中,恩艾驰易公司并未在涉案提单中批注重量存在不符之处。虽然涉案提单记载了"重量、尺码、标志、号数、品质、内容和质量是托运人所提供的,承运人在装船时并未核对",但该记载属于"不知条款",系预先印制,并非特别针对涉案航次作出,其表述本身亦未明确说明无法核对的事实根据或理由。且双方当事人一致确认涉案保单被保险人系阿里巴巴公司,而阿里巴巴公司系涉案货物通知方/买方,据此可以认定涉案提单已在签发后实际流转。故而依照《海商法》第71条"提单中载明的向记名人交付货物,或者按照指示人的指示交付货物,或者向提单持有人交付货物的条款,构成承运人据以交付货物的保证"、第78条"承运人同收货人、提单持有人之间的权利、义务关系,依据提单的规定确定"之规定,应认定"不知条款"对提单持有人及代位取得其求偿权利的保险人不发生效力,承运人应以提单记载的重量对代位求偿权人负责。在涉案运输货物受损情况下,应按照各受损型号钢材对应的理论重量承担相应责任。

例案二 中国人民财产保险股份有限公司上海市分公司与富源船务有限公司海上货物运输合同纠纷案

【法院】

最高人民法院

【案号】

(2017)最高法民申970号

【当事人】

再审申请人(一审被告、二审上诉人):富源船务有限公司

再审被申请人(一审原告、二审被上诉人):中国人民财产保险股份有限公司上海市分公司

一审被告:中外运船舶管理有限公司

【基本案情】

2013年8月4日,ISS－MCKAYLTD代表"GREATRESOURCE"轮船长签发了编号为LYTGR030B01的已装船提单,提单记载:托运人为福图纳森林制品有限公司,收货人为凭指示,通知方为万林公司,船名为"GREATRESOURCE"轮,V030B航次,装货港为新西兰利特尔顿港,卸货港为中国漳州港,货物为新西兰原木,数量为73,225根、14,554.742立方米。该提单正面并载明,由托运人描述货物;船东不负责提单上记载的货物件数和数量;承运人不负责损失或损害,无论如何产生等内容。2013年8月13日,福图纳森林制品有限公司作为出口方,就LYTGR030B01号提单项下货物开具了装箱单和编号为FOR130821的发票,发票总金额为1,916,034.96美元。2013年8月26日,中国人民财产保险股份有限公司上海市分公司(以下简称人保上海分公司)就案涉货物签发了保单号为PYII201331000000006013的货物运输保险单,保险单载明,被保险人万林公司,货物为新西兰原木,数量为73,225根、14,554.742立方米,保险金额2,107,638.46美元。

"GREATRESOURCE"轮装载案涉原木于2013年8月31日到达常熟港,于9月4日卸载完毕。在此期间,常熟中理外轮理货有限公司进行了理货,其于9月4日出具的理货报告载明,"GREATRESOURCE"轮卸载案涉提单项下原木70,485根、14,010.119立方米,并批注以上测量结果仅作参考。9月4日至15日,常熟出入境检验检疫局对案涉原木进行了检验,于9月15日签发了编号为320600113015897的数量检验证书。数量检验证书载明,案涉提单项下辐射松原木

实际根数为70,494根,装箱单列明根数为73,225根,根数差值为2731根;实际检验材积为14,194.556立方米,发票列明材积为14,554.742立方米,材积差值360.186立方米。数量检验证书并认定,案涉货物材积短少系卸货前业已存在。2013年9月10日,案涉提单项下货物在常熟海关办理了报关手续。编号为232420131243035042的海关进口货物报关单载明,货物经营单位万林公司,件数由73,225根修改为70,494根,第13项单价为125美元/立方米的辐射松原木,数量由4266.3950立方米修改为3906.209立方米。2013年12月13日,人保上海分公司就案涉原木短量损失向万林公司支付保险赔款68,059.99美元,万林公司向人保上海分公司出具了权益转让书。

"GREATRESOURCE"轮登记为富源船务有限公司(以下简称富源公司)所有,中外运船舶公司系该轮的船舶管理人。

【案件争点】

富源公司能否依据提单正面关于货物的记载内容免责。

【裁判要旨】

最高人民法院认为:涉案提单正面载明"由托运人描述货物""船东不负责提单上记载的货物件数和数量""承运人不负责损失或损害"等内容,富源公司主张其具有《海商法》第75条规定"没有适当的方法核对提单记载"的情形,并以上述记载作为提单批注提出免责抗辩,但涉案原木货物可以通过计根数和测量体积等方式计算数量,承运人可以自己计数或者委托他人计数以核实提单记载,富源公司关于其没有适当的方法核对提单记载的主张不能成立。

例案三 厦门市铁晟进出口有限公司与韩进海运株式会社海上货物运输合同纠纷案

【法院】

福建省高级人民法院

【案号】

(2014)闽民终字第953号

【当事人】

上诉人(一审被告):韩进海运株式会社

被上诉人(一审原告):厦门市铁晟进出口有限公司

【基本案情】

2013年6月9日,厦门市铁晟进出口有限公司(以下简称铁晟公司)作为买方与卖方TANNE RIEELFEJJA2签订一份编号12－TEFII－XHIE销售合同,购买1000张蓝湿牛皮,2013年7月4日,韩进海运株式会社(以下简称韩进海运)在突尼斯港接收了卖方交付的货物,并签发编号HJSCTUN300144400正本提单。提单记载:托运人为TANNERIEELFEJJA2,收货人、通知人为铁晟公司,装运港为突尼斯港,卸货港、交货地为厦门港,货物为10个托盘的蓝湿牛皮,毛重24,675公斤、净重24,500公斤;发货人装货和计数;集装箱号为TEMU3325793,铅封号为S/261644,运费预付。该提单为清洁提单,提单抬头及签发人均为韩进海运,承运人在提单上批注"发货人装货和计数"。2013年8月11日,上述集装箱货物抵达厦门港。铁晟公司在办理提货手续过程中,于2013年8月23日在厦门海沧保税港区集装箱查验服务有限公司过磅时发现货物短少。同日,应铁晟公司申请,中国检验认证集团厦门有限公司派员到厦门海沧裕雄堆场对上述集装箱内的申报货物进行检验,并出具《鉴定证书》。根据《鉴定证书》记载,申报品名为蓝湿牛头层皮,受检集装箱号为TEMU3325793、铅封号为HS552967,该集装箱内的申报货物为402张/5托盘,净重5080公斤。2013年8月27日,中华人民共和国出入境检验检疫局出具的《重量证书》,记载上述集装箱内的申报货物为402PCS/5托盘,净重5080公斤。

【案件争点】

未履行管货义务的承运人是否能依据提单批注免责。

【裁判要旨】

福建省高级人民法院认为:承运人在提单上进行合理批注是《海商法》赋予承运人的一项权利。根据《海商法》第75条规定,如果承运人或者代其签发提单的人知道或者有合理的根据怀疑提单记载的货物的品名、标志、包数或者件数、重量或者体积与实际接收的货物不符,或者没有适当的方法核对提单记载的货物,有权在提单上作出批注,注明实际情况。本案交付托运的是蓝湿牛皮,提单记载:包含10个托盘,毛重24,675千克、净重24,500千克。承运人在提单上批注"发货人装货和计数",应属于没有适当方法核对提单记载货物的情形。但"合理批注"不能免除承运人在责任期间谨慎保管、照料货物的义务。本案中,提单上显示的涉案集装箱的铅封号,与涉案货物在目的港码头时的铅封号不同,说明案涉集装箱在运输过程中被打开,韩进海运没有尽到妥善运输、保管、照料的义务。证据表明货物在承运人责任期间确实发生丢失。由于韩进海运不能交付铅封完好的整箱货，其在提单上所作的批注，对收货人不发生效力，韩进海运应根据提单记载交付货物。虽然，韩进海运尚能举证证明本案的货差，其中一部分是托运人短装造成的，但在批注无效情况下，作为善意受让提单的收货人可不予承认，即韩进海运不得以抗辩托运人的权利来对抗铁晟公司。对此，《海商法》第66条第2款已有明确规定，承运人对托运人所享有的受偿权利，不影响其根据货物运输合同对托运人以外的人所承担的责任。所以，韩进海运应该向铁晟公司承担全部货损的赔偿责任。

三、裁判规则提要

（一）“不知条款”及其批注形式

“不知条款”（Unknown Clause），指承运人认为其对接收货物的内容、数量、重量等情况无法知悉或核对时，在提单上预先印刷或在签发提单时批注声明该情况并据以免责的条款。常见批注形式主要有：

（1）预先在提单正面或背面印刷“重量、尺码、标志、号数、品质、内容、价值是托运人所提供的、承运人在装船时未核对”等类似内容（如Shipper's Load and Count，SLAC，托运人装载并计数）的条款；

（2）在货物内容相关情况前批注“据称”（Said To Contain，STC）或“据托运人称”（Said By Shipper，SBS）；

（3）在货物内容相关情况后批注“不知”（Unknown），如“重量不知”（Weight Unknown）。

（二）不知条款的法律依据及有效条件

提单记载的货物品名、标志、包数或者件数、重量、体积等信息，往往是托运人提供的，可能与承运人实际接收或已装船的货物不符，或者承运人没有适当的方法进行核对。为此《海商法》第75条规定：“承运人或者代其签发提单的人，知道或者有合理的根据怀疑提单记载的货物的品名、标志、包数或者件数、重量或者体积与实际接收的货物不符，在签发已装船提单的情况下怀疑与已装船的货物不符，或者没有适当的方法核对提单记载的，可以在提单上批注，说明不符之处、怀疑的根据或者说明无法核对。”而当发生货损货差时，承运人又往往援引提单的批注主张免责。并非所有的不知条款均能成为承运人免责的根据，承运人依据提单不知条款主张免责的，应具备如下条件：

(1)在事实上,承运人知道或者有合理的根据怀疑提单记载的货物的品名、标志、包数或者件数、重量或者体积与实际接收的货物(或已装船的货物)不符,或没有适当的方法核对提单记载。对此,承运人负有举证责任及说明的义务。如事实上存在合理、适当的方法核对提单记载而承运人怠于核对,承运人不能依据“不知条款”免责。如在例案二中,涉案原木货物可以通过计根数和测量体积等方式计算数量,承运人可以自己计数或者委托他人计数以核实提单记载,即承运人有适当的方法核对,故其免责抗辩不能成立。认定核对方法是否合理、适当,应从可行性、经济性、时效性等方面综合考量。

(2)在形式上,承运人须在提单批注中明确说明不符之处、怀疑的根据或者无法核对的理由。实践中许多承运人为操作便利或规避责任起见,以格式条款形式将“不知条款”预先作为免责条款印制在提单背面条款中,或仅在批注中声明“不知”“不符”“据称”“无法核对”等,却未具体说明相应的根据和理由,这类“不知条款”不产生免除责任的效力。

(3)承运人在责任期间履行了管货义务。《海商法》第 46 条就承运人对集装箱和非集装箱货物的责任期间分别作出规定,承运人对集装箱装运的货物的责任期间,是指从装货港接收货物时起到卸货港交付货物时止,货物处于承运人掌管之下的全部期间;承运人对非集装箱装运的货物的责任期间,是指从货物装上船时起至卸下船时止,货物处于承运人掌管之下的全部期间。承运人欲根据提单上的不知条款免除责任,其前提是在上述责任期间内履行了管货义务。关于承运人的管货义务,《海商法》第 48 条规定,承运人应当妥善地、谨慎地装载、搬移、积载、运输、保管、照料和卸载所运货物。承运人负有的管货义务不因不知条款而免除。如有证据证明承运人存在违背管货义务的行为,其仍应承担相应的赔偿责任。如在例案三中,提单上显示的涉案集装箱的铅封号,与涉案货物在目的港码头时的铅封号不同,说明案涉集装箱在运输过程中被打开过,承运人显然没有尽到妥善的管货义务,即使不知条款有效,实际上也难以判断货物是在承运人的责任期间发生短少,还是承运人接收货物之前就存在短少,承运人仍应承担货物短少的赔偿责任。

四、辅助信息

高频词条:

《海商法》

第 46 条 承运人对集装箱装运的货物的责任期间,是指从装货港接收货物时起至卸货港交付货物时止，货物处于承运人掌管之下的全部期间。承运人对非集装箱装运的货物的责任期间，是指从货物装上船时起至卸下船时止，货物处于承运人掌管之下的全部期间。在承运人的责任期间，货物发生灭失或者损坏，除本节另有规定外，承运人应当负赔偿责任。

前款规定，不影响承运人就非集装箱装运的货物，在装船前和卸船后所承担的责任，达成任何协议。

第48条 承运人应当妥善地、谨慎地装载、搬移、积载、运输、保管、照料和卸载所运货物。

第75条 承运人或者代其签发提单的人，知道或者有合理的根据怀疑提单记载的货物的品名、标志、包数或者件数、重量或者体积与实际接收的货物不符，在签发已装船提单的情况下怀疑与已装船的货物不符，或者没有适当的方法核对提单记载的，可以在提单上批注，说明不符之处、怀疑的根据或者说明无法核对。

海上货物运输合同纠纷案件裁判规则第 10 条:
大宗散货在国际运输交接中存在一定范围的计量允差,承运人对此不负赔偿责任

〔**规则描述**〕:大宗散货在国际运输交接过程中存在一定范围的计量允差,在没有相反证据证明承运人对货物短重存在过失的情况下,承运人对该范围内的货物短少不负赔偿责任。

一、类案检索大数据报告

时间:2019 年 12 月 15 日之前,案例来源:Alpha 案例库,数据采集时间:2019 年 12 月 15 日。本次检索以法院认为中包含“散货”和“计量允差”为检索条件,共获取了 11 篇裁判文书,剔除无关、重复的文书 2 篇,剩余的 9 篇裁判文书中:

(1)认为在没有相反证据证明承运人对大宗散货短重存在过失的情况下,承运人对该范围内的货物短少不负赔偿责任的文书为 8 篇;

(2)认为在大宗散货短量超过 5‰,承运人应对全部损失承担赔偿责任而不能扣除 5‰免赔的文书为 1 篇。

整体情况如下:

如图 10-1 所示,认同本项裁判规则的文书占 88.9%,不认同的文书占 11.1%。

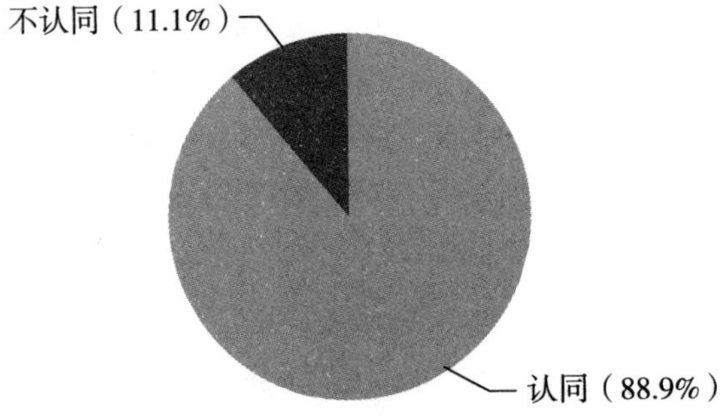

图 10-1 本项裁判规则的认同情况

从图10－2所示的年份分布情况可以看到当前条件下案例数量的变化趋势。

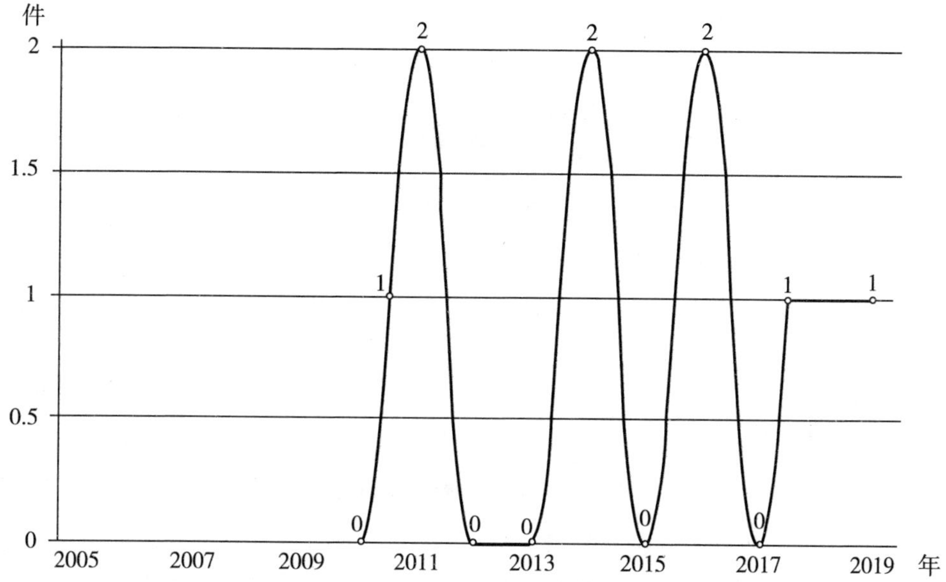

图10－2 案件年份分布情况

从图10－3所示的地域分布情况来看，当前案例主要集中在上海市、天津市、广西壮族自治区等，分别占比55.56%、22.22%、11.11%，其中上海市的案件量最多，达到5件。

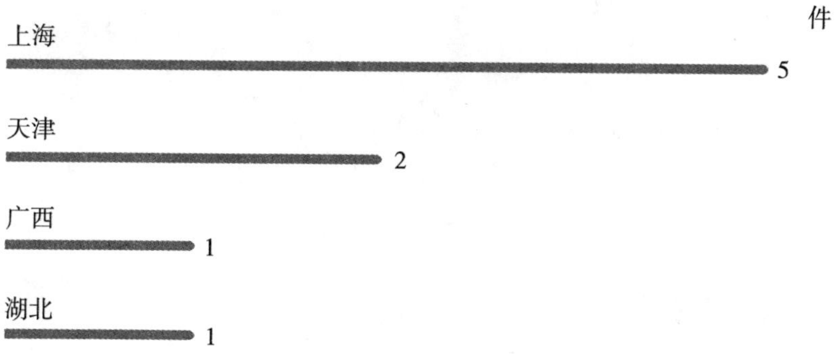

图10－3 案件主要地域分布情况

从图 10－4 所示的案由分类情况可以看到，当前最主要的案由是合同、无因管理、不当得利纠纷，占 81.82%，其次是与公司、证券、保险、票据等有关的民事纠纷，海事海商纠纷。

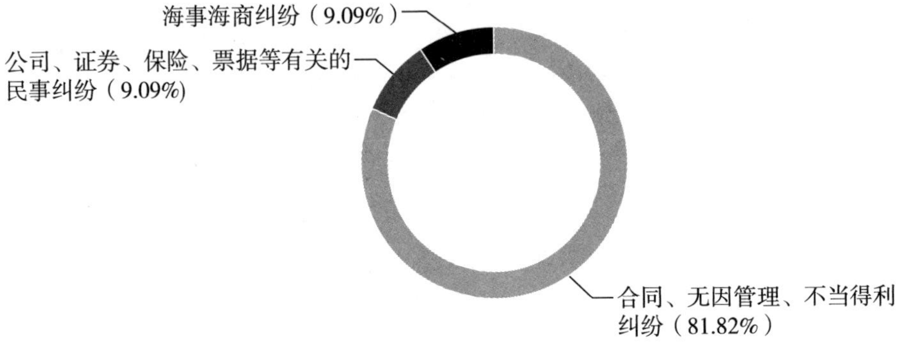

图 10－4　案件案由分类情况

从图 10－5 所示的行业分类情况可以看到，当前的行业分布主要集中在金融业，交通运输、仓储和邮政业，制造业，批发和零售业，居民服务、修理和其他服务业。

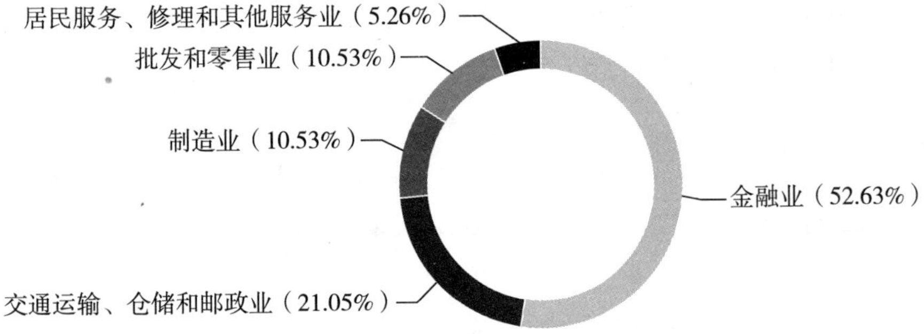

图 10－5　案件行业分类情况

二、可供参考的例案

例案一　鸿一粮油资源股份有限公司与上海时代航运有限公司海上货物运输合同纠纷案

【法院】

最高人民法院

【案号】

(2016)最高法民申1109号

【当事人】

再审申请人(一审原告、二审上诉人)：鸿一粮油资源股份有限公司

被申请人(一审被告、二审被上诉人)：上海时代航运有限公司

【基本案情】

2014年3月30日，“时代1”轮船长授权签发了案涉01、02提单。01提单记载的货物重量为46,750公吨，02提单记载的货物重量为19,208.385公吨。两个提单记载：收货人凭指示，通知地址为东凌粮油(香港)有限公司，承运船舶为“时代1”轮，装货港为巴西圣多斯港，卸货港为中国任意港口，货物为巴西大豆。提单还载明，对于货物的重量、体积、质量、数量、状况、价值不知。

2014年5月12日，“时代1”轮提交《准备就绪通知书》，通知船舶已于该日到达漳州港，各方面已准备完毕，可以开始根据租船合同的条款和条件来装卸货物。2014年5月24日，“时代1”轮开始卸货，5月29日，卸货完毕。原告鸿一粮油资源股份有限公司凭全套正本提单提取了案涉货物。中国检验认证集团厦门有限公司出具的“时代1”轮《船舶吃水检验报告》记载，根据水尺计重方式计算出卸货的重量为65,726公吨。中华人民共和国漳州出入境检验检疫局于2014年5月29日出具的与“时代1”轮卸货有关的《重量证书》记载，“时代1”轮实卸货物重量为65,661.22公吨。

【案件争点】

1. 水尺计重中适用5‰计量允差标准是否缺乏法律依据；

2. 货物在装货港采用岸磅计量是否会影响上述计量允差标准的适用。

【裁判要旨】

最高人民法院再审认为：就本案承运货物短少能否免除赔偿责任。本案所涉货物为大豆，类似大宗散装货物因在运输过程中的自然耗损、在装卸过程中的散落残漏以及装卸两港计量误差，都可能导致卸货港货物重量与提单记载的重量不符而出现短少。如果承运人已经尽到谨慎管货的义务，可以免除其对于因合理允差造成的货物短少而产生的赔偿责任。根据《进出口商品重量鉴定规程——水尺计重》的规定，水尺计重误差允许在5‰之内。根据一审、二审法院查明事实，涉案货物在卸货港水尺测量结果比提单记载的重量短少232.385公吨，短重率为3.5‰，属于允许计量误差范围之内，二审法院免除时代公司的赔偿责任并无不当。同时，

法律没有强制要求承运人在起运港必须进行水尺计重，时代公司依据托运人申报的岸磅重量签发提单，符合航运惯例，并无明显过错，未违反承运人强制性义务。

例案二 中国人民财产保险股份有限公司广西壮族自治区分公司与阿特米斯船东公司海上货物运输合同纠纷案

【法院】

最高人民法院

【案号】

(2016)最高法民申45号

【当事人】

再审申请人(一审原告，二审上诉人)：中国人民财产保险股份有限公司广西壮族自治区分公司

被申请人(一审被告，二审被上诉人)：阿特米斯船东公司

【基本案情】

2012年7月21日、26日，由中国人民财产保险股份有限公司广西壮族自治区分公司(以下简称人保广西分公司)承保的20,000吨散装天然脱胶大豆油，在阿根廷圣罗伦索港和巴西巴拉那瓜港混装于阿特米斯船东公司(以下简称阿特米斯公司)所属的"高山传奇"(Alpine Legend)轮，船长授权代理人签发了编号为arg-sl002、arg-sl003、pagua01b三份油轮提单，提单记载货物数量共计20,000吨。涉案船舶于同年9月14日抵达天津港卸货，交付给收货人中储粮油脂有限公司(以下简称中储粮公司)。卸货前空距报告记载装有涉案货物的船舱货物重量为39,241.969吨，卸货后空距报告记载剩余货物重量为19,280.542吨，空距报告明确记载了计算重量所依据的空距以及货物温度和密度。货方检验人在该两份空距报告上签字，并注明仅确认空距和温度。

人保广西公司作为涉案货物保险人，在货物卸至岸罐后委托中国检验认证集团江苏有限公司(以下简称CCIC江苏公司)对涉案货物重量进行检验，CCIC江苏公司出具的重量证书(以下简称CCIC证书)记载涉案货物重量为19,897.187吨，该证书所依据的空距及温度与卸货前空距报告一致，所依据的密度为货物卸至岸罐后的实测密度。因发生货物短量，人保广西公司向被保险人即收货人中储粮公司支付了保险赔款人民币576,639.63元，取得被保险人出具的权益转让书。

【案件争点】

液体货物在国际运输交接过程中是否存在计量允差。

【裁判要旨】

最高人民法院再审认为：首先，CCIC（中国检验认证集团）江苏公司出具的“重量证书（船舱）”，依据的空距及温度与卸货前空距报告一致，但密度却是货物卸至岸罐后的实测密度。同时，货物卸至岸罐也超出了承运人在运输合同中的责任期间。故人保广西公司主张依据 CCIC 江苏公司“重量证书（船舱）”确定实际交货重量缺乏事实依据。涉案货物在目的港卸货前后的货舱空距报告，由船货双方代表签字确认，货方代表在签字时未对空距报告中计算货物重量所使用的密度数据提出异议，诉讼中也未提出相反证据。一审、二审法院依据阿特米斯公司提供的空距报告认定本案卸货数量，并无不当。其次，根据二审法院查明的事实，空距报告显示涉案货物在目的港共卸货 19,961.427 吨，比提单记载的货物重量短少 38.573 吨，约占提单记载货物重量的 0.19%。液体货物在海上运输途中，会因蒸发或挥发等自然属性造成短重，大宗液体货物采取水尺计重的计量方式也会造成一定误差。涉案货物短少 0.19%，在行业惯例允许范围之内，二审判决未支持人保广西分公司的诉讼请求，判决结果并无不当。

例案三　华阳国际海运有限公司与中国人民财产保险股份有限公司江苏省分公司、潮州市亚太能源有限公司、宏州船务有限公司海上货物运输合同纠纷案

【法院】

广西壮族自治区高级人民法院

【案号】

（2014）桂民四终字第 44 号

【当事人】

上诉人（一审被告）：华阳国际海运有限公司

上诉人（一审被告）：中国人民财产保险股份有限公司江苏省分公司

被上诉人（一审原告）：潮州市亚太能源有限公司

一审被告：宏州船务有限公司

【基本案情】

2010年5月18日,原告与散货贸易有限公司签订煤炭买卖合同。承运船舶"金华西"号轮(MV GOLDEN HUAXI)在南非理查兹贝港装运该合同项下煤炭,在货物装载过程中,装港检验人南非尹柯莱服务公司对"金华西"号轮进行了水尺计重和船载货物取样检验,重量证书显示水尺计重142,578吨,取样分析证书显示货物煤炭全水(收到基)7.23%(根据ISO589 - B2),低位发热值(收到基)6041kcal/kg(根据ISO1928)。装货完成后,被告宏州船务有限公司(以下简称宏州船务公司)签发提单,载明:托运人为XSTRATA煤炭销售公司代散货贸易公司;收货人凭指示;通知方为原告;货物为散装南非烟煤,总重142,578吨,卸货港为中国防城港;清洁装船,在装运港装载于船上的货物表面状况良好;运费按租约支付;签名处显示的签署人是作为"金华西"轮船长代理人的宏州船务公司。该轮配载图显示各船舱货物数量为:1号舱13,244吨,2号舱16,599吨,7号舱16,003吨。散货贸易公司开具的商业发票显示,按照煤炭买卖合同约定的计算方式得出发票单价为116.40美元/吨,货物总价为16,608,911.22美元。

起运后,"金华西"号轮在驶往新加坡的途中,于2010年7月22日至28日期间在海上遭遇8~9级大风的恶劣天气,船舶上下颠簸,海水涌上船脆、甲板及舱盖板。8月16日,该轮抵达目的港中国防城港,停靠20#泊位卸货,防城港CIQ进行水尺计重(前尺)。当日,发现1号舱货物明显被水浸泡,收货人要求对1号舱货物单独卸载存放,遂停止该舱货物卸货,2~9号舱的卸货则开始进行。8月17日,该轮移至19#泊位继续卸货,1号舱开始卸货并单独存放,防城港CIQ对该舱货物单独取样检验,2~9号舱卸下的货物则混在一起堆放。8月18日,在卸货时收货人发现2号舱的中层有大量的海水,岸吊抓斗自2号舱抓起货物后有大量的水从抓斗内露出,由于码头堆位紧张,仍无法将2号舱的货物分开堆放。8月19日,为明确货损程度,代表货物保险人的广州衡准保险公估有限公司(以下简称衡准公估公司)的鉴定人、代表船东和西英保赔协会的广州海正保险公估有限公司(以下简称海正公估公司)的鉴定人、代表租船人的鉴定人和原告方的代表对1号舱和2号舱的货物进行联合检验,共同抽取了两舱的货物样品并当场封存。当日,该轮7号舱因压载过程中压载舱探测管有锈孔,致使压载水进入货舱浸湿剩余货物。8月20日,该轮卸货完毕。最终,防城港CIQ完成水尺计重,出具的重量检查证书显示卸货重量为142,483.9吨;完成对包括受水湿货物在内的整船货物的抽样检验,出具的品质检验证书显示按照GB/T 212—2008,GB/T 213—2008等标准进行检验,全水(收到基)为 8.33%，低位发热值(收到基)为 5835kcal/kg；完成对 1 号舱受水湿货物的检验，出具的验残证书显示实际重量 14,023.42 吨，全水为 10.9%，低位发热值(收到基)5699kcal/kg，验残费为人民币 55,779 元。事后，衡准公估公司和海正公估公司均就该湿损事故作出公估调查报告一致认定：1 号舱全部货物共 13,244 吨受损；7 号舱约 200 吨货物受损；2 号舱部分货物受损系因进入 1 号舱的海水经由污水排放管或货舱隔板裂缝进入 2 号舱。但对于 2 号舱受损货物的数量存在争议，衡准公估公司认为有 50% 的货物受损，海正公估公司则认为是 20%。原告报关时申报的货物单价为散货贸易公司所开具的发票单价 116.5 美元/吨，总价16,608,911.22美元，按当时的人民币兑美元汇率 6.78∶1 计算，折合人民币 112,647,300 元，据此按 17% 的税率向防城海关缴纳了进口增值税人民币 19,150,041 元；向防城港务股份有限公司支付了本案全部货物的港口包干费人民币 3,847,065.30 元，单价为人民币 27 元/吨，包括了货物流失对应的港口作业费人民币 21,546 元；向防城港 CIQ 支付了验残费人民币 55,779 元。9 月 20 日，衡准公估公司将在防城港会同相关检验人共同签封的 1 号舱水湿货物样品和 3 ~9 号舱正常样品，送往中国广州分析测试中心对货物中的氯离子含量进行检测，分析结果显示遭受海水浸泡的煤炭中的氯离子含量比正常煤炭高出 9 倍以上。

此外，被告华阳国际海运有限公司(以下简称华阳海运公司)为“金华西”号轮的船舶所有人，于2010 年6 月9 日与日内瓦邦基公司(BUNGESA，GENEVA)签订定期租船合同，由日内瓦邦基公司期租“金华西”号轮，租期为从船舶交付之日起 60 日。根据国际贸易中的航运惯例，大宗散货在运输交接过程中的计量允差通常为 5‰。

【案件争点】

货物在遭受湿损情况下的短量认定与允差适用。

【裁判要旨】

广西壮族自治区高级人民法院二审认为：首先，关于本案的货物短量数量问题。上诉人华阳海运公司和上诉人中国人民财产保险股份有限公司江苏省分公司(以下简称人保江苏公司)认为，防城港 CIQ 签发的水尺计重证书与提单数量短少 94.10 吨，水湿煤炭水分比装货港增加了 3.67%，因水分增加造成的短量为 798 吨，故短量总量为二者之和，即 892.10 吨。按照国际贸易的惯例，大宗散货在运输交接过程中的计量允差为 5‰，提单数量为 142,578 吨，允差就为 712.89 吨(5‰ × 142,578 吨)。承运人应当赔偿的短量为实际短量减去允差量，即为 179.21 吨

(892.10－712.89 吨)。按照货物单价每吨人民币 789.80 元计算,承运人应当赔偿:人民币 141,540.06 元(179.21 吨×789.80 元/吨)。被上诉人潮州市亚太能源有限公司(以下简称亚太能源公司)认为一审法院基于货舱严重漏水的事实而支持亚太能源公司的短量主张是正确的,应予维持。其次,按照国际贸易的惯例,大宗散货在运输交接过程中的计量允差为 5‰,提单数量为 142,578 吨,允差就为 712.89吨(5‰×142,578 吨);防城港 CIQ 签发的水尺计重证书与提单数量短少 94.10 吨,该值在允差范围内,故可不计为损失。根据防城港 CIQ 的验残证书,1 号舱的水湿煤炭收到基全水为 10.9%,本院认为,这可视为所有水湿货物的全水含量,与装货港的收到基全水 7.23% 相较增加了 3.67%。衡准公司的公估报告和被告的答辩均认为货物中多出的水分相当于货物短少,故受湿损的 21,744 吨煤炭因 3.67% 的超额水分产生的短少数量为 798 吨(21,744 吨×3.67%)。本院认为,该部分短少数量不应当扣除允差。允差是对于由于水尺计重上的误差和运输途中的正常损耗而产生的货物短量的纠正,上述因煤炭受湿损而造成的短量,不在允差的调整范围内。故上诉人华阳海运公司和人保江苏公司关于该部分短量应当在允差的范围内予以扣减的主张,本院不予支持。本案中,货物短量数量应为 798 吨。

三、裁判规则提要

(一)大宗散货在国际运输交接中的计量方式

根据大宗散货自身特质,国际货物运输中的计量方式具有多样性。以我国《进出口商品数量重量检验鉴定管理办法(2018 第二次修正)》为例,该办法第 11 条规定"收发货人在办理进出口商品数量、重量检验报检手续时,应当根据实际情况并结合国际通行做法向海关申请下列检验项目:(1)衡器鉴重;(2)水尺计重;(3)容器计重:分别有船舱计重、岸罐计重、槽罐计重三种方式;(4)流量计重;(5)其它相关的检验项目。"其中,衡器鉴重最常采用的方式是岸磅计重,此种计重方式主要是计量固体货物的重量,这与水尺计重的适用货物类型一致。容器计重,主要是计量液体货物的重量。不同类型的计量方式,其计量结果的精确度存在一定差异。需要说明的是,根据《海商法》第 46 条的规定,承运人对于非集装箱装运的货物责任期间是从货物装上船时起至卸下船时止,货物处于承运人掌管之下的全部期间。因此,货物计重方式的法律有效性必须以货物计重时尚处于承运人掌控期间为要件。对于液体货物而言,最高人民法院《关于南京石油运输有限公司与华泰财产保险股份有限公司石家庄分公司海上货运运输保险代位求偿一案有关适用法律问题的请示的复函》作出进一步法律解释认为，由于散装液体货物在形态上不同于其他散装货物，因此，承运人对于散装液体货物运输的责任期间，应自装货港船舶输油管线与岸罐输油管线连接的法兰盘末端时起至卸货港船舶输油管线与岸罐输油管线连接的法兰盘末端时止，货物处于承运人掌管之下的全部期间。同时，该复函还明确，在收货人未能提供有效证据证明货物短少发生在承运人责任期间的情况下，承运人提供的船舶干舱证书、空距报告，具有证明散装液体货物交货数量的效力；收货人提供的岸罐重量检验证书，除非经承运人同意，否则不具有证明散装液体货物交货数量的效力。可见，如例案二“中国人民财产保险股份有限公司广西壮族自治区分公司与阿特米斯船东公司海上货物运输合同纠纷案”，岸罐计重虽是符合国际通行做法的计重方式，但在确定承运人责任的运输纠纷中，此种计量方式很可能不具有证明效力。

（二）计量允差的调整范围不包括承运人管货过失

所谓计量允差，是指由于计重上的合理误差和运输中的正常损耗而产生的货物短量的允许范围。在国际海运中，大宗散装货物因在运输过程中的自然耗损、在装卸过程中的散落残漏以及装卸两港计量误差，都可能导致卸货港货物重量与提单记载重量不符而出现短少。只要承运人已经尽到谨慎管货义务，则其对于因合理损耗、计量允差造成的货物短少可以免责。如例案一“鸿一粮油资源股份有限公司与上海时代航运有限公司海上、通海水域货物运输合同纠纷案”，在承运人已经尽到谨慎管货的义务的前提下，根据《进出口商品重量鉴定规程——水尺计重》的规定，水尺计重误差允许在 5‰之内，而案涉货物在卸货港水尺测量结果与提单记载的重量之间存在 3.5‰的短重率，属于允许计量误差范围之内，故承运人可以免责。当然，如果承运人未尽谨慎管货义务而造成货物短量，则其应赔偿由此造成的全部损失。换言之，货物因承运人管货过失而造成的短量，不在计量允差的调整范围内。

（三）不同种类计量方式对允差标准的影响

在司法实践中，法院在描述计量允差时，时常提及国际航运“惯例”一词。对于国际航运惯例如何确定，司玉琢教授曾提出：“国际航运惯例通常是指在国际航运中，对同一性质的问题所采取的类似行动经过长期反复实践逐渐形成的，为大多数航运国家所接受的，具有法律拘束力的不成文的行为规则。”可见，国际航运惯例是一种不成文的行为规则,因而其内容的确定存在一定的模糊空间。在国内司法实践中,上海市高级人民法院曾在2001年出具过一份指导性文件,也就是《上海市高级人民法院审理海事案件若干问题的讨论纪要(一)(试行)》,该纪要明确"参照国际惯例,大宗散货在运输交接过程中的计量允差通常可确定为5‰,(汽油3‰,柴油3‰,袋装3‰,水尺5‰),国内沿海运输亦可参照适用上述标准。"上述意见对于明确相关国际航运惯例的具体内容具有一定参考价值。其中,各级法院对于固体货物的水尺计重存在5‰允差已经达成共识。对于液体货物的容器计重,各级法院亦均认可其存在一定幅度的允差。

当然,上述规定适用于无约定的情形,如果合同对大宗散货的计量允差有约定的则应从约定。

四、辅助信息

高频词条:

《海商法》

第46条 承运人对集装箱装运的货物的责任期间,是指从装货港接收货物时起至卸货港交付货物时止,货物处于承运人掌管之下的全部期间。承运人对非集装箱装运的货物的责任期间,是指从货物装上船时起至卸下船时止,货物处于承运人掌管之下的全部期间。在承运人的责任期间,货物发生灭失或者损坏,除本节另有规定外,承运人应当负赔偿责任。

前款规定,不影响承运人就非集装箱装运的货物,在装船前和卸船后所承担的责任,达成任何协议。

第48条 承运人应当妥善地、谨慎地装载、搬移、积载、运输、保管、照料和卸载所运货物。

第51条 在责任期间货物发生的灭失或者损坏是由于下列原因之一造成的,承运人不负赔偿责任:

(一)船长、船员、引航员或者承运人的其他受雇人在驾驶船舶或者管理船舶中的过失;

(二)火灾,但是由于承运人本人的过失所造成的除外;

(三)天灾,海上或者其他可航水域的危险或者意外事故;

(四)战争或者武装冲突;

(五)政府或者主管部门的行为、检疫限制或者司法扣押;

（六）罢工、停工或者劳动受到限制；

（七）在海上救助或者企图救助人命或者财产；

（八）托运人、货物所有人或者他们的代理人的行为；

（九）货物的自然特性或者固有缺陷；

（十）货物包装不良或者标志欠缺、不清；

（十一）经谨慎处理仍未发现的船舶潜在缺陷；

（十二）非由于承运人或者承运人的受雇人、代理人的过失造成的其他原因。

承运人依照前款规定免除赔偿责任的，除第（二）项规定的原因外，应当负举证责任。

海上货物运输合同纠纷案件裁判规则第 11 条：
法定商检机构就进口大豆货损情况出具的检验证书属公文书证

〔**规则描述**〕：进口大豆依法属于必须由出入境检验检疫机构实施检验的商品，出入境检验检疫机构有权就此类商品货损及其后续处理等情况最终出具结论性检验证书。该类检验证书属于公文书证，具有较强证明力，在没有充分反驳证据予以推翻的情况下，应予采信。

一、类案检索大数据报告

时间：2019 年 12 月 15 日之前，案例来源：Alpha 案例库，数据采集时间：2019 年 12 月 15 日。本次检索以法院认为中包含“进口”、“大豆”、“货损”和“检验”为检索条件，共获取了 17 篇裁判文书，剔除无关、重复的文书 5 篇，剩余的 12 篇裁判文书中：

(1)认为法定商检机构就进口大豆货损情况出具的检验单证属公文书证，具有证明力的文书为 12 篇；

(2)不认同前述规则的文书为 0 篇。

整体情况如下：

如图 11 - 1 所示，认同本项裁判规则的文书占 100%。

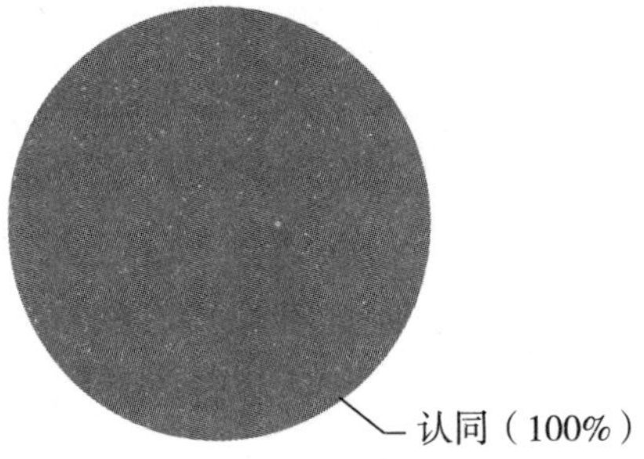

图 11 - 1 对本项裁判规则的认同情况

从图 11 -2 所示的年份分布情况可以看到当前条件下案例数量的变化趋势。

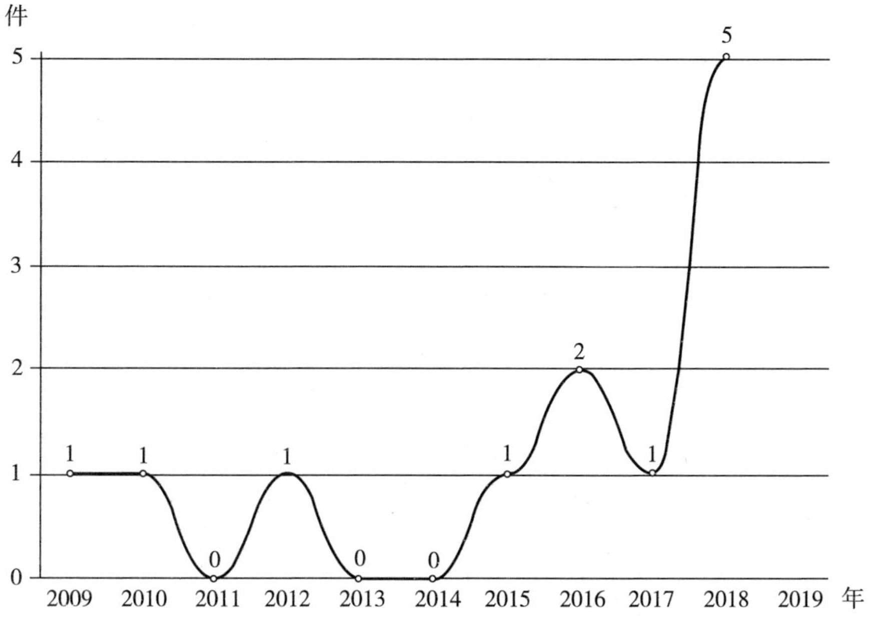

图 11 -2　案件年份分布情况

从图 11 -3 所示的分布情况来看，当前案例主要集中在湖北省、福建省、天津市等，分别占比 33.33%、16.67%、16.67%，其中湖北省的案件量最多，达到 4 件。

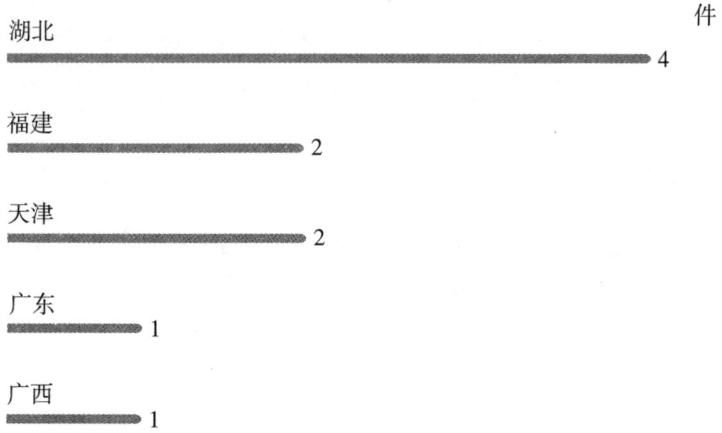

图 11 -3　案件主要地域分布情况

从图 11－4 所示的案由分类情况可以看到，当前最主要的案由是合同、无因管理、不当得利纠纷，占一半以上，其次是与公司、证券、保险、票据等有关的民事纠纷和海事海商纠纷。

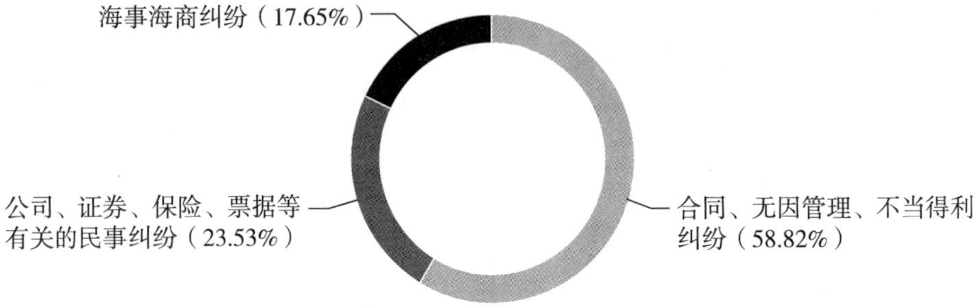

图 11－4　案件案由分类情况

从图 11－5 所示的行业分类情况可以看到，当前的行业分布主要集中在金融业，批发和零售业，制造业，交通运输、仓储和邮政业，租赁和商务服务业。

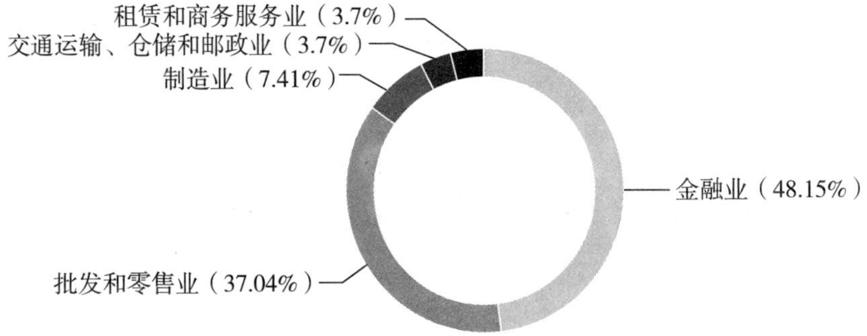

图 11－5　案例行业分类情况

二、可供参考的例案

例案一　远南航运公司与中国人民财产保险股份有限公司广西壮族自治区分公司海上货物运输合同纠纷案

【法院】

最高人民法院

【案号】

（2016）最高法民申 252 号

【当事人】

再审申请人(一审被告、二审上诉人):远南航运公司

被申请人(一审原告、二审被上诉人):中国人民财产保险股份有限公司广西壮族自治区分公司

【基本案情】

2013 年 5 月 26 日,中国人民财产保险股份有限公司广西壮族自治区分公司(以下简称人保广西分公司)签发了保险单号为 PYII201345000000000081 的保单。保单记载,被保险人为中储粮油脂有限公司,保险货物为 64,000 吨大豆,承保险别为一切险,保险金额为人民币 253,104,192 元,启运日期 2013 年 5 月 27 日,装载运输工具为"阿波罗"轮。远南航运公司(以下简称远南公司)于 2013 年 5 月 27 日签发了编号分别为 01、02、03 的三份提单。提单记载,收货人凭指示,装货港为巴西里奥格兰德港,卸货港为中国港口,装载船舶为"阿波罗"轮,其中编号为 01 的提单记载装载货物为 39,000 吨散装巴西大豆,编号为 02 的提单记载装载货物为 10,000 吨散装巴西大豆,编号为 03 的提单记载装载货物为 15,000 吨散装巴西大豆。中储粮油脂有限公司是上述提单记载货物的收货人。

2013 年 7 月 11 日,"阿波罗"轮靠泊京唐港 15 号码头,于 7 月 16 日卸货完毕。河北出入境检验检疫局(以下简称河北检疫局)于 7 月 16 日出具残损证书,证书记载,"阿波罗"轮在卸货时,1 舱和 5 舱的货物发现有变色板结霉变的情况,其中 1 舱较为严重,对卸下的霉变残损货物进行衡量,残损货物合计净重共 540.9 吨,残损发生在卸货前,残损原因系航行过程中通风工作未做到位。河北检疫局于 7 月 17 日向中储粮油脂有限公司出具处理通知书,处理通知书记载,"因其中发生部分霉变须做销毁 540.9 吨霉变大豆处理"。同日,中央储备粮唐山直属库向河北出入境检验检疫局京唐港办事处(以下简称河北检疫局京唐港办事处)提出处理 540 吨大豆的申请。10 月 18 日至 20 日,在河北检疫局京唐港办事处的监管下,中央储备粮唐山直属库将 540.9 吨大豆做深土掩埋处理。此外,人保广西分公司于 2014 年 7 月 8 日向中储粮油脂有限公司支付保险赔款人民币 2,139,125.9 元,中储粮油脂有限公司于 7 月 10 日向人保广西分公司出具权益转让书。涉案巴西大豆单价为人民币 3,595.23 元/吨。

【案件争点】

出入境检验检疫机构出具的《残损证书》能否作为认定案件事实的依据。

【裁判要旨】

最高人民法院再审认为:双方当事人对人保广西分公司取得涉案货物运输合同代位求偿权以及涉案货物存在霉变的事实并未提出异议。根据远南公司的再审申请,本案审查重点是原审判决认定涉案540.9吨货物全损是否正确。

首先,涉案货物系大豆,属于必须由出入境检验检疫机构实施检验的进口商品。涉案货物卸货港为京唐港,河北检疫局作为国家质量监督检验检疫总局设立的出入境检验检疫机构,有权对涉案进口货物进行勘查检验。根据《证据规定》第77条第1项的规定,国家机关依职权制作的公文书证的证明力一般大于其他书证。河北检疫局对涉案受损货物出具了《残损证书》和《检验检疫处理通知书》,远南公司对此不予认可,但并未提交充分证据推翻河北检疫局出具的证书的效力。远南公司在一审期间提交了环球公司出具的《检验报告》,因环球公司不具有对进出口商品进行检验鉴定的资质,一审、二审法院对该报告的效力不予认可。在没有其他相反证据推翻河北检疫局出具的公文书证的情况下,原审法院以该公文书证认定相关货损事实,并无不当。

其次,根据原审法院查明的事实,涉案货物于2013年7月11日靠泊京唐港码头并开始卸货,7月16日卸货完毕。河北检疫局于7月16日出具《残损证书》记载:"2013年7月11日接受申请后,我局鉴定人员于2013年7月11日14:30在京唐港15某码头登'APOLLO'轮初步勘察货物情况。至2013年7月16日卸货完毕,该轮在卸货期间,我局每日安排鉴定人员登轮勘查货物情况。……我局鉴定人员进行了现场拍照和取样。……卸货期间,对卸下的霉变残损货物依据SN/T0188.3-2010(进出口商品重量鉴定规程衡器鉴重)进行衡重,残损货物合计净重共540.90吨。"上述记载可以证明,河北检疫局自货物到港的7月11日起开始对涉案货物进行勘察、拍照和取样,并通过衡重的方式确定了受损货物的吨数。远南公司关于河北检疫局未实际进行取样、化验就出具《残损证书》,认定货损数量的依据仅仅是一份仓库入库过磅单的主张显然与《残损证书》记载的事实不符。河北检疫局根据每日登轮勘查货物的情况,于7月16日及时出具《残损证书》并不违反相关规定。

最后,必须实施检验的进口商品经检验,涉及人身财产安全、健康、环境保护项目不合格的,出入境检验检疫机构有权责令当事人销毁,或者告知海关办理退运手续。本案中,河北检疫局于2013年7月17日出具了《检验检疫处理通知书》载明:"根据中华人民共和国有关法律法规,经对'APOLLO'轮黄大豆(64,000吨)检验检疫，因其中发生部分霉变，须做销毁540.90吨霉变大豆处理，特此通知。”因此，涉案货物所有人对涉案货物进行深埋处理系根据检验检疫机构的销毁要求采取的处理方式。远南公司以河北检疫局京唐港办事处在收货人出具的《关于540吨残损大豆处理方式的申请》上签批“同意”并加盖公章为由，认为深埋货物系收货人主动申请，而非河北检疫局主动指令，显然与事实不符。一审法院从河北检疫局京唐港办事处调取的《关于540吨残损大豆处理方式的申请》、监管记录及相关照片，能够充分证明涉案受损货物已经在河北检疫局京唐港办事处的监管下通过深埋方式处理。远南公司以收货人没有通知其参与货物销毁过程为由，认为该批货物并未被深埋处理，缺乏事实依据。远南公司向本院提交的《情况说明》系证人证言，并不能证明货物最终的实际处理方式，在没有其他相关证据予以佐证的情况下，不能证明远南公司关于涉案货物并未被销毁的主张。涉案货物已经按照河北检疫局出具的《检验检疫处理通知书》进行销毁处理，原审法院据此认定540.9吨货物全损，并无不当。

例案二 中国太平洋财产保险股份有限公司航运保险事业营运中心与NYK散货船(韩国)有限公司海上货物运输合同纠纷案

【法院】

北海海事法院

【案号】

(2013)海商初字第129号

【当事人】

原告：中国太平洋财产保险股份有限公司航运保险事业营运中心

被告：NYK散货船(韩国)有限公司

【基本案情】

2013年5月17日，中粮油脂(钦州)有限公司(买方)与中粮控股油脂有限公司(卖方)签订买卖合同，约定中粮油脂(钦州)有限公司向中粮控股油脂有限公司购买约6万吨巴西大豆，规格是含油量18.5%，但允许1%非互惠允差。其他规格根据ANEC标准合同#41的条款#2。价格为每吨589美元CNF中国钦州港。5月23日，上述合同约定的59,707.158吨巴西大豆被装上NYK散货船(韩国)有限公司(以下简称NYK公司)所有的“东方先锋”轮，船长授权代表签发了第01、02、03、

04、05、06、07、08、09 号清洁提单。同日，中粮油脂（钦州）有限公司为上述货物向中国太平洋财产保险股份有限公司航运保险事业营运中心（以下简称太保营运中心）投保，保险的货物数量为59,707.158 吨，保险金额为人民币239,800,387 元。

5 月27 日，“东方先锋”轮在巴西巴拉那瓜港起航开往钦州港。7 月2 日05:30 时，“东方先锋”轮在新加坡与“大西洋英雄”轮发生碰撞，事故导致该轮第6 货舱船壳右舷受损、燃油泄漏及第6 舱货物受损。之后，新加坡港口和海事局指令船东修补损坏船舶，以确保船、货共同安全。经双方当事人同意，NYK 公司将受损的第六舱货物在新加坡卸下并进行转卖处理。

7 月11 日，根据救助人建议，NYK 公司开始分拣卸载第6 舱货物，于8 月7 日卸载完毕。8 月27 日，“东方先锋”轮装载剩余的第1～5 舱及第7 舱货物，从新加坡起航开往钦州港。8 月29 日（检验时间为7 月11 日至8 月7 日），案涉《货物数量减少证书》确认，第6 舱完全卸载后的货物状况和数量如下：1. 估计货物落海485.209吨；2. 干燥/完好货物1877.950 吨；3. 卸载到4 艘驳船上的海水湿损的货物6276.720 吨；4. 销毁的油污货物115.618 吨。船上剩余货物为50,946.205 吨。双方当事人对上述数据均无异议。

9 月13 日，中华人民共和国钦州出入境检验检疫局出具重量证书确定“东方先锋”轮运抵钦州港的案涉大豆共计50,922.6 吨。2014 年8 月28 日（检验日期：9 月4 日至11 月29 日），中国检验认证集团广西有限公司（CCIC）对上述“东方先锋”轮卸载钦州港的大豆进行检验，出具450714080592－05004 号残损证书，该证书载明：1. 船舶及货物情况：“东方先锋”轮的第1～5 舱及第7 舱均装载有大豆，第6 舱是空载；2. 登轮检验情况：CCIC 的检验员应收货人中粮油脂（钦州）有限公司的要求，于9 月6 日09:30 时登上“东方先锋”轮，会同钦州出入境检验检疫局检验员、p&i 代表、悦之保险公估有限公司检验员、太保营运中心的检验员以及“东方先锋”轮的大副对第7 号舱进行查验，经查验，残损货物有明显结块现象，厚度不明，大部分呈黄土色。9 月8 日07:00 时，登船发现第7 舱位于货舱右底部靠近机舱位置的货物有明显被燃油污染过的痕迹，呈现黑色；3. 残损货物重量确定（经各方代表同意已经校准之衡器进行衡重）：未被燃油污染但严重热损（热损率42.03%）的货物为1310.82 吨；被燃油污染的货物为32.22 吨；其余货物轻微热损，热损粒为7.71%，重量为49,579.56 吨（三项共计50,922.6 吨）；4. 残值货物损失估算的结论：（1）上述货物的残损在卸货前业已发生；（2）综合以上数据，本批次残损货物总损失为人民币4,089,009.99 元。

【案件争点】

专家辅助人就大豆货损情况出具意见的证明力如何认定。

【裁判要旨】

北海海事法院一审认为:关于船舶抵达钦州港后第 1 ~5 舱及第 7 舱的损失如何确定。本院认为,作为法定检验机关的中华人民共和国钦州出入境检验检疫局出具重量证书确定“东方先锋”轮运抵钦州港的案涉大豆共计 50,922.6 吨,同时,该局出具的品质证书确定货损情况和数量为:未被燃油污染但严重热损的货物为 1310.82 吨、被燃油污染的货物为 32.22 吨、其余货物轻微热损,热损粒为 7.71%,重量为 49,579.56 吨。中国检验认证集团广西有限公司(CCIC)认定本批次残损货物总损失为人民币 4,089,009.99 元。NYK 公司没有证据足以推翻上述法定结论,本院确定船舶抵达钦州港后第 1 ~5 舱及第 7 舱的损失为人民币 4,089,009.99 元。至于 NYK 公司认为中国检验认证集团广西有限公司(CCIC)认定的残损数额过高,为此向法院提交农业部谷物品质监督检验测试中心《关于“东方先锋”轮大豆运输过程声称受热损案的专家意见》。本院认为,该专家意见是从理论分析的角度对 CCIC 的鉴定结论提出质疑,而非是基于对到港的涉案货物进行实际检验后做出的鉴定结论,并且该中心也无鉴定残损的资质,故本院对此意见不予采纳。

例案三 | 中华联合财产保险股份有限公司与厦门国贸集团股份有限公司海上、通海水域保险合同纠纷案

【法院】

湖北省高级人民法院

【案号】

(2019)鄂民终 137 号

【当事人】

上诉人(一审被告):中华联合财产保险股份有限公司

被上诉人(一审原告):厦门国贸集团股份有限公司

【基本案情】

2016 年 5 月 9 日,厦门国贸集团股份有限公司(以下简称厦门国贸公司)与案外人路易达孚亚洲私人有限公司(Louis Dreyfus Company Asia Pte. Ltd)订立涉案

货物买卖合同。买卖合同中约定货物指标，蛋白质：标准34.00%，下限33.00%；含油量：标准18.50%，下限18.00%；水分：上限14.00%；杂质：标准1.00%，上限2.00%；破碎粒：上限25.00%；总损伤粒：标准8.00%，上限8.50%；热损伤粒：上限5.00%。不含有蓖麻籽和/或蓖麻籽壳，可容许的最高比例也不超过0.005%，等等。

2016年5月17日至23日，“CHRISTIANNA”轮在乌拉圭MONTEVIDEO港受载乌拉圭大豆，由码头专用输送带装船，装载在船舶第1、3、4、5舱和第7舱，受载货物数量49,737.12吨；2016年6月8日，“CHRISTIANNA”轮在阿根廷BAHIABLANCA港受载阿根廷大豆15,002吨，在船舶第2、6舱。货物装载完后，船方签发了清洁提单。其中厦门国贸公司从发货人处受让了5票提单项下货物总计50,002吨，目的港中国江苏南通港。

2016年7月6日，中华联合财产保险股份有限公司（以下简称中华联合公司）出具险别为“海洋货物运输险一切险”的保单。2016年7月22日至23日，“CHRISTIANNA”轮靠泊在广东东莞深赤湾港码头，减载部分货物；随后该轮继续驶往南通港。同年7月28日，“CHRISTIANNA”轮靠泊南通粮油接运码头。同年7月29日至8月8日，“CHRISTIANNA”轮所载货物卸于南通粮油接运码头和南通一德码头仓库。2016年9月8日，南通检疫局经过检验，出具品质检验证书，载明：水分：11.3%；含油量：22.11%；杂质：0.8%；破碎粒：4.87%；总损伤粒：24.39%；热损伤粒：14.51%；蛋白质：36.16%；评定：上述货物中总损伤粒及热损粒不符合合同S00062.000要求。

2017年5月11日，南通检疫局出具验残证书，检验结果：……四、受损大豆的后续保管、转运、加工及检验情况。1.大豆的保管情况……6.实际加工及检验情况：本次加工时间从2016年11月10日10:30时至17日08:00时。……利益各方代表对检验方法和结果都表示认可，投料、产出及相关物料消耗情况如下：加工大豆数量：5105.530吨，出油数量：844.16吨，出豆粕数量：4099.12吨，电：185400KWH，煤炭：329.15MT，正乙烷：12.479MT。……五、豆油和豆粕的品质情况。1.豆油：酸价为9.63mgKOH/g，不符合有关国家标准的要求。2.豆粕：氢氧化钾蛋白质溶解度为35.6%，不符合有关国家标准。六、油粕的销售处理情况。1.按照有关文件及相关的监管要求，上述豆油不得投入食品生产流通领域。同时，本批豆粕不得作为饲料原料对外销售。2.2017年2月14日，民康公司对上述加工所得的豆油和豆粕在保拍网上进行了公开拍卖。七、定损方法、标准及原则。八、损失评估。1. 豆油出油率降低造成损失：人民币 10,523,755 元；2. 豆油售价降低造成的损失：人民币 8,795,726 元；3. 豆粕售价降低造成的损失：人民币 30,803,734 元；4. 豆粕得率升高而增加的收益：人民币 3,230,478 元。豆油出油率降低造成的损失 + 豆油售价降低造成的损失 + 豆粕售价降低造成的损失 − 豆粕得率升高而增加的收益 = 大豆价值损失。结论：1. 大豆的残损在卸货前业已发生；2. 综合以上数据，建议本批残损大豆贬损人民币 46,892,737 元。备注：1. 残损鉴定费人民币 554,550 元；2. 因残损导致大豆加工过程中的电、煤、正乙烷消耗增加人民币 966,311 元；3. 码头困难作业费、翻仓倒仓费人民币 480,632.62 元；4. 豆粕和豆油价格认证费用人民币 15,000 元，共计人民币 2,016,494 元；5. 因货损导致了额外仓储费等。

2018 年 3 月 15 日，南通检疫局给原审法院回函，就相关问题作答复：1. 该局对进口法定检验商品检验、验残的职能依据；2. 辨认热损大豆的常规检验手段……6.《验残证书》中豆油、豆粕估损的比照价格均为江苏淮安市场，并说明原因；7.《验残证书》中确定完好大豆的出粕率为 76.489%。8. 如果计算贬损率，该局计算方法为：贬损率 =（品质正常情况下可实现价值 − 遭受残损后实现价值）÷ 品质正常情况下可实现价值。

【案件争点】

法定检验检疫机构是否有权对大豆货损造成的额外损失进行鉴定。

【裁判要旨】

湖北省高级人民法院二审认为：南通检疫局作为进口商品检验、验残的法定机构，有权对案涉货物本身的损失及处理受损货物的相关损失及费用做出鉴定，中华联合公司上诉认为为处理热损货物发生的额外费用及短量损失，南通检疫局无权做出鉴定，因其未提供相关法律依据亦未指出南通检疫局关于处理热损货物发生的额外费用及短量损失的额鉴定存在明显不合理之处，故中华联合公司该上诉理由，本院不予支持。因案涉大豆为转基因大豆，国家对转基因大豆的进口用途和加工有特殊的监管要求，考虑案涉大豆热损的情况，为尽快处置减少损失，南通检疫局主持对该批大豆进行了加工，原审法院以转基因大豆加工后的成品还原案涉受损大豆的贬损价值符合客观情况，并无不当。关于贬值率的计算方式，原审法院以品质正常情况下可实现的价值减去遭受热损后所实现的价值再除以品质正常的情况下可实现的价值的公式计算贬损率，原理上亦符合最高人民法院关于贬损率的计算方法，中华联合公司虽上诉认为品质正常情况下可实现的价值不等同于目的港货物完好的市场价值，遭受热损后所实现的价值不等于受损货物的销售价值，但其并未证明原审法院使用该贬值率计算方法损害了其合法权益，且存在明显不当的情形，故中华联合公司上述关于原审法院货物贬值损失认定不当的理由，本院不予采纳。

三、裁判规则提要

（一）法定检验检疫机构出具的《验残证书》系公文书证，对证明进口大豆货损事实具有较强证明力

进口大豆依法属于必须由出入境检验检疫机构实施检验的商品。属地的国家出入境检验检疫机构，有权对进口大豆进行勘查检验。所谓公文书证，一般是具有公共信用的公共管理机关在其权限内，依据法定程序、方式所作成的书证。如例案一"远南航运公司与中国人民财产保险股份有限公司广西壮族自治区分公司海上货物运输合同纠纷案"所认定的，出入境检验检疫机构对须经法定检验的进口大豆出具《验残证书》，该证书即属公文书证的范畴。一般而言，《验残证书》会记载鉴定人员接受申请后对受损货物进行勘察的具体情况，如卸货、称量、取样、化验等。上述记载系法定检验检疫机构鉴定人员根据现场情况所做的事实记录和专业分析，对于货损的具体情况起到了较强的证明作用。若一方当事人对该书证不予认可，则需要提交充分的反驳证据予以推翻。在未能提交充分证据的情况下，理应承担举证不能的不利后果。当然，出入境检验检疫机构就需要法定检验商品的货损及其后续处理等情况最终出具的结论性检验证书方为公文书证，不含检验人员的检测记录或者底稿等未经检验机构盖章最终正式确认的过程性文件。

（二）专家辅助人的意见属于当事人陈述，其证明力低于公文书证

司法实践中，由于当事人及其诉讼代理人受制于自身专业知识的局限，其难以有效发现、质疑案件审理中的专业问题。为了克服当事人专业知识的不足，我国民事诉讼法引入了专家辅助人制度。《民事诉讼法》第 79 条和《民事诉讼法解释》第 122 条均对此作出了明确规定，当事人依法有权依照《民事诉讼法》第 79 条的规定，在举证期限届满前申请一名至二名具有专门知识的人出庭，代表当事人对鉴定意见进行质证，或者对案件事实所涉及的专业问题提出意见。《验残证书》属于公文书证，但同时该证书也涉及货损勘察、取样、化验等专业性问题。因此，《验残证书》有其科学性的一面，同时也有其主观性的一面。该证书是检验检疫机构工作人员根据一定的科学原理和技术手段对受损货物的分析、判断和总结，但并不等同于

完全客观的物证。因此,《验残证书》存在被质疑的空间。为了有效提出质疑,当事人往往选择委托专家辅助人对《验残证书》的证据能力、证明力等两个方面问题提出反驳,并形成《专家意见》。依照《民事诉讼法解释》第 122 条第 2 款的规定,此类《专家意见》应视为当事人的陈述。因此,从证据证明力的角度看,《专家意见》显然低于公文书证。但《专家意见》有助于法官全面检视《验残证书》所涉的专业性问题,其重要性不可忽视。当然,如例案二"中国太平洋财产保险股份有限公司航运保险事业营运中心与 NYK 散货船(韩国)有限公司海上货物运输合同纠纷案",《专家意见》如果仅仅是纯粹理论分析,相应反驳意见又缺乏充分的证据支持,则往往会导致意见不被采信的不利后果。

(三)出入境检验检疫机构是否有权对因大豆货损后续处理而产生的额外损失进行鉴定

就出入境检验检疫机构法定检验的具体项目而言,现行法律并没有十分明确的规定。但试想一下,若出入境检验检疫机构仅有权对货损本身实施鉴定,而无权对处理货物产生额外损失进行鉴定,则无疑将大幅压缩该机构的检验内容,不利于法定检验职责的实现。更何况,有些货损是与后续处理紧密关联的。以转基因大豆为例,国家对其进口用途和加工事宜具有特殊的监管要求,一旦发现此类大豆出现热损,则应尽快处置,减少损失。并且,出入境检验检疫机构也有权主持热损大豆的加工过程。对于此类情形,若强行将货损自身和额外损失进行分割鉴定,则容易出现衔接不顺、成本增加等一系列问题。更何况,出入境检验检疫机构作为法定商检机构,其也完全有能力从事额外损失的鉴定。因此,正如例案三"中华联合财产保险股份有限公司与厦门国贸集团股份有限公司海上、通海水域保险合同纠纷案"所认定的,我国现行检验法赋予出入境检验检疫机构的应是一项系统而全面的检验职权,该机构显然有权对大豆热损处理所产生的额外损失进行鉴定。

四、辅助信息

高频词条:

《进出口商品检验法》

第 12 条　本法规定必须经商检机构检验的进口商品的收货人或者其代理人,应当在商检机构规定的地点和期限内,接受商检机构对进口商品的检验。商检机构应当在国家商检部门统一规定的期限内检验完毕,并出具检验证单。

《进出口商品检验法实施条例》

第16条 法定检验的进口商品的收货人应当持合同、发票、装箱单、提单等必要的凭证和相关批准文件,向报关地的出入境检验检疫机构报检;通关放行后20日内,收货人应当依照本条例第十八条的规定,向出入境检验检疫机构申请检验。法定检验的进口商品未经检验的,不准销售,不准使用。

进口实行验证管理的商品,收货人应当向报关地的出入境检验检疫机构申请验证。出入境检验检疫机构按照海关总署的规定实施验证。

《民事诉讼法解释》

第122条 当事人可以依照民事诉讼法第七十九条的规定,在举证期限届满前申请一至二名具有专门知识的人出庭,代表当事人对鉴定意见进行质证,或者对案件事实所涉及的专业问题提出意见。

具有专门知识的人在法庭上就专业问题提出的意见,视为当事人的陈述。

人民法院准许当事人申请的,相关费用由提出申请的当事人负担。

《证据规定》

第91条 公文书证的制作者根据文书原件制作的载有部分或全部内容的副本,与正本具有相同的证明力。

在国家机关存档的文件,其复制件、副本、节录本经档案部门或制作原本的机关证明其内部与原本一致的,该复制件、副本、节录本具有与原本相同的证明力。

海上货物运输合同纠纷案件裁判规则第 12 条：
承运人因无单放货造成正本提单持有人损失的赔偿额，按照货物装船时的价值加运费和保险费计算

〔**规则描述**〕：正本提单持有人向承运人主张无单放货损失赔偿的，应当按照货物装船时的价值加运费和保险费计算损失赔偿额；已经收到部分货款的，计算损失赔偿额时应做相应扣减；承运人无单放货，其损失赔偿额不适用单位责任限制的规定。

一、类案检索大数据报告

时间：2019 年 12 月 12 日之前，案例来源：Alpha 案例库，数据采集时间：2019 年 12 月 12 日。本次检索以引用法条为"《无单放货解释》第 4 条、第 6 条"、法院认为包含"无单放货"、"货物装船时的价值"和"正本提单持有人"为检索条件，共获取了 91 篇裁判文书，剔除无关、重复的文书 0 篇，剩余的 91 篇裁判文书中：

(1)认为承运人因无正本提单交付货物造成正本提单持有人损失的赔偿额按照货物装船时的价值加运费和保险费计算的文书为 91 篇；

(2)不认同前述规则的文书为 0 篇。

整体情况如下：

如图 12 - 1 所示，认同本项裁判规则的文书占 100%。

图 12 - 1　对本项裁判规则的认同情况

从图 12 -2 所示的年份分布情况可以看到当前条件下案例数量的变化趋势。

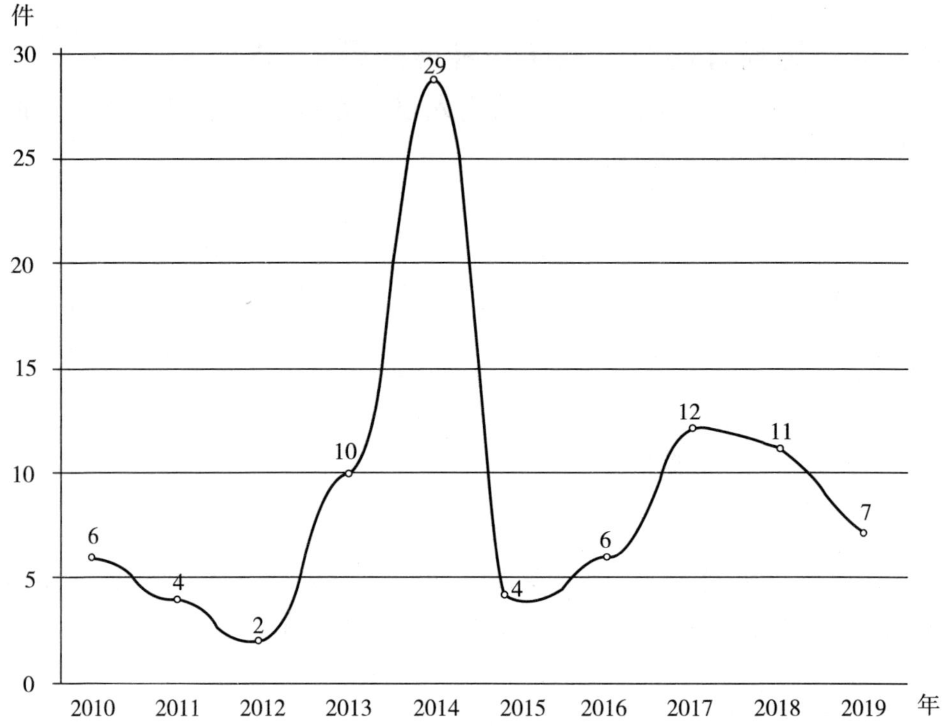

图 12 -2 案件年份分布情况

从图 12 -3 所示的地域分布情况来看,当前案例主要集中在浙江省、上海市、广东省等,分别占比 39.56% 、28.57% 、18.68% ,其中浙江省的案件量最多,达到 36 件。

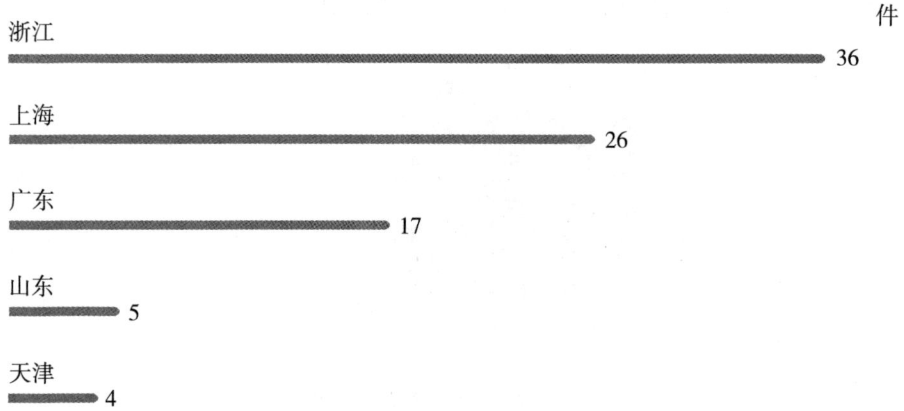

图 12 -3 案件主要地域分布情况

从图 12 －4 所示的案由分类情况可以看到，当前的案由分布由多至少分别是合同、无因管理、不当得利纠纷，海事海商纠纷。

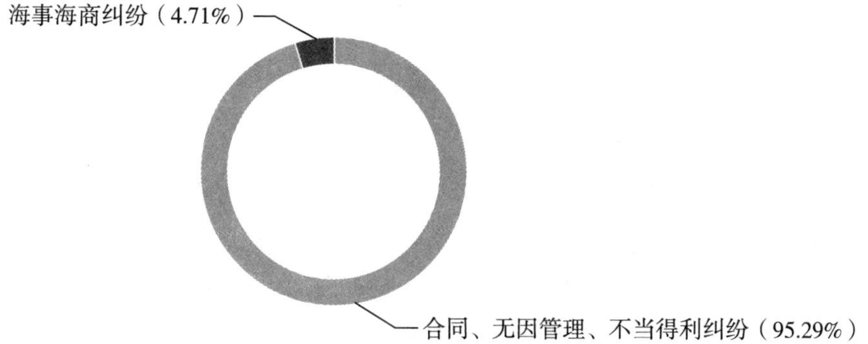

图 12 －4　案件案由分类情况

从图 12 －5 所示的行业分类情况可以看到，当前的行业分布主要集中在交通运输、仓储和邮政业，批发和零售业，制造业，金融业，居民服务、修理和其他服务业。

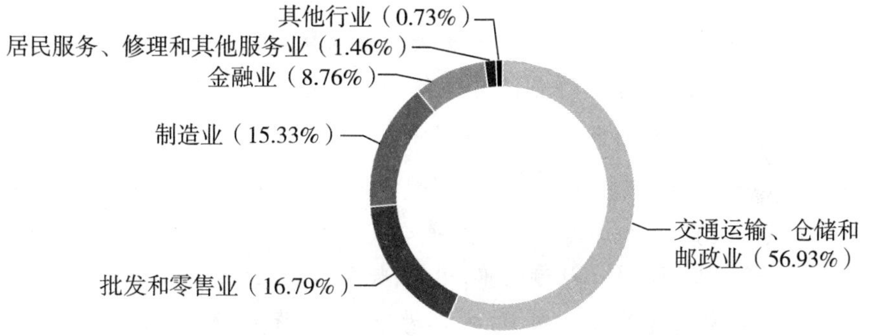

图 12 －5　案件行业分类情况

二、可供参考的例案

例案一　康立信（亚洲）有限公司与深圳市翊达运通国际货运代理有限公司、韩进海运株式会社海上货物运输合同纠纷案

【法院】

最高人民法院

【案号】

(2016)最高法民再35号

【当事人】

再审申请人(一审原告、二审上诉人):康立信(亚洲)有限公司

被申请人(一审被告、二审上诉人):深圳市翊达运通国际货运代理有限公司

一审被告:韩进海运株式会社

【基本案情】

2011年5月11日,富臣公司作为采购方与义乌市曙练皮具厂作为供货方签订采购单,载明采购款式“HELLO KITTY”(商标)腰带80,040件,共计453,175.20元。后富臣公司将上述腰带80,040件以85,235.04美元出售给康立信(亚洲)有限公司(以下简称康立信公司)。次日,康立信公司与美国纽约的银鹅配饰公司(Silver Goose Accessories)就PI109779号订单达成买卖合同,由康立信公司向该公司提供80,040套腰带,FOB上海,货物总价为98,440.56美元,约定交货日为7月15日,收货人为迈克,预付20%货款,剩余80%见提单副本电汇付款。富臣公司出具《情况说明》称:在办理上述货物出口时,由于货期紧张,急于出货的报关人员因工作失误未能按照真实价格报关,导致报关金额有误,比实际价格低。5月21日,康立信公司收到银鹅配饰公司支付的订金。6月,康立信公司通过台湾翊达航空货运代理有限公司宁波办事处(以下简称台湾翊达宁波办事处)以翊达航空货运宁波有限公司(J&S Express Ningbo LTD)的名义向海桥运通国际货运代理有限公司(以下简称海桥公司)订舱。7月23日,韩进海运株式会社(以下简称韩进海运)在宁波签发HJSCNJBA10131700号提单,记载:托运人为大连海桥国际货运代理有限公司,收货人、通知人为海桥公司,装货港为宁波,卸货港为美国纽约,“韩进威明顿”(Hanjin Wilmington)轮095E航次,HJCU4157665号40英尺集装箱的PU腰带,堆场至堆场,运费预付。随后,台湾翊达宁波办事处代表承运人深圳翊达运通国际货运代理有限公司(以下简称深圳翊达公司)向康立信公司签发了JSNYC110715号正本提单,提单记载:托运人为康立信公司,收货人及通知方均为银鹅配饰公司,托运人自装自点自封,运费到付,提单的其他信息与HJSCNJBA10131700号提单相同。7月23日,“韩进威明顿”轮开航。8月21日,该轮到达美国纽约,卸货完毕。韩进海运收回其签发的HJSCNJBA10131700号正本提单。8月26日,涉案集装箱在纽约被交给收货人。9月1日,收货人返还空集装箱。康立信公司一直持有涉案JSNYC110715号全套正本提单,遂起诉请求判令深圳翊达公

司、韩进海运连带赔偿康立信公司货物损失78,752.45美元及其利息。

【案件争点】

出口货物报关价格与实际价值不符的应如何认定无单放货的损失赔偿数额。

【裁判要旨】

广州海事法院认为：深圳翊达公司在没有收回正本提单的情况下交付货物应承担由此造成的损失，但其主张涉案货物价值应以货物装船前报关单记载的价值30,415.2美元计算，符合法律规定，应予支持；康立信公司请求按照其转卖时买卖合同约定的货物价值98,440.56美元80%的余款赔偿货物损失，没有法律依据，不予支持。

广东省高级人民法院认为：因货物运输条款为运费到付，康立信公司没有保险费和运费损失，应以30,415.2美元作为涉案货物的实际价值，扣减其已经收到的货款，涉案货物损失应为10,727.09美元。

最高人民法院认为：一审、二审判决认定深圳翊达公司为涉案货物提单下的承运人，具有充分事实依据。各方当事人对涉案货物在目的港无正本提单交付的事实均无异议。承运人深圳翊达公司对于无正本提单交付涉案货物造成的损失应当承担赔偿责任。《海商法》第55条规定："货物灭失的赔偿额，按照货物的实际价值计算；货物损坏的赔偿额，按照货物受损前后实际价值的差额或者货物的修复费用计算。货物的实际价值，按照货物装船时的价值加保险费加运费计算。前款规定的货物实际价值，赔偿时应当减去因货物灭失或者损坏而少付或者免付的有关费用。"《无单放货司法解释》第6条规定："承运人因无正本提单交付货物造成正本提单持有人损失的赔偿额，按照货物装船时的价值加运费和保险费计算。"根据康立信公司与银鹅配饰公司之间买卖合同的约定和康立信公司实际收到部分付款的事实，结合买方银鹅配饰公司原销售副总裁在一审中出庭作证的情况，应当认定涉案货物的FOB价为98,440.56美元，该价格即为货物装船时的价值。在康立信公司能够证明货物装船时价值的情况下，一审、二审判决以报关单载明价格认定涉案货物的实际价值为30,415.2美元，与事实和法律不符。康立信公司的货物损失为货物实际价值98,440.56美元扣除其已经收取的20%价款19,688.11美元，即78,752.45美元。

例案二 轩辉国际物流有限公司与智利南美轮船有限公司海上货物运输合同纠纷案

【法院】

浙江省高级人民法院

【案号】

(2014)浙海终字第169号

【当事人】

上诉人(一审被告):智利南美轮船有限公司

被上诉人(一审原告):轩辉国际物流有限公司

【基本案情】

2012年1月28日,轩辉国际物流有限公司(以下简称轩辉公司)作为货物卖方,与瑞西卡公司签订销售一批空气压缩机及其零部件的合同,总价为201,875美元,价格术语为C&F委内瑞拉,装运口岸为中国宁波,目的口岸为委内瑞拉卡贝略(Puerto Cabello,Venezuela),付款方式为货到付款,即买方在货物到达目的地后10天内将全部货款支付卖方,卖方在收到货款后把正本提单和随附单据以特快专递方式寄给买方。

为运输上述货物,智利南美轮船有限公司(以下简称南美公司)于2012年4月29日向轩辉公司签发了以其为抬头,编号为PBQLPFY00的正本提单,载明托运人为轩辉公司,收货人为瑞西卡公司,通知人为Caribbean Shipping Company(以下简称加勒比公司),箱号分别为CAIU8542458、CAIU8087837,提单由中国宁波外轮代理有限公司代表南美公司签发。上述货物于2012年4月29日从宁波港装船起运,于2012年8月14日到达目的港卡贝略。因发现货物在目的港有被无单放货的可能,轩辉公司向南美公司方提出交涉。2012年6月5日,南美公司通过其目的港代理向港口当局及波利瓦尔公司提出交涉,称"据来自委内瑞拉CiberluxDeVenezuela,C. A.公司(以下简称Ciberlux公司)及加勒比公司的通知,贵公司未向他们提交发货所需的正本提单,因此,我们的授权方加勒比公司面临来自中方托运和拼箱公司轩辉国际物流有限公司最终要求提单正本的问题","要求贵港口代理公司在没有提交提货单主单与提货单分单正本的情况下,不要办理上述货物的发货手续,包括所有拼箱货物,同时保留行使相关法律行为的权利,以更好地维护他们的利益"。然而,上述涉案货物最终于2012年8月23日被无正本提单放货。轩辉公司遂起诉，请求判令南美公司赔偿货值损失 201,875 美元等。南美公司辩称：轩辉公司无法证明无单放货的事实，最多只能主张货物灭失，这种情况下承运人可以享受责任限制；即使要赔偿，货物的灭失损害赔偿范围仅限货物本身的 CIF 价值。

【案件争点】

承运人无单放货能否享受赔偿责任限制。

【裁判要旨】

宁波海事法院认为：轩辉公司作为提单载明的托运人，持有正本提单，而南美公司为提单记载的承运人，故两者之间的海上货物运输合同关系成立且依法有效。轩辉公司提供的集装箱追踪信息显示涉案集装箱于 2012 年 8 月 23 日已经由港口交付至收货人（Port to consignee），8 月 24 日还箱给港口（Consignee to port），可以初步证明涉案货物已经被收货人提走；南美公司辩称轩辉公司在无法证明无单放货的事实情况下，最多只能主张货物灭失，但未提供货物灭失的相关证据，对该抗辩不予采纳。由于涉案货物的正本提单至今仍由轩辉公司持有，故承运人南美公司无单放货的事实成立，轩辉公司有权要求承运人依据海上货物运输合同承担无正本提单交付货物民事责任，且承运人不享受责任限制。南美公司无单放货，应当赔偿涉案提单项下的货物损失，该损失数额以货物的总价 201,875 美元计算。

宁波海事法院作出（2013）甬海法商初字第 511 号一审民事判决，轩辉公司胜诉。南美公司不服提起上诉，但未将其可以享受责任限制作为上诉理由。

浙江省高级人民法院认为：提单是海上货物运输合同的证明，轩辉公司通过电子邮件向南美公司订舱，支付了涉案海运费用，南美公司向轩辉公司签发提单，载明轩辉公司为托运人，双方之间成立海上货物运输合同关系。涉案货物在目的港已被提走，南美公司对其实施无单放货的行为并无异议，根据《无单放货解释》第 2 条的规定，轩辉公司作为正本提单持有人对承运人南美公司享有诉权。因南美公司未就责任限制问题提出上诉，浙江省高级人民法院对一审认定承运人不享受责任限制也未予以审理及加以否定，但认为轩辉公司提交的证据不足以证明其系涉案货物所有权人，也无法证明其遭受了损失，故其以南美公司无单放货为由主张本案货款依据不足，遂改判：驳回轩辉公司的诉讼请求。

例案三 上海林登国际货物运输代理有限公司与宁波苏姆奥贸易有限公司海上货物运输合同无单放货纠纷案

【法院】

浙江省高级人民法院

【案号】

(2010)浙海终字第12号

【当事人】

上诉人(一审被告):上海林登国际货物运输代理有限公司

被上诉人(一审原告):宁波苏姆奥贸易有限公司

【基本案情】

2008年6月6日,宁波苏姆奥贸易有限公司(以下简称苏姆奥公司)与葡萄牙客户L公司签订编号为SUMO－LB080503售货确认书,约定:由L公司向苏姆奥公司购买圣诞节专用产品,付款方式为见信用证后60天内付款,2008年6月12日开具不可撤销跟单信用证,总金额为40,768.23欧元,有效日期为2008年8月5日。苏姆奥公司于2008年10月分三批将合同项下产品委托上海林登国际货物运输代理有限公司(以下简称林登公司)从宁波出运至葡萄牙里斯本,并支付了单据费、高柜费、操作费、舱单传输费、订舱费等费用。林登公司接受委托后,于2008年10月19日签发了编号为NGBLIS810058的正本提单,载明:托运人为苏姆奥公司,收货人为凭BANCOCOM指示,集装箱号/铅封号为TTNU5888000/M318772、EASU9649437/M309882、货物交接方式为集装箱堆场至集装箱堆场等。涉案海关出口货物报关单载明:货物总价为27,081.99美元,成交方式为FOB,结汇方式为电汇。货物出运后苏姆奥公司仍按已过有效期的信用证向银行议付,遭拒绝后银行于2009年4月退回相关议付单证。货物运抵目的港后,涉案集装箱已于2008年11月21日被拆箱提空,并重新投入流转使用。苏姆奥公司于圣诞节前后经核实,收货人L公司已在销售涉案货物,遂于2008年12月26日起向林登公司发函,交涉无正本提单放货事宜,要求督促收货人付款,并提出索赔。林登公司于2009年1月3日回函称:其目的港代理始终没有收到正本提单及海运费,货物未放给提单上指示的收货人,并堆存在其代理的仓库等。直到2009年1月15日,苏姆奥公司与林登公司双方确认无正本提单放货事实,苏姆奥公司并同意收货人延迟付款。尔后,苏姆奥公司因收货人一直未付款,特告知林登公司,其客户有恶意拖欠货款之意,要求将所有货物退运。现苏姆奥公司仍持有全套正本提单,涉案货物已借用案外贸易合同的外汇收入向外汇管理部门办理了批次核销的手续。因向林登公司索赔或要求退运未果,苏姆奥公司起诉请求法院判令林登公司赔偿货款损失 185,140.61 元及利息损失。宁波海事法院经审理作出(2009)甬海法商初字第 262 号一审民事判决,苏姆奥公司胜诉。林登公司不服,提起上诉。

【案件争点】

苏姆奥公司借用案外贸易合同的外汇收入向外汇管理部门办理批次核销能否推定其已收到货款。

【裁判要旨】

浙江省高级人民法院认为:林登公司作为涉案货物的承运人,将货物运抵目的港后,依法应凭正本提单向收货人交付货物。但林登公司在未收到托运人苏姆奥公司放货指令的情况下,实施了无单放货行为,依法应承担相应的民事责任。林登公司提出苏姆奥公司涉案货物的款项已收汇核销,依法应推定其不存在损失。而根据我国外汇管理部门对出口收汇核销管理办法的规定,对出口企业实行分类管理,分别采取自动核销、批次核销和逐笔核销三种管理方式,由此产生滚动核销或借用核销现象客观存在。本案中,苏姆奥公司已提供证据证明相关外汇的支付人不是涉案货物的收货人,其系借用案外贸易合同的外汇收入向外汇管理部门办理了批次核销的手续,并无相应证据表明本案出口货物已收汇。因此,苏姆奥公司主张的涉案货物的货款损失应予认定。

三、裁判规则提要

《无单放货解释》第 6 条确定了无单放货赔偿额的一般规则,即承运人因无正本提单交付货物造成正本提单持有人损失的赔偿额,按照货物装船时的价值加运费和保险费计算,本条规定与《海商法》第 55 条一致。由于无单放货发生在目的港,故因此产生的赔偿额一般应以货物到达目的港的实际价值,即货物装船时的价值加运费和保险费计算。而且,无单放货行为一般也不存在货物损坏的情形,而是承运人允许未凭正本提单提取货物,故正本提单持有人因此遭受的损失应比照货物灭失的赔偿额进行确定。确定无单放货赔偿额的一般规则虽然得以明确,但在审判实践中仍存在一些具体的法律适用问题,值得注意。

(一)确定无单放货损失赔偿额的法律根据

《合同法》第 312 条[①]也规定了货物灭失的赔偿额计算方法,即当事人有约定的从其约定;没有约定或者约定不明确,依照《合同法》第 61 条[②]的规定仍不能确定的,按照交付或者应当交付时货物到达地的市场价格计算。同时,该条又规定,法律、行政法规对赔偿额的计算方法和赔偿限额另有规定的,依照其规定。显然,《合同法》有关货物灭失的赔偿额规定与《海商法》的规定并不完全一致。《海商法》《合同法》是《无单放货解释》制定的法律根据,鉴于无单放货系承运人未凭正本提单交付货物的行为,属于国际海上货物运输的范畴,故应优先适用《海商法》的规定。其实,《无单放货解释》第 6 条关于无单放货损失赔偿额的确定参照了《海商法》第 55 条的规定,与该条规定无异,故在审理无单放货案件中对所涉损害赔偿范围的问题时,适用《无单放货解释》第 6 条即相当于适用《海商法》第 55 条的特别规定。

(二)"货物装船时的价值"应根据与运输环节直接对应的贸易合同的价格进行认定

由于货物可能系在国内采购后再转卖出口,存在国内采购价和出口转卖价两个价格,且后者往往包含有其他经营成本而高于前者,故"货物装船时的价值"应根据运输环节下托运人的国际贸易售价来认定,而非根据国内采购价来认定。即使国内采购价被列为出口报关价格,但在有证据能够证明货物装船时的实际价值的情况下,报关单的初步证明效力即应被否定。例如,在例案一中,出口货物报关单的货物价值与实际价值不符,一审、二审法院按照出口货物报关单的价格认定原告的损失,最高人民法院在有证据证明货物实际价值的情况下,改判按照货物实际价值确定原告的损失。

(三)无单放货的赔偿数额应据实认定

虽然承运人因无单放货应承担的损失赔偿范围包括货物装船时的价值加运费和保险费,但关于实际的损失赔偿数额及依据仍需由提单持有人予以举证证明。

---

① 参见《民法典》第 833 条。

② 参见《民法典》第 510 条。

报关价格可以构成货物装船时价值的初步证据，在没有反证的情况下，可以据此认定货物装船时的价值。在运费到付及货物未投保的情况下，正本提单持有人因没有运费和保险费损失，不能在无单放货索赔中主张这两项费用损失。正本提单持有人已经收到的部分货款，在确定承运人承担的损失赔偿额时应当相应扣除；如果已经收到全部货款，正本提单持有人要求承运人赔偿货物损失的诉讼请求，不应予以支持；但是，承运人应对正本提单持有人确已收款的事实承担举证责任。提单项下的外汇核销或出口退税业已办理构成该提单持有人已经收到相关货款的初步证据，除非其能够举证证明存在滚动核销或借用核销的情形，以及已办理出口退税项下的相关货款实际并未收取。在例案三中，正本提单持有人因提供反证证明了涉案外汇核销确系借用案外贸易合同的外汇收入办理的批次核销，涉案货款并未实际收取，最终其无单放货的索赔请求获得法院支持。

（四）货物实际价值的计算方法应排除市价损失

在哈池曼海运公司（Hachiman Shipping S. A.）与上海申福化工有限公司、上海森福实业有限公司等两起海上货物运输合同货损纠纷案[①]中，最高人民法院对《海商法》第 55 条有关货物实际价值的计算方法争议予以厘清，排除了市价损失，符合合同违约赔偿之因果关系原则和合理预见原则。因此，在确定无单放货产生的损失赔偿额时，应以货物装船时的价值加运费和保险费为限，而不包括市价跌落损失。如正本提单持有人主张承运人赔偿其他额外的经济损失，法院不应予以支持。

（五）承运人不能享有单位责任限制的权利

《无单放货解释》第 4 条规定，承运人因无正本提单交付货物承担民事责任的，不适用《海商法》第 56 条即单位责任限制的规定。承运人无单放货行为发生在货物卸下船舶后的交付环节，不同于发生在承运人运输责任期间（舷到舷）的货物灭失、损坏或者延迟交付。《海商法》关于限制赔偿责任的规定是承运人和货主共同分担海上风险原则的体现，但承运人无单放货发生在陆上的交付环节，并不存在海上风险。而且，因无单放货属于承运人自己选择承担的商业风险，故国际上的船东互保协会和各国保险公司对此造成的损失也均不予以承保。《无单放货解释》第 4

---

① 最高人民法院（2013）民提字第 6、7 号案。

条有关承运人无单放货不适用限制赔偿责任的规定，与《海商法》规定的承运人责任限制的立法本意相符。在例案二中，南美公司试图将无单放货所造成的损失归于货物灭失，并以此主张享受承运人的单位赔偿责任限制，但一审法院并未予以支持。南美公司对一审的此项认定也未提起上诉。

四、辅助信息

高频词条：

《海商法》

第55条 货物灭失的赔偿额，按照货物的实际价值计算；货物损坏的赔偿额，按照货物受损前后实际价值的差额或者货物的修复费用计算。

货物的实际价值，按照货物装船时的价值加保险费加运费计算。

前款规定的货物实际价值，赔偿时应当减去因货物灭失或者损坏而少付或者免付的有关费用。

第56条 承运人对货物的灭失或者损坏的赔偿限额，按照货物件数或者其他货运单位数计算，每件或者每个其他货运单位为666.67计算单位，或者按照货物毛重计算，每公斤为2计算单位，以二者中赔偿限额较高的为准。但是，托运人在货物装运前已经申报其性质和价值，并在提单中载明的，或者承运人与托运人已经另行约定高于本条规定的赔偿限额的除外。

货物用集装箱、货盘或者类似装运器具集装的，提单中载明装在此类装运器具中的货物件数或者其他货运单位数，视为前款所指的货物件数或者其他货运单位数；未载明的，每一装运器具视为一件或者一个单位。

装运器具不属于承运人所有或者非由承运人提供的，装运器具本身应当视为一件或者一个单位。

《民法典》

第577条 当事人一方不履行合同义务或者履行合同义务不符合约定的，应当承担继续履行、采取补救措施或者赔偿损失等违约责任。

《无单放货解释》

第4条 承运人因无正本提单交付货物承担民事责任的，不适用海商法第五十六条关于限制赔偿责任的规定。

第6条 承运人因无正本提单交付货物造成正本提单持有人损失的赔偿额，按照货物装船时的价值加运费和保险费计算。

海上货物运输合同纠纷案件裁判规则第13条：
《海商法》第55条规定的货物实际价值的计算方法排除了市价损失

〔**规则描述**〕：为了排除市价损失的影响，应引入货物贬损率来确定货损金额，货物贬损率的计算一般应以目的港货物完好的市场价值减去受损货物的销售价值，再除以货物完好的市场价值。

一、类案检索大数据报告

时间：2019年12月15日之前，案例来源：Alpha案例库，数据采集时间：2019年12月15日。本次检索以引用法条为"《海商法》第55条"、法院认为中包含"海上货物运输"和"贬损率"为检索条件，共获取了12篇裁判文书，剔除无关、重复的文书2篇，剩余的10篇裁判文书中：

（1）认为应引入货物贬损率（以目的港货物完好的市场价值减去受损货物的销售价值，再除以货物完好的市场价值）来确定货损金额的文书为10篇；

（2）不认同前述规则的文书为0篇。

整体情况如下：

如图13－1所示，认同本项裁判规则的文书占100%。

图13－1　对本项裁判规则的认同情况

从图 13－2 所示的年份分布情况可以看到当前条件下案例数量的变化趋势。

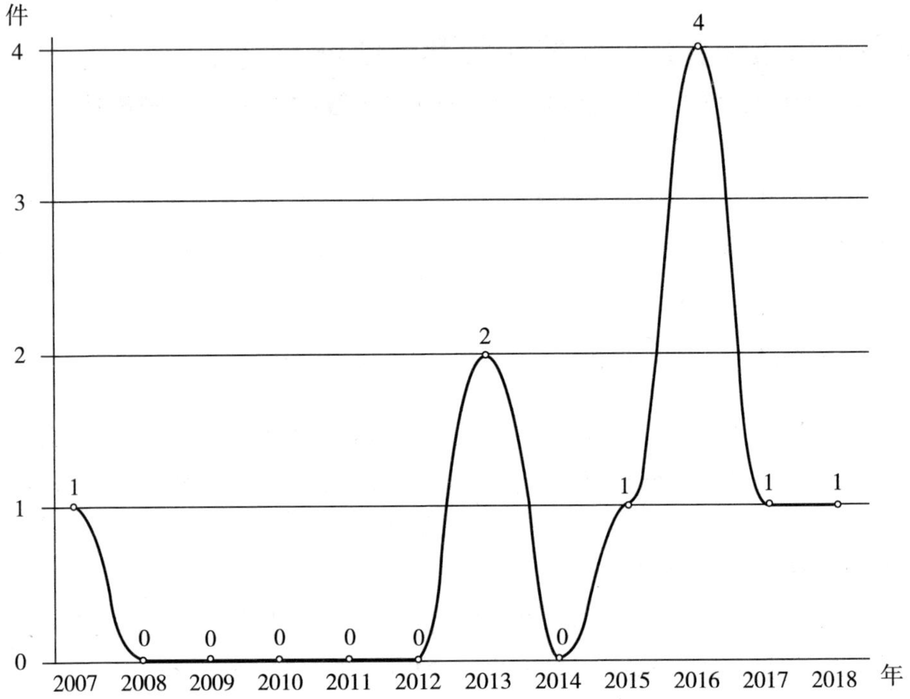

图 13－2　案件年份分布情况

从图 13－3 所示的地域分布情况来看，当前案例主要集中在湖北省、上海市、山东省等，分别占比 40%、30%、20%，其中湖北省的案件量最多，达到 4 件。

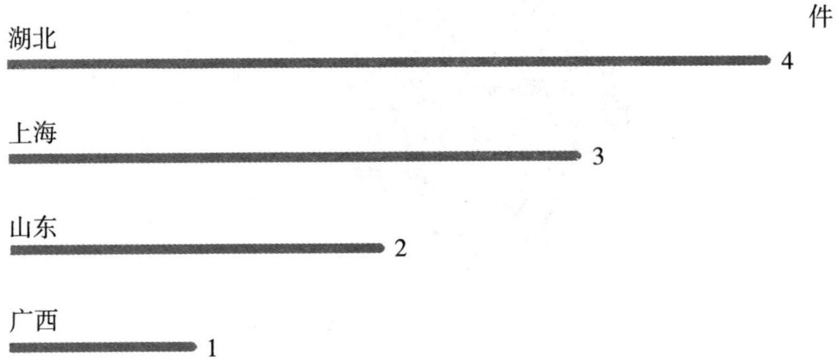

图 13－3　案件主要地域分布情况

从图13－4所示的案由分类情况可以看到，当前的案由分布由多至少分别是合同、无因管理、不当得利纠纷和海事海商纠纷。

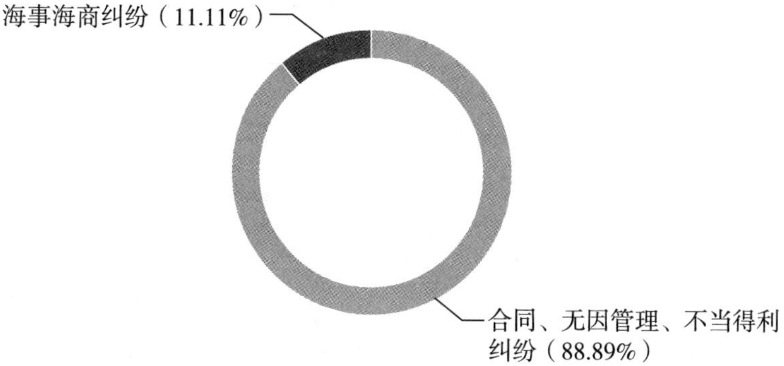

图13－4　案件案由分类情况

从图13－5所示的行业分类情况可以看到，当前的行业分布主要集中在交通运输、仓储和邮政业，批发和零售业，金融业，制造业。

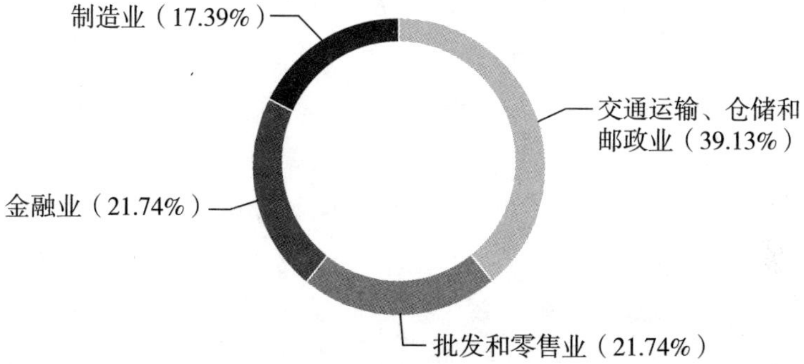

图13－5　案件行业分类情况

二、可供参考的例案

例案一　哈池曼海运公司与上海申福化工有限公司、日本德宝海运株式会社海上货物运输合同纠纷案

【法院】

最高人民法院

【案号】

(2013)民提字第6号

【当事人】

再审申请人(一审被告、二审上诉人):哈池曼海运公司

被申请人(一审原告、二审上诉人):上海申福化工有限公司

一审被告、二审上诉人:日本德宝海运株式会社

【基本案情】

2008年9月23日,上海申福化工有限公司(以下简称申福公司)就购买1001.53吨苯酚与住友商事株式会社(香港)有限公司签订了WZ08Y-00554P/4号买卖合同,合同约定价格条件为成本加运费(CFR)中国青岛,苯酚色度最高不超过10哈森(HAZEN)。2008年9月24日,申福公司申请上海银行闸北支行开立了以住友商事株式会社(香港)有限公司为受益人的不可撤销的TF0826837258ILHL号远期跟单信用证,货物单价为每吨1530美元,信用证金额为1,532,340.90美元。2008年12月4日,申福公司在信用证项下支付货款人民币10,569,474.59元。

该批苯酚由巴拿马籍"金色蒂凡尼"轮(M/V GOLDENTIFFANY)承运,哈池曼海运公司(以下简称哈池曼公司)为"金色蒂凡尼"轮所有人。"金色蒂凡尼"轮为1998年建造的油船/化学品船,载重吨16,465公吨,总吨位为9599,净吨位为5132。2008年8月23日,货物在西班牙维尔瓦港装船,德宝公司签发了GTHQ-5702号清洁指示提单。提单记载:托运人为住友德国公司,收货人为凭指示,通知方为住友商事株式会社(上海)有限公司,货物为1001.53吨苯酚,积载舱为7P、7S、10P,卸货港为中国青岛港,运费为预付。申福公司经托运人住友德国公司背书受让了该提单,并据此在卸货港提取了船载货物。货物装船前,SGS公司对该批苯酚进行了品质、重量检验,出具了重量证书、质量证书。其中质量证书载明了苯酚色度小于5哈森以及其他品质指标。2008年11月5日,上海英斯贝克商品检验有限公司对随船苯酚样本进行了检验,出具了对船舱样本(2008年8月23日取样)的OP2008-1501SH-1号检验报告,报告载明装船后苯酚色度为5哈森。

"金色蒂凡尼"轮驶离装货港后,于2008年10月22日16:40时靠泊青岛港明洋化工码头。上海东方天祥检验服务有限公司受申福公司的委托,与受华泰保险经纪有限公司上海分公司委托的上海悦之保险公估有限公司、货物保险人指定的上海东方公估行以及SGS公司对"金色蒂凡尼"轮7P、7S、10P舱的货物进行了联合取样。2008年10月25日,上海东方天祥检验服务有限公司作出RH082555号检验报告,载明:7S舱苯酚色度为7哈森,7P舱苯酚色度为27哈森,10P舱苯酚色度为30哈森。2008年11月5日,上海英斯贝克商品检验有限公司除作出对船舱

样本的OP2008－1501SH－1号检验报告外，又分别作出四份检验报告，上述报告分别载明：船舶到达青岛港后卸货前(2008年10月22日取样)，7S舱苯酚色度为3哈森，7P舱苯酚色度为19哈森，10P舱苯酚色度为21哈森；卸货后(2008年10月24日取样)，青岛岸罐T－108的苯酚色度为12哈森。上海悦之保险公估有限公司、上海泛华天衡保险公估有限公司均对上海英斯贝克商品检验有限公司作出的上述检验报告予以确认。

2008年11月4日至17日，申福公司与上海森福实业有限公司分别向厦门高特高新材料有限公司等五家公司以苯酚色度小于50哈森、销售价格人民币4750元至5000元的标准发出询价函，但均被五家公司以色度超标或价格过高为由拒绝。2008年11月27日，申福公司(供方)就销售苯酚1400吨与青岛明洋化工有限公司(以下简称明洋公司)(需方)签订产品供销合同，价格每吨为人民币4720元，实际成交996吨，总价格为人民币4,701,120元，结算方式为款到提货。申福公司已开具上海增值税专用发票，但未提供明洋公司付款证明。庭审中，申福公司确认还有一部分货款没有收回。

2010年2月26日，上海悦之保险公估有限公司应华泰保险经纪有限公司上海分公司的委托，对于“金色蒂凡尼”轮所载进口苯酚货损事宜出具JX－SH－TB－09184号公估报告，结论为：2008年10月至11月，苯酚的市场价格经历了一个急剧下跌的过程，因为化工品是一种比较特殊的货物，我们无法评估它的具体价值和可能的损失。申福公司提供的上海市闸北公证处出具的(2008)沪闸证经字第5970号公证书也显示：2008年9月23日贸易合同签订时，苯酚全国各地即时行情为人民币12,220元至13,000元；10月24日船舶卸货时，苯酚全国各地即时行情为人民币9000元至10,600元；11月4日申福公司发出询价函时，苯酚全国各地即时行情为人民币7000元至8200元；11月27日申福公司销售涉案苯酚时，苯酚全国各地即时行情为人民币5000元至6200元。

【案件争点】

在货物市场价格急剧波动的情况下应如何确定货损金额。

【裁判要旨】

最高人民法院再审认为：《海商法》第55条规定：“货物损坏的赔偿额，按照货物受损前后实际价值的差额或者货物的修复费用计算。货物的实际价值，按照货物装船时的价值加保险费加运费计算。”该条款规定了两种货损赔偿额的计算方法。鉴于本案不涉及修复费用，二审法院未依据法律规定的“修复费用”计算申福公司的损失数额并无不当。申福公司的损失应当按照“货物受损前后实际价值的差额计算”,“货物的实际价值,应当按照货物装船时的价值加保险费及运费计算”,即以货物受损前后的到岸价之差为准。因海运时间较长,货物价值易受市场波动影响,《海商法》第55条规定的货物实际价值的计算方法排除了市价损失,符合合同违约赔偿之因果关系原则和合理预见原则。

2008年9月至11月,正值国内苯酚市场价格发生较大幅度的变化。二审判决以申福公司在国内市场最高询价每吨人民币5000元作为受损后货物实际价值,用货物受损前的价值(申福公司对外付款金额)减去申福公司卖出的996吨苯酚的金额(每吨以人民币5000元计算),进而确定货物损失为人民币5,589,474.59元,以此价格计算出的涉案苯酚的损失范围既包括因色度值发生变化造成的贬值损失,也包括因市场价格下跌造成的行市损失。涉案苯酚的市价损失不属于《海商法》规定的货物灭失或损坏的范畴,承运人对此并无赔偿责任。

本案因苯酚色度值变化导致的货物贬损率的计算应当以目的港货物完好的市场价值减去受损货物的销售价值,再除以货物完好的市场价值。2008年11月24日,苯酚华东地区即时行情为人民币5800元至5900元,平均价为人民币5850元。双方当事人同意以该日价格确定申福公司实际出售苯酚之日的完好价值。二审判决认为申福公司与明洋公司是关联公司,它们之间的买卖价格不能作为损失计算依据,但与当时完好苯酚的平均价比较,每吨人民币4720元的价格并无明显不当。依此计算出货物的贬损率为(5850－4720)÷5850＝19.32%。申福公司就涉案货物对外付款为人民币10,569,474.59元,支付保险费人民币11,560.85元,申福公司的货物损失应当为(10,569,474.59＋11,560.85)×19.32%＝2,044,256.05元(人民币)。申福公司因货损向上海东方天祥检验服务有限公司支付检验费人民币4250元,向通标标准技术服务有限公司青岛分公司支付检验费人民币4000元,向上海悦之保险公估有限公司支付检验费人民币3331.25元,共计11,581.25元,应当由哈池曼公司和德宝公司赔偿。以上赔偿款共计人民币2,055,837.30元。

例案二 | PSI(2)私人有限公司与中国太平洋财产保险股份有限公司北京分公司海上货物运输合同纠纷案

【法院】

上海市高级人民法院

【案号】

(2015)沪高民四(海)终字第140号

【当事人】

上诉人(一审被告):PSI(2)私人有限公司

被上诉人(一审原告):中国太平洋财产保险股份有限公司北京分公司

【基本案情】

案外人山西省绛县明迈特有限公司(以下简称明迈特公司)于2013年3月4日与香港矿源合金开发有限公司(以下简称矿源公司)订立的铬矿买卖合同约定,明迈特公司以人民币1256元/干吨的价格从南非进口含铬量为38%的10,500吨铬矿(加减10%由卖方确定)。明迈特公司向中国太平洋财产保险股份有限公司北京分公司(以下简称北京太保)投保了海洋货物运输一切险,北京太保于2013年4月9日签发保险单。货物由PSI(2)私人有限公司(以下简称PSI公司)所有的"宜某"轮承运,PSI公司于2013年4月10日签发的提单载明:托运人为中钢南非私人有限公司,收货人凭指示,通知方为矿源公司,船名/航次为"宜某"轮/BTI004航次(MV KOTA BAKTI/BTI004),装货港为南非理查德湾港,卸货港为中国连云港,货物名称为散装铬矿块矿,重量为10,250.15吨。

"宜某"轮于2013年4月5日抵达南非理查德湾港,靠泊于第706号泊位,开始装货。4月10日装货结束,船舶开航。4月29日,"宜某"轮抵达新加坡锚地加载船用燃油,并于次日驶往连云港。船舶航行过程中,值班水手在测量各个货舱污水井的过程中发现第2货舱的左、右两侧污水井有明显的油迹,进一步检查发现紧邻第2货舱的重油1舱右缺少了大约50吨燃油。5月1日,"宜某"轮船员发现第2货舱后部舱壁在距离舱底板垂直高度约为4.20米处有约200毫米×100毫米的破口。"宜某"轮于5月10日靠泊东联分公司4号泊位卸货。PSI公司于5月11日请专业维修人员将破口修好,并请船级社检验完毕。出于环境保护的考虑,东联分公司于5月12日5时停止卸载第2货舱的涉案货物,"宜某"轮于5月14日移泊至连云港第1号锚地锚泊等待指示。根据中国出入境检验检疫局出具的过磅数据,货物已经卸出8928.34吨。随后,明迈特公司与东联分公司补充签订了困难作业合同、运输协议和仓储协议,"宜某"轮再次靠泊于东联分公司5号泊位,在做好了相关油污防护的情况下开始卸载剩余货物,共卸出货物1257.74吨。北京太保请中检公司作为鉴定人对货物的受损程度进行了鉴定,鉴定人于2013年8月8日出具鉴定报告,该报告载明:涉案严重受损货物1257.74公吨,贬值率50%,折合净重损失628.87公吨，轻微受损货物8928.34公吨，贬值率20%，折合净重损失1785.668公吨；结论为货物油污受损系该轮重油第一舱右侧漏油进入第2货舱污染货物所致；本次事故造成折合货物净重损失2414.538公吨。

随后，明迈特公司、北京太保和PSI公司开始征询涉案货物的市场价格，希望将货物折价出售减少损失。明迈特公司于2013年7月4日将先卸下的8928.34吨货物和后卸出的1257.74吨货物分别以人民币1122元/吨和人民币636元/吨的价格出售给源瑞达公司。2013年8月29日，北京太保向明迈特公司支付了保险赔偿款人民币2,780,995.50元，明迈特公司于次日向北京太保出具了赔款收据和权益转让书。

【案件争点】

在货物市场价格并未发生急剧波动的情况下应如何确定货损金额。

【裁判要旨】

上海市高级人民法院二审认为：我国民事诉讼法律规定，人民法院对案件的全部证据，应当从各证据与案件事实的关联程度、各证据之间的联系等方面进行综合审查判断。本案中，北京太保提供了提单、报关单、贸易合同、发票、鉴定报告、铬矿购销合同及发票、困难作业费发票、照片和光盘及保险赔付凭证等一系列证据，形成一组证据链，可以证明货损数量。尤其是中检公司鉴定报告明确载明轻微受损货物8928.34吨，贬值率20%，折合净重损失1785.668吨。完全可以证明涉案8928.34吨货物发生货损的事实。PSI公司对此没有提供相应的证据予以反驳，应该承担举证不能的法律责任。对于货损的计算，二审法院肯定了一审法院的观点："北京太保提交了在销售涉案货物时，通过中国铁合金在线查询到同品位南非铬矿成交每1%含铬量价格为人民币36.5~37.5元/干吨，北京太保取人民币37元/干吨计算并无不妥，涉案货物含铬量以中国出入境检验检疫局出具的品质证书为准（含铬36.82%，含水0.33%），故同品质完好的南非铬矿市场价格为36.82×37÷(1+0.33%)=人民币1357.86元/干吨。在案证据显示，明迈特公司与北京太保经过了市场询价，PSI公司也在一定程度上进行了参与，在没有相反证据的情况下，可以认定涉案货物实际销售价格即为同品位受损货物的市场价格。以此计算，先卸载下的8928.34吨涉案货物贬损率为(1357.86－1122)÷1357.86=17.37%；后卸载下的1257.74吨涉案货物贬损率为(1357.86－636)÷1357.86=53.16%，北京太保主张该等货物贬损率为40%于法不悖，并无不妥，法院予以支持。根据明迈特公司与矿源公司订立的买卖合同及最终发票，涉案货物到岸价格（货物装船时的价值加保险费加运费）为人民币1217元/千吨。因此，先卸载下的8928.34吨涉案货物损坏的赔偿额应为8928.34×（1－0.33%）×1217×17.37%＝人民币1,881,159.31元；后卸载下的1257.74吨涉案货物损坏的赔偿额应为1257.74×（1－0.33%）×1217×40%＝人民币610,247.35元，涉案货物损坏的赔偿额共计为人民币2,491,406.65元。

例案三 中国人民财产保险股份有限公司嘉兴市分公司与亚洲阿斯帕拉有限公司海上货物运输合同纠纷案

【法院】

浙江省高级人民法院

【案号】

（2017）浙民终字第3号

【当事人】

上诉人（一审原告）：中国人民财产保险股份有限公司嘉兴市分公司

上诉人（一审被告）：亚洲阿斯帕拉有限公司

【基本案情】

2015年4月8日，亚洲阿斯帕拉有限公司（以下简称阿斯帕拉公司）所有的“亚洲阿斯帕拉”轮执行1503航次从印度尼西亚卢布克刚港开往中国乍浦港，该轮该航次装载了两种货物，棕榈仁油和脂肪酸，每种货物船代代表船长分别签发了两套清洁提单，共四套，托运人均为PT. SARI DUMAI SEJATI，收货人均凭指示，且均投保了货物运输险，具体为：编号为LBG/ZHP－01的提单载明脂肪酸为5000吨；编号为LBG/ZHP－02的提单载明脂肪酸为5499.775吨。上述脂肪酸均散装于1－3P/S、5－6P/S、SLOPP/S货舱，总量10,499.775吨，即本案中国人民财产保险股份有限公司嘉兴市分公司（以下简称嘉兴人保）承保的货物，通知方均为浙江省轻纺供销有限公司（以下简称轻纺公司）和太平洋香港国际有限公司，保险人为嘉兴人保，被保险人为轻纺公司，该货物系轻纺公司向境外客户购买，价格条件为CFR中国乍浦。编号为LBG/ZHP－03的提单载明棕榈仁油为1470.915吨，通知方为嘉化公司；编号为LBG/ZHP－04的清洁提单载明棕榈仁油为980吨，通知方为轻纺公司和太平洋香港国际有限公司。该两份提单项下棕榈仁油均散装于4P/S货舱，总量2450.915吨。

2015年4月18日，涉案船舶抵达嘉兴乍浦港锚地；同年4月20日靠泊乍浦泰地码头，经卸货前货物计量与取样，检测结果显示数量及品质完好。同年4月21日00:50时船上卸货歧管出口与码头卸货软管管头完成连接，01:10时开始卸载4P/S舱棕榈仁油，后相继开始卸载其他舱脂肪酸，次日，上述棕榈仁油及脂肪酸全部卸载完毕。

涉案卸货过程中，船上共使用了1、3、4号卸货歧管。按照计划，4号卸货歧管通过软管连接岸上棕榈仁油专用管线，将4P/S舱棕榈仁油卸入T5101C棕榈仁油专用岸罐。1、3号卸货歧管通过软管及U型三通管连接岸上脂肪酸专用管线，将其他舱脂肪酸卸入T5202B、T5206岸罐。因阿斯帕拉公司在卸货过程中，操作失误，使原本应从1号或3号卸货歧管卸往T5202B、T5206岸罐的683.534吨脂肪酸，实际通过4号卸货歧管，卸入到棕榈仁油专用管线并进入T5101C岸罐，与该罐内2450.915吨棕榈仁油混合，并造成货损。就该混货事故，轻纺公司遭受脂肪酸损失945,491.57元。嘉兴人保作为该货物保险人，依据保险合同于2015年10月8日向轻纺公司支付了理赔款975,041.86元。后轻纺公司向嘉兴人保出具了赔款收据及权益转让书。嘉兴人保认为阿斯帕拉公司作为承运人，应对涉案货损承担赔偿责任，故诉至法院。

【案件争点】

在货物市场价格难以确定时应如何确定货损金额。

【裁判要旨】

浙江省高级人民法院二审认为：承运人对其责任期间内造成的货物损失应承担赔偿责任。《海商法》第55条第1款规定：货物灭失的赔偿额，按照货物的实际价值计算；货物损坏的赔偿额，按照货物受损前后实际价值的差额或者货物的修复费用计算。第2款规定：货物的实际价值，按照货物装船时的价值加保险费加运费计算。故本案货损金额认定涉及货损数量以及货物受损前后实际价值三个数据。首先，关于货损数量。本案嘉兴人保承保的编号LBG/ZHP-01、LBG/ZHP-02提单项下共计脂肪酸10,499.775吨，实际接受9816.241吨，故两份提单项下脂肪酸货损数量为683.534吨。其次，关于货物受损后的价值。683.534吨脂肪酸由于混入棕榈仁油造成贬值。根据双方当事人通过其公估人员的询价和有效最高报价，一审法院确认嘉兴人保公估人员于2015年6月2日5820元/吨的报价为货损的最高残值或合理处置价正确。最后，关于货物受损前的实际价值。嘉兴人保上诉主张应当按照2015年6月2日参照完好棕榈仁油的市场价格推定完好脂肪酸的市场价格为 7700 元/吨,并考虑市场波动对损失金额的影响。而阿斯帕拉公司则上诉主张应当按照嘉兴人保向一审法院提供的张家港保税区和青岛的相关企业网上价格确定完好脂肪酸的市场价格为 6300 元/吨。本院认为,货物受损前的价值可以按照本案卸货地的完好脂肪酸市场价格认定,但鉴于国内使用脂肪酸的企业较少,尚未形成成熟的现货市场;且双方当事人均未能提供完好脂肪酸在本案目的港的市场价格以及相关价格波动情况。一审法院按照涉案脂肪酸 CIF 价的报关单价加保险费的方式计算确定脂肪酸的进口单价为 7203.24 元/吨,作为案涉脂肪酸受损前的货物价值,无明显不当。阿斯帕拉公司上诉认为,脂肪酸从棕榈仁油分离提炼而来,应按照提炼成本认定货损金额,没有法律依据。此外,阿斯帕拉公司还提出 T5101C 岸罐多收的 72.324 吨货物价值应在本案货损中按比例分摊扣减。本院认为,该多余货物与阿斯帕拉公司无关,不应予以扣减。综上,一审法院根据本案货物受损前后的价值差额和货损数量计算得出涉案货损金额为 945,491.57 元正确,本院予以确认。

三、裁判规则提要

(一)货物受损前后实际价值的差额计算应排除因市场波动造成的市价损失

我国《海商法》第 55 条规定:"货物损坏的赔偿额,按照货物受损前后实际价值的差额或者货物的修复费用计算。货物的实际价值,按照货物装船时的价值加保险费加运费计算。"该条款规定了两种货损赔偿额的计算方法,一种是受损货物能够且需要修复的,根据修复费用计算赔偿额;另一种是货物受损前后存在实际价值差额的,根据该差额确定赔偿额。对于后者,该法第 55 条进一步规定:"货物的实际价值,应当按照货物装船时的价值加保险费及运费计算。"换言之,该实际价值是以货物到岸价为基准的。因为海运时间一般较长,货物到岸价值易受目的港市场波动的影响,从而造成市价损失。若将此类市价损失纳入《海商法》第 55 条规定的货物实际价值计算方法的考量之内,将造成不公平的结果。因为无论货物是否受损,前述市价损失均无法避免。因此,排除市价损失的赔偿计算方法,符合合同违约赔偿之因果关系原则和合理预见原则,并得到了司法实务界的广泛认同。

(二)排除市价损失的贬值率计算法

如何排除市价损失对货物实际价值差额确定的影响,是司法实践中的难题。"哈池曼海运公司与上海申福化工有限公司、日本德宝海运株式会社海上货物运输合同货损纠纷案"再审判决采用了货物贬损率的计算方式,来认定涉案货物的赔偿额。具体而言,该案采用贬值率计算公式为"目的港货物完好的市场价值减去受损货物的销售价值,再除以货物完好的市场价值"。此种计算方法较好地排除了市场价格波动对货损赔偿额的影响,完善了货损赔偿额的计算规则,有助于规范国际航运秩序、指导海事司法实践。自从该案于2013年审结以来,全国各级法院在审理相关海事案件中频频采纳此种贬值率计算法,取得了较好的法律效果和社会效果。该案例也于2015年被评为人民法院为"一带一路"建设提供司法服务和保障的典型案例之一。

(三)贬值率计算法中两个重要参数的确定方法

贬值率计算法在实践运用中需要确定两个重要的参数,即"目的港完好货物的价值"和"目的港受损货物的价值"。从司法实践来看,根据案件的不同情况,上述两个参数的确定方法存在一定差异。在"哈池曼海运公司与上海申福化工有限公司、日本德宝海运株式会社海上货物运输合同货损纠纷案"中,由于双方当事人同意以2008年11月24日货物市场价格确定完好货物的价值,而目的港货物受损后的销售价值亦较为合理,故法院依此确定上述两个参数。在其他案件中,双方当事人可能对参数的确定存在争议。如例案二"PSI(2)私人有限公司与中国太平洋财产保险股份有限公司北京分公司海上货物运输合同纠纷案",双方对完好货物的价值无法达成一致,法院最终将通过"中国铁合金在线"查询到的同品位南非铬矿成交价格作为完好货物的价值。因此,在此种情况下,可以考虑通过查询相关权威机构公布的同品位货物成交价格来进行确定完好货物的价值。此外,司法实践中,某些特殊货物在目的港并未形成成熟的现货市场,导致此类货物的市场价值客观上难以确定。在此情形下,可以酌情考虑将CIF价的报关单价加保险费作为完好货物的价值,同时将综合保险公司公估人员的询价和有效最高报价等因素基础上确定的合理处置价作为受损货物的价值,并依此确定贬值率。如例案三"中国人民财产保险股份有限公司嘉兴市分公司与亚洲阿斯帕拉有限公司海上货物运输合同纠纷案",便属此种情况。

四、辅助信息

高频词条:

《海商法》

第五十五条 货物灭失的赔偿额,按照货物的实际价值计算;货物损坏的赔偿额，按照货物受损前后实际价值的差额或者货物的修复费用计算。

货物的实际价值，按照货物装船时的价值加保险费加运费计算。

前款规定的货物实际价值，赔偿时应当减去因货物灭失或者损坏而少付或者免付的有关费用。

《民法典》

第 584 条 当事人一方不履行合同义务或者履行合同义务不符合约定，造成对方损失的，损失赔偿额应当相当于因违约所造成的损失，包括合同履行后可以获得的利益；但是，不得超过违约一方订立合同时预见到或者应当预见到的因违约可能造成的损失。

海上货物运输合同纠纷案件裁判规则第 14 条：
托运人违反默示义务应承担相应的赔偿责任

〔**规则描述**〕：海上货物运输合同的托运人违反默示义务的，应赔偿承运人因此而遭受的损失。

一、类案检索大数据报告

时间：2019 年 11 月 12 日之前，案例来源：Alpha 案例库，数据采集时间：2019 年 11 月 12 日。本次检索以引用法条为“中华人民共和国海商法”，法院认为中包含“默示条款”或“默示义务”或“默示担保”作为检索条件，共获取了 5 篇裁判文书，认为托运人违反默示义务应承担相应的赔偿责任的文书有 5 篇。其中：

(1)认为托运人应承担收货人真实存在并在目的港及时提取货物的默示义务的文书有 3 篇；

(2)认为托运人应承担货物适合安全运输的默示义务的文书有 2 篇。

整体情况如下：

如图 14－1 所示，认为托运人应承担收货人真实存在且在目的港及时提货的默示义务的文书占 60%，认为托运人应承担货物适合安全运输的默示义务的文书占 40%。

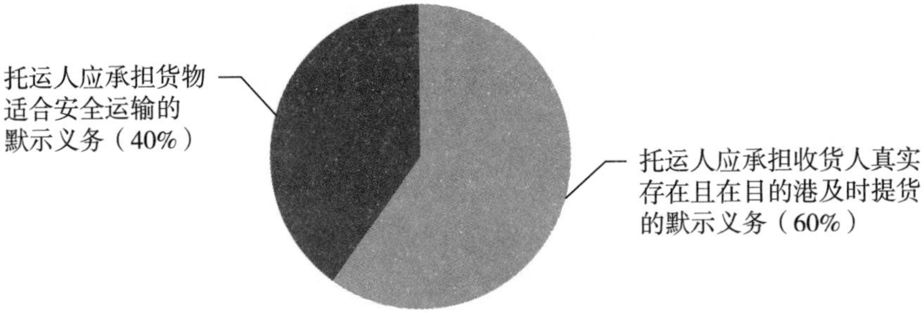

图 14－1　托运人违反默示义务应承担相应的赔偿责任比例

从图 14 －2 所示的年份分布情况可以看到当前条件下案例数量的变化趋势。

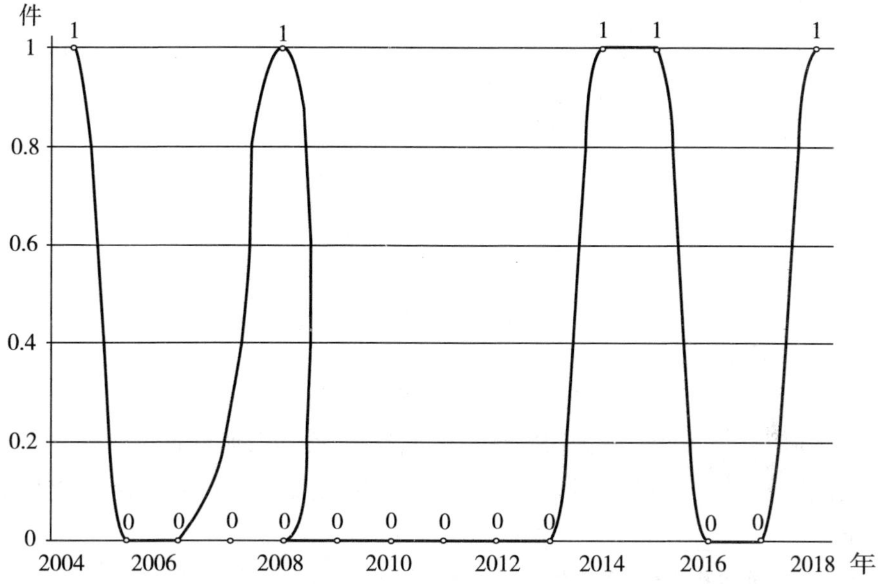

图 14 －2　案件年份分布情况

从图 14 －3 所示的地域分布情况来看，当前案例主要集中在上海市、天津市、山东省等，分别占比 40% 、20% 、20% ，其中上海市的案件量最多，达到 2 件。

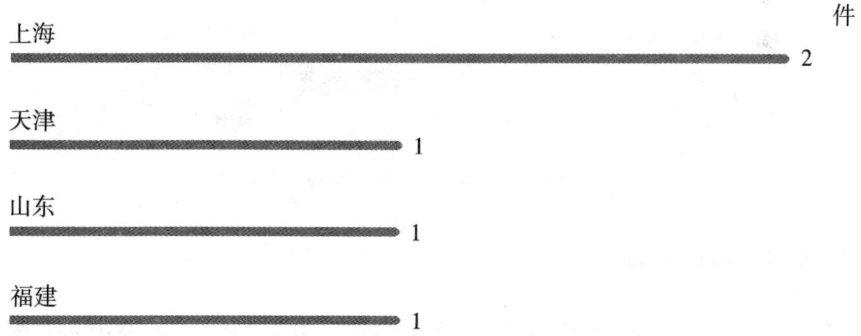

图 14 －3　案件主要地域分布情况

从图14－4所示的案由分类情况可以看到,当前的案由分布由多至少分别是运输合同纠纷,委托合同纠纷。

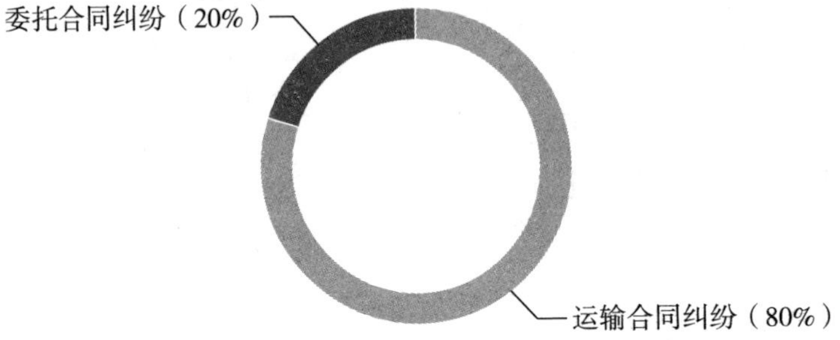

图14－4　案件案由分类情况

从图14－5所示的行业分类情况可以看到,当前的行业分布主要集中在交通运输、仓储和邮政业,制造业,批发和零售业,科学研究和技术服务业,租赁和商务服务业。

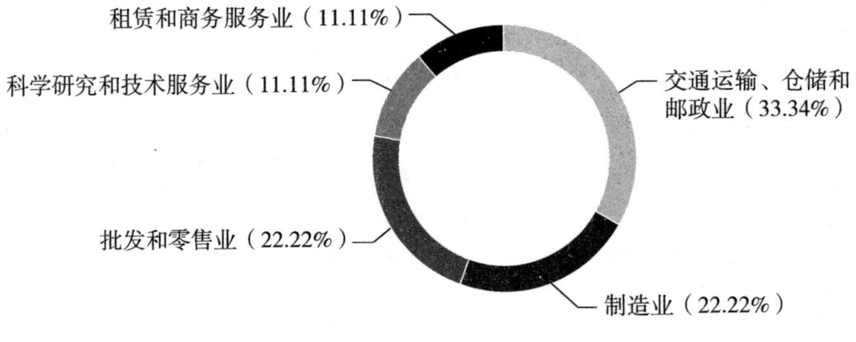

图14－5　案件行业分类情况

二、可供参考的例案

例案一　泛太集运有限公司与张家港华怡进出口有限公司、张家港市双龙喷雾器有限公司海上货物运输合同纠纷案

【法院】

上海海事法院

【案号】

(2013)沪海法商初字第786号

【当事人】

原告：泛太集运有限公司

被告：张家港华怡进出口有限公司

被告：张家港市双龙喷雾器有限公司

【基本案情】

2011年11月15日，被告张家港华怡进出口有限公司（以下简称华怡公司）委托德某中国公司从上海海运出口一批化妆品喷头到美国迈阿密。同日，德某中国公司将该票货物委托顺科公司运输。同月23日，涉案货物装运上船，顺科公司作为承运人向德某中国公司签发了提单。提单记载，德某中国公司以Blue Anchor Line的代理的身份作为托运人，顺科公司为承运人，案外人德某（美国）货运代理有限公司为收货人，起运地为中国上海，目的地为美国迈阿密。货物为化妆品喷头，包装数量为100件。

随后，德某中国公司向被告华怡公司交付了以原告泛太集运有限公司（以下简称泛太集运）的名义签发的编号为BANQSHAXXXXXXX的海运单。海运单记载，被告华怡公司为托运人，起运地为中国上海，目的地为美国迈阿密，货物为化妆品喷头，包装数量为100件。海运单背面条款记载的承运人为泛太集运。涉案集装箱运抵目的港后因被检测到放射性异常而遭退运。2012年1月13日，涉案集装箱重新于美国装船，并于同年3月回运至上海。顺科公司于2012年3月22日委托上海市辐射环境监督站检测，于9月委托中国科学院上海应用物理研究所辐射安全检测中心检测，确定为涉案货物钴-60辐射超标。货物目前仍存放于上海洋山深水港港区内。

截至2013年12月26日，因涉案货物退运滞港，在洋山深水港上海冠东码头产生了综合费用人民币3741元。

与本案相关联的（2012）沪海法商初字第1641号案件的判决书已经生效。判决泛太集运应于判决生效之日起10日内赔偿顺科公司货物检测费、海运费、空驶费等相关费用损失6830.76美元及人民币69,085.60元，并于判决生效之日起30日内提取编号为MIAXXXXXXX的提单项下的涉案货物。

【案件争点】

华怡公司是否违反托运人提供的货物应无重大瑕疵的默示义务。

【裁判要旨】

上海海事法院认为:根据《合同法》第6条[①]和第60条[②]的规定,当事人行使权利、履行义务应当遵循诚实信用原则。默示担保义务作为诚实信用原则的重要内容,合同当事人也应遵守。运输合同项下,只要双方当事人在合同中没有作出与此相反的约定,托运人提供无重大瑕疵的货物使承运人正常履行海上运输服务符合航运惯例,也符合双方的合理期望,系托运人的默示担保义务,应得到法律保护。本案中,被告华怡公司托运的货物钴-60辐射超标,致货物被目的港海关拒绝进关并退运,被告华怡公司作为托运人应当及时提取退运货物并承担原告因此而遭受损失的赔偿责任。现有证据不足以证明被告张家港市双龙喷雾器有限公司(以下简称双龙公司)系涉案海上货物运输合同的托运人,原告应对此承担举证不能的法律后果,本院对其请求被告双龙公司承担赔偿责任的主张不予采纳。

例案二 中远集运东南亚有限公司与天津银龙集团科贸有限公司海上货物运输合同纠纷案

【法院】

天津海事法院

【案号】

(2014)津海法初字第671号

【当事人】

原告:中远集运东南亚有限公司

被告:天津银龙集团科贸有限公司

【基本案情】

2012年10月,被告天津银龙集团科贸有限公司(以下简称银龙集团)委托其货运代理人港胜公司通过北京中货公司向原告中远集运东南亚有限公司(以下简称中集东南亚公司)订舱出运一批货物(电缆),原告接受订舱于2012年10月28日签发了COAU7030006800号记名提单,依提单记载,托运人为被告银龙集团,收货人为国际优选电缆有限公司,承运人为原告中集东南亚公司,船名航次为HAN-

① 参见《民法典》第7条。

② 参见《民法典》第509条。

JIN AFRICA 0002W,货物为电缆,装载于4个20尺集装箱内,装货港为中华人民共和国天津新港,卸货港为印度尼西亚共和国泗水港,运输方式为整箱交接、堆场到堆场,运费预付。涉案货物于同日起运,经转船,于同年11月14日抵达目的港并卸货。因收货人未履行缴纳税款的义务,且涉案货物根据印度尼西亚共和国的法律规定在目的港临时堆放处已超过30日,依据该国法律货物转由该国政府控制。鉴于上述原因,涉案货物在目的港至今未被受领,导致滞箱费持续产生。在此期间,涉案货物并未被从集装箱中取出,原告中集东南亚公司也未支付目的港的相关堆存费用。根据原告中集东南亚公司在互联网上公布的集装箱滞箱费计算标准,涉案集装箱到达目的港后的第1日至第10日内,可免费使用,第11日至第17日期间滞箱费为每日20美元,第18日以后为每日40美元。

【案件争点】

被告银龙集团作为托运人是否违反了海上运输合同项下收货人应及时提取货物的默示义务。

【裁判要旨】

天津海事法院认为:本案为海上货物运输合同纠纷,被告银龙集团为托运人,原告中集东南亚公司为承运人,根据《海商法》第86条的规定,当原告中集东南亚公司在合理的期间内,将货物运抵约定的目的港时,收货人负有及时受领货物并为此提供必要的协助与配合的义务,收货人违反该义务应当承担法律规定的责任,这种责任应当包括向承运人赔偿滞箱费、堆存费以及在目的港产生的其他费用。又根据我国《海商法》第87条和第88条的规定,应当向承运人支付的滞期费及为货物垫付的必要费用没有付清,经承运人留置、拍卖货物仍不足以清偿的,承运人有权向托运人追偿。根据海上货物运输合同的性质和目的,当货物运抵目的港具备交付条件时,收货人应当及时受领并提供必要的配合与协助,此为海上货物运输合同的默示条款。因为在海上货物运输合同的履行过程中,收货人的身份是承运人依据托运人的指定(记名提单),或者依据与托运人约定的方法(无记名提单或指示提单)而确定的,即使提单已经转让,但托运人与承运人之间的合同关系仍然存在,托运人对于收货人信息的真实、准确,以及收货人能够及时受领货物应当负有担保义务,当收货人不履行及时受领的义务,导致承运人在目的港无法交付货物时,托运人应当对因此造成的费用和损失承担担保责任。

例案三　中海集装箱运输股份有限公司与北京旌凯华冠工贸有限责任公司、新加坡 UCO 银行海上货物运输合同纠纷案

【法院】

浙江省高级人民法院

【案号】

(2007)浙民三终字第87号

【当事人】

被上诉人(一审原告):中海集装箱运输股份有限公司

被上诉人(一审被告):新加坡 UCO 银行

【基本案情】

北京旌凯华冠工贸有限责任公司(以下简称旌凯公司)将涉案货物废塑料售给案外人 Winner 公司,Winner 公司再将该货物转售给 Agrogorp 公司,Agrogorp 公司于2004年9月6日作为开证申请人向新加坡 UCO 银行(以下简称 UCO 银行)申请开立编号为 LCDP104/2104 的可转让不可撤销信用证,载明受益人为 Winner 公司,有效期至2004年12月15日。2004年11月5日,香港上海汇丰银行有限公司北京分行通知旌凯公司,已将涉案全套单证交由开证行 UCO 银行进行审核。Agrogorp 公司以单证不符为由,拒绝付款赎单。同年12月22日,UCO 银行将涉案信用证相关不符点书面通知汇丰银行,等待其指示。新加坡最高法院根据 Agrogorp 公司2005年5月27日申请,于同年6月1日发出永久禁令,禁止 Winner 公司及其员工和/或代理机构收取 UCO 银行涉案信用证项下款项。

2004年10月,北京福沃德公司(以下简称富沃德公司)代理旌凯公司委托中海集装箱运输股份有限公司(以下简称中海集运)将30只40尺集装箱的429,455千克废塑料由宁波港运往韩国釜山港。中海集运签发了编号为 CNGBPUS3A3662 的全套正本提单,载明托运人为旌凯公司,收货人凭 UCO 银行指示,总价值为163,192美元,付款方式为信用证支付,由中海集运经营的"NAPOLI"轮承运,运输方式为 CY－CY,FCL 码头堆场整箱交货。涉案货物于2004年10月23日抵达釜山港后,长期滞留无人提货,并产生相应滞箱费、装卸费及堆存费等损失。同年12月3日、4日、29日,旌凯公司代理人富沃德公司先后致函中海集运韩国代理,称旌凯公司与收货人之间存在贸易纠纷尚未解决,并就货物到港无人提货及集装箱超期使用等状况进行商谈。中海集运明确告知富沃德公司滞箱费计算标准及金额,

并多次催告相关当事人提货并支付有关费用。富沃德公司虽最终承诺收货人将于2005年1月8日前提货，但收货人并未如期前来提货。2005年3月30日，中海集运韩国代理申请釜山海关拍卖涉案货物，该海关接受申请后，于2005年5月30日依照当地法律程序公告，公销预定价格为194,948,642韩元（约187,917美元），于同年6月7日至7月12日分别进行了六次拍卖，均遭流拍。

2005年11月16日检验员Intertek Caleb Brett－KIMSCO接受中海集运委托，出具货物检验报告，称涉案货物在韩国当地市场无商业价值；2005年12月6日，韩国联合株式会社及韩国新世纪株式会社向中海集运出具报价单，称当地处理涉案货物分别需143,600,000韩元及150,500,000韩元。2006年1月4日，中海集运与香港JUNGWOO贸易有限公司（以下简称JUNGWOO公司）签订买卖合同，以1美元价格将涉案货物出售给JUNGWOO公司，并约定由JUNGWOO公司承担宁波至釜山的码头操作费（DHC），不承担已产生的滞箱费及堆存费；货物交付地为香港集装箱堆场，由中海集运承担韩国釜山至香港的运输费用。同日，JUNGWOO公司将1美元成交货款汇入了中海集运指定的小公洞分行。2006年1月13日涉案30只集装箱货物全部装载于承运船舶“CMA CGM JAGUAR”轮，于同年1月17日抵达香港国际货柜码头有限公司卸船，其中12只集装箱于次日出场，其余18只集装箱于1月20日出场。涉案集装箱于2006年1月27日全部返还中海集运指定的迅发利来货柜服务有限公司。

【案件争点】

旌凯公司是否应承担支付承运人为托运人利益代垫的费用的默示义务。

【裁判要旨】

宁波海事法院认为：本案系国际海上货物运输合同滞箱费用纠纷，各方当事人均根据我国法律阐释自己的主张和理由，故本案应适用中国海商法及相关法律。涉案提单载明的托运人为旌凯公司，中海集运与旌凯公司之间的海上货物运输合同关系依法成立，应确认有效。UCO银行虽系涉案提单提货人栏中载明的记名指示人，但该身份取得源于承运人及托运人对其第三人义务的设定，并不能改变其金融服务者地位。现有证据显示的收货人拒绝付款赎单及其向新加坡高等法院申请禁令等事实表明，收货人主观上拒绝提货系目的港无人提货并产生相关损失的根本原因，故中海集运是否对收货人尽通知义务及UCO银行是否就谁是收货人作出指示，均与本案损失无直接因果关系。富沃德公司实际代理旌凯公司就涉案滞箱费等问题与中海集运进行交涉，表明中海集运已就目的港无人提货情况及时向托运人旌凯公司履行了告知义务。旌凯公司作为涉案国际海上集装箱货物运输合同的托运人及用箱人,应当对其所指定收货人的真实存在及在卸货港提取货物等事项向承运人承担默示担保义务,该运输合同项下的义务与其是否收回贸易合同项下的货款及货物所有权是否转移无关。其完成交付货物的托运义务本身亦不能对抗或取代其作为集装箱使用人使用集装箱后应承担的还箱义务,其应当预见未能还箱将导致的法律后果并承担相应的法律责任。中海集运要求旌凯公司承担违约责任的主张合法有理,予以支持。

浙江省高级人民法院认为:本案系涉外国际海上货物运输合同滞箱费用纠纷案件,各方当事人均选择中华人民共和国法律作为本案适用的法律。中海集运接受旌凯公司委托将涉案货物运抵目的港后,一直无人提货,在经与旌凯公司代理进行交涉仍无人提货的情况下,采取适当减损措施将货物处理完毕,尽到承运人的谨慎义务。旌凯公司知道货物在目的港长期滞留无人提货导致滞箱费等费用产生,且未采取任何措施,依法应承担赔偿上述费用的责任。UCO 银行在本案中仅作为提单中的记名指示人,对中海集运的损失不负赔偿责任。

三、裁判规则提要

默示义务[①]指依据合同性质和交易习惯所确定的义务,包括:依据合同性质和目的,必须由合同当事人所承担的义务;依据交易习惯所产生的默示义务。默示的内容是合同中没有明确约定的,因此需要依照前述的方式来进行确定。但在确定默示义务的过程中,往往综合订约情况、合同目的、交易习惯、法律的规定等,依据诚实信用原则,进行审慎的认定,而非依据单纯的某一项事实就作出判断。因此,诚实信用原则的运用,是关键的环节。

诚实信用原则,是指在订立、履行合同以及合同终止后的过程中,当事人都要讲诚实、守信用,以善意的方式履行合同,相互之间要密切协作。《民法典》第 7 条规定了该原则。诚实信用原则,既是合同当事人在订立合同、履行合同时应当遵循的行为准则,也是在合同没有约定或者约定不明确以及法律没有具体规定的情况下处理当事人之间争议、平衡当事人之间利益冲突的重要原则。

海上货物运输合同是指承运人收取运费,负责将托运人托运的货物经海路由一港运至另一港的合同。该类合同目的是实现货物从一海港至另一海港的位移。

---

① 王利明、房绍坤、王轶等:《合同法》(第 4 版),中国人民大学出版社 2013 年版,第 151 页。

为实现这一位移，除了承运人需要承担相关的义务外，货物适合安全运输，货物到港后顺利完成交接，以及承运人在货物到港后的责任期间内为托运人利益管理货物等，都是需要托运人予以配合以达成合同目的的事项。因此依照前述默示义务定义，结合诚实信用原则，以及前述案例中生效裁判的认定，可知海上货物运输合同托运人的默示义务包含有：(1)托运的货物适合安全运输；(2)确保目的港必须有人及时提货；(3)支付承运人为托运人的利益代垫的款项；(4)依照交易习惯所产生的义务（如有交易习惯）。但该默示义务的范围不限于前述四种，在司法实践中，依照海上货物运输合同性质和目的，结合诚实信用原则判断，可以推断出的托运人负有其他非合同明确约定和法律明确规定的义务，也是默示义务。结合前述案例，对几种具体的默示义务分述如下：

(一)货物适合安全运输的默示义务

货物不适合安全运输的出现，通常有两种情形，一种情形是托运人故意不进行正确的货物申报。如航运实务中，有的托运人为了逃避监管或者为了减少成本，对于法律法规规定的危险品，往往故意申报为非监管的普通货物进行运输。在集装箱运输方式下，承运人及其代理人经常难以发现。例如，锂电池是根据容量的大小来界定是不是危险品的情况下，就发生了货主故意申报为非危险品的现象，并导致运输途中船舶发生起火、爆炸等事故。另一种情形是托运人非故意不申报货物性质，但货物实际上存在运输隐患，不适合安全运输。不管是哪种情形，都是违反了托运人的货物适合安全运输的默示义务。托运人违反该义务导致的承运人损失，应承担相应的赔偿责任。例案一就是一个典型的托运人违背货物适合安全运输默示义务的事例。该案中，虽然托运人可能也不知道货物不适合安全运输，但不影响托运人承担该默示义务，对于所托运的不安全货物导致的承运人损失，托运人应予以赔偿。

(二) 收货人及时提取货物等事项的默示义务

海上货物运输合同的收货人系托运人在合同中指定，是运输合同最终及时履行完毕的重要环节，因此为保证运输合同的正常履行，实现合同目的，托运人应承担该收货人真实存在并在目的港及时提取货物的默示义务。该默示义务，从《合同法》第 65 条①的规定中，也可以得到印证。即根据“当事人约定由第三人向债权人

---

① 参见《民法典》第523条。

履行债务的，第三人不履行债务或者履行债务不符合约定，债务人应当向债权人承担违约责任”的法条，也可以印证托运人承担该默示义务。在例案二中，运输合同约定的收货人未向承运人提货，此时应认定托运人违反了默示义务，应承担收货人未提货导致的相应损失的赔偿责任。

（三）承担无人提货所产生费用的默示义务

货物运抵目的港，超过一定期限无人提货后，会产生堆存费、集装箱超期使用费，甚至回运费用、货物无害化处理的费用等，此时费用如何承担，承运人和托运人经常产生争议。在例案三中，运输合同指定的收货人因各种原因不提货，货物长期滞留目的港，产生了大量费用，承运人为该无人提取的货物进行了谨慎处理，因此产生了相应费用。由于运输合同系托运人签订的，运输的货物系托运人交付的，因此应视托运人为货物的权利人，承运人协助托运人管理该货物所支出的费用，应依法被认定系为托运人的利益而支出的费用。也就是说，不管是从前述托运人对收货人及时提货的默示义务来推断，还是从承运人为货主的利益行事，货主作为受益之人应承担费用补偿义务的角度看，托运人对于无人提货导致的货物迟延提货、货物处理所产生的费用应承担支付责任的默示义务，承运人有权就该费用向托运人提出索赔。

四、辅助信息

高频词条：

《民法典》

第 7 条 民事主体从事民事活动，应当遵循诚信原则，秉持诚实，恪守承诺。

第 523 条 当事人约定由第三人向债权人履行债务，第三人不履行债务或者履行债务不符合约定的，债务人应当向债权人承担违约责任。

《海商法》

第 41 条 海上货物运输合同，是指承运人收取运费，负责将托运人托运的货物经海路由一港运至另一港的合同。

第 42 条 本章下列用语的含义：

……

（三）“托运人”是指：

1. 本人或者委托他人以本人名义或者委托他人为本人与承运人订立海上货物

运输合同的人；

2. 本人或者委托他人以本人名义或者委托他人为本人将货物交给与海上货物运输合同有关的承运人的人。

……

海上货物运输合同纠纷案件裁判规则第 15 条：
因目的港无人提货而产生的费用，承运人有权向契约托运人主张

〔**规则描述**〕：发生目的港无人提货，因无人提取货物而产生的费用和风险原则上由契约托运人承担。收货人受让提单后又拒绝换单提货，导致承运人交货不能的结果应归为无人提货。承运人有权就目的港无人提货所造成的集装箱超期使用费等损失，向契约托运人主张违约赔偿。

一、类案检索大数据报告

时间：2019 年 12 月 12 日之前，案例来源：Alpha 案例库，数据采集时间：2019 年 12 月 12 日。本次检索以引用法条为“《海商法》第 70 条、第 86 条，《合同法》第 65 条”、法院认为中包含“目的港”、“托运人”和“无人提货”为检索条件，共获取了 78 篇裁判文书，剔除无关、重复的文书 16 篇，剩余的 62 篇裁判文书中：

(1)认为因目的港无人提货产生的费用可以由托运人承担的文书为 61 篇；

(2)认为因目的港无人提货产生的费用只能由收货人承担的文书为 1 篇。

整体情况如下：

如图 15 - 1 所示，认同本项裁判规则的文书占 98.4%，不认同的文书占 1.6%。

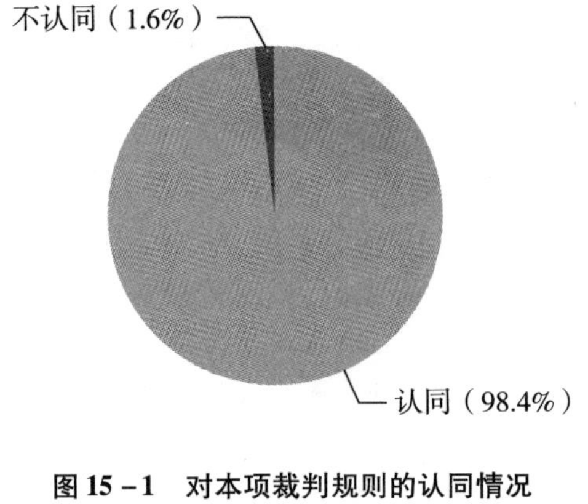

图 15 - 1　对本项裁判规则的认同情况

从图 15－2 所示的年份分布情况可以看出当前条件下案例数量的变化趋势。

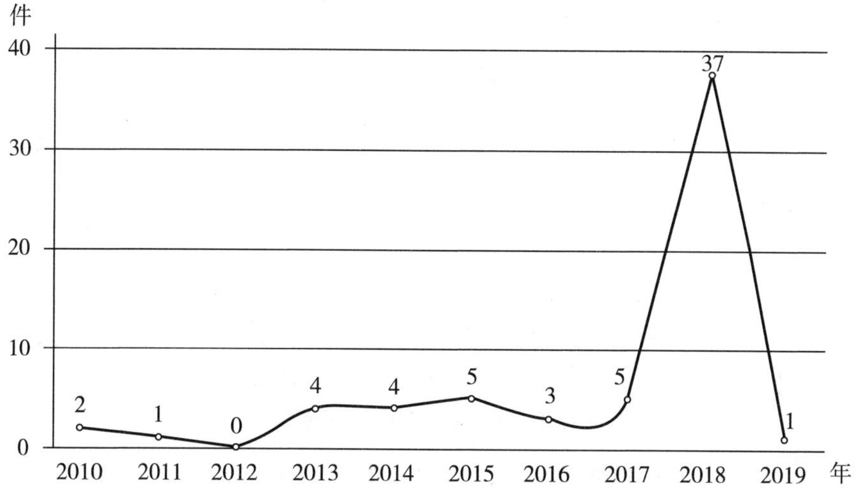

图 15－2　案件年份分布情况

从图 15－3 所示的地域分布情况来看，当前案例主要集中在天津市、上海市、浙江省等，分别占比 54.84%、22.58%、9.7%，其中天津市的案件量最多，达到 34 件。

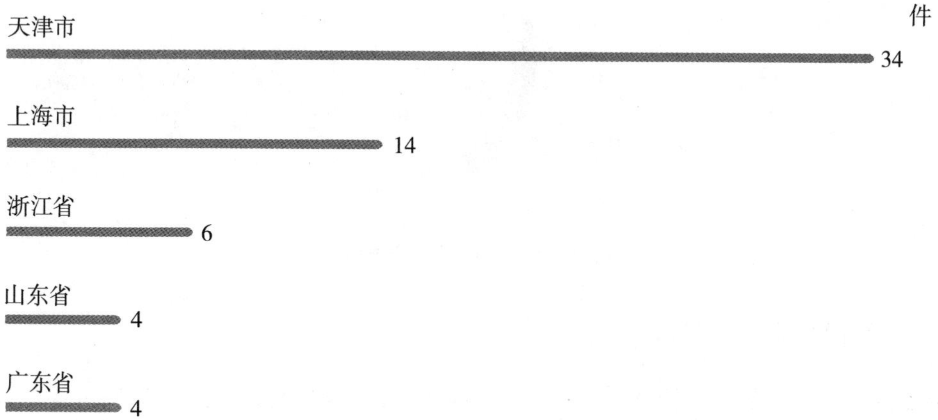

图 15－3　案件主要地域分布情况

从图 15 – 4 所示的案由分类情况可以看出,当前的案由分布由多至少分别是合同、无因管理、不当得利纠纷,海事海商纠纷和适用特殊程序案件案由。

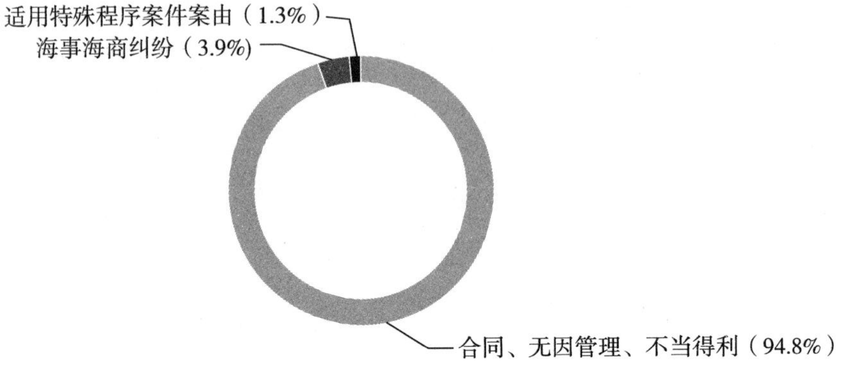

图 15 – 4　案件案由分类情况

从图 15 – 5 所示的行业分类情况可以看出,当前的行业分布主要集中在交通运输、仓储和邮政业,制造业,批发和零售业,居民服务、修理和其他服务业同,建筑业,其他行业。

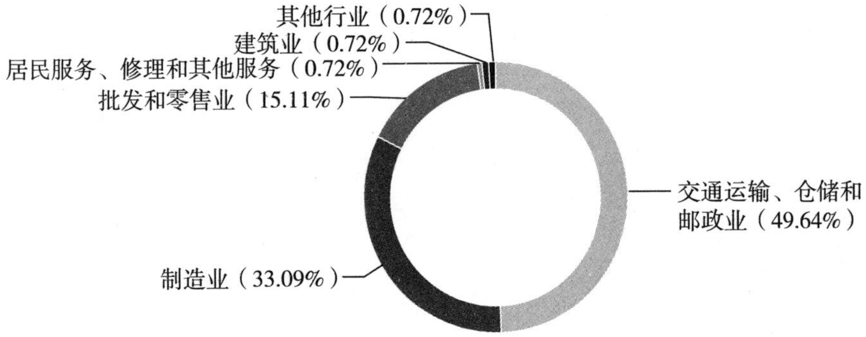

图 15 – 5　案件行业分类情况

二、可供参考的例案

例案一　新鑫海航运有限公司与天津银龙集团科贸有限公司海上货物运输合同纠纷案

【法院】

天津市高级人民法院

【案号】

(2017)津民终 76 号

【当事人】

上诉人(一审原告):新鑫海航运有限公司

被上诉人(一审被告):天津银龙集团科贸有限公司

【基本案情】

2012 年 10 月，天津银龙集团科贸有限公司(以下简称银龙公司)委托其货运代理人通过北京中远国际货运有限公司向新鑫海公司订舱出运一批货物(电缆)，新鑫海航运有限公司(以下简称新鑫海公司)于 2012 年 10 月 28 日签发了 CO-AU7030006800 号记名提单，记载托运人为银龙公司，收货人为国际优选电缆有限公司(PT WIRE&WIRE PRIMA INTERNATIONAL，以下简称优选电缆公司)，船名航次为 HANJIN AFRICA 0002W，货物装载于 4 个 20 尺集装箱内，集装箱编号为 CBHU5673140、CBHU4223278、CBHU5798209、CBHU5718163，装货港为中华人民共和国天津新港，卸货港为印度尼西亚共和国泗水港，运输方式为整箱交接、堆场到堆场，运费预付。涉案货物于同日起运，经转船于 2012 年 11 月 14 日抵达目的港并卸货。因收货人未履行缴纳税款的义务，且涉案货物根据印度尼西亚共和国的法律规定在目的港临时堆放处已超过 30 日，依据该国法律货物转由该国政府控制。鉴于上述原因，涉案货物在目的港至今未被受领，导致滞箱费持续产生。在此期间，涉案货物并未被从集装箱中取出。另新鑫海公司在互联网上公布了集装箱滞箱费计算标准:集装箱到达目的港后的第 1 日至第 10 日内可免费使用，第 11 日至第 17 日期间滞箱费为每日 20 美元，第 18 日以后为每日 40 美元。新鑫海公司起诉请求判令银龙公司赔偿新鑫海公司滞箱费 58,400 美元等。天津海事法院经审理作出(2015)津海法商初字第 789 号一审民事判决，认定银龙公司应当对目的港已经发生的滞箱费向新鑫海公司承担赔偿责任，但新鑫海公司的诉请已超过一年的诉讼时效，丧失了胜诉权，故驳回新鑫海公司的诉讼请求。新鑫海公司不服上诉。

【案件争点】

优选电缆公司作为提单记名收货人未提取货物，托运人银龙公司是否应承担相应责任。

【裁判要旨】

天津市高级人民法院认为:新鑫海公司为涉案货物的承运人，银龙公司为提单记载的托运人,新鑫海公司与银龙公司之间成立海上货物运输合同关系,双方当事人均应当按照合同约定和法律规定行使权利和履行义务。新鑫海公司提供集装箱装载货物并将涉案货物安全运抵目的港,已经履行了承运人的义务。优选电缆公司作为提单记名收货人,负有及时提取货物并向承运人返还集装箱的义务。但货物到港后,因收货人未缴纳税款,同时涉案货物在目的港临时堆放处已超过30日,依据印尼法律转由该国政府控制。收货人未提取货物,导致涉案集装箱被长期占用而无法投入正常周转,所产生的法律后果应由银龙公司承担,因此,新鑫海公司根据海上货物运输合同关系就迟延履行归还集装箱的义务所造成的违约损失向托运人银龙公司提出滞箱费的赔偿请求,具有事实和法律依据。但是,货物在目的港无人提取,涉案集装箱在免费使用期限届满后没有及时归还承运人新鑫海公司,从11月24日开始新鑫海公司请求给付滞箱费的权利已经产生,即新鑫海公司从2012年11月24日起就知道或者应当知道其权利被侵害,故本案时效应当从该日起算,新鑫海公司于2015年10月22日提起诉讼已经超过一年的诉讼时效。一审法院对其该项诉请未予支持,并无不当。

例案二　泛太集运有限公司与青岛诺克来工贸有限公司、乐克来发展有限公司海上货物运输合同纠纷案

【法院】

山东省高级人民法院

【案号】

(2015)鲁民四终字第146号

【当事人】

上诉人(一审原告):泛太集运有限公司

被上诉人(一审被告):青岛诺克来工贸有限公司

被上诉人(一审被告):乐克来发展有限公司

【基本案情】

2012年1月26日,青岛诺克来工贸有限公司(以下简称诺克来公司)代乐克来发展有限公司(以下简称乐克来公司)向德迅(货运)中国有限公司青岛分公司(以下简称青岛德迅公司)租船订舱,青岛德迅公司接受委托后,向诺克来公司传真了一份提单格式,载明:提单号为4352－0304－201.029,乐克来公司为托运人,

VIBERTI S. R. L. 为收货人，出运港为青岛港，目的港为意大利热那亚，两个20尺集装箱，货物名称为镜子，箱号为FCIU4598605、FCIU4598483，运费预付，提单抬头为BLUE ANCHOR LINE，右下角载明承运人为BLUE ANCHOR LINE，日期为2012年1月26日。BLUE ANCHOR LINE系泛太集运有限公司（以下简称泛太公司）在交通部登记备案的提单格式中的承运人名称，德迅（中国）货运代理有限公司与泛太公司之间签订了代为签发提单的协议。为完成涉案货物的运输事宜，青岛德迅公司向达飞公司租船订舱，达飞公司向其出具了海运单，载明托运人为青岛德迅公司，收货人为德迅SRL。2012年2月28日，涉案货物抵达目的港意大利热那亚，之后收货人VIBERTI S. R. L. 未及时提取货物。青岛德迅公司与诺克来公司就货物交付事宜进行了联系，诺克来公司代乐克来公司要求将货物电放给收货人VIBERTI S. R. L. 。之后，青岛德迅公司与收货人VIBERTIS. R. L. 就交付货物事宜进行联系。2013年3月19日，VIBERTI S. R. L. 发邮件给青岛德迅公司，询问货物产生的费用。同日，青岛德迅公司进行了回复。3月29日，VIBERTI S. R. L. 发邮件给青岛德迅公司，确认提取货物。4月4日，青岛德迅公司询问VIBERTI S. R. L. 何时付费。4月11日，VIBERTI S. R. L. 回复可以预付10,000欧元，请求青岛德迅公司为其保留货物，会尽快转账付款。2013年7月3日，VIBERTI S. R. L. 在邮件中表示遗弃该票货物，后申请青岛德迅公司根据程序对其进行销售。2013年5月29日，德迅SRL向达飞公司发出弃货函。诺克来公司表示要求青岛德迅公司及时拍卖货物收回货款，但是货物一直未予拍卖。关于涉案货物的目的港处理情况，泛太公司称最终达飞公司将货物进行了处理，但什么时间处理的、处理后货物的残值为多少均不清楚。

【案件争点】

托运人乐克来公司是否应承担目的港无人提取货物产生的集装箱超期费用。

【裁判要旨】

青岛海事法院认为：本案中双方约定泛太公司将乐克来公司的货物从青岛港运至意大利热那亚港交付给收货人VIBERTI S. R. L. ，收货人VIBERTI S. R. L. 系乐克来公司指定的，记载于证明合同内容的提单之上，货物到达目的港后收货人拒绝受领到港货物，拒不履行协助义务致使承运人泛太公司无法完成运输合同下的交付义务以实现运输合同的目的，因此目的港无人提取货物是运输合同下当事人的一种违约行为，乐克来公司作为托运人应当向作为承运人的泛太公司承担违约责任。乐克来公司关于泛太公司应当向收货人主张费用的主张不予支持。

山东省高级人民法院认为:泛太公司为涉案货物的无船承运人,达飞公司为实际承运人,泛太公司主张其向达飞公司交纳的集装箱超期使用费13,130欧元应由托运人承担。泛太公司没有证据证明其向托运人签发了正本提单,仅是向诺克来公司传真了一份提单格式,没有证据证明双方就集装箱超期使用费达成了合意。无论泛太公司是否与达飞公司就集装箱超期使用的收费标准达成一致,其双方的约定不能直接适用于泛太公司与诺克来公司或乐克来公司。目的港无人提取货物时,泛太公司应能够预见到集装箱使用人无法正常归还集装箱,其应当及时采取措施减少损失,另行购置或租用其他集装箱投入运营,因此,一审以购置新的同类型的集装箱的价值认定泛太公司的损失,并无不当。泛太公司以其向达飞公司交费的数额主张集装箱超期使用费损失的上诉理由不能成立,本院不予支持。

例案三 上海和明航运服务有限公司厦门分公司与中天(中国)工业有限公司海上货物运输合同纠纷案

【法院】

厦门海事法院

【案号】

(2014)厦海法商初字第317号

【当事人】

原告:上海和明航运服务有限公司厦门分公司

被告:中天(中国)工业有限公司

【基本案情】

2013年6月,被告中天(中国)工业有限公司(以下简称中天工业公司)委托原告上海和明航运服务有限公司厦门分公司(以下简称和明航运厦门公司)从厦门出口9个集装箱的货物至爱尔兰都柏林。2013年6月17日及24日,原告和明航运厦门公司向被告中天工业公司分别签发并交付了编号为XM13060027和XM13060063的提单,共承运9个集装箱12,350箱婴儿纸尿裤,托运人为被告中天工业公司,收货人为MG MSC,目的港爱尔兰都柏林,承运人责任期间CY/CY,运费到付。同时,原告和明航运厦门公司委托韩进海运株式会社办理实际运输,韩进海运株式会社为此签发了海运单。两票货物分别于2013年7月23日、26日抵达目的港爱尔兰,后无人提取,亦未办理清关。10月24日、12月9日,原告和明航运厦门公司两次向被告中天工业公司发送律师函，要求被告中天工业公司及时处理货物并支付相关费用。被告中天工业公司发表声明函称其非案涉货物托运人，目的港相关费用与其无关等。2014年1月23日，上述货物被搞出集装箱，堆放于仓库至今。截至2014年2月24日，原告和明航运厦门公司的目的港代理人Shipping & Transport(Cork)Ltd.（以下简称ST公司）因案涉货物支付了海运费10,059.83欧元、安保费、报关费、代理费等263.85欧元、集装箱超期使用费1万欧元、搬运费3321欧元、搞箱费5535欧元及仓储费4231.2欧元，共计33,410.7欧元。原告和明航运厦门公司向ST公司支付了上述费用的50%即16,705.35欧元，ST公司将向有关方索赔的权利转让给原告。和明航运厦门公司起诉请求法院判令中天工业公司承担目的港无人提货造成的经济损失33,410欧元。被告抗辩：(1)作为FOB贸易条款的卖方，对到付运费及卸货港发生的与货物有关的费用不承担任何责任；(2)依据《海商法》第86条的规定，在卸货港无人提取货物或者收货人迟延、拒绝提取货物的，船长可以将货物卸在仓库或者其他适当场所，由此产生的费用和风险应由收货人承担。

【案件争点】

目的港因无人提货产生集装箱超期费等的责任主体。

【裁判要旨】

厦门海事法院认为：原告和明航运厦门公司作为和明公司的分公司，使用和明公司备案的提单格式，以承运人身份签发了提单，应认为原告为案涉海上货物运输合同的一方主体。被告作为提单上记载的托运人，不能证明其受买方委托与原告签订海上货物运输合同，应认定其系运输合同的另一方主体。被告与买方的贸易合同仅能约束合同双方，对第三方即本案原告没有约束力。《合同法》第65条①规定，当事人约定由第三人向债权人履行债务，第三人不履行债务或者履行债务不符合约定，债务人应当向债权人承担违约责任。被告作为海上货物运输合同的一方，对因该合同产生的义务应承担责任。《海商法》第86条虽规定在卸货港无人提取货物或者收货人迟延、拒绝提取货物的，船长可以将货物卸在仓库或者其他适当场所，由此产生的费用和风险由收货人承担。但如前所述，在原告无法或不愿向运输合同的第三方即收货人索赔时，被告作为运输合同的相对方，应对原告因该合同造成的损失承担赔偿责任。《海商法》第87条规定承运人可以通过留置货物来索赔

① 参见《民法典》第523条。

其为货物垫付的必要费用,但留置货物只是承运人主张债权的方式之一,承运人不留置货物的,并不影响其主张债权。

三、裁判规则提要

根据《海商法》第42条的规定,提货是收货人的一项权利。但是,这是针对收货人向承运人换取提货单之前而言的。如果收货人换取了提货单,即其已经行使了提货权利,则其便对承运人具有按时提货的义务。

本条裁判规则解决的是目的港无人提货而产生的集装箱超期使用费等责任的承担主体问题,不适用于收货人已经换取提货单的情形。因为,目的港无人提货指的是承运人联系不到收货人,或者收货人拒绝换单提货。如果是收货人换单后又拒绝提货或者延迟提货,此情形则不属于无人提货,而应属于其行使提货权利后对承运人产生的一种违约行为。

承运人提供集装箱装载货物并将货物安全运抵目的港,履行了承运人的义务。通常情况下,托运人指定的收货人本应及时提取货物并向承运人返还集装箱,但因与托运人产生买卖合同纠纷后,收货人便拒绝受让提单,或受让提单后又拒绝换单提货,导致承运人无法完成运输合同下的交付义务,以及集装箱被长期占用而无法投入正常周转。而此时,提单所证明的海上货物运输合同下的当事方仍应是承运人和托运人,托运人具有默示保证收货人在目的港按时提货的义务。根据合同相对性原则,因目的港无人提货下产生的违约责任理应由托运人来承担。这符合《合同法》第65条关于"当事人约定由第三人向债权人履行债务,第三人不履行债务或者履行债务不符合约定,债务人应当向债权人承担违约责任"及《海商法》第70条第1款关于"托运人对承运人、实际承运人由于托运人或托运人的受雇人、代理人的过失而遭受的损失承担赔偿责任"的规定。在例案一中,提单属于记名提单,即托运人约定了具体的收货人向承运人履行提货义务。因收货人最终未提取货物,导致集装箱被长期占用,法院认定收货人没有履行提货义务所产生的法律后果应由托运人银龙公司承担,不仅于法有据,也符合法理。综上所述,承运人有权就目的港无人提货所造成的集装箱超期使用费等损失,向契约(订约)托运人主张违约赔偿。

值得注意的是:

1. 收货人受让提单后又拒绝换单提货,导致承运人交货不能的结果应归为无人提货。

虽然根据《海商法》第 78 条、第 86 条的规定,特定条件下承运人可以向收货人主张承担无人提货的责任,[①]但该规定也并不禁止承运人在无法或不愿向收货人索赔时,可以选择向运输合同的相对方即托运人主张权利。即在此情形下,无人提货的责任主体不应仅限于收货人。因为受让提单的收货人拒绝提货,在尚无证据证明其与承运人已经直接建立交接货物的权利义务关系下,表明的仅仅是其放弃提货权利,故托运人依法承担目的港无人提货的责任不应被排除。综上所述,在此情形下应允许承运人享有向收货人或托运人追究目的港无人提货责任的选择权。

2. 承运人应向与其订约的契约托运人主张集装箱超期使用费赔偿。

由于无船承运人、货运代理人在航运实践中大量存在,运输合同常常存在连环订立的情况,而遭受集装箱超期使用损失的通常又是实际承运人,故根据合同相对性原则,相关的承运人只能向订约托运人主张权利。

3. 是否行使留置权对承运人主张债权不生影响。

《海商法》第 87 条规定承运人可以通过留置货物来索赔其为货物垫付的必要费用,但留置货物只是承运人主张债权的方式之一,承运人不留置货物的,并不影响其主张债权。因此,在例案三中,法院支持了承运人享有向收货人或托运人追究卸货港无人提货责任的选择权,对托运人所谓承运人应向收货人主张卸货港无人提货责任赔偿的抗辩,不予以支持。

四、辅助信息

高频词条:

《海商法》

第 70 条 托运人对承运人、实际承运人所遭受的损失或者船舶所遭受的损坏,不负赔偿责任;但是,此种损失或者损坏是由于托运人或者托运人的受雇人、代理人的过失造成的除外。

托运人的受雇人、代理人对承运人、实际承运人所遭受的损失或者船舶所遭受的损坏,不负赔偿责任;但是,这种损失或者损坏是由于托运人的受雇人、代理人的过失造成的除外。

第 78 条第 1 款 承运人同收货人、提单持有人之间的权利、义务关系,依据提

---

① 若受让提单的人并没有向承运人主张过权利,则视为没有“进入”货物运输合同法律关系,不能仅仅因为受让提单本身而承担运输环节的义务或责任。

单的规定确定。

第86条 在卸货港无人提取货物或者收货人迟延、拒绝提取货物的，船长可以将货物卸在仓库或者其他适当场所，由此产生的费用和风险由收货人承担。

《民法典》

第523条 当事人约定由第三人向债权人履行债务，第三人不履行债务或者履行债务不符合约定的，债务人应当向债权人承担违约责任。

海上货物运输合同纠纷案件裁判规则第 16 条：

实际承运人只需根据与合同相对人的约定交付货物

〔**规则描述**〕：实际承运人没有义务凭契约承运人签发的提单交付货物。实际承运人交付货物的义务限于其与合同相对方的约定，判令实际承运人承担无单放货责任的前提应是其违背合同约定。

一、类案检索大数据报告

时间：2019 年 11 月 14 日之前，案例来源：Alpha 案例库，数据采集时间：2019 年 11 月 26 日。本次检索以"无单放货、实际承运人、连带"为全文检索条件，共获取了 138 篇判决书，剔除无关的文书 113 篇，共获 25 篇裁判文书。其中：

（1）认为实际承运人根据承运人的指示放货，是其履行提单所证明的运输合同项下合同义务的行为，并无过错，无须向托运人承担连带赔偿责任的有 23 篇；

（2）认为实际承运人未正当履行提单所证明的运输合同项下合同义务，存在过错，实际损害了托运人的权利，应承担连带赔偿责任 2 篇。

整体情况如下：

如图 16－1 所示，认为无须向托运人承担连带赔偿责任的占 92%，认为应承担连带责任的占 8%。

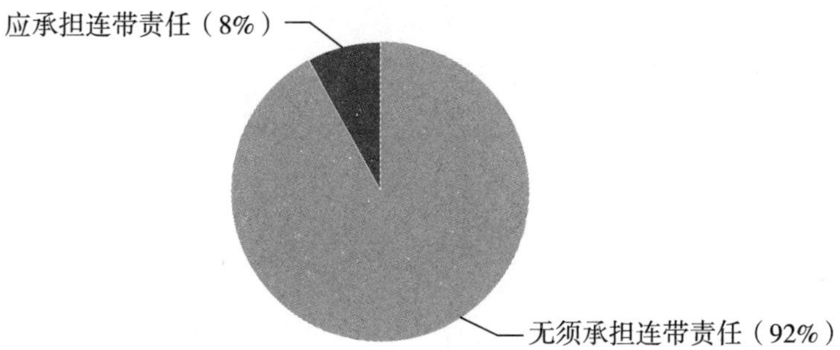

图 16－1 实际承运人承担连带责任案例分布

从图 16－2 所示的年份分布情况可以看出当前条件下案例数量的变化趋势。

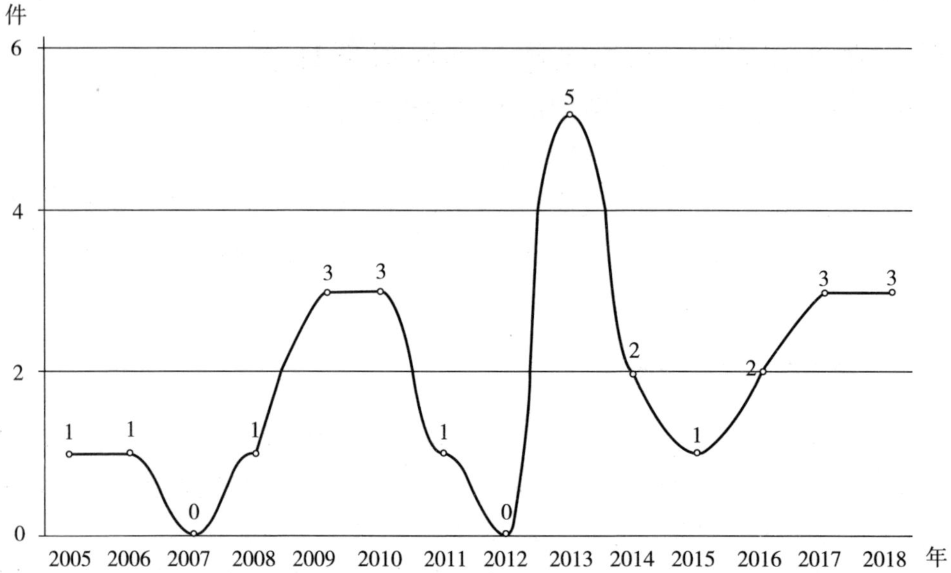

图 16－2　案件年份分布情况

从图 16－3 所示的地域分布情况来看，当前案例主要集中在上海市、广东省、天津市等，分别占比 42.30%、19.23%、15.38%，其中上海市的案件量最多，达到 11 件。

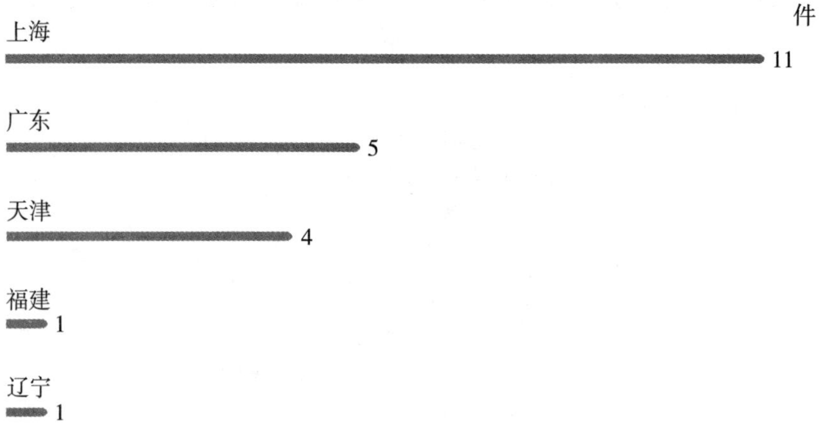

图 16－3　案件主要地域分布情况

从图16－4所示的案由分类情况可以看出，当前的案由分布由多至少分别是合同、无因管理、不当得利纠纷，海事海商纠纷。

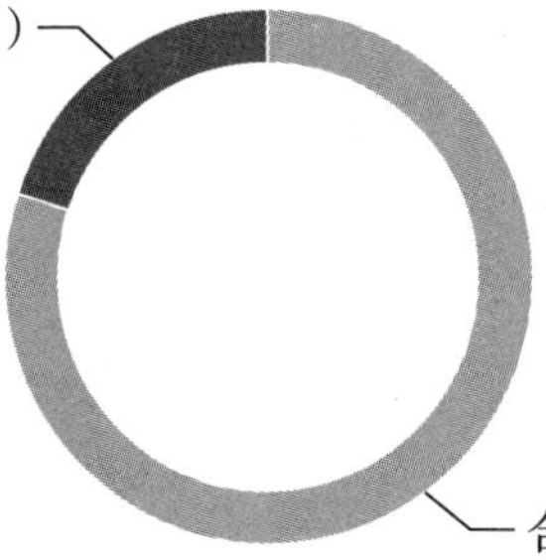

图16－4　案年案由分类情况

二、可供参考的例案

例案一　宁德市夏威水产养殖有限公司与福州沃克斯物流有限公司、长荣海运股份有限公司海上货物运输合同无单放货纠纷案

【法院】

厦门海事法院

【案号】

（2007）厦海法商初字第390号

【当事人】

原告：宁德市夏威水产养殖有限公司

被告：福州沃克斯物流有限公司

被告：长荣海运股份有限公司

【基本案情】

2006年11月，宁德市夏威水产养殖有限公司（以下简称夏威水产公司）出口一批货物到美国。货物装船后，福州沃克斯物流有限公司（以下简称沃克斯公司）向夏威水产公司签发了编号为WFZ06110050的正本提单，提单载明：托运人为夏威水产公司，收货人为富临门水产公司（以下简称富临门公司），装港福州，卸港和交货地均为美国洛杉矶，交货代理人为泛太平洋物流公司，货物为1个40呎冻柜的1650箱冻切蟹，2006年11月7日装船，运费预付。

沃克斯公司实际又将上述货物向长荣海运股份有限公司(以下简称长荣公司)托运。在长荣公司出具的托运单上,记载托运人为夏威水产公司代表沃克斯公司,收货人为泛太平洋物流公司。长荣公司接受了托运,并就长荣公司提单文稿的内容与沃克斯公司核对,后者予以确认并要求电放货物。根据双方的确认,长荣公司提单文稿上托运人记载为沃克斯公司,收货人泛太平洋物流公司。另对货物的交付,沃克斯公司向长荣公司出具《电放保函》,称“为争取时效,我公司将此票货物的正本提单(全套)交还贵公司,并请贵公司准予电放方式处理”,货物提货人为泛太平洋物流公司。长荣公司根据沃克斯公司的上述《电放保函》指示将货物放给泛太平洋物流公司。泛太平洋物流公司又凭富临门公司出具的放货保函将货放给了富临门公司。

夏威水产公司持有沃克斯公司签发的全套正本提单却丧失对货物的控制,且未能收到货款,因此以沃克斯公司与长荣公司为共同被告提起诉讼。其中,要求长荣公司承担责任的依据是:长荣公司作为实际承运人,应当凭承运人签发的正本提单向提单持有人交付货物;其明知无单放货违法却在取得保函后放货,并且是将货物直接放给收货人而非沃克斯公司指定的目的港代理,明显存在过错,应承担责任。长荣公司抗辩,其仅与沃克斯公司有合同关系,应按托运人沃克斯公司的指示交货,与夏威水产公司之间没有合同关系,没有向夏威水产公司承担凭提单交货的义务。因此长荣公司按沃克斯公司的指示放货给泛太平洋物流公司并无不当。至于泛太平洋物流公司再凭保函放货,长荣公司没有参与该行为,对此不应承担责任。

【案件争点】

长荣公司是否应向夏威水产公司承担凭提单交货的义务。

【裁判要旨】

厦门海事法院认为:被告长荣公司从事了货物运输(包括货物交付),为货物的实际承运人。《海商法》第61条规定“本章对承运人责任的规定,适用于实际承运人”,但是实际承运人只能在所承担的货物运输任务的范围内负担责任。本案中,长荣公司接受沃克斯公司的委托从事货物运输,对运输完成后的货物交付环节,从长荣公司提单文稿上收货人的记载、沃克斯公司的电放货物要求以及随后《电放保函》的内容中可见,长荣公司的任务在于将货物交给泛太平洋物流公司,对夏威水产公司并不负有凭WFZ06110050号提单放货的义务。另外,沃克斯公司与长荣公司间关于电放货物给泛太平洋物流公司的约定是在货物运输伊始即已达成,作为沃克斯公司为在目的港履行对外交货义务所作的安排。联系夏威水产公司提单上交货代理人为泛太平洋物流公司的规定，这一安排并不违反法律规定和与夏威水产公司的WFZ06110050号提单抵触。而根据前述查明的事实，货物在目的港是经由泛太平洋物流公司放给富临门公司。夏威水产公司并不能证明长荣公司在其中有共谋参与和存在过错。故综合以上内容，其请求长荣公司承担责任缺乏依据。

例案二 中国建设银行股份有限公司上海杨浦支行、泰苏米公司、三翔海运株式会社、优胜油轮公司海上货物运输合同无单放货纠纷案

【法院】

上海市高级人民法院

【案号】

(2018)沪民终63号

【当事人】

上诉人(一审原告)：中国建设银行股份有限公司上海杨浦支行

上诉人(一审被告)：泰苏米公司

被上诉人(一审被告)：三翔海运株式会社

被上诉人(一审被告)：优胜油轮公司

被上诉人(一审被告)：南龙化学有限公司

被上诉人(一审被告)：珠海中外运船务代理有限公司

被上诉人(一审被告)：上海中泽国际贸易有限公司

【基本案情】

上海中泽国际贸易有限公司(以下简称中泽公司)向协力公司购买对位二甲苯5000吨(+/-5%)，每吨860美元，交易方式为CFR珠海，从马来西亚任一港口装船，见票后90天凭不可撤销信用证付款。中国建设银行股份有限公司上海杨浦支行(以下简称杨浦支行)向中泽公司开立承付期限90天(含)以内的远期信用证，双方约定若中泽公司违约或发生合同约定的可能危及杨浦支行债权的情形，后者有权处分信用证项下单据及(或)货物，有权行使担保权利。

优胜公司于2010年2月向原所有人南龙化学有限公司(以下简称南龙公司)购买取得“南方独角兽”轮，该轮受益所有人和船舶管理人为三翔海运株式会社(以下简称三翔公司)。优胜油轮公司(以下简称优胜公司)将该船期租给泰苏米

公司,再由泰苏米公司就涉案运输程租给PC公司。2015年3月12日,“南方独角兽”轮船长代泰苏米公司签发了编号为SU2414XXXXX01的提单,提单记载:本次运输受出租人泰苏米公司与承租人PC公司之间的租船合同约束,收货人凭指示,通知人为中泽公司,起运港为马来西亚居茶,目的港为中国珠海,货物为5247.016吨对位二甲苯。2015年3月17日,PC公司向泰苏米公司签发保函,称因正本提单尚未到达,请求泰苏米公司在无正本提单情况下将涉案货物交付给中泽公司或任何泰苏米公司认为是或者代表中泽公司的当事方;PC公司保证赔偿,以免除泰苏米公司、泰苏米公司的受雇人和代理人因按PC公司请求放货而可能遭受的任何性质的责任。2015年3月18日,泰苏米公司通过目的港代理珠海中外运船务代理有限公司(以下简称中外运公司)通知“南方独角兽”轮船长无正本提单交付货物。现杨浦支行付款后持有全套正本提单却未能收回垫款,以泰苏米公司是涉案运输的承运人及提单签发人,中外运公司是泰苏米公司的代理人、明知无单放货却仍然实施,实际承运人南龙公司、三翔公司、优胜公司共同实施无单放货为由,诉至法院。

【案件争点】

优胜公司根据与泰苏米公司的定期租船合同凭指示放货是否存在过错。

【裁判要旨】

上海海事法院一审认为:优胜公司是船舶所有人,且根据其与泰苏米公司的定期租船合同,其实际负责涉案运输。杨浦支行依据《涉外商事纪要》第98条及《海商法》第63条要求优胜公司作为实际承运人与泰苏米公司承担连带责任。然而,优胜公司负责涉案运输是履行其与泰苏米公司之间定期租船合同的行为;其雇用的船长按照泰苏米公司的指示放货亦属于履行合同义务范畴,是有合同依据的正当行为。这与法律所要追究的实际承运人因自身过错造成货物损害或者承运人未有指示却无正本提单放货的责任情形不同。因此优胜公司无须承担无单放货责任。

上海市高级人民法院二审认为:优胜公司根据与泰苏米公司的定期租船合同凭指示放货,并不存在过错,其没有义务审查承运人泰苏米公司是否收回正本提单,故无须承担侵权赔偿责任。

例案三 | 鞍钢集团国际经济贸易公司与富春航业股份有限公司、胜惟航业股份有限公司海上运输合同无单放货纠纷案

【法院】

最高人民法院

【案号】

(2000)交提字第6号

【当事人】

再审申请人(一审被告、二审上诉人):富春航业股份有限公司

再审申请人(一审第三人、二审上诉人):胜惟航业股份有限公司

原审被上诉人(一审原告、二审被上诉人):鞍钢集团国际经济贸易公司

【基本案情】

1995年2月20日,鞍钢集团国际经济贸易公司(以下简称鞍钢公司)与香港千金一公司(以下简称千金一)签订了买卖合同,鞍钢公司供给千金一热轧卷板5000吨,每吨295美元,FOB价,信用证结算。同年6月30日,富春航业股份有限公司(以下简称富春公司)所属的"盛扬"轮(UNISON PRAISE)在大连港受载了上述合同项下的货物。同日,承运人莫帕提公司的代理大连外代签发了日期为1995年6月30日的一式三份正本提单交给了鞍钢公司。该提单载明:托运人为鞍钢公司,收货人根据雅加达BUMIDAYA私人银行SAID支行指示,装货港为大连,卸货港为雅加达,货物重量为5155.520吨。在"盛扬"轮在大连港装货的同时,莫帕提公司于1995年7月8日凭千金一出具的保函又签发了一份提单给千金一。该提单上的签发地为大连。千金一出具的保函抬头为:致"盛扬"轮船东/代理/承运人/船长。保函称:考虑到贵方在我方未出示第一套装港提单的情况下,签发给我方或按我方指示给有权拥有人等第二套提单……7月21日,"盛扬"轮抵雅加达港,货物卸船后,收货人向莫帕提公司出具了银行保函。"盛扬"轮船长按照莫帕提公司的指令、银行保函和签发给千金一的提单副本,将该批货物交给了收货人,并在事后收回了7月8日的正本提单。该提单经过银行流转,并经指示人的背书。鞍钢公司接到签发的已装船清洁提单即办理结汇。因信用证出现不符点,开证行将全套单证退回,鞍钢公司于8月20日收到退回的提单和发票,后以富春春公司无单放货为由诉至法院。1996年4月16日,富春公司将"盛扬"轮出售给胜惟航业股份有限公司。

【案件争点】

实际承运人富春公司是否应承担无单放货责任。

【裁判要旨】

大连海事法院一审认为:自承运人莫帕提公司签发提单并将货物交给富春公司所属的"盛扬"轮承运时起,富春公司便具有了法定的实际承运人的法律地位。提单依法是海上货物运输合同的证明,是所载货物的物权凭证,是承运人保证据以交付货物的单证。在托运人持有提单的情况下,承运人与提单持有人之间的权利义务关系,应依据提单的规定确定。根据法律规定,凭正本提单交付货物是承运人的法定责任,依据《海商法》第61条的规定,凭正本提单交付货物也是实际承运人的责任。在期租的情况下,《海商法》第136条虽赋予承租人就船舶的营运向船长发出指示的权利,但本案承运人以承租人的名义向船长发出的不凭正本提单放货的指示,不仅超出了承租人的合法权利,而且也违反了法律规范承运人、实际承运人凭正本提单交货的强制性义务。富春公司明知凭正本提单交货是自己的强制性义务,仍坚持无正本提单放货,是明知故意的违法行为,依法不能享有提单中关于免责和责任限制的权利,应承担鞍钢公司全部损失的民事赔偿责任。

富春公司不服一审判决,提起上诉。辽宁省高级人民法院二审认为:"盛扬"轮从承运本案提单项下货物时起,其船东富春公司便具备了实际承运人的地位。凭正本提单交付货物,不仅是承运人也是实际承运人的法定责任与义务。在无正本提单的情况下,将货物交给了提单上列明的通知方,应承担鞍钢公司全部损失的民事赔偿责任。富春公司所属"盛扬"轮应依法律规定和国际航运惯例约束自己的行为,其听从承运人指令无单放货,虽使其享有对指令人追偿经济损失的权利,但此并非其可予免责的法定条件。富春公司的上诉理由不能支持。

富春公司不服二审判决,向最高人民法院申请再审。最高人民法院再审认为:本案货物抵达目的港后,提货人向莫帕提公司出具银行担保,按照莫帕提公司的指令,凭银行担保和莫帕提公司签发给千金一的提单副本,船方将该货物交给了提货人,并在事后收回了莫帕提公司签发给千金一的提单正本。根据现有证据显示,装货港和卸货港的代理人均为承运人莫帕提公司委托,而根据期租船合同的约定,有关船舶营运的事宜,船方应听从租船人的指挥。故鞍钢公司主张富春公司参与无单放货的依据不充分。因此,原审认定船东富春公司对本案无单放货承担责任缺乏事实依据和法律依据,据此改判驳回鞍钢公司对富春公司的诉讼请求。

三、裁判规则提要

（一）实际承运人凭正本提单放货是指凭自己签发的正本提单放货

在无单放货纠纷的处理中，存在对实际承运人签发提单与否、与相对方如何约定等具体案情未加详查，只要托运人持有正本提单提起无单放货之诉，就判令实际承运人承担责任的做法，裁判理由大抵是实际承运人违反凭正本提单交付货物的法定义务。凭正本提单交付货物的法理依据在于民事主体须对自己的行为负责，凭正本提单交付货物的本义应为承运人凭自己签发的正本提单交付货物。因此，实际承运人没有义务凭契约承运人签发的提单放货，其交付货物的义务限于自己所签合同的约定，判令实际承运人承担无单放货责任的首要前提是其违背合同约定。

《海商法》第71条规定："提单，是指用以证明海上货物运输合同和货物已经由承运人接收或者装船，以及承运人保证据以交付货物的单证。提单中载明的向记名人交付货物，或者按照指示人的指示交付货物，或者向提单持有人交付货物的条款，构成承运人据以交付货物的保证。"从该条规定可知，之所以承运人要凭正本提单交付货物，是因为其通过签发提单的方式向提单持有人作出了保证凭提单交付货物的意思表示。通常，在提单正面，也有凭承运人签发的一份正本提单提取货物后，其余两份正本提单即告失效的条款。因此，凭正本提单交付货物的完整含义应是特定承运人负有凭自己签发的提单交付货物的保证责任。同时，《海商法》第78条规定，承运人同收货人、提单持有人之间的权利、义务关系，依据提单的规定确定。本条规定的承运人不包括实际承运人，实际承运人不是该条规定的提单当事人，实际承运人和收货人、提单持有人之前的权利义务关系不以该提单的记载来确定。因此，实际承运人没有义务对契约承运人签发的提单负责，实际承运人也没有义务凭契约承运人签发的提单交付货物。如例案一，被告长荣公司实际没有对外签发提单，原告夏威水产公司不能凭借沃克斯公司签发的正本提单要求长荣公司承担无单放货责任。

（二）实际承运人仅需凭自己签订的合同交付货物

实际承运人交付货物的义务源于自己所签合同的约定，其仅需凭自己签订的合同或合同相对人的指示交付货物。如例案二，优胜公司在没有自己签发提单的情况下，依约只需根据与泰苏米公司之间的租船合同交付货物，其最终按泰苏米公司指示交付货物不构成无单放货。又如例案三，富春春公司与莫帕提公司是定期租船合同关系,富春春公司根据莫帕提公司的指令、银行保函和提单副本将货物交给了收货人,实际是按与莫帕提公司的合同约定交付货物。一审、二审认为,富春春公司应根据莫帕提公司签发的提单向托运人鞍钢公司交付货物。最高人民法院则认为,根据租船合同的约定,有关船舶营运的事宜,船方即富春春公司应听从租船人即莫帕提公司的指挥。所隐含的规则是:实际承运人富春春公司只需根据合同相对人莫帕提公司的指示交付货物。实际上否定了一审、二审关于实际承运人需按契约承运人的提单交付货物的认定。

四、辅助信息

高频词条:

《海商法》

第 42 条 本章下列用语的含义:(一)"承运人"是指本人或者委托他人以本人名义与托运人订立海上货物运输合同的人。(二)"实际承运人",是指接受承运人委托,从事货物运输或者部分运输的人,包括接受转委托从事此项运输的其他人。

第 61 条 本章对承运人责任的规定,适用于实际承运人。对实际承运人的受雇人、代理人提起诉讼的,适用本法第五十八条第二款和第五十九条第二款的规定。

第 63 条 承运人与实际承运人都负有赔偿责任的,应当在此项责任范围内负连带责任。

第 71 条 提单,是指用以证明海上货物运输合同和货物已经由承运人接收或者装船,以及承运人保证据以交付货物的单证。提单中载明的向记名人交付货物,或者按照指示人的指示交付货物,或者向提单持有人交付货物的条款,构成承运人据以交付货物的保证。

第 78 条 承运人同收货人、提单持有人之间的权利、义务关系,依据提单的规定确定。收货人、提单持有人不承担在装港发生的滞期费,方舱费和其他与装货有关的费用,但是提单中明确载明上述费用由收货人、提单持有人承担的除外。

海上货物运输合同纠纷案件裁判规则第 17 条：
约定电放交付的，承运人应按照托运人的指示交付货物

〔**规则描述**〕：海上货物运输合同约定以电放方式交付货物的，承运人应按照托运人的指示交付，否则应承担违约放货的赔偿责任。

一、类案检索大数据报告

时间：2019 年 11 月 14 日之前，案例来源：Alpha 案例库，数据采集时间：2019 年 11 月 14 日。本次检索法院认为中包含"电放""货物运输合同纠纷"、同句中包含"托运人""指示"，引用法条为《中华人民共和国海商法》作为检索条件，共获取了 40 篇裁判文书，剔除无关的文书 6 篇，剩余的 34 篇裁判文书中，认为约定电放交付的，承运人应按照托运人的指示交付货物的文书有 34 篇。

整体情况如下：

如图 17－1 所示，认为约定电放交付的，承运人应按照托运人的指示交付货物的文书占 85%，无关的文书占 15%。

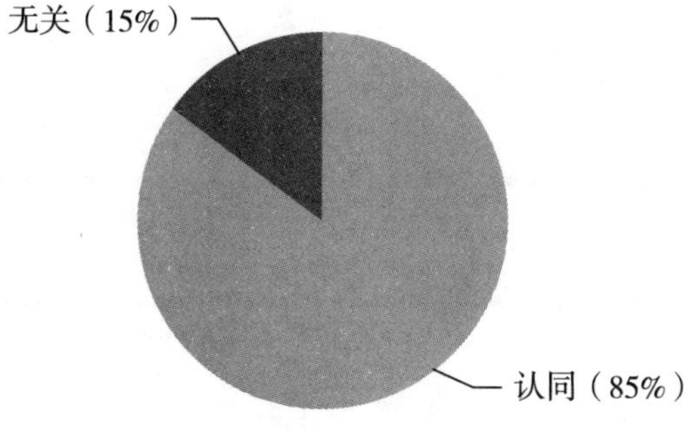

图 17－1　约定电放交付的，承运人应按照托运人的指示交付货物比例

从图 17－2 所示的年份分布情况可以看出当前条件下案例数量的变化趋势。

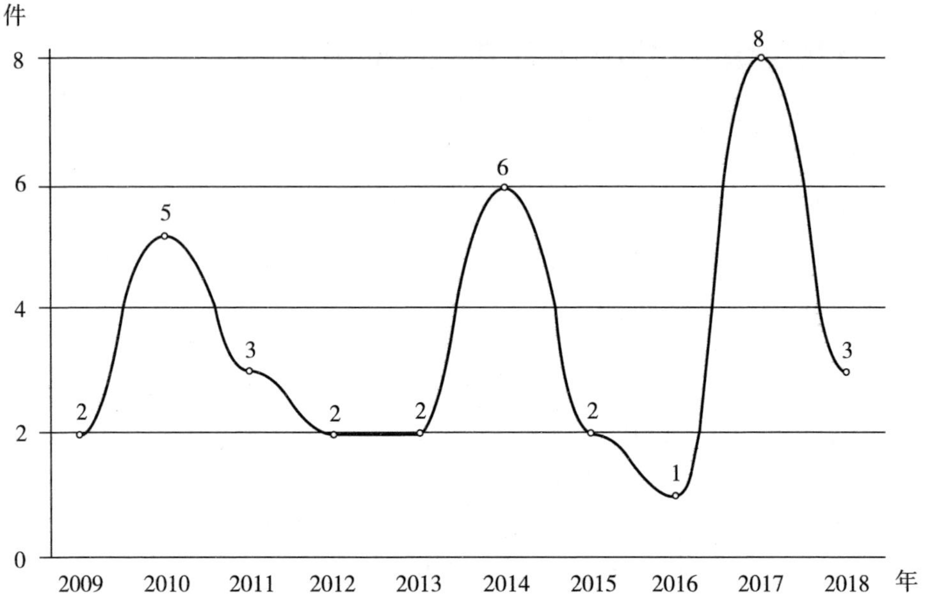

图 17－2 案件年份分布情况

从图 17－3 所示的地域分布情况来看，当前案例主要集中在山东省、上海市、广东省等，分别占比 38.24%、35.29%、14.70%，其中山东省的案件量最多，达到 13 件。

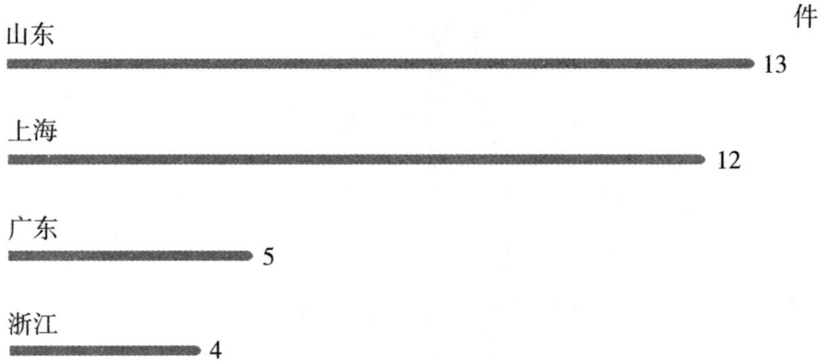

图 17－3 案件主要地域分布情况

从图 17－4 所示的案由分类情况可以看出，当前的案由分布由多至少分别是合同、无因管理、不当得利纠纷，海事海商纠纷。

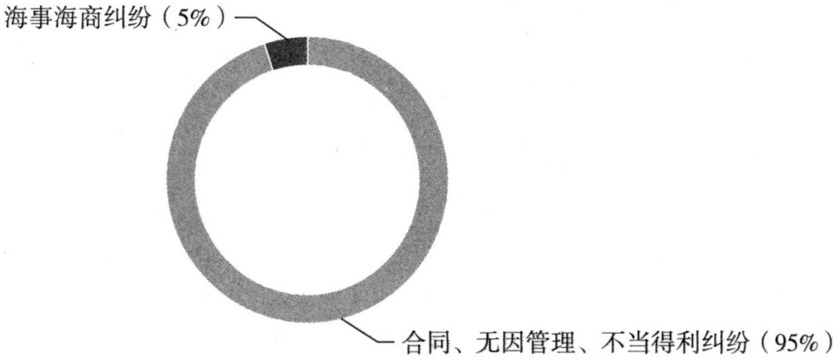

图 17－4　案件案由分类情况

从图 17－5 所示的行业分类情况可以看出，当前的行业分布主要集中在交通运输、仓储和邮政业，批发和零售业，制造业，建筑业，租赁和商务服务业和其他行业。

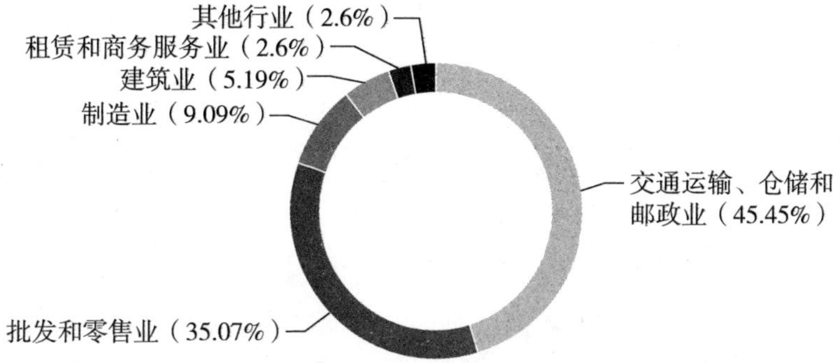

图 17－5　案件行业分类情况

二、可供参考的例案

例案一　宜昌世联食品有限公司与青岛易通致远国际物流有限公司、青岛海利安国际物流有限公司、中远集装箱运输有限公司海上货物运输合同纠纷案

【法院】

最高人民法院

【案号】

(2011)民申字第 760 号

【当事人】

再审申请人(一审被告、二审上诉人):中远集装箱运输有限公司

再审被申请人(一审原告、二审上诉人):宜昌世联食品有限公司

再审被申请人(一审被告、二审被上诉人):青岛易通致远国际物流有限公司

一审第三人:青岛海利安国际物流有限公司

【基本案情】

2008年5月,宜昌世联食品有限公司(以下简称世联公司)与俄罗斯L公司签订买卖合同,约定世联公司向L公司出售总价值181,200美元的冻煮龙虾仁22,800千克,装船口岸为中国港口,目的港为加里宁格勒,装船期限为不迟于2008年7月10日,付款条件为即期付款交单(D/P AT SIGHT)。世联公司依据买卖合同将货物生产完毕后,委托青岛海利安国际物流有限公司(以下简称海利安公司)代为租船订舱。海利安公司接受委托后,委托青岛易通致远国际物流有限公司(以下简称易通公司)代为租船订舱。易通公司接受委托后,向中远集装箱运输有限公司(以下简称中远集运)的订舱代理运达公司订舱并要求出具正本提单。运达公司根据易通公司的订舱委托,向青岛中远国际货运代理有限公司(以下简称青岛中货)订舱。

易通公司与运达公司对货物出运的信息确认完毕后,世联公司将涉案货物交至中远集运指定的场站,货物于2008年7月17日装船。由于世联公司与L公司约定的装船期限为不迟于2008年7月10日,货物装船后,世联公司要求中远集运将提单倒签至7月10日。中远集运拒绝了世联公司的倒签申请,未签发正本提单,只向易通公司传真了提单样本。该提单样本显示托运人为世联公司,收货人为L公司,通知方为OVERSEAS SEAFOOD TRADING LTD.,船名航次为COSCO PACIFIC 001W,装港为中国青岛,卸港为加里宁格勒,货物数量为1900箱,装船日期为2008年7月17日。

中远集运拒绝倒签提单后,应世联公司的要求,海利安公司请求易通公司出具装船日期为7月10日的正本提单,以便于世联公司托收货款。易通公司向世联公司签发了编号为COSU6016281200的正本提单三份。提单记载的内容除装船日期变更为2008年7月10日外,其他内容与中远集运出具的提单样本内容相同。易通公司向世联公司签发正本提单后,以世联公司的名义要求中远集运变更提单收货人及通知方为G公司,即易通公司的爱沙尼亚代理人,并要求电放。中远集运接受了易通公司变更收货人的请求,向易通公司重新出具了提单样本,该提单样本

显示:托运人为世联公司,收货人为 G 公司,通知方为 G 公司,船名航次 COSCO PACIFIC 001W,装港中国青岛,卸港加里宁格勒,货物数量 1900 箱,装船日期 2008 年 7 月 17 日。

8 月 4 日,中远集运的俄罗斯代理通过电子邮件告知,涉案货物预计于 8 月 15 日抵达目的港。根据俄罗斯法律,收货人必须是本国人,因此 G 公司不能提取货物,通知发货人变更收货人。8 月 6 日,易通公司向中远集运提交电放申请,请求将涉案货物交付给 G 公司。8 月 7 日,中远集运通知易通公司不同意电放给 G 公司。8 月 8 日,易通公司申请中远集运将提单收货人重新变更为 L 公司。中远集运接受易通公司变更收货人的请求,向其重新出具提单样本,该提单样本将收货人变更为 L 公司,通知方仍为 G 公司,其他内容不变。易通公司确认提单内容后,请求电放。

货物到港后,中远集运的俄罗斯代理未通知 G 公司货物到港信息,而是直接与收货人 L 公司联系,并向其开具提货单。2008 年 8 月 22 日,L 公司将提货手续办理完毕。8 月 27 日,收货人将目的港的费用付清。当日,该货物被开箱检验。检验报告显示该货物存在质量问题。中远集运的网站显示,装载涉案货物的集装箱于 2008 年 8 月 29 日提走,当日返还空箱。

中远集运的俄罗斯代理称,根据中远集运内部系统 IRIS2,涉案货物的状态是电放,安排电放日期为 2008 年 8 月 7 日,原因是正本提单已在装港收回。8 月 28 日,青岛中货给中远集运的俄罗斯代理发出电放指示,并提示收货人变更为 L 公司。在收回系统中的船东保安费和滞期费后,中远集运的俄罗斯代理于 8 月 29 日将涉案货物交付给 L 公司。中远集运称其交付货物是因为易通公司于 2008 年 8 月 27 日向其出具了世联公司的电放申请。世联公司在庭审中否认出具过电放申请,易通公司也否认 8 月 27 日向运达公司送交过电放申请。运达公司在接受一审法院调查取证时称"8 月 27 日易通公司带电放保函(电放申请)来我司并缴纳 200 元电放更改费用,要求电放货物,运达公司传真通知青岛中货"。

世联公司持易通公司签发的全套正本提单向交通银行宜昌支行议付货款 181,260 美元。但由于 L 公司未付款赎单,2008 年 11 月交通银行宜昌支行将全套单据退给世联公司。涉案货物发票价值 181,260 美元,报关价值 198,360 美元。易通公司和中远集运称世联公司已收回货款 25,000 美元,但均未提交相应的证据加以证明,世联公司予以否认。

世联公司请求判令易通公司与中远集运交付涉案提单项下货物,如不能交货,则赔偿货值损失181,260美元及利息损失、退税损失等。

青岛海事法院认为:本案是一起因履行海上货物运输合同产生的纠纷。世联公司要求易通公司出具正本提单,并非以运输货物为目的,而是为满足买卖合同托收货款的要求。易通公司向世联公司出具的该提单,既非海上货物运输合同的证明,也不是货物已经由承运人接受或者装船的证明。世联公司因此取得的提单,不具有合法的权利义务关系,不能构成交付货物的有效单证,其以违约为由要求易通公司承担赔偿责任的诉讼请求,不予支持。世联公司通过其代理向中远集运订舱,中远集运接受委托后将货物装船运输,世联公司与中远集运之间成立海上货物运输合同关系。中远集运未签发正本提单,则应当按照约定向收货人交付货物。易通公司以世联公司的名义要求中远集运变更货物收货人,并要求电放,则中远集运应当按照电放指示交付货物。中远集运在货物到港后,在未接到世联公司电放通知的情况下,即将货物交付收货人。中远集运的上述行为,违反了承运人适当交货的义务,侵犯了世联公司对货物的合法权利,依法应当承担相应的赔偿责任。

山东省高级人民法院认为:本案系海上货物运输合同纠纷。世联公司与中远集运形成海上货物运输合同关系,世联公司与易通公司不存在海上货物运输合同关系。易通公司签发的提单既不能作为其接受世联公司交付货物的收据,也不是货物装船的证明。该提单系记名提单,世联公司不是记名提单的收货人,即使世联公司持有该提单,也不能向承运人要求交付货物。因此,易通公司签发的提单并不具备提单功能,不能证明其与世联公司建立了海上货物运输合同关系。易通公司以世联公司的名义两次要求中远集运变更收货人,中远集运接受了变更申请,并出具变更收货人的提单样本。世联公司2008年8月6日的电放申请也是向中远集运提出的,因此,在合同履行过程中,中远集运一直处于承运人的地位。一审法院关于世联公司和中远集运建立海上货物运输合同关系的认定正确。中远集运在未得到托运人世联公司明确放货指示的情况下,于2008年8月29日将货物交付给L公司不当,应依法承担不当交货的赔偿责任,一审法院认定货物损失181,260美元,折合人民币1,235,994元正确,予以维持。

中远集运不服二审判决,向最高人民法院申请再审。

【案件争点】

在约定电放交付的情形下中远集运是否应凭托运人的指示放货。

【裁判要旨】

最高人民法院认为:本案是海上货物运输合同纠纷。再审审查的争议焦点是:

1. 中远集运在涉案海上货物运输合同法律关系中是承运人还是实际承运人；2. 中远集运是否凭托运人指示交付货物。

本案海上货物运输的托运环节经过了多层货运代理，在世联公司与中远集运之间有海利安公司、易通公司、运达公司、青岛中货等四家代理企业，其中青岛中货是中远集运的代理人，其他三家公司均为货运代理人。易通公司委托订舱时表明托运人是世联公司，中远集运制作的提单样本中也将世联公司记载为托运人。尽管中远集运没有实际签发提单，但上述订舱和接收货物的事实以及其制作的提单样本表明，世联公司与中远集运形成运输合同关系，中远集运为涉案货物运输承运人，世联公司是托运人，易通公司是世联公司的货运代理人。中远集运接受了世联公司通过代理人进行的订舱，实际运输了货物，世联公司与中远集运之间的海上货物运输合同已经成立。虽然在货物已经装船、中远集运拒绝倒签提单的情况下，世联公司请求易通公司以承运人身份倒签提单，但二者的真实意思表示不是办理货物承、托运手续，而是要求易通公司签发内容不真实的提单，以满足结汇单证的需要。因此，易通公司签发的提单由于缺少运输合同成立的事实基础，不能作为涉案运输合同的证明。尽管此后收货人与通知方几次更改，但托运人始终没有变更，中远集运也主张其是根据加盖世联公司印章的电放申请交付货物的。原审判决认定世联公司与中远集运之间成立海上货物运输合同法律关系，中远集运是涉案货物运输承运人，事实和法律依据充分。

由于中远集运没有就涉案运输签发正本提单，因此采取电放的方式交付货物，即由承运人根据托运人签发的电放申请，在目的港将货物交付给电放申请中指定的收货人。根据查明的案件事实，2008年8月22日，L公司已经办理完毕提货手续，8月27日货物即被开箱检验，而在此之前中远集运并未取得托运人签发的电放申请。中远集运主张其根据托运人的指示交付货物，但一直没有提交所收到的电放指示，运达公司的电放申请来自易通公司，并没有得到易通公司和世联公司的认可。

中远集运为涉案运输的承运人，青岛中货是中远集运的代理人，世联公司是托运人，易通公司、运达公司是世联公司的代理人。中远集运没有签发正本提单并不影响其根据已经成立的运输合同并按照托运人的指示交付货物。易通公司签发的提单不能证明运输合同成立的事实，以及证明货物由易通公司接收或者装船，此提单不属于据以交付货物的单证。按照当事人的约定，货物运抵目的港后以指示的方式交付，中远集运在没有证据证明其根据托运人世联公司的指示交付货物的情况下，原审判决其承担责任并无不当。

例案二 福建东山长隆贸易有限公司与深圳市合正国际物流有限公司、深圳市华运国际物流有限公司、深圳市华运国际物流有限公司厦门分公司、马士基(中国)航运有限公司厦门分公司、A. P. 穆勒－马士基集团公司海上货物运输合同纠纷案

【法院】

厦门海事法院

【案号】

(2014)厦海法商初字第527号

【当事人】

原告:福建东山长隆贸易有限公司

被告:深圳市合正国际物流有限公司

被告:深圳市华运国际物流有限公司

被告:深圳市华运国际物流有限公司厦门分公司

被告:马士基(中国)航运有限公司厦门分公司

被告:A. P. 穆勒－马士基集团公司

【基本案情】

2013年9月,原告福建东山长隆贸易有限公司(以下简称长隆公司)根据案涉货物国外买方的指示,与其指定的运输代理被告深圳市合正国际物流有限公司(以下简称合正公司)联系,办理案涉货物出口至美国的运输事宜。案涉出口货物为总件数220件,净重量15,340千克的木质大理石桌。被告合正公司在办理案涉货物运输代理事宜过程中,又将该业务转委托给被告深圳市华运国际物流有限公司(以下简称华运公司)代理。案涉货物的出口报关单记载,货物的价值为45,100美元,提单号为561204079,集装箱号为PONU7424557。案涉货物的订舱提单记载,托运人为本案原告,收货人为毕维利家具公司(BEVERLY FURNITURE),装运港为中国厦门港,卸货港为美国长滩港,船名为"联接太平洋"(pacific link),航次为338A,装船日期为2013年9月20日。案涉货物的承运人为A. P. 穆勒－马士基集团公司(以下简称马士基公司)。在办理业务过程中,原告长隆公司指示被告合正公司对案涉货物办理电放,无须取得正本提单,即收到货款后,通知电放。被告合正公司将该指示转达给了被告华运公司,因此被告华运公司在具体办理业务中,未要求被告马士基(中国)航运有限公司厦门分公司(以下简称马士基厦门分公司)

交付正本提单。2013 年 10 月 8 日，案涉货物到达目的港，同日收货人毕维利家具公司凭被告马士基公司美国代理签发的海运单领取了案涉货物。

2013 年 11 月 21 日 14 时 22 分，原告在发送给被告马士基厦门公司的邮件中陈述，"没有付款给我们，一直拖延；国外客人的联系方式、提单资料国外货代有，请找国外货代要国外客人的联系方式并请催款，单纯的货款金额是 23,760 美元；但是如果客人这周没付款，我们提出赔偿的金额必定大于单纯货款本身的金额，因为客人已经拖延一个多月并且违反商定的付款条件"。

【案件争点】

马士基公司是否违反了电放交付的约定。

【裁判要旨】

厦门海事法院认为：本案案由为海上货物运输合同纠纷。各方当事人一致同意适用中华人民共和国法律处理本案纠纷，因此本案适用中华人民共和国法律进行审理。尽管原告与被告合正公司、华运公司、华运厦门公司、马士基厦门公司之间不存在海上货物运输合同关系，但各方之间存在为案涉海上货物运输合同的成立和履行而发生的货运代理合同关系，该货运代理合同关系服务于案涉海上货物运输合同，因此本案案由定为海上货物运输合同纠纷是适当的。围绕案涉货物在目的港是否违约被放行的问题，就海上货物运输合同的货运代理及其履行环节是否存在违约行为一并进行审理是适当的，也符合诉讼经济和诉讼便利的要求。

在案证据显示原告对于案涉货物的放货方式指示为电放，而被告马士基公司没有提供证据证明原告及其货运代理人已重新指示其凭海运单放货，因此被告马士基公司作为承运人，应对其未遵守作为托运人的原告的指示，擅自放货承担赔偿责任。退一步而言，即使被告马士基公司未收到等通知电放的指示，根据合同履行的诚实信用原则出发，其在放货前也应先征询托运人的意见，否则就应对其擅自放货的行为承担赔偿责任。至于被告马士基公司抗辩的，其系与美国收货人签订运输合同，与原告不存在合同关系的主张，根据《海商法》第 42 条第（3）项的规定，本案原告作为交货人系运输合同的托运人，且案涉的运输单据中也显示原告为托运人，因此原告有权以托运人的身份主张案涉运输合同的权利。

例案三 佛山市丽星家具实业有限公司与上海飞集货运代理有限公司深圳分公司、上海飞集货运代理有限公司海上货物运输合同纠纷案

【法院】

广州海事法院

【案号】

(2015)广海法初字第222号

【当事人】

原告:佛山市丽星家具实业有限公司

被告:上海飞集货运代理有限公司深圳分公司

被告:上海飞集货运代理有限公司

【基本案情】

2014年1月,原告佛山市丽星家具实业有限公司(以下简称丽星公司)向派拉德公司出售一批沙发。1月13日,原告通过电子邮件向上海飞集货运代理有限公司深圳分公司(以下简称飞集深圳分公司)发送订舱单,该订舱单记载发货人为达明公司,收货人和通知方为家具工厂折扣店,收货地为佛山,装货港为深圳,卸货港和目的港为美国洛杉矶长滩,货物为沙发,柜型和柜量为11个40英尺集装箱。1月20日,原告丽星公司通过电子邮件告知飞集深圳分公司,6个集装箱货物年后再出货,从赤湾出发的5个集装箱要运出,已安排出货。1月21日,原告通过电子邮件告知飞集深圳分公司涉案5个集装箱货物出电放提单。飞集深圳分公司于当日接受了原告的订舱,并通过电子邮件向原告发送提单草稿并要求原告予以确认。该提单草稿抬头显示承运人为上海飞集货运代理有限公司(以下简称飞集公司),提单号为FTPAZ12376,关于托运人、收货人和通知方的记载与原告发送的订舱单一致,起运港为中国大铲湾,卸货港为美国长滩,船名和航次为"东方海外北京"轮和V.25E04航次,货物为5个40英尺的集装箱家具(沙发),集装箱号分别为TRLU7532276、NYKU5961674、NYKU4724873、NYKU4208922、TCLU5986619,货物数量为675件,运输方式为堆场到堆场,运费到付。原告于1月22对上述提单草稿内容予以确认。

1月25日,涉案集装箱被装载于"东方海外北京"轮运往美国长滩港,2月10日抵达目的港。2月15日,原告通过电子邮件向派拉德公司发送涉案5个集装箱货物所对应的商业发票和装箱单。根据发票显示,编号为TRLU7532276、NYKU5961674、

NYKU4724873、NYKU4208922、TCLU5986619号集装箱内的货物价值均为9810美元。上述货物价格条款为FOB深圳。3月11日，飞集深圳分公司通过邮件向原告发送运输费用确认书，要求原告支付运杂费共计人民币11,606元。两被告在本案诉讼中对商业发票和装箱单显示的货物价值及内容予以确认，并确认货物到达目的港后，在未接到原告放货指示的情况下，于2014年2月13日将TRLU7532276、NYKU5961674、NYKU4724873、NYKU4208922号集装箱货物交付派拉德公司。

【案件争点】

飞集深圳分公司是否应依照托运人的指示交付货物。

【裁判要旨】

广州海事法院认为：本案为一宗涉外海上货物运输合同纠纷。原告、被告均选择适用中华人民共和国法律解决本案实体争议，根据《海商法》第269条的规定，本案适用中华人民共和国法律处理实体争议。飞集深圳分公司向原告收取运费，并负责将原告托运的货物经海路由中国深圳运至美国长滩，故原告与飞集深圳分公司之间成立海上货物运输合同关系，原告为托运人，飞集深圳分公司为承运人。该海上运输合同是双方当事人的真实意思表示，不违反我国法律、行政法规的强制性规定，合法有效，双方均应按照合同约定和相关法律规定行使权利和履行义务。涉案货物系以集装箱装运，飞集深圳分公司作为涉案货物运输的承运人，根据《海商法》第46条“承运人对集装箱装运的货物的责任期间，是指从装货港接收货物时起至卸货港交付货物时止，货物处于承运人掌管下的全部期间，在承运人的责任期间，货物发生灭失或者损坏，除本节另有规定外，承运人应当负赔偿责任”和第48条“承运人应当妥善地、谨慎地装载、搬移、积载、运输、保管、照料和卸载所运货物”的规定以及双方当事人的约定，飞集深圳分公司应承担妥善运输、保管、照料所运货物及按原告指示交付货物的义务。涉案TRLU7532276、NYKU5961674、NYKU4724873、NYKU4208922号集装箱货物在飞集深圳分公司掌管期间，未经原告指示即被交付，原告因此丧失了对货物的控制，飞集深圳分公司的行为构成违约，应赔偿原告上述4个集装箱货物损失。根据《公司法》第14条第1款关于“公司可以设立分公司。设立分公司，应当向公司登记机关申请登记，领取营业执照。分公司不具有法人资格，其民事责任由公司承担”的规定，飞集深圳分公司应承担的赔偿责任，由飞集公司承担。

三、裁判规则提要

电放，是在航运操作实务中逐渐形成的一种货物交付方式，其名称是约定俗成的结果。电放没有确切的定义,一般是指承运人应托运人的请求,以快捷的通信方式(包括传真、电报、电子邮件等)通知其目的港的代理人,将货物交付给托运人指定的人而无须收回正本提单。在实际业务操作中,电放的操作模式和流程迥异,一般流程是承运人在接受托运人电放申请后,向托运人收取电放费,要求托运人出具电放保函,根据托运人的指示以快捷的方式通知其目的港代理人,在货物到港后将货物交付予托运人指定的人。对电放方式交付货物,国际公约以及我国《海商法》目前都没有专门规定,究其实质,电放是托运人行使货物控制权的一种形式。

以承运人是否签发提单为标准,电放有两种典型的情形:(1)未签发提单。采用电放作为交付方式的多未签发提单,上述三个例案就均未签发提单。因提出电放的时间不同,未签发提单而实施电放的也有两种情形:第一种是托运人在订舱时就提出货物交付采用电放的方式;第二种是托运人在订舱后承运人签发提单前提出电放的要求。承运人在接受托运人的电放申请后,承运人不签发提单,但会以传真、电子邮件等方式向托运人提供一份不可流通、不可议付并注明电放的提单样稿,托运人将该提单样稿传真给收货人,收货人凭该样稿传真(或电子邮件等)及无正本提单提货保函在目的港向承运人或其代理人换取小提单以提取货物。即使是承运人未实际签发提单,但在实际业务操作中也会提供一个提单号,因为托运人向海关申报出口时必须提供单据号。(2)签发提单。在电放交付方式中,承运人签发提单的情形较少,且往往签发的是记名提单。承运人签发记名提单并交给托运人,作为卖方的托运人在按照贸易合同收汇后,基于一定的原因将全套正本提单交还承运人,并向承运人提出电放的申请,以顺利向买方交付货物。

电放作为一种货物交付方式,不违反《海商法》等法律的强制性规定,且符合现代物流、信息交流速度极速发展的潮流,故这一迅速、简便、节约成本的海运操作方式在实务中颇有市场。但司法实践中已形成了合理、有效规范这一行为的裁判规则。在当事人约定电放交付货物时,承运人在交付货物应前征询托运人的意见,在托运人的指示下进行放货安排,否则因此导致的托运人损失,承运人须承担赔偿责任。

(1)在承运人未签发正本提单,而只是与托运人核对了提单样稿并约定电放交付。在此情形下,承运人不得按提单样稿上的收货人信息直接进行放货,而应在交货前征询托运人意见后才能放货。在例案一中,中远集运未签发正本提单,在托运人未作出交付货物的指示,也未询问托运人是否可以放货的情况下,直接按提单样稿记载的收货人信息进行放货,违背了合同履行的诚实信用原则,没有尽到足够的谨慎义务，应承担违约放货的赔偿责任。

（2）在海上货物运输办理过程中，未制作和核对提单样稿，而是直接约定以电放的方式交付货物的，承运人也不得擅自直接交付货物，而应当依照托运人的指示交付货物。在例案二中，马士基公司在与托运人约定电放放货方式后（马士基公司在诉讼中未否认收到过托运人电放要求），却违反凭托运人电放指示交付货物的约定，擅自直接凭海运单放货，违背了合同约定，应承担货物损失的赔偿责任。

（3）在海上货物运输合同约定出具电放提单情况下，承运人应凭托运人的指示放货。在例案三中，飞集深圳分公司未得到托运人的放货指示即安排放货，导致了托运人无法从买方收到货款，因此应承担货物损失的赔偿责任。至于该案法院引用《海商法》第 46 条作为依据，本条虽未直接规定承运人有凭托运人的指示交付货物的义务，但是本条应该是最为接近该意思的条款，可以参照适用来认定承运人的此项义务。

四、辅助信息

高频词条：

《海商法》

第 42 条　本章下列用语的含义：

（一）“承运人”是指本人或者委托他人以本人名义与托运人订立海上货物运输合同的人。

（二）“实际承运人”，是指接受承运人委托，从事货物运输或者部分运输的人，包括接受转委托从事此项运输的其他人。

（三）“托运人”是指：

1. 本人或者委托他人以本人名义或者委托他人为本人与承运人订立海上货物运输合同的人；

2. 本人或者委托他人以本人名义或者委托他人为本人将货物交给与海上货物运输合同有关的承运人的人。

……

第 48 条　承运人应当妥善地、谨慎地装载、搬移、积载、运输、保管、照料和卸载所运货物。

海上货物运输合同纠纷案件裁判规则第 18 条：
提单持有人承担无单放货的初步举证责任

〔**规则描述**〕：在无单放货索赔诉讼中，提单持有人应提供证据，初步证明货物已经在目的地被交付。

一、类案检索大数据报告

时间：2019 年 11 月 18 日之前，案例来源：Alpha 案例库，数据采集时间：2019 年 11 月 18 日。本次检索以全文搜索“初步证据”、法院认为中包含“构成无单放货”作为检索条件，共获取了 22 篇裁判文书，剔除重复的文书 6 篇，无关的文书 1 篇，剩余的 15 篇裁判文书中：

(1) 认为无反证的情况下，提单持有人提供初步证据，可以证明无单放货事实的文书有 13 篇；

(2) 认为无反证的情况下，提单持有人提供初步证据，不能证明无单放货事实的文书有 2 篇。

整体情况如下：

如图 18－1 所示，无反证的情况下，提单持有人提供初步证据，认为可以证明无单放货事实的文书占 87%，认为不能证明无单放货事实的文书占 13%。

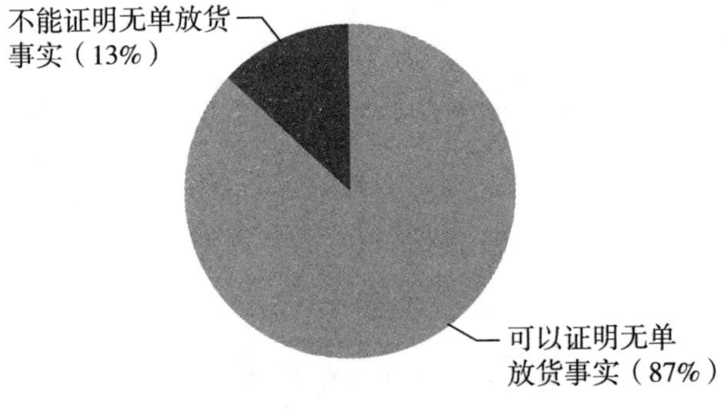

图 18－1 无反证的情况下，提单持有人提供初步证据，可以证明无单放货的事实比例

从图 18 -2 所示的年份分布情况可以看出当前条件下案例数量的变化趋势。

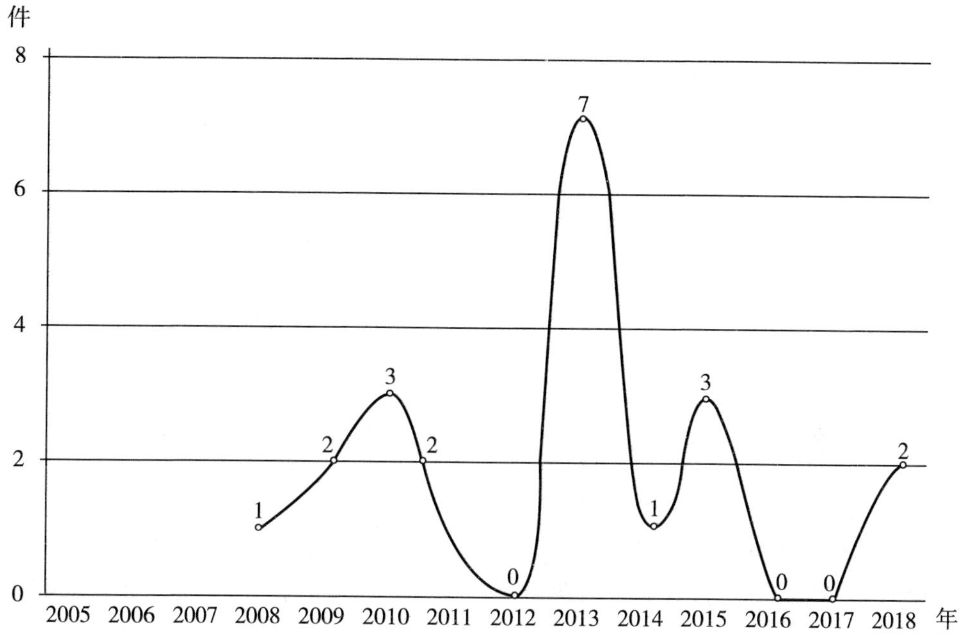

图 18 -2 案件年份分布情况

从图 18 -3 所示的地域分布情况来看，当前案例主要集中在上海市、浙江省、福建省等，分别占比 40%、26.66%、13.33%，其中上海市的案件量最多，达到 6 件。

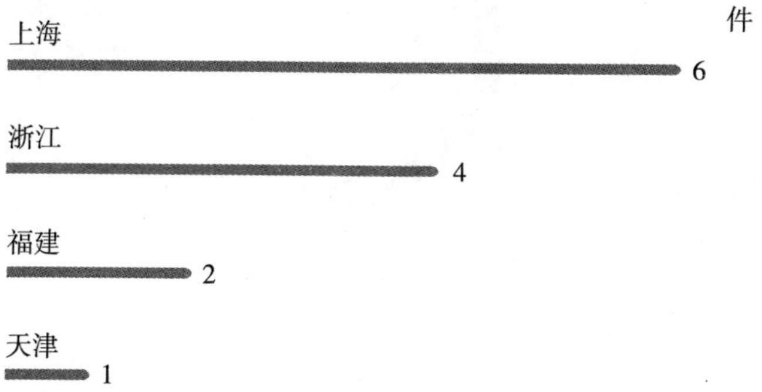

图 18 -3 案件主要地域分布情况

从图 18 －4 所示的案由分类情况可以看出，当前最主要的案由是合同、无因管理、不当得利纠纷，占一半以上，其次是海事海商纠纷，物权纠纷，适用特殊程序案件案由。

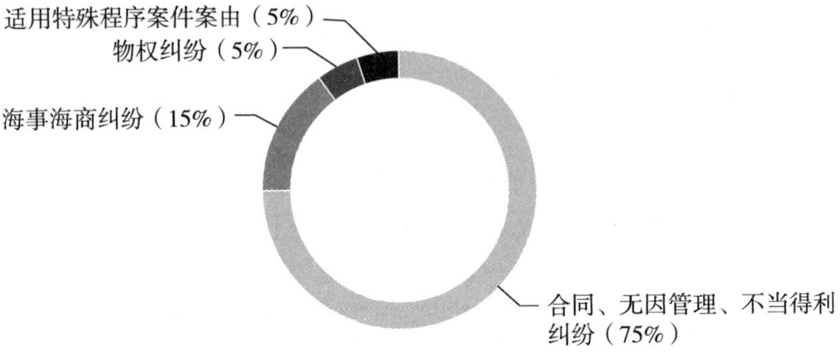

图 18 －4 案件案由分类情况

从图 18 －5 所示的行业分类情况可以看出，当前的行业分布主要集中在交通运输、仓储和邮政业，批发和零售业，制造业，住宿和餐饮业，科学研究和技术服务业。

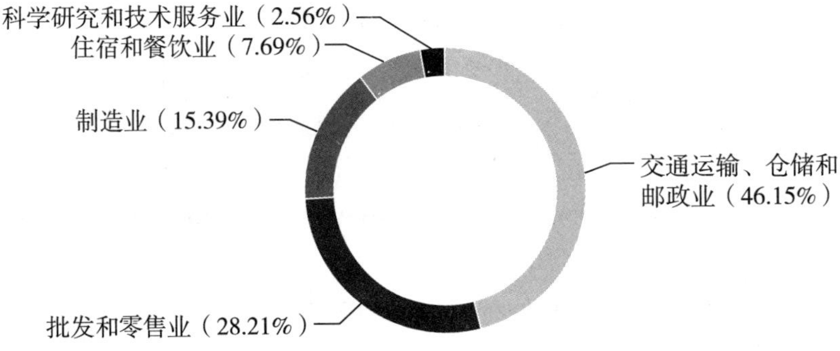

图 18 －5 案件行业分类情况

二、可供参考的例案

例案一 上海进航船务有限公司与中土畜东方进出口有限责任公司、刘某久、美商进航国际有限公司、进航国际有限公司海上货物运输合同纠纷案

【法院】

山东省高级人民法院

【案号】

(2008)鲁民四终字第 122 号

【当事人】

上诉人(一审被告):上海进航船务有限公司

被上诉人(一审原告):中土畜东方进出口有限责任公司

一审被告:刘某久

一审被告:美商进航国际有限公司

一审被告:进航国际有限公司

【基本案情】

2005 年 12 月初,中土畜东方进出口有限责任公司(以下简称中土畜公司)由青岛港出运一批红松门侧板至美国奥克兰港,委托琴盛货运公司为其办理货物出运所需的相关手续。琴盛货运公司接受委托后,与上海进航船务有限公司(以下简称上海进航)协商,约定由上海进航承运该批货物。2005 年 12 月 21 日,上海进航向琴盛货运公司发出入货通知,指示提单号为 YMQUCEN0000969 的货物应于 12 月 26 日 17 时前入货通关。琴盛货运公司遂根据上海进航指定的箱号及入货通知的要求,办理了货物出运的通关手续,并将中土畜公司的货物交给了上海进航。2005 年 12 月 29 日,货物装船。当日,上海进航向琴盛货运公司交付了编号为 YMQUCEN0000969 的一式三份正本提单,琴盛货运公司遂将全套正本提单转交中土畜公司。提单载明:托运人为中土畜公司东方进出口有限责任公司,收货人为 OTANINVESTMENTS,LLC.,装运港为中国青岛,卸货港为美国加利福尼亚州奥克兰,运费到付;货物品名和数量显示为 3×40 红松门侧板,共装三个集装箱;箱号分别为 YMLU4454556/7267254、YMLU4471552/7267253、YMLU4920530/7267252;承运船名为“LUOSAHE-079E”。提单正面抬头印刷的运输公司名称为“GRAMTER INTERNATIONAL(U. S. A.)CO.,LTD.”;提单正面右下角签名处的提单签单章上注明“Gramter International Co.,Ltd.”、“刘某久”与“ASAGENT FOR CARRIER”字样。提单上另盖有一已装船章,注明“GRAMETER LINE”“SHIPPED ON BOARD”“QINGDAO”字样,且签发日期为 2005 年 12 月 29 日。涉案货物出口报关单载明,提单号为 YMQUCEN0000969 的货物,结汇方式电汇,成交方式 FOB,货物总价值 45,288.08 美元,货物件数 72 件,货物毛重 62,500 千克。中土畜公司开具给收货人的商业发票所记载的货物价值与报关单的记载相一致。该票货物的装箱单中,货物件数与毛重的记载亦与报关单的记载相一致。

从实际承运人阳明海运有限公司(YANG MING MARINE TRANSPORT CORP.)的公开网站,可以查询到集装箱YMLU4454556、YMLU4471553、YMLU4920530的实货动态如下:运输工具“LUOSAHE-079E”所承运之货物,于2005年12月29日04:10时在青岛装船;2006年1月16日04:50时,到达奥克兰,同日08:00时货物卸船;2006年1月18日13:42时,运费已付。三个集装箱的货物分别于2006年1月19日13:57时、15:48时,次日07:58时交给收货人。之后,涉案集装箱全部空箱返回。

【案件争点】

案涉货物是否存在无单放货的事实。

【裁判要旨】

青岛海事法院认为:本案为海上货物运输合同无单放货纠纷。案涉国际货物买卖的价格条款是FOB,然而,出口货物的租船订舱,报关报验手续事实上均由中土畜公司办理,货物亦由中土畜公司交付承运人。中土畜公司是提单上载明的托运人,也是全套正本提单持有人,故其有权向承运人索赔因无单放货而遭受的经济损失。涉案集装箱于2006年1月19日空箱返回。根据航运惯例和有关规定,在货物的交接方式为堆场至堆场的情况下,承运人应在装货港集装箱堆场整箱接货,负责运抵卸货港集装箱堆场整箱交货,收货人负责在卸货港集装箱堆场整箱提货和拆箱,拆箱后应将空箱于规定期限内交至承运人指定的堆场。因此,涉案集装箱空箱返回的事实,可以作为证明承运人无单放货的初步证据。并且,从实际承运人公开的网站查实,涉案货物的海运费已支付,货物已全部交付收货人。结合涉案提单记载的运费支付方式为“运费到付”,足以认定涉案货物在目的港已交付收货人。因此,中土畜公司已尽到自己的举证责任。如果义务人认为货物在目的港无人提货,其应当提交足以反驳中土畜的证据来支持自己的主张。鉴于承运人并未提交任何证据证明货物在目的港无人提货,故对其主张不予支持。

山东省高级人民法院认为:根据本案当事人所共同认可的事实,装载本案货物的集装箱已经空箱返回,基于集装箱运输货物的规定,箱体完好、铅封完好是集装箱货物交付的条件。在中土畜公司持有正本提单未在卸货港提取货物的情况下,该集装箱内货物已经清空的事实,可以推断货物已经承运人处理完毕,除非承运人对此作出其他合理解释。在审理中,上海进航主张承运人美商进航国际有限公司是在卸货港无人提取货物的情况下,行使了合理卸载的权利而使集装箱空箱返回,但其未提供任何证据对该理由进行证明,又由于承运人未作货物其他灭失原因的抗辩，因此，推定承运人在未收回提单的状况下已将货物放走，其行为构成无单放货。

例案二　马鲁巴航运有限公司与绍兴县帛凯纺织品有限公司海上货物运输合同纠纷案

【法院】

上海市高级人民法院

【案号】

(2010)沪高民四(海)终字第83号

【当事人】

上诉人(一审被告)：马鲁巴航运有限公司

被上诉人(一审原告)：绍兴县帛凯纺织品有限公司

一审被告：上海舟商国际船舶代理有限公司

一审被告：南美邮船公司

一审被告：马鲁巴货运代理有限公司

【基本案情】

2008年6月26日，绍兴县帛凯纺织品有限公司(以下简称帛凯纺织)与案外人LVM公司签订买卖合同，约定由帛凯纺织向LVM公司出售一批染色布，付款方式为款到交单，帛凯纺织最晚在2008年9月15日前交货。为履行买卖合同，帛凯纺织委托案外人绍兴百度物流有限公司办理货物自中国上海至巴西里约热内卢的运输事宜，并向其支付运费。9月8日，上海舟商国际船舶代理有限公司(以下简称舟商船代)作为代理人签发了以南美邮船公司(以下简称南美邮船)为抬头、编号为CLANSHARIO080224的一式三份正本提单，并在签单处注明“AS AGENT FOR THE CARRIER”。提单载明：托运人为帛凯纺织，收货人为LVM公司，船名航次为MARUBAORION V.835，装货港为上海，卸货港为里约热内卢，货物品名为纺织品，毛重为20,909千克，总价值为199,858.54美元，装载于一个箱号为CAIU804397－3的40尺集装箱内，货物交接方式为整箱交接(FCL)。帛凯纺织现持有全套正本提单。2009年8月25日，帛凯纺织在马鲁巴航运有限公司(以下简称马鲁巴航运)网站上查询得知，涉案集装箱已进入流转。

【案件争点】

承运人是否实施无单放货的行为。

【裁判要旨】

上海市高级人民法院认为:涉案提单记载的货物交接方式为整箱交接(FCL),承运人负有将集装箱整箱交付收货人的义务。在帛凯纺织仍持有全套正本提单的情况下,装载涉案货物的集装箱已被重新投入流转的事实可以作为证明马鲁巴航运无单放货的初步证据,马鲁巴航运未能提供证据证明货物仍在其控制之下,也未能提供充足证据证明其关于涉案货物在目的港系因国际贸易欺诈而被收货人提走的主张成立。因此,马鲁巴航运作为涉案货物运输的承运人,应承担货物被无单放行的法律后果,对由此造成帛凯纺织的损失予以赔付。

例案三 深圳柏域斯浩航国际货运代理有限公司与厦门卓骏进出口有限公司海上货物运输合同纠纷案

【法院】

福建省高级人民法院

【案号】

(2019)闽民终346号

【当事人】

上诉人(一审被告):深圳柏域斯浩航国际货运代理有限公司

被上诉人(一审原告):厦门卓骏进出口有限公司

【基本案情】

厦门卓骏进出口有限公司(以下简称卓骏公司)向巴西客户销售一批"暂时保藏蘑菇",货物交由深圳柏域斯浩航国际货运代理有限公司(以下简称浩航公司)负责从中国厦门港运至巴西桑托斯(SANTOS)港。浩航公司2018年2月14日签发了编号为XMNS－16108的正本提单,卓骏公司为提单记载的托运人,船名航次为EVERLISSOME0928－024E(长通轮),货物共计5个集装箱。货抵目的港后,经查询,5个集装箱已分别于2018年4月10日及11日空箱返还实际承运人。上述货物卓骏公司系以FOB方式出口,至今尚有133,127.8美元的货款未收到。卓骏公司仍持有正本提单。

卓骏公司与国外客户共签订两份买卖合同,第一份合同(案涉合同)签订日期为2018年1月18日，2018年2月1日卓骏公司收到33,216美元定金，货物于2018年2月12日经海关申报出口，2018年2月14日浩航公司签发已装船提单。第二份合同签订日期为2018年2月7日，2018年3月7日卓骏公司收到33,216美元定金。案涉提单正面载明“One of the signed Bill of Lading must be surrendered duly endorsed exchange for the goods or delivery order（必须提交一份经正式背书的已签署提单，用于交换货物或交货单）”。

【案件争点】

浩航公司对案涉货物是否实施了无单放货的行为。

【裁判要旨】

厦门海事法院一审认为：卓骏公司为提单持有人，浩航公司为承运人，双方成立海上货物运输合同关系，双方选择本案适用中国法。根据《海商法》第71条的规定，提单是承运人保证据以交付货物的单证，承运人应凭正本提单交付货物。本案货物运抵目的港后，集装箱已经空箱收回，可以认定箱内货物已被提取。浩航公司称货物状态不明，可能尚在港口，并以在巴西港口是由当地海关直接放货为由主张免责，但不能举证证明所主张的事实，上述抗辩理由不能成立，其应就此承担赔偿责任。

福建省高级人民法院二审认为：本案为无单放货纠纷。在案证据可以证实，案涉货物运抵目的港后，集装箱已经由实际承运人空箱收回，因此可以认定箱内货物已被提取。浩航公司上诉主张货物仍处于当地海关或港口当局的控制下，或者货物的放行或处理并非承运人及其代理人所能控制，并以此为由主张免责，但其至今未能举证证明所主张的事实。浩航公司在一审审理期间，向原审法院申请延长举证期限获准后，未能在规定的期间内完成举证义务。二审期间，其又向法院申请60天的举证期限，但仍未在该举证期限内完成举证义务。本案自2018年7月26日卓骏公司提起诉讼以来，至今已近一年时间，浩航公司均未能对自己的主张进行举证，应承担对其不利的法律后果，其应对无单放货承担赔偿责任。

三、裁判规则提要

（一）无单放货的事实是审理的焦点

《无单放货解释》第2条规定，承运人违反法律规定，无正本提单交付货物，损害正本提单持有人提单权利的，正本提单持有人可以要求承运人承担由此造成损失的民事责任。海上货物运输无正本提单交付货物纠纷中,因索赔人持有提单,承运人未收回提单即"无单"的事实已经存在,关键是对承运人"放货"的事实进行证明。在提单持有人仍持有全套正本提单的情况下,承运人是否实施无单放货行为,即有关货物交付的事实认定问题,将直接影响承运人责任承担的判定,往往是审理此类案件的焦点,也是难点。

(二)正本提单持有人的初步举证责任

《民事诉讼法》第64条第1款规定,当事人对自己提出的主张,有责任提供证据。根据"谁主张,谁举证"的规定,正本提单持有人应对承运人未凭正本提单交付货物的事实承担证明责任。从距离证据的远近分析,是否实施无单放货的证据掌握在承运人手中,本应由承运人承担其凭单交付货物的事实,但如果发生无单放货,提单持有人仍可以查找到相关证据,为此,《涉外商事纪要》第111条规定:"正本提单持有人以承运人无正本提单放货为由提起诉讼,应当提交正本提单,并提供初步证据,证明凭正本提单在卸货港无法提取货物的事实或者承运人凭无正本提单放货的事实"。即提单持有人应承担提供初步证据的举证责任,但何谓初步证据无明确标准。

鉴于无单放货的事实往往发生在国外,相关证据的取得存在一定的困难,且证明材料往往需要公证认证,成本高、时间长。因此,提单持有人常常只能通过提交案涉集装箱的流转记录等间接证据来证明承运人无单放货的行为。上述三个例案中,提单持有人均提交了从承运人公开网站查询到的案涉集装箱流转记录,表明索赔人仍持有全套正本提单的情况下,案涉集装箱已空箱收回或重新投入流转的事实,以此作为证明承运人无单放货的初步证据,并得到法院的支持。提单持有人除提供集装箱流转记录外,还可根据案件的具体情况,补充提交相关证据,如例案一中,青岛海事法院认为提单约定的为运费到付即收货人支付,根据实际承运人公布的信息其已收到运费,该事实也作为货物已经交付的佐证。

在提单持有人提供集装箱流转记录证明集装箱已重新投入使用的情况下,是否构成初步证据有时会涉及货物是整箱货还是拼箱货等装载的具体情况,如例案一中,在整箱装运的情况下,提单持有人提交拆箱和返回空箱的记录可以作为初步证据,承运人应当就为何拆箱进行合理解释,并对货物仍由其掌控进行举证,否则承运人承担对其不利的法律后果。而在拼箱货的情况下,拆箱和返回空箱不能直接作为货物已无单交付的初步证据。

（三）承运人的反证

在提单持有人提供了持有人实施无单放货行为的初步证据即完成初步举证责任后，承运人对未实施无单放货的抗辩理由各异，但此时的举证责任应转至承运人一方。

在例案二中，承运人虽主张其未实施无单放货，案涉货物系在目的港因贸易欺诈而被提取，但在提单持有人已经提交初步证据的情况下，其未能对自己的主张提供充分的证据予以证明，应承担货物无单放行的法律责任。在例案三中，案涉货物运抵目的港后，集装箱已由实际承运人空箱收回，该初步证据足以证明箱内货物已被提取。被告抗辩货物仍处于当地海关或港口当局的控制下，货物的放行或处理并非承运人及其代理人所能控制的，并以此为由主张免责，但其在一审、二审均准许其延期举证的情况下，仍无法完成举证义务，应承担对其不利的法律后果。

四、辅助信息

高频词条：

《民事诉讼法》

第64条第1款 当事人对自己提出的主张，有责任提供证据。

《民事诉讼法解释》

第108条 对负有举证证明责任的当事人提供的证据，人民法院经审查并结合相关事实，确信待证事实的存在具有高度可能性的，应当认定该事实存在。

对一方当事人为反驳负有举证证明责任的当事人所主张事实而提供的证据，人民法院经审查并结合相关事实，认为待证事实真伪不明的，应当认定该事实不存在。

法律对于待证事实所应达到的证明标准另有规定的，从其规定。

《无单放货解释》

第2条 承运人违反法律规定，无正本提单交付货物，损害正本提单持有人提单权利的，正本提单持有人可以要求承运人承担由此造成损失的民事责任。

《涉外商事纪要》

第111条 正本提单持有人以承运人无正本提单放货为由提起诉讼，应当提交正本提单，并提供初步证据，证明凭正本提单在卸货港无法提取货物的事实或者承运人凭无正本提单放货的事实。

海上货物运输合同纠纷案件裁判规则第 19 条：

收货人逾期提货或未归还集装箱，承运人有权向其主张由此产生的集装箱超期使用费

〔**规则描述**〕：收货人向承运人换取提货单后逾期提货、拒绝提货，或者提取货物后不合理滞留集装箱，违反了其对承运人所负的运输合同项下及时提取货物和返还集装箱的义务，构成违约，承运人有权向收货人主张因此产生的集装箱超期使用费。

一、类案检索大数据报告

时间：2019 年 12 月 12 日之前，案例来源：Alpha 案例库，数据采集时间：2019 年 12 月 12 日。本次检索以引用法条为"《合同法》第 107 条、第 309 条[①]，《海商法》第 86 条"、法院认为中包含"逾期提货"、" 未归还集装箱"或"拒绝提货"、裁判结果中包含"集装箱超期使用费"或"滞期费"为检索条件，共获取了 16 篇裁判文书，剔除无关、重复的文书 4 篇，剩余的 12 篇裁判文书中：

（1）认为承运人有权向收货人主张因逾期、拒绝提货导致的集装箱超期使用费的文书为 12 篇；

（2）不认同前述规则的文书为 0 篇。

整体情况如下：

如图 19 – 1 所示，认同本项裁判规则的文书占 100%。

图 19 – 1　对本项裁判规则的认同情况

① 参见《民法典》第 577 条、第 830 条。

从图 19 -2 所示的年份分布情况可以看出当前条件下案例数量的变化趋势。

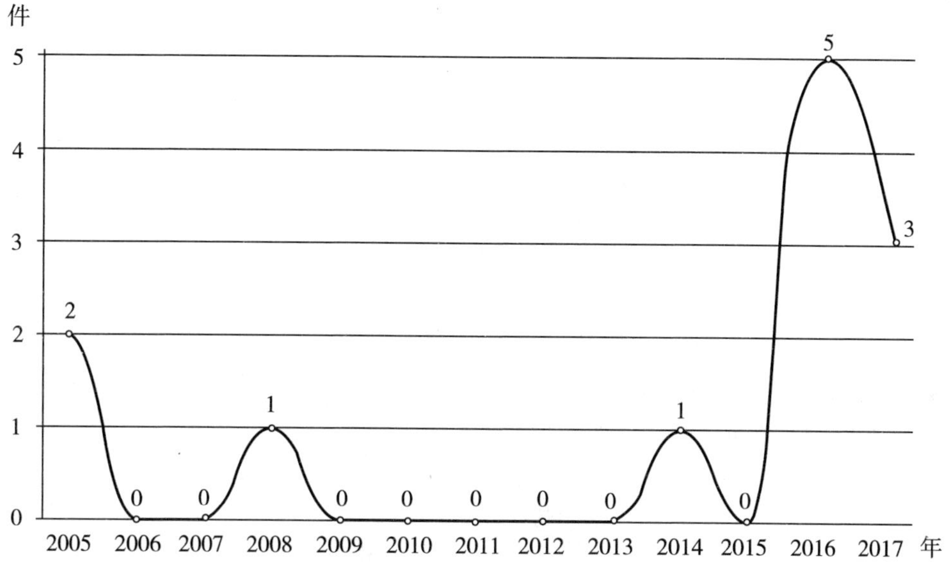

图 19 -2　案件年份分布情况

从图 19 -3 所示的地域分布情况来看，当前案例主要集中在山东省、上海市、天津市等，分别占比 75%、16.67%、18.3%，其中山东省的案件量最多，达到 9 件。

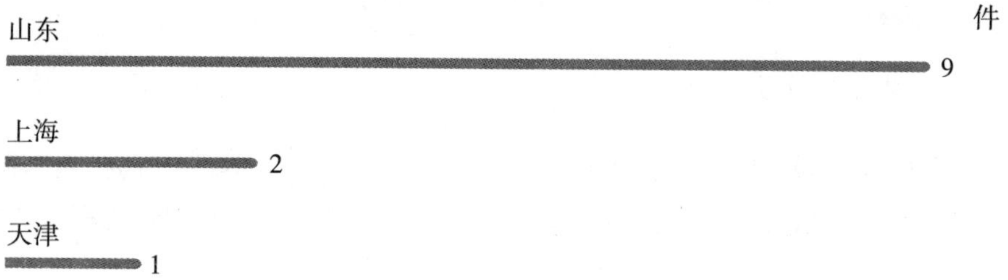

图 19 -3　案件主要地域分布情况

从图 19－4 所示的案由分类情况可以看出，当前的案由分别是合同、无因管理、不当得利纠纷，海事海商纠纷。

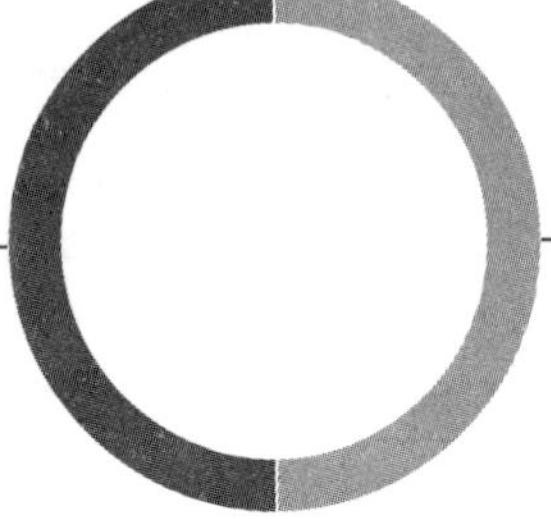

图 19－4　案件案由分类情况

从图 19－5 所示的行业分类情况可以看出，当前的行业分布主要集中在交通运输、仓储和邮政业，制造业，批发和零售业。

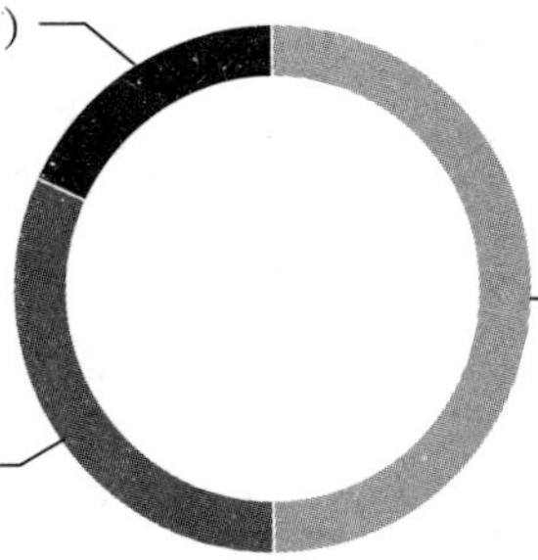

图 19－5　案件行业分类情况

二、可供参考的例案

例案一　欧尼罗曼国际货运代理（上海）有限公司与 A. P. 穆勒－马士基有限公司、深圳市灏东国际货运代理有限公司青岛分公司海上货物运输合同纠纷案

【法院】

最高人民法院

【案号】

（2018）最高法民申 3348 号

【当事人】

再审申请人（一审被告、二审上诉人）：欧尼罗曼国际货运代理（上海）有限公司

被申请人（一审原告、二审被上诉人）：A. P. 穆勒－马士基有限公司

一审被告、二审被上诉人：深圳市灏东国际货运代理有限公司青岛分公司

【基本案情】

2014年8月12日至11月22日，A. P. 穆勒－马士基有限公司（以下简称马士基公司）先后将9票海运单项下的18个40英尺超高集装箱货物，从装货港乌克兰敖德萨（odessa）港运抵卸货港中国青岛港。海运单显示收货人为欧尼罗曼国际货运代理（上海）有限公司（以下简称欧尼罗曼公司），涉案货物为板材。同年8月14日至12月26日，受欧尼罗曼公司委托，深圳市灏东国际货运代理有限公司青岛分公司（以下简称灏东货代青岛公司）分批次换取了上述9票货物的提货单并支付了换单费，但此后涉案货物始终无人提取。2015年1月26日，欧尼罗曼公司通过电子邮件向马士基公司发送了6份弃货保函（statement of abandonment of cargo），声明放弃提单项下货物的所有权。涉案货物至今滞留在青岛港，处于海关监管状态。马士基公司在其官方网站上公示了集装箱超期使用费的收费标准，至2015年1月26日欧尼罗曼公司发送弃货保函时，涉案集装箱被占用所产生的超期使用费已超过马士基公司主张之金额。另马士基公司出具残值证明，涉案单只集装箱的重置价值为4614美元。马士基公司于2015年8月4日起诉，请求判令欧尼罗曼公司与灏东货代青岛公司连带支付集装箱超期使用费人民币561,357元，并连带返还涉案18个40英尺超高集装箱，如不能返还，则赔偿涉案集装箱价值共计人民币561,357元。上海海事法院经审理作出（2015）沪海法商初字第2598号一审民事判决，支持原告的大部分诉讼请求。欧尼罗曼公司不服，提起上诉。上海市高级人民法院经审理作出（2016）沪民终256号二审民事判决：驳回上诉，维持原判。

欧尼罗曼公司仍然不服，申请再审称：（1）二审判决认定欧尼罗曼公司与马士基公司之间成立海上货物运输合同关系缺乏证据证明，适用法律错误。首先，海运单是托运人与承运人之间订立运输合同的证明，而不是收货人与承运人之间订立运输合同的证明，海运单不能约束收货人。其次，欧尼罗曼公司委托灏东货代青岛公司向马士基公司换取提货单的行为系欧尼罗曼公司作为货代提单所证明的承运人（契约承运人）的卸货港代理人，在卸货港代理契约承运人从实际承运人处提货后向实际收货人完成交货的义务，不能以此认定欧尼罗曼公司与马士基公司之间

存在海上货物运输合同关系。最后,欧尼罗曼公司出具弃货声明,并不能免除马士基公司作为实际承运人对契约承运人以及实际托运人和实际收货人所负的法律义务。(2)二审判令欧尼罗曼公司向马士基公司支付集装箱超期使用费并承担返还集装箱义务错误。承运人所有的集装箱并非海上货物运输合同的标的物,海运集装箱的提箱、使用、还箱等属于集装箱租赁合同关系项下的义务,集装箱租赁合同关系与海上货物运输合同关系是两个相互独立的法律关系。欧尼罗曼公司与马士基公司之间不存在集装箱租赁合同关系,因此,马士基公司无权向欧尼罗曼公司主张集装箱超期使用费及返还集装箱等合同权利。马士基公司陈述意见称:(1)欧尼罗曼公司已向马士基公司主张提取货物的权利,换取了涉案货物提货单,足以证明其收货人的身份。此外,其还向马士基公司出具弃货保函,保函中进一步明确其为唯一有权向马士基公司提取涉案货物的主体。无论根据法律规定还是航运实践,均可认定欧尼罗曼公司为涉案货物的收货人,欧尼罗曼公司与承运人马士基公司之间成立海上货物运输合同关系。(2)本案系海上货物运输合同项下争议,及时提货、还箱是收货人最基本的附随义务,并不存在单独的集装箱租赁合同关系。

最高人民法院经审查,裁定驳回欧尼罗曼公司的再审申请。

【案件争点】

欧尼罗曼公司是否是收货人,并应向马士基公司支付集装箱超期使用费。

【裁判要旨】

最高人民法院认为:关于马士基公司与欧尼罗曼公司之间是否成立海上货物运输合同关系的问题。首先,欧尼罗曼公司是本案所涉海运单记载的收货人。海运单规定了托运人不仅为自身利益,同时也作为收货人的代理人,代表收货人订立海上货物运输合同。因此,本案中托运人系同时作为收货人欧尼罗曼公司的代理人订立海上货物运输合同。其次,货物到目的港后,欧尼罗曼公司委托灏东货代青岛公司换取提货单并支付了换单费。此外,欧尼罗曼公司于 2015 年 1 月 26 日通过电子邮件向马士基公司发送了弃货保函,表明其系唯一有权向马士基公司提取涉案货物的人。上述情形表明,欧尼罗曼公司不仅是海运单记载的收货人,其还积极行使了收货人的权利,以实际行动认可了海运单的记载。相应地,其应当履行收货人的义务。二审判决综合上述情形认定欧尼罗曼公司作为收货人与承运人马士基公司之间成立海上货物运输合同法律关系并无不当。马士基公司作为承运人,有权要求欧尼罗曼公司履行收货人义务,提取货物并返还集装箱。本案中,集装箱是承运人履行海上货物运输合同提供的运输工具的组成部分,并不另行存在集装箱租赁合同关系,及时提货并返还集装箱是欧尼罗曼公司的义务。欧尼罗曼公司关于单独存在集装箱租赁合同关系的主张缺乏事实和法律依据。同时,集装箱在周转过程中体现其经济价值,超期使用集装箱应支付超期使用费已经成为一种行业惯例。欧尼罗曼公司迟延提货,自应当就集装箱被超期占用向马士基公司承担损失赔偿责任。

例案二 | 厦门明祥达物流有限公司与法国达飞海运集团海上货物运输合同纠纷案

【法院】

最高人民法院

【案号】

(2017)最高法民申 1477 号

【当事人】

再审申请人(一审被告、二审上诉人):厦门明祥达物流有限公司

被申请人(一审原告、二审被上诉人):法国达飞海运集团

【基本案情】

编号为 TR2295326 的海运单记载:承运人为法国达飞海运集团(以下简称达飞海运),托运人为凯莱运输物流公司(KINAYTASIMACILIKVELOJISTIKA. S.),收货人和通知方为厦门明祥达物流有限公司(以下简称明祥达公司),货物为 28 个 20 英尺集装箱的 42 块黄色大理石,装货港为土耳其共和国的梅尔辛港,2012 年 10 月 28 日装上"柯拉斯卡"(Classica)轮,卸货港为中华人民共和国广东省赤湾港,运费于厦门到付,船方不负担装货费用,未签发正本提单,采用电放。2012 年 11 月 27 日,达飞轮船(中国)有限公司深圳分公司向明祥达公司传真一份到货通知。同日,达飞轮船(中国)有限公司开出一份发票,记载:收款方为达飞深圳分公司,付款方为明祥达公司,涉案 28 个集装箱的目的港港口使用费 21,140 元,进口文件费 350 元,总计 21,490 元。明祥达公司向达飞深圳分公司回传的该到货通知上,在"收货公司中文全称"一栏,有手写的"深圳市城辉裕达贸易有限公司"字样,并盖有相同文字的一枚印章,另有一枚"厦门明祥达物流有限公司"字样的印章。达飞公司主张其已收到上述发票所列的费用;明祥达公司否认其支付了该费用,而称该费用为城辉公司所付。2012 年 11 月 28 日,明祥达公司发出一份《申请更改收货人保函》,申请将收货人更改为城辉公司,并承担因此操作而引起的任何费用、责任及

风险。2012年11月30日,28个集装箱卸货完毕,但因涉嫌走私被中国海关于12月14日扣押。2013年4月19日,深圳海关委托深圳市金槌拍卖行有限公司于4月26日网上拍卖涉案货物。5月11日、12日,该货物运抵广东省云浮市,空箱返回港口。

因28个集装箱产生的堆存费和集装箱超期使用费,达飞海运起诉明祥达公司请求赔偿。广州海事法院作出(2014)广海法初字第930号一审判决:(1)明祥达公司向达飞海运赔偿集装箱超期使用费56万元及其利息;(2)驳回达飞海运的其他诉讼请求。明祥达公司不服,提起上诉。广东省高级人民法院经审理认为,从明祥达公司向达飞公司代理人支付海运费的事实来看,明祥达公司以实际的付款行为确认其是涉案海上货物运输的收货人。明祥达公司称城辉公司是实际收货人,其是代城辉公司支付海运费,但未提供城辉公司授权其支付海运费的证据,对该项主张不予采信;依据《海商法》第86条的规定,因收货人未及时提货在目的港产生的费用,应由海上货物运输项下的收货人承担。广东省高级人民法院作出(2015)粤高法民四终字第229号二审判决:驳回上诉,维持原判。明祥达公司仍然不服,申请再审称:明祥达公司与达飞海运之间不存在海上货物运输合同关系,并非本案的适格被告。《海商法》第86条仅规定"由船长将货物卸载仓库或其他场所产生的费用"而非"任何费用"都由收货人承担。二审法院以明祥达公司系收货人为由,认定明祥达公司需要承担涉案货物在目的港发生的费用,适用法律错误。

【案件争点】

收货人明祥达公司是否应向达飞海运支付集装箱超期使用费。

【裁判要旨】

最高人民法院认为:明祥达公司不仅是涉案海运单上记载的收货人,还向达飞海运支付了海运费,并于2012年11月28日以海运单上记载的收货人的名义向达飞深圳分公司发出《申请更改收货人保函》。根据以上事实,可以认定明祥达公司与达飞海运之间成立海上货物运输合同关系,明祥达公司在目的港已经行使了收货人的权利,有义务及时提取货物并将空载集装箱返还给承运人。明祥达公司在《申请更改收货人保函》中请求达飞海运将货物放给深圳市城辉裕达贸易有限公司,同时也承诺承担达飞海运因此操作而引起的任何费用、责任及风险。涉案货物在目的港因报关不实被海关查扣,导致集装箱长期被占用,二审法院判决明祥达公司赔偿达飞海运相应的集装箱超期使用费,适用法律并无不当。

例案三 | 新鑫海航运有限公司（NEW GOLDEN SEA SHIPPING PTE. LTD）与武汉弈帆工贸有限公司海上货物运输合同纠纷案

【法院】

湖北省高级人民法院

【案号】

（2018）鄂民终870号

【当事人】

上诉人（一审原告）：新鑫海航运有限公司

被上诉人（一审被告）：武汉弈帆工贸有限公司

【基本案情】

2016年10月21日，武汉弈帆工贸有限公司（以下简称工贸公司）向新鑫海航运有限公司（以下简称航运公司）发邮件称，今年11月3日工贸公司有海盐出口给菲律宾现代时光实业公司（MODEN TIME ENTERPRISES，INC，以下简称时光公司）。航运公司此后回复，舱位确认，请及时提交订舱。涉案48个集装箱货物的记名提单注明滞箱费按公司主页公布的费率收取，托运人工贸公司，收货人时光公司。12月12日，48个集装箱运抵达沃港后卸下船舶。2017年1月6日，工贸公司向航运公司发邮件称，收货人还没有提到货。1月16日和18日，卸港代理发邮件告知时光公司，已经分别产生22天和24天滞箱费，要求尽快支付。1月27日，卸港代理告知时光公司，委托人不接受28天滞箱费免费期。2月4日，工贸公司告知航运公司涉案两票正本提单在收货人银行处，让目的港直接发送催提函给收货人。2月11日，卸港代理再次向时光公司催要滞箱费。2月21日，工贸公司告知航运公司收货人准备提货，但滞箱费远超货值，如果滞箱费不按收货人请求减免，收货人准备弃货。3月22日、5月29日，卸港代理询问时光公司是否弃货。5月31日，菲律宾海关根据目的港于2017年5月24日发出的信函，建议根据菲律宾法律发出弃货命令。9月12日菲律宾海关裁定拍卖涉案两票货物。9月29日，航运公司回复工贸公司，由于费用没有谈好，收货人拒绝提货，货物已经拍卖，并由其他公司中标，后续工作如何处理由总部决定。2017年10月25日至2018年1月27日，涉案集装箱陆续卸空返还。航运公司向一审法起诉请求判令工贸公司支付滞箱费414，720美元及利息。一审判决认定提单已经转让给收货人，滞箱费等应由收货人时光公司承担，不应由工贸公司承担，驳回航运公司的诉讼请求。航运公司不服提起上诉,认为:案涉货物抵达目的港后收货人(第三人)向航运公司换取提货单,但未办理提货还箱手续。托运人工贸公司指定收货人在目的港履行提货还箱义务属于当事人指定第三人履行义务的情形,目的港无人提货的,承运人可以向(订约)托运人主张工贸公司集装箱超期使用费。一审判决认定工贸公司不是责任主体错误。

【案件争点】

收货人时光公司换取提货单后拒绝提货是否应向航运公司承担集装箱超期费等。

【裁判要旨】

湖北省高级人民法院认为:关于滞箱费。2017 年 2 月 4 日,工贸公司在回复航运公司询问案涉正本提单流转状况的电子邮件时称"正本提单在收货人银行处",航运公司对此回复不持异议,航运公司诉讼中自称时光公司已经向航运公司换取了提货单。由此可知,案涉提单已流转至指定收货人时光公司。提单作为物权凭证,其流转过程亦可证明提单项下物权的流转过程。本案提单流转至时光公司时,时光公司即为该提单项下货物的货方,且时光公司已向航运公司换取提货单,则之后的卸货、还箱等义务应由时光公司负责和履行。根据航运公司目的港代理与时光公司之间的邮件往来可知,航运公司就案涉货物的卸货、集装箱的免费期、滞箱费的标准和天数、支付后的减免额度等事项一直在与时光公司协商,在此期间,航运公司未向工贸公司主张滞箱费,而是在与时光公司协商无果直至菲律宾海关将货物拍卖后才向工贸公司主张滞箱费。本案中,工贸公司指定的收货人具体、明确且已经换取提货单,不属于目的港无人提货的情形,航运公司认为根据提单约定和法律规定工贸公司应承担滞箱费损失的主张不成立,对该请求不予支持。综上,航运公司的上诉请求不能成立,应予驳回。

三、裁判规则提要

(一)目的港交货困难的几种情形

国际海上货物运输合同的履行过程中,承运人会遭遇目的港集装箱货物的交货难题。《海商法》第 86 条规定,在卸货港无人提取货物或者收货人迟延、拒绝提取货物的,船长可以将货物卸在仓库或者其他适当场所,由此产生的费用和风险由收货人承担。本条规定包含了承运人目的港交货困难的情形:一是无人提货。由于提单的可转让性,提单流转到最后谁持有提单承运人无从知晓,承运人不知道收货人是谁,也联系不到收货人,即使提单记载有通知方,但通知方不是收货人,实质上是被通知人，承运人只能告知通知方货物已到港。二是收货人迟延提货、无法提货或拒绝提货。收货人凭正本提单向承运人主张提货，并换取提货单，但又出现迟延提货或者事后反悔而拒绝提货，或者收货人行使了相关权利后但无法提取货物，如例案二中，明祥达公司行使了收货人的权利，但因货物报关不实无法提取货物。货物运抵后，承运人往往会给予一定的集装箱免费使用期，货物交付不能或受阻超过该期限后势必发生集装箱超期使用费。

(二)超期使用集装箱属违约行为

集装箱是承运人履行海上货物运输合同提供的运输工具的组成部分，装载于船上的集装箱甚至可以视为船舶货舱的延伸，集装箱在周转过程中体现其经济价值。集装箱超期使用费(俗称滞箱费)，是指在海上货物运输合同项下，收货人、提单持有人及托运人超期使用集装箱而向承运人支付的费用，属于承运人因丧失正常使用集装箱的预期可得利益损失或向第三人租用替代集装箱的成本损失。超期使用集装箱应支付超期使用费已经成为一种行业惯例。无论最后的责任人是托运人、提单持有人还是收货人，承运人因集装箱被超期占用而无法正常流转经营所造成的经济损失，根据《合同法》第 107 条“当事人一方不履行合同义务或者履行合同义务不符合约定的，应当承担继续履行、采取补救措施或者赔偿损失等违约责任”的规定，均属于海上货物运输合同下相对于承运人的一方当事人的违约责任。在上述案件中，法院均是以违反运输合同的约定来确定责任人的集装箱超期使用费的支付义务，例如，在例案一中，欧尼罗曼公司抗辩不存在运输合同关系而另有集装箱租赁合同关系，但未得到最高人民法院的支持。

(三)收货人作为集装箱超期使用费的责任主体

集装箱超期使用费的责任主体，应区分不同情形依法认定，在收货人行使了相关权利后又迟延提货、无法提货或拒绝提货导致发生集装箱超期使用费的，收货人是责任主体。根据《海商法》第 41 条、第 42 条的规定，承运人和托运人为海上货物运输合同的当事方，收货人是“有权提取货物的人”，并非海上货物运输合同的当事方。但《海商法》第 78 条第 1 款规定：“承运人同收货人、提单持有人之间的权利、义务关系，依据提单的规定确定。”受让提单的一方当事人依据提单主张权利的，其就成为该提单运输合同的当事方，提单条款记载的相应权利义务(大多数规定有提货义务)对其产生约束力。《合同法》第 309 条也规定，货物运输到达后，承运人知道收货人的，应当及时通知收货人，收货人应当及时提货；收货人逾期提货的，应当向承运人支付保管费等费用。可见，根据相关法律规定承运人在特定条件下有权向收货人主张集装箱超期使用费。

当然，海上货物运输合同是典型的涉他合同，即使收货人受让了提单，其仍是“有权提取货物的人”。在收货人行使了提货等相关权利后，收货人与承运人之间就建立以交接货物等为权利义务内容的运输合同关系，收货人才需要履行相关义务。如果受让提单的收货人向承运人换取了提货单，则视为其行使了提取货物的权利并经承运人接受，权利和义务往往是相伴的，此时收货人就不仅仅是“有权提取货物的人”，而是与承运人成立了以交接货物等为内容的运输合同关系。此后如果收货人逾期提货、无法提货或者拒绝提货，或者提货后未归还集装箱，由此造成的包括集装箱超期使用费在内的损失，承运人均应向其主张违约赔偿。值得注意的是，在此种情形下，如果承运人还是选择向托运人主张集装箱超期使用费等损失的话，根据合同相对性原则，其诉求则将面临不予支持的诉讼风险。例如，在例案三中，工贸公司指定的收货人具体、明确且已经换取提货单，被告抗辩承运人应向托运人工贸公司主张权利但未得到湖北省高级人民法院的支持。

四、辅助信息

高频词条：

《海商法》

第 41 条　海上货物运输合同，是指承运人收取运费，负责将托运人托运的货物经海路由一港运至另一港的合同。

第 42 条　本章下列用语的含义：

（一）“承运人”是指本人或者委托他人以本人名义与托运人订立海上货物运输合同的人。

（二）“实际承运人”，是指接受承运人委托，从事货物运输或者部分运输的人，包括接受转委托从事此项运输的其他人。

（三）“托运人”是指：

1. 本人或者委托他人以本人名义或者委托他人为本人与承运人订立海上货物运输合同的人；

2. 本人或者委托他人以本人名义或者委托他人为本人将货物交给与海上货物运输合同有关的承运人的人。

（四）“收货人”，是指有权提取货物的人。

……

第 78 条第 1 款　承运人同收货人、提单持有人之间的权利、义务关系，依据提单的规定确定。

第 86 条　在卸货港无人提取货物或者收货人迟延、拒绝提取货物的，船长可以将货物卸在仓库或者其他适当场所，由此产生的费用和风险由收货人承担。

《民法典》

第 577 条　当事人一方不履行合同义务或者履行合同义务不符合约定的，应当承担继续履行、采取补救措施或者赔偿损失等违约责任。

第 830 条　货物运输到达后，承运人知道收货人的，应当及时通知收货人，收货人应当及时提货。收货人逾期提货的，应当向承运人支付保管费等费用。

海上货物运输合同纠纷案件裁判规则第 20 条:

集装箱超期使用费应根据当事人意思自治、可预见规则和减损规则合理确定

〔**规则描述**〕:集装箱超期使用费的计算标准依约确定,提单中载明的费率,包括并入提单的承运人在网站公布的费率,视为当事人的约定;当事人没有约定的可以采用同类集装箱经营者公布的同期同地市场标准。但集装箱超期使用费的计算应适用减损规则和可预见性规则,以确定一个合理的金额。

一、类案检索大数据报告

时间:2019 年 12 月 12 日之前,案例来源:Alpha 案例库,数据采集时间:2019 年 12 月 12 日。本次检索以引用法条为"《合同法》第 107 条、第 113 条、第 119 条"①、法院认为中包含"超期使用费"、"滞期费"和"计算标准"为检索条件,共获取了 41 篇裁判文书,剔除无关、重复的文书 1 篇,剩余的 40 篇裁判文书中:

(1)认为集装箱超期使用费应当根据当事人意思自治、可预见规则和减损规则合理确认的文书为 40 篇;

(2)不认同前述规则的文书为 0 篇。

整体情况如下:

如图 20－1 所示,认同本项裁判规则的文书占 100%。

图 20－1　对本项裁判规则的认同情况

① 参见《民法典》第 577 条、第 584 条、第 591 条。

从图 20－2 所示的年份分布情况可以看到当前条件下案例数量的变化趋势。

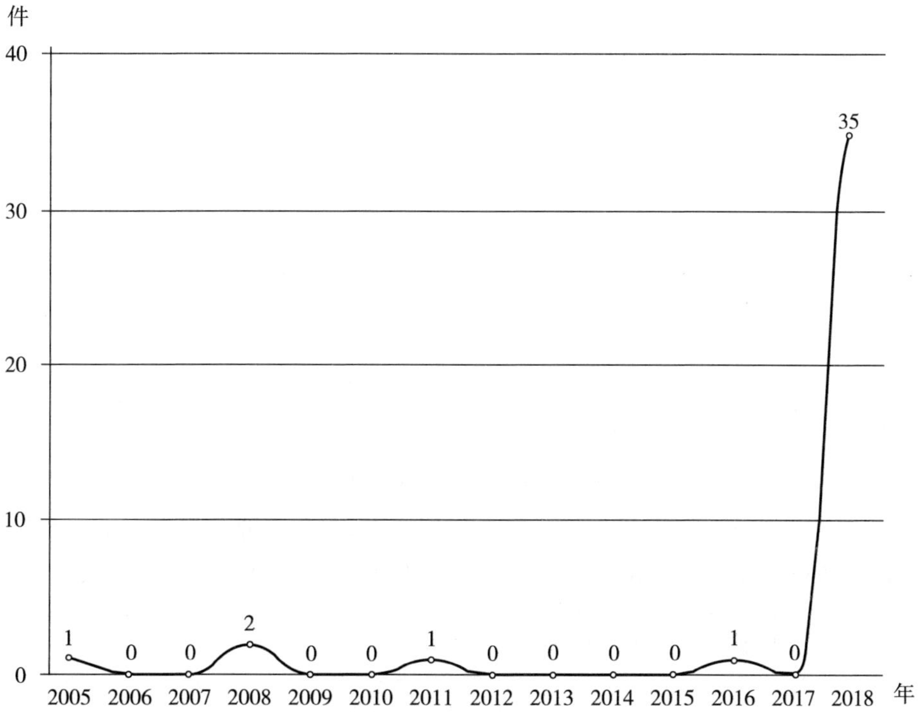

图 20－2　案件年份分布情况

从图 20－3 所示的地域分布情况来看，当前案例主要集中在天津市、山东省、上海市等，分别占比 87.5%、5%、2.5%，其中天津市的案件量最多，达到 35 件。

图 20－3　案件主要地域分布情况

从图 20－4 所示的案由分类情况可以看出,当前的案由分布由多至少分别是合同、无因管理、不当得利纠纷,海事海商纠纷。

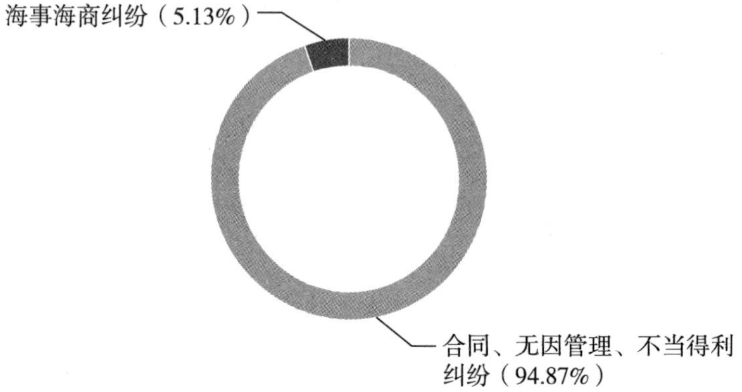

图 20－4 案件案由分类情况

从图 20－5 所示的行业分类情况可以看出,当前的行业分布主要集中在交通运输、仓储和邮政业,制造业,批发和零售业,农、林、牧、渔业。

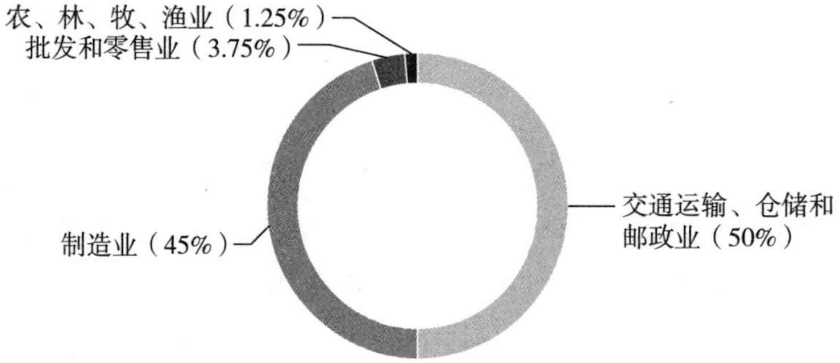

图 20－5 案件行业分类情况

二、可供参考的例案

例案一 阳明海运股份有限公司与中国江苏国际经济技术合作集团有限公司、连云港顺天木业有限公司、连云港众诚国际物流有限公司海上货物运输合同纠纷案

【法院】

上海市高级人民法院

【案号】

(2018)沪民终203号

【当事人】

上诉人(一审被告)：中国江苏国际经济技术合作集团有限公司

被上诉人(一审原告)：阳明海运股份有限公司

一审被告：连云港顺天木业有限公司

一审被告：连云港众诚国际物流有限公司

【基本案情】

2015年1月25日，中国江苏国际经济技术合作集团有限公司(以下简称中江集团)通过其对外贸易分公司与连云港顺天木业有限公司(以下简称顺天木业)签订外贸出口合作协议。同年3月5日，中江集团与顺天木业签订编号为SUZC15XXXXB22的外销产品采购合同。同年3月13日，中江集团又与ORLIMEXDEGMBH(以下简称ORLIMEX)签订编号为MXXXX22的销售合同，约定由中江集团向ORLIMEX销售两种规格的胶合板共1500立方米，总价为1,494,550美元，自中国连云港运至阿联酋迪拜(DUBAI)。阳明海运股份有限公司(以下简称阳明海运)委托连云港众诚国际物流有限公司(以下简称众诚物流)办理涉案货物订舱、报关事宜。3月28日，就已装船的涉案出运货物，装港代理代表阳明海运在连云港签发了编号为YMLUZ23XXXX503的全套正本提单，载明托运人为中江集团，收货人凭指示，通知方为ORLIMEX；装货港为中国连云港，卸货港及交货地为阿联酋杰贝·阿里(JEBELALI)，船名/航次为"IXXXXXXXXXXN"轮/140S(另有二程船为"YM-CXXXXXX"轮)，货物为装载于30个40英尺高箱(HQ)内的1500立方米胶合板。但涉案货物于同年4月底运抵杰贝·阿里(JEBELALI)后，无人办理提货手续，阳明海运遂向当地法院申请处理货物。

根据阳明海运在其网站公示的集装箱超期使用费费率表，阿联酋进口集装箱40英尺普货高箱(HQ)的费率为：1～5天免费，6～14天为50迪拉姆/天，15天以上为100迪拉姆/天。卸货港码头DPWORLD在其网站也公示了各项港口费率标准。为查明与涉案装载普通货物的40英尺高箱(HQ)相同类型的集装箱在2016年第一季度至上半年期间的新箱市场价格，上海海事法院发函向中远海运集装箱运输有限公司进行了调查。该司复函称，此类集装箱在上述期间内的市场参考价格范围为2850～3000美元/箱。

之后，阳明海运提起诉讼，请求判令中江集团、顺天木业、众诚物流连带赔偿涉案货物集装箱超期使用费、卸货港码头费等损失。上海海事法院经审理后作出(2016)沪72民初1436号一审民事判决,判令中江集团向阳明海运支付集装箱超期使用费87,750美元及赔偿损失482,431美元。中江集团不服上诉,上海市高级人民法院作出(2018)沪民终203号二审民事判决,驳回上诉,维持原判。

【案件争点】

阳明公司在其网站公布的集装箱超期使用费的费率能否构成当事人之间的约定。

【裁判要旨】

上海海事法院认为:中江集团就卸货港无人提货而产生的费用,应向阳明海运承担违约责任。但与此同时,阳明海运未尽承运人减损义务所导致的扩大部分损失,依法应由阳明海运自行承担。其中,关于集装箱超期使用费,其费率标准经阳明海运在网站公示,在中江集团通过货运代理人委托阳明海运出运货物并接受提单的情况下,该公示费率标准应视为双方达成合意,并构成涉案海上货物运输合同约定的内容。但当集装箱超期使用费逐步累积,仍无法促使货方尽速还箱时,承运人理应采用重新购置同类型集装箱并投入营运的合理方式,使违约损失依法被控制在可预期范围之内。故涉案阳明海运应收取的集装箱超期使用费应以新购置40英尺高箱(HQ)市场价格为限。考虑新箱购置至投入营运的合理流程耗时,故酌情采2016年第一季度至上半年期间的价格中间数2925美元/箱,并以此确定集装箱超期使用费金额为87,750美元。

上海市高级人民法院支持一审的观点,并认为:根据《合同法》第304条[①]的规定,因收货人不明造成承运人损失的,托运人应当承担损害赔偿责任。故本案阳明海运有权利根据提单向合同相对方,即托运人中江集团主张目的港无人提货导致的损失。《海商法》第87条规定承运人可以通过留置货物来索赔其为货物垫付的必要费用,但留置货物系承运人的权利,承运人不留置货物的,并不影响其主张债权。本院对中江集团关于涉案损失应由收货人承担且承运人必须先行留置货物的上诉理由不予采纳。

---

① 参见《民法典》第825条。

例案二 以星综合航运有限公司与山东大申进出口有限公司海上货物运输合同纠纷案

【法院】

福建省高级人民法院

【案号】

(2015)闽民终字第 1654 号

【当事人】

上诉人(一审原告):以星综合航运有限公司

上诉人(一审被告):山东大申进出口有限公司

【基本案情】

2013 年 10 月,以星综合航运(中国)有限公司以承运人以星综合航运有限公司(以下简称以星公司)的代理人身份签发了编号为 ZIMUXIA9084370 和 ZIMUXIA9112091 的两份提单,记载:托运人为山东大申进出口有限公司(以下简称大申公司)、通知人和收货人为 SUQS、装港为厦门、目的港为罗马尼亚康斯坦察、承运船及航次号为 ZIM PACIFIC65/W、运费预付、货物描述见附件清单。提单第二页的附件清单载明:"条款(Clauses):罗马尼亚康斯坦察港集装箱免费用箱期和超期使用费标准:冷藏集装箱 1~3 天免费,4 天及以上 20 英尺箱 111 美元/天、40 英尺箱 129 美元/天;通电费每个集装箱 98 美元/天,自货到场站(CST TERMINAL)之日起计算"。2013 年 11 月 25 日,上述提单项下的两个冷藏集装箱到达目的港,提单记载的收货人及通知方 SUQS 公司未前来提取货物。为避免额外费用进一步产生,也由于货物不宜长期保存的特性,货物于 2014 年 5 月 26 日被销毁。以星公司支付了相关的堆存费、货物处理费和卫生检验费。为此,以星公司提起诉讼,请求判令大申公司承担目的港费用 60,473 美元及集装箱超期使用费 46,053 美元等。厦门海事法院经审理作出(2014)厦海法商初字第 605 号一审民事判决,支持以星公司的大部分诉求。以星公司、大申公司均不服,提起上诉。

【案件争点】

提单条款记载的集装箱超期使用费率能否作为目的港无人提取货物时集装箱超期使用费的计算标准。

【裁判要旨】

福建省高级人民法院认为:因案涉提单系记名提单,承运人与托运人在提单中已确定货物到达目的港后的收货人，即托运人和承运人已约定了收货人的相关义务，属于当事人约定由第三人向债权人履行债务的情形。根据《合同法》第65条[①]的规定："当事人约定由第三人向债权人履行债务，第三人不履行债务或者履行债务不符合约定，债务人应当向债权人承担违约责任。"大申公司虽指定以星公司将案涉货物交付给提单上的收货人，但案涉货物到达目的港后，因收货人未按期提取案涉货物，产生了目的港堆存费、集装箱超期使用费等相关费用由此给以星公司造成的相应损失应由大申公司承担赔偿责任。案涉货物于2013年11月25日到达目的港后，以星公司应及时通知收货人提货，在收货人无法联系上或者迟延提货时，以星公司应当及时通知托运人，在案涉货物产生高额滞箱费、堆存费后，亦应根据《海商法》第86条、第88条的相关规定，积极履行减损义务。因案涉货物系极易腐烂变质的水果，以星公司应积极处理留置货物，尽可能降低损失费用，其在货物无人提取六个月后才处理完毕案涉货物明显扩大了损失，因其未尽适当减损义务而扩大的损失部分，其无权请求大申公司承担。一审法院依据本案的实际情况酌定以星公司处置货物的时间为100日，超出100日以外的损失由以星公司自行承担合法合理，本院予以维持。关于损失的金额和计算标准问题。集装箱超期使用费属于集装箱租用合同或运输合同一方当事人迟延履行归还集装箱的义务所造成的违约损失，一般为提供集装箱的一方当事人因丧失正常使用集装箱的预期可得利益损失和向第三人主张租用案涉集装箱的成本损失。大申公司关于应以集装箱的同期租金来认定集装箱超期使用费损失的主张缺乏依据，本院不予采纳。关于集装箱超期使用费的计算标准，案涉提单已经约定了集装箱免费用箱期、超期使用费用和电费标准，在无相反证据的情况下，应以该标准作为相应的计算标准。

例案三 ｜ 阳明海运股份有限公司与太平洋大陆公司海上货物运输合同纠纷案

【法院】

上海市高级人民法院

【案号】

(2015)沪高民四(海)终字第33号

---

① 参见《民法典》第523条。

【当事人】

上诉人(一审被告):太平洋大陆公司

被上诉人(一审原告):阳明海运股份有限公司

【基本案情】

2013年2月28日,阳明海运股份有限公司(以下简称阳明公司)出具了全套正本提单,承运50个集装箱,装货港为伊朗沙希德港,卸货港为中国上海港,船名航次为YM Pine 96E,托运人为太平洋大陆公司(以下简称大陆公司),货物品名为锌矿石。同年3月22日,货物运抵上海港。货物到港后大陆公司委托阳明公司办理货物退运。阳明公司于7月22日向上海海关申请退运,上海海关于8月12日批准货物退运,但此后货物并未退运,一直滞留上海港。涉案提单未流转,至今仍在大陆公司处,大陆公司至今未返还集装箱,亦未支付相关费用。为此,阳明公司提起诉讼,请求判令大陆公司支付目的港码头堆存费1,922,200元、集装箱超期使用费1,000,000元、港口杂费43,578元及相应的利息损失等。

【案件争点】

大陆公司应支付的集装箱超期使用费其数额是否应当以新置集装箱价值为限。

【裁判要旨】

上海海事法院认为:大陆公司作为托运人即运输合同的一方,负有及时提货并返还海运集装箱的义务,并应承担迟延提货产生的费用和风险。由于大陆公司货物未予退运,长期占用集装箱,使集装箱无法流转而造成阳明公司的经济损失,大陆公司理应赔偿。但承运人收取集装箱超期使用费时也应当尽减损义务,采取适当措施以防止损失扩大,根据阳明公司网站公布的集装箱超期使用费标准计算所得的集装箱超期使用费,已远远超过另购50只同类新箱所发生的费用,故涉案集装箱超期使用费以50只同类型集装箱的新箱价格为限较为合理。关于20英尺新箱的市场价格,阳明公司提交了网站查询信息证明集装箱重置价为20,000元人民币,大陆公司认可该重置价格,予以确认。集装箱超期使用费从性质上讲,是海上货物运输合同下约定的对未按期归还集装箱的违约金,该违约金本身具有惩罚性,阳明公司同时主张相关损失的利息,于法无据,不予支持。

上海市高级人民法院二审支持一审的上述观点。

三、裁判规则提要

(一)关于集装箱超期使用费的计算标准

关于集装箱超期使用费的计算标准和限额,目前国际公约和我国法律均无明确规定。集装箱免费使用期满后未能及时归还集装箱属违约行为,集装箱超期使用费的费率标准当事人之间有约定的从约定。对承运人网上发布的集装箱超期使用费的费率标准,在其不能证明该标准已经双方达成合意时,不能当然予以适用。除非承运人能够证明其发布的费率标准已经并入提单成为运输合同的一部分,或者通过其他方式经双方当事人认可,才可根据意思自治原则予以认定。在上述三个例案中,法院均将承运人在网站公布的或者在提单记载的集装箱超期使用费的费率标准作为当事人的约定,并作为计算标准。如果双方没有明确约定费率标准,承运人主张集装箱超期使用费时,应当举证证明同期同地市场主体普遍采用的费率标准。

另外值得注意的是,目前大多数集装箱使用人对承运人发布的集装箱超期使用费计算标准争议较少,故以所谓约定的违约金过高为由请求调低集装箱超期使用费计算标准的司法判例尚不多。司法实践中,多数案例是集装箱使用人一方面认可了承运人发布的集装箱超期使用费计算标准,另一方面又因为超期使用集装箱的时间过长,导致所累积的滞箱费数额太高,而主张承运人未尽法定减损义务或根据损失可预见原则,请求法院对集装箱超期使用的赔偿数额予以合理确定。因承运人发布的集装箱超期使用费计算标准一般具有一定的累进性和惩罚性,在性质上与违约金相类似,故对于以约定的集装箱超期使用费计算标准过高为由请求调低处理的,可参照《合同法》第 114 条①予以界定。

(二)承运人的减损义务

考虑收取集装箱超期使用费的目的是促使集装箱使用人积极履约、及时返还集装箱,而非支持承运人消极等待按照费率持续计算集装箱的超期使用费,并最终得到全额赔偿。因此,为了防范承运人可能存在的道德风险,激发其积极行动的动力,避免造成社会资源的浪费,应根据《合同法》第 119 条的规定,判定承运人具有采取适当、可行的积极措施避免集装箱损失扩大的减损义务。如积极联系托运人

---

① 参见《民法典》第 585 条。

获得如何处理货物的指示，或者依据《海商法》第 87 条、第 88 条的规定，在考虑目的港的法律、要求和习惯，以及货物特性、减损费用等因素自主选择拆箱、留置、拍卖和回运货物等适当、可行的减损措施。在例案二中，以星公司就易腐货物未能及时采取减损措施导致损失扩大，对以星公司主张的扩大损失部分，两审法院均不予支持。值得注意的是，承运人采取减损措施前，应积极履行告知托运人、收货人的义务，力求取得协商一致的减损方案。托运人或收货人如果认为承运人采取的减损措施不合理，应对此承担举证责任。

（三）集装箱超期使用费的限额

《合同法》第 113 条第 1 款规定，当事人一方不履行合同义务或者履行合同义务不符合约定，给对方造成损失的，损失赔偿额应当相当于因违约所造成的损失，包括合同履行后可以获得的利益，但不得超过违反合同一方订立合同时预见到或者应当预见到的因违反合同可能造成的损失。根据本条规定的可预见性原则，如果集装箱超期使用费的金额超过重新购置一个集装箱的价格时，这显然是在义务人的订立合同时预见到或者应当预见到的违约可能导致的损失。因为在义务人长期不归还集装箱时，承运人应该且能够采取购置一个同类型的新集装箱投入运营，以阻止集装箱超期使用费的进一步累积。因此，当根据承运人发布的费率标准或者同类集装箱经营者网站公布的同期同地的市场标准计算，集装箱超期使用费已明显超过承运人的集装箱重置费用时，应按照可预见性原则，以集装箱应当返还时同类型集装箱市价的价值为限，对集装箱的超期使用费数额予以封顶控制。当然，根据具体案情，还应当允许适当的浮动或者调整，以更好地实现公平原则。

四、辅助信息

高频词条：

《民法典》

第 577 条　当事人一方不履行合同义务或者履行合同义务不符合约定的，应当承担继续履行、采取补救措施或者赔偿损失等违约责任。

第 584 条　当事人一方不履行合同义务或者履行合同义务不符合约定，造成对方损失的，损失赔偿额应当相当于因违约所造成的损失，包括合同履行后可以获得的利益；但是，不得超过违约一方订立合同时预见到或者应当预见到的因违约可能造成的损失。

第585条 当事人可以约定一方违约时应当根据违约情况向对方支付一定数额的违约金，也可以约定因违约产生的损失赔偿额的计算方法。

约定的违约金低于造成的损失的，人民法院或者仲裁机构可以根据当事人的请求予以增加；约定的违约金过分高于造成的损失的，人民法院或者仲裁机构可以根据当事人的请求予以适当减少。

当事人就迟延履行约定违约金的，违约方支付违约金后，还应当履行债务。

《海商法》

第86条 在卸货港无人提取货物或者收货人迟延、拒绝提取货物的，船长可以将货物卸在仓库或者其他适当场所，由此产生的费用和风险由收货人承担。

第87条 应当向承运人支付的运费、共同海损分摊、滞期费和承运人为货物垫付的必要费用以及应当向承运人支付的其他费用没有付清，又没有提供适当担保的，承运人可以在合理的限度内留置其货物。

第88条 承运人根据本法第八十七条规定留置的货物，自船舶抵达卸货港的次日起满六十日无人提取的，承运人可以申请法院裁定拍卖；货物易腐烂变质或者货物的保管费用可能超过其价值的，可以申请提前拍卖。

拍卖所得价款，用于清偿保管、拍卖货物的费用和运费以及应当向承运人支付的其他有关费用；不足的金额，承运人有权向托运人追偿；剩余的金额，退还托运人；无法退还、自拍卖之日起满一年又无人领取的，上缴国库。

海上货物运输合同纠纷案件裁判规则第 21 条：
国际海上货物运输中的承运人行使货物留置权，应当符合法定条件

〔**规则描述**〕：在国际海上货物运输中，承运人拟留置的货物须由负有支付运费及其他运输费用义务的债务人所有，同时当事人之间不能通过约定方式创设留置权。

一、类案检索大数据报告

时间：2019 年 12 月 15 日之前，案例来源：Alpha 案例库，数据采集时间：2019 年 12 月 15 日。本次检索以引用法条为“《物权法》第 231 条、第 232 条或《海商法》第 87 条”，法院认为中包含“承运人”、“留置”、“债务人”和“所有”为检索条件，共获取了 29 篇裁判文书，剔除无关、重复的文书 11 篇，剩余的 18 篇裁判文书中：

（1）认为承运人拟留置的货物须由负有支付运费及其他运输费用义务的债务人所有的文书为 16 篇；

（2）认为承运人可以在一定条件下留置由债务人占有但无所有权的货物的文书为 2 篇。

整体情况如下：

如图 21 - 1 所示，认同本项裁判规则的文书占 88.89%，不认同的文书占 11.11%。

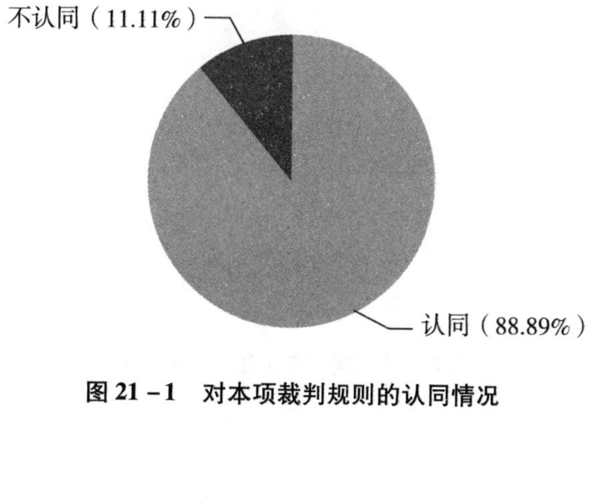

图 21 - 1　对本项裁判规则的认同情况

从图 21－2 所示的年份分布情况可以看出当前条件下案例数量的变化趋势。

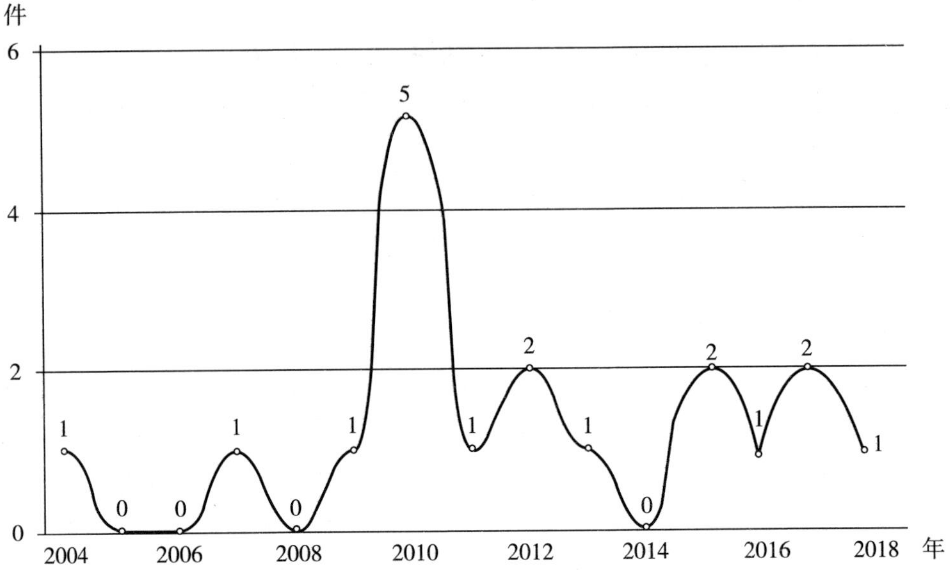

图 21－2　案件年份分布情况

从图 21－3 所示的地域分布来看，当前案例主要集中在上海市、天津市、山东省等，分别占比 66.67%、11.11%、11.11%，其中上海市的案件量最多，达到 12 件。

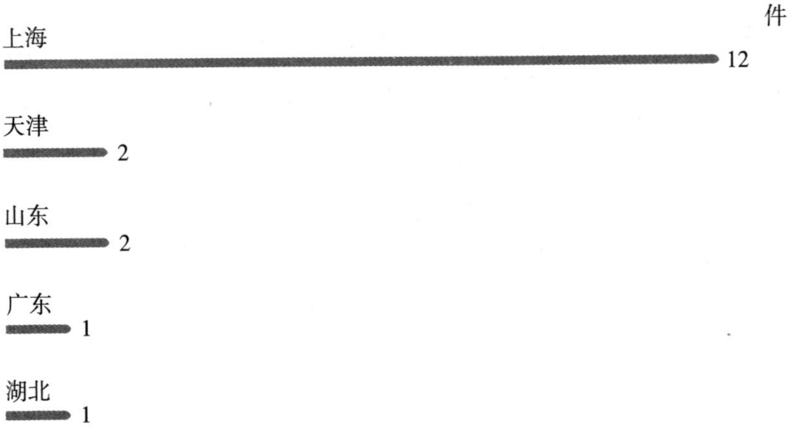

图 21－3　案件主要地域分布情况

从图21－4所示的案由分类情况可以看出，当前最主要的案由是合同、无因管理、不当得利纠纷，占71.43%，其次是海事海商纠纷、适用特殊程序案件案由和物权纠纷。

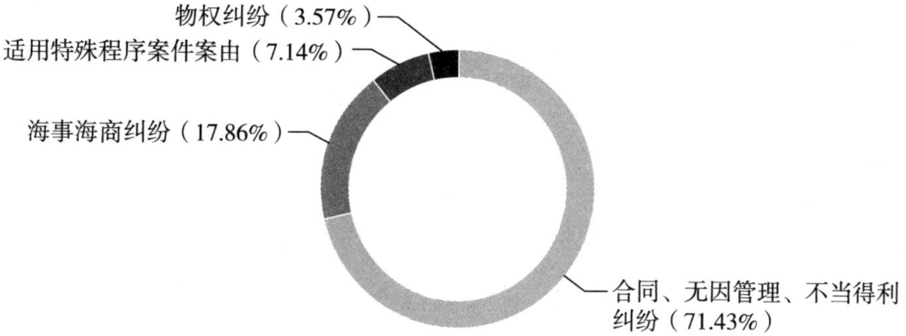

图21－4 案件案由分类情况

从图21－5所示的行业分类情况可以看出，当前的行业分布主要集中在交通运输、仓储和邮政业，批发和零售业，制造业，建筑业，租赁和商务服务业。

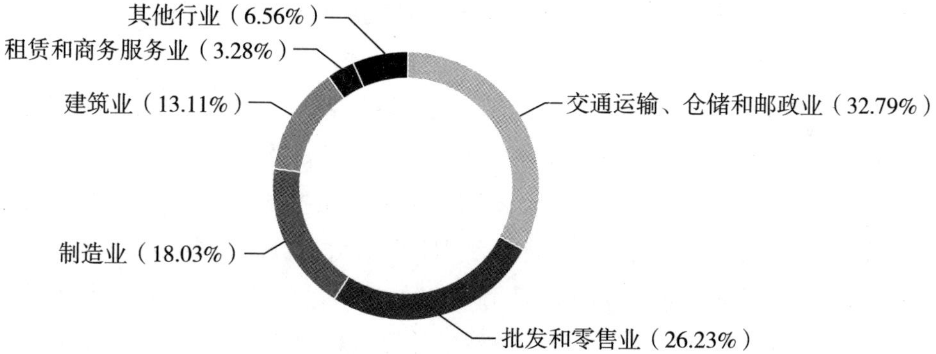

图21－5 案件行业分类情况

二、可供参考的例案

例案一 山东翔龙实业集团有限公司与北方航运有限公司等公司海上货物运输合同纠纷案

【法院】

最高人民法院

【案号】

(2016)最高法民申530号

【当事人】

再审申请人(一审原告、反诉被告,二审上诉人):山东翔龙实业集团有限公司

被申请人(一审被告、反诉原告,二审被上诉人):北方航运有限公司

被申请人(一审被告、二审被上诉人):金源海运有限公司

【基本案情】

2011年3月22日,山东翔龙实业集团有限公司(以下简称山东翔龙公司)作为买方与卖方PT公司签订了一份编号为KRESNA-XL-201101的《镍矿买卖合同》。7月29日,双方再次签订《补充协议》,约定:山东翔龙公司指定INTERTEK代替CCIC在卸货港检验镍矿的数量和质量,由于PT公司在装货港没有准备标准质量证书,付款依据INTERTEK在卸货港出具的证书。"金源"轮到天津港后,INTERTEK对涉案镍矿进行检验并于8月11日出具了品质证书,证明:含镍1.34%;铁15.51%;水分含量31.47%。山东翔龙公司在诉状中称,按照当时市场价格,整船货物价格不足人民币11,329,920元,为此PT公司口头同意不再向山东翔龙公司索要其余的70%货款。

为将涉案货物从印度尼西亚运至天津港,2011年4月11日,蓝洋国际船务有限公司(以下简称蓝洋公司)与承租人PT公司签订航次租船合同,约定运费为23.25美元/吨。同年5月18日,蓝洋公司与北方航运有限公司(以下简称北方航运公司)签订航次租船合同,约定:运费为21.95美元/吨(至日照/峦山/连云港)。北方航运公司与Timeplus Limited(以下简称时加公司)订有定期租船合同,5月19日,北方航运公司又与时加公司确认了涉案航次运输的情况。北方航运公司在一审庭审中确认:收取山东翔龙公司运费的账户为其银行账户;收到蓝洋公司300,000美元的保证金,已经冲抵在装货港产生的滞期费;其已经向金源海运公司支付了包括本航次在内的全部定期租船租金。

2011年7月12日,涉案53,952吨镍矿装上"金源"轮,船代代表船长签发了编号为001/PML-CHN/7/11的提单,提单右上方记载:和租约合并使用;左上方记载:托运人为PT公司;左下方记载:运费支付依照2011年5月18日租约。同年7月24日,"金源"轮抵达天津港。7月25日,北方航运公司向蓝洋公司发出通知,称因蓝洋公司欠付其装货港的滞期费和运费而留置涉案货物,且靠泊卸货,不应视为放弃对货物的留置。7月30日,涉案货物卸至天津港保税区恒威仓储服务中

心。8月22日，山东翔龙公司收到PT公司寄来的全套正本提单后向“金源”轮各方发送函件称其近期内将办理提货手续。9月1日，北方航运公司向山东翔龙公司发出留置通知，称:2011年5月18日租约已经并入提单，因未收到总计1,551,822.08美元的运费和滞期费已经留置提单项下的全部货物。11月10日，天津新港海关出具(2011)津新关超字第534号《天津新港海关提取进口过期货物证明》，载明：涉案货物已超过《海关法》规定的报关期限，应由海关提取变卖。12月18日，山东翔龙公司向天津海关发出关于保留“金源”轮货物申请，请求天津海关不要对货物进行处理拍卖。2012年1月9日，北方航运公司向山东翔龙公司发送函件，要求其尽快办理报关，北方航运公司将提供必要的协助，但山东翔龙公司拒绝报关并转售。2014年11月14日，天津海关给一审法院回函，称：涉案镍矿已依法拍卖，所得价款共计人民币16,688,131元。扣除海关税费人民币1,303,137.7元(其中，进口增值税人民币1,059,968.7元、滞报金人民币243,169元)，支付相关费用人民币6,589,029.06元(其中，物价评估费人民币98,376.26元、天津港保税区恒威仓储服务中心仓储费人民币642,256元、天津开发区鹏发货运代理有限公司仓储费人民币5,848,396.8元)后，结余人民币8,795,964.24元已返还山东翔龙公司。

2011年11月18日，北方航运公司与金源海运有限公司(以下简称金源海运公司)签订转让协议，金源海运公司将涉案提单项下的权利与利益绝对、不可撤销地转让给北方航运公司；转让的生效追溯至提单签发之日；协议适用英国法。同日，金源海运公司将权利转让的事实通知了山东翔龙公司。2014年12月，温特斯科特律师事务所G D winter律师，对上述转让协议效力出具法律意见：依据英国1925年《财产法》第136条的规定“任何经由转让人本人书面出具，涉及转让任何债务或其他无形动产权益的绝对转让(非仅作担保之用)，并向债务人、信托受托人或其他转让人有权向其追索这些债务或无形动产权益的人士发出了书面转让通知，于法已在通知之日有效地转让(受制于衡平法下优先于受让人的权利;a)针对上述债务或无形动产权益的合法权利;b)针对上述债务或无形动产权益的所有法律或其他救济;c)无须转让人协助即可解除上述债务或无形动产权益的权力”，该转让协议有效。

金源海运公司为“金源”轮船东，在巴拿马共和国进行的注册登记。

【案件争点】

1.在提单上记载的托运人PT公司、提单持有人翔龙公司对承运人不负有支付运费义务的情况下，承运人北方航运公司是否有权留置货物；

2. 若承运人北方航运公司无权留置货物，则其是否可以依据提单并入租约条款而合法占有货物。

【裁判要旨】

最高人民法院再审认为：翔龙公司主张北方航运公司已经收到全部运费，但没有提供证据予以证明，一审、二审法院根据提单记载、提单并入的租船合同运费条款及其他相关事实，认定北方航运公司尚未收取的运费金额为1,015,246.4美元（按照2014年11月14日美元兑人民币的汇率1:6.1251折合人民币6,218,485.7元），并无不当。《海商法》第87条规定：“应当向承运人支付的运费、共同海损分摊、滞期费和承运人为货物垫付的必要费用以及应当向承运人支付的其他费用没有付清，又没有提供适当担保的，承运人可以在合理的限度内留置其货物。”根据该法律规定，国际海上货物运输中承运人留置货物的条件之一是拟留置的货物由负有支付运费及其他运输费用义务的债务人所有。在承运人为货物运输签发提单的情况下，该法律规定对于保护善意持有提单的第三人的利益、促进提单流转具有积极意义。在本案中，由于提单上记载的托运人PT公司、提单持有人翔龙公司对北方航运公司并不负有支付运费的义务，北方航运公司无权留置涉案货物。

但是，涉案提单并入2011年5月18日租船合同运费条款载明的条件“如果在船舶到达前租船人没有足额支付运费至船东账户，船东有权拒绝卸货”，该并入条款合法有效，对承运人与提单持有人有约束力。尽管提单持有人翔龙公司不是提单下运费支付的义务人，其受让提单时应当知道上述约定条件及其相应的法律风险，只要蓝洋公司在船舶达到（卸货港）前未向北方航运公司足额支付运费，则北方航运公司行使拒绝卸货权利的条件一直存续，由此在债权关系上形成抗辩权，在物权关系上成立合法占有。尽管翔龙公司通过受让提单取得涉案货物的所有权，但其仍应受提单并入2011年5月18日租船合同运费条款约定的承运人卸货交付条件的约束，北方航运公司据此可以对抗翔龙公司的提货请求权。

虽然北方航运公司主张行使留置权不能成立，但其可以按照提单并入租船合同运费条款的约定行使拒绝交付货物的抗辩权，继续合法占有货物。该抗辩权和合法占有虽不具有留置权的优先受偿功能，但对保护债权人权益仍可发挥一定作用。就本案而言，北方航运公司拒不交付货物，可以促使翔龙公司、PT公司要求蓝洋公司向北方航运公司支付运费。如果蓝洋公司一直不支付运费，则北方航运公司可以一直拒不交付货物，不适宜保存时，也可以变价保存价款。据此，北方航运公司可以合法占有涉案货物或者其拍卖变卖价款。承运船舶“金源”轮于2011年

7月24日抵达天津港，涉案货物于2011年7月30日被卸至天津港保税区堆存，北方航运公司于9月1日向翔龙公司发出留置通知称：2011年5月18日租船合同已经并入提单，因未收到总计1,551,822.08美元的运费和滞期费已经留置提单项下的全部货物。根据北方航运公司拒绝交付货物和翔龙公司未能提取货物等事实，可以认定涉案货物自从印度尼西亚装船至被天津海关拍卖前一直由北方航运公司占有。货物在北方航运公司占有期间被海关拍卖，拍卖款扣除海关税费并支付港口费用等相关费用后最终剩余人民币6,017,436.24元，实际由翔龙公司领取。该笔货物拍卖余款低于北方航运公司尚未收取的运费金额。由于北方航运公司基于运费债权而有权占有涉案货物及其拍卖价款，一审、二审法院在判决驳回翔龙公司要求北方航运公司赔偿其货物滞报金、评估费、仓储费及其利息损失的同时，判决翔龙公司给付北方航运公司拍卖款人民币6,017,436.24元，并无不当。

例案二　古瑞发林塔斯船务公司（PT）与大连金阳进出口有限公司等海上货物运输合同纠纷案

【法院】

上海市高级人民法院

【案号】

（2016）沪民终112号

【当事人】

上诉人（一审被告）：古瑞发林塔斯船务公司

被上诉人（一审原告）：大连金阳进出口有限公司

一审被告：连云港联合船舶代理有限公司

【基本案情】

2013年11月25日，大连金阳进出口有限公司（以下简称金阳公司）与案外人怡富公司签订代理进口协议，约定怡富公司委托金阳公司进口印尼产红土镍矿40,000（+/-10%）吨，金阳公司按照怡富公司同意的进口商品合同条款签署进口合同，并在收到怡富公司支付的保证金后，对外开立即期信用证。2013年11月30日，金阳公司作为买方与红叶公司签订了40,000（+/-10%）吨印尼产红土镍矿的货物买卖合同，其中第4条约定货物价格53美元/湿公吨，CFR中国主要港口，付款方式为即期信用证付款；第5条约定金阳公司在货物备妥后应首先支付

1,060,000美元,剩余款项应凭红叶公司指示的汇票在提单日后21天内提交提单及单证后支付。

古瑞发林塔斯船务公司(以下简称古瑞发公司)系“ARFIXXXX”轮的船舶所有人。2013年11月29日,红叶公司(承租人)和古瑞发公司(出租人)签订租船合同,约定红叶公司租用“ARFIXXXX”轮以装运“至少42,000公吨无害散装镍矿”,运费为每吨19美元,装港为印度尼西亚的NORTHKOLAKA,卸港为中国连云港,受载期为2013年12月4~6日,滞期费率为每天12,000美元,不足一天按比例计算。合同约定运费应在签订合同后支付100,000美元,剩余运费在船到卸港前支付。合同约定的放货条件为仅在提供正本提单后放货,如果因提单延误导致无法在卸货港出示正本提单,船东将凭租船人或收货人根据船东的保赔协会出具的保函卸载全部货物。

2013年12月27日,古瑞发公司签发了编号为BTP-XXX/XX/01/2013的清洁已装船提单。提单上载明托运人为红叶公司,收货人凭指示,承运船舶为“ARFIXXXX”轮,货物为32,509湿吨镍矿,装港为OLO-OLOHO,NORTHKOLAKA,卸港为中国连云港,运费预付,落款签单人一栏载明代表“ARFIXXXX”轮船长签发,盖有古瑞发公司印章。提单载明“与租船合同一起使用”,并记载“运费根据租船合同支付,日期为2013年11月29日的租船合同的所有条款、条件和例外规定都是本提单的组成部分,包括仲裁条款”。

金阳公司通过信用证议付取得了涉案货物的全套正本提单。2014年1月,“ARFIXXXX”轮抵达连云港,涉案货物被卸下船后存放于连云港。金阳公司已办妥涉案货物的清关手续,根据金阳公司提交的进口货物报关单记载,该批货物为32,509吨的红土镍矿,收货单位为金阳公司,成交方式为C&F。此后,金阳公司向古瑞发公司的卸港代理人连云港联合船舶代理有限公司(以下简称联合公司)出具正本提单要求提货。2014年3月1日,古瑞发公司声明确认,联合公司为其在卸港的代理,联合公司依照古瑞发公司的指示,行使了对提单号为BTP-XXX/XX/01/2013下货物的留置权。古瑞发公司至今未向金阳公司交付涉案货物。

【案件争点】

在提单未载明运费由收货人支付的情况下,古瑞发公司对其承运货物是否享有留置权。

【裁判要旨】

《海商法》第69条规定,托运人与承运人可以约定运费由收货人支付,但此项约定应在运输单证中载明。《海商法》第 78 条规定，承运人同收货人、提单持有人之间的权利、义务关系，依据提单的规定确定。收货人、提单持有人不承担在装货港发生的滞期费、亏仓费和其他与装货有关的费用，但是提单中明确载明上述费用由收货人、提单持有人承担的除外。《海商法》第 87 条规定，应当向承运人支付的运费、共同海损分摊、滞期费和承运人为货物垫付的必要费用以及应当向承运人支付的其他费用没有付清，又没有提供适当担保的，承运人可以在合理的限度内留置其货物。根据一审查明，金阳公司与红叶公司的货物买卖合同约定成交方式为 CFR 中国主要港口，进口报关单显示成交方式为 C&F，金阳公司付款赎单时支付的费用应已包括向红叶公司支付的运费。关于运输合同下运费支付，涉案提单中约定支付方式为预付，古瑞发公司也无其他证据证明其与红叶公司约定运费由金阳公司承担。古瑞发公司作为承运人理应依约履行相应的合同义务。综上，红叶公司是否已全额支付运费和装港滞期费，根据提单约定，不应成为古瑞发公司拒绝金阳公司凭正本提单提货的理由。古瑞发公司主张留置权的上诉理由，无事实和法律依据，本院不予支持。

例案三 | 联德电子（东莞）有限公司与深圳市外代国际货运有限公司海上货物运输合同纠纷案

【法院】

广东省高级人民法院

【案号】

（2009）粤高法民四终字第 257 号

【当事人】

上诉人（一审原告）：联德电子（东莞）有限公司

被上诉人（一审被告）：深圳市外代国际货运有限公司

【基本案情】

2005 年 11 月 8 日，联德电子（东莞）有限公司（以下简称联德公司）和深圳市外代国际货运有限公司（以下简称外代货运公司）签订《海运运输服务合作协议书》，约定：联德公司委托外代货运公司代理出口货物的运输业务，服务收费（包括运费、其他费用）的结算将采用月结 60 天的方式……如遇上以上特别情况，联德公司须书面通知外代货运公司，外代货运公司同意联德公司在协议付款期限基础上再延缓付款时间为20天;如联德公司在延缓付款期限内仍未付清运杂费,外代货运公司对联德公司托运的任何货物的相关单证和文件拥有留置权,并由联德公司自行承担相应后果。

2007年9月24日,联德公司依约委托外代货运公司将1个40英尺集装箱装的电脑电源从深圳盐田港运往美国洛杉矶。外代货运公司于10月1日承运了该批货物,并签发了编号为WD2007090761的提单。该提单上载明的托运人为联德公司,收货人为联德电子(美国)有限公司,起运港为中国盐田,卸货港为美国洛杉矶,货物为1个40英尺集装箱装的1512箱电脑电源,集装箱号为CCLU4614499,运费为预付。10月19日,外代货运公司向联德公司开具了3份发票,要求联德公司支付该批货物的运费等费用4786.16美元。

该货物运抵目的港美国洛杉矶后,外代货运公司以联德公司拖欠本案及其他货物的运费为由,留置了该批货物。2007年10月24日,联德公司委托律师致函外代货运公司,指出外代货运公司以要求支付其他批次货物运费为由留置货物的行为是非法的,因留置货物造成联德公司无法按期交货的损失应由外代货运公司承担。

【案件争点】

当事人之间有关可以留置非债务人的货物(单证)的约定是否有效。

【裁判要旨】

广东省高级人民法院二审认为:留置权为法定担保物权,其成立与行使均应符合法律的有关规定。根据《担保法》第82条①"债权人按照合同约定占有债务人的动产,债务人不按照合同约定的期限履行债务的,债权人有权依照本法规定留置该财产,以该财产折价或者拍卖、变卖该财产的价款优先受偿"、《物权法》第230条②"债务人不履行到期债务,债权人可以留置已经合法占有的债务人的动产,并有权就该动产优先受偿"、《海商法》第87条"应当向承运人支付的运费、共同海损分摊、滞期费和承运人为货物垫付的必要费用以及应当向承运人支付的其他费用没有付清,又没有提供适当担保的,承运人可以在合理的限度内留置其货物"等的规定,留置权行使的对象应为被债权人合法占有的债务人的动产。尽管双方所签订的《海运运输服务合作协议书》中有"如联德公司在延缓付款期限内仍未付清运杂

① 参见《民法典》第447条。

② 参见《民法典》第447条。

费，外代货运公司对联德公司托运的任何货物的相关单证和文件拥有留置权”的约定，但与货物相关的单证和文件并非货物本身，该项所谓“留置权”的约定不符合上述法律的有关规定，即使依其行事亦不能产生行使留置权的法律效果。故外代货运公司关于其依照《海运运输服务合作协议书》的约定有权留置涉案货物的主张缺乏法律依据，不予支持。依照上述法律的有关规定，留置权的行使应以债务人未履行到期债务为基本条件。根据《海运运输服务合作协议书》关于对账和付款期限的约定，涉案货物运输于 2007 年 10 月进行，则双方应于 10 月 25 日前就相应的运费进行对账，联德公司应于 12 月末之前向外代货运公司支付该项运费。外代货运公司在涉案货物运抵目的港时即对其进行留置，此时联德公司支付相应运费的期限尚未届满，故外代货运公司行使留置权的行为不符合法律的有关规定。外代货运公司若因其行使留置权不合法而造成了联德公司损失的，外代货运公司应承担赔偿责任。

三、裁判规则提要

（一）国际海上货物运输中承运人留置的货物须由负有费用支付义务的债务人所有

留置权为法定担保物权，其成立与行使均应符合法律的有关规定。根据《民法典》第 447 条“债务人不履行到期债务，债权人可以留置已经合法占有的债务人的动产，并有权就该动产优先受偿”、《海商法》第 87 条“应当向承运人支付的运费、共同海损分摊、滞期费和承运人为货物垫付的必要费用以及应当向承运人支付的其他费用没有付清，又没有提供适当担保的，承运人可以在合理的限度内留置其货物”等的规定，留置权行使的对象应为被债权人合法占有的债务人所有的动产。在国际海上货物运输中，在承运人为货物运输签发提单的情况下，此种法律解释对于保护善意持有提单的第三人的利益、促进提单流转具有积极意义。同时，依照上述法律的有关规定，所谓“负有费用支付义务”，应理解为负有到期债务。换言之，留置权的行使应以债务人未履行到期债务为要件。若债务人支付运费的期限在货物运抵目的港时尚未届满，则承运人无权在抵港时立即留置货物。此时，如果承运人强行留置，则可能造成收货人遭受滞箱费、仓储费等损失，承运人对此应承担赔偿责任。当然，如例案二“古瑞发林塔斯船务公司（PT）与大连金阳进出口有限公司等海上货物运输合同纠纷案”，若承运人不能证明收货人对运费负有约定支付义务，则亦无法行使货物留置权。

(二)当事人之间的约定不能创设留置权

根据《民法典》第449条有关“法律规定或者当事人约定不得留置的动产,不得留置”的规定,当事人可以约定不适用留置权的货物,但不能自由设定留置权。在司法实践中,承运人为了保护自身利益,往往会要求在签订运输合同时加入留置权条款。该条款的内容一般是,若托运人拖延支付运费,则承运人有权留置其承运的货物。更有甚者,如例案三“联德电子(东莞)有限公司与深圳市外代国际货运有限公司海上货物运输合同纠纷上诉案”,有些留置权条款会约定,若托运人拖延支付任何一期运费,则承运人有权留置托运人托运的任何货物及其相关单证。然而,承运人承运的货物可能并非托运人所有,且货物的相关单证也非货物本身,此类所谓“留置权”的约定并不符合《民法典》《海商法》的有关规定。即使当事人之间依约行事,亦不能产生行使留置权的法律效果。因此,承运人对其承运货物是否享有留置权,不能直接依据当事人之间的约定,而应依照有关留置权成立与否的法律规定。

(三)留置权与拒绝交货抗辩权的区分

在航次租船合同纠纷中,提单常常注明并入租船合同(含运费支付条款),此类条款的内容一般是:“如果承租人在船舶到达前没有足额支付运费,则船东有权拒绝卸货。”当该并入条款合法有效时,对承运人与提单持有人具有约束力。[①] 如例案一“山东翔龙实业集团有限公司与北方航运有限公司等公司海上货物运输合同纠纷案”,虽然承运人可能因提单持有人并不负有运费支付义务而无权主张行使留置权,但其可以按照前述并入运费条款的约定行使拒绝交货抗辩权,以便持续、合法地占有货物。虽然该抗辩权及其合法占有效力不具有留置权的优先受偿功能,但仍有助于保护债权人的合法权益。如果承租人一直不支付运费,则承运人可以一直拒不交付货物。对于不适宜长期保存的货物,承运人也可以变价保存价款。在货物变价款被他人非法占有时,承运人亦可行使返还价款请求权。

---

① “拒绝交货抗辩权”条款效力的承认似乎是通过“伤害”无辜的提单持有人的利益而得以实现,而与提单持有人的凭单提货权有冲突,但提单持有人在受让提单之前或之时已知悉相关条款,应当接受该条款约束。

四、辅助信息

高频词条：

《海商法》

第 71 条 提单，是指用以证明海上货物运输合同和货物已经由承运人接收或者装船，以及承运人保证据以交付货物的单证。提单中载明的向记名人交付货物，或者按照指示人的指示交付货物，或者向提单持有人交付货物的条款，构成承运人据以交付货物的保证。

第 87 条 应当向承运人支付的运费、共同海损分摊、滞期费和承运人为货物垫付的必要费用以及应当向承运人支付的其他费用没有付清，又没有提供适当担保的，承运人可以在合理的限度内留置其货物。

第 95 条 对按照航次租船合同运输的货物签发的提单，提单持有人不是承租人的，承运人与该提单持有人之间的权利、义务关系适用提单的约定。但是，提单中载明适用航次租船合同条款的，适用该航次租船合同的条款。

《民法典》

第 447 条 债务人不履行到期债务，债权人可以留置已经合法占有的债务人的动产，并有权就该动产优先受偿。

前款规定的债权人为留置权人，占有的动产为留置财产。

第 448 条 债权人留置的动产，应当与债权属于同一法律关系，但是企业之间留置的除外。

第 449 条 法律规定或者当事人约定不得留置的动产，不得留置。

海上货物运输合同纠纷案件裁判规则第22条：

航次租船合同的当事人为出租人和承租人，实际承运人并非航次租船合同法律关系的当事方

〔**规则描述**〕：航次租船合同的当事人为出租人和承租人，实际承运人制度不适用于航次租船合同，承租人无权在航次租船合同下要求实际承运人承担赔偿责任。

一、类案检索大数据报告

时间：2019年11月6日之前，案例来源：Alpha案例库，数据采集时间：2019年11月6日。本次检索以案由包含"航次租船合同纠纷"、全文中不包含"国内水路货物运输"、法院认为中包含"实际承运人"、引用法条为"中华人民共和国海商法"作为检索条件，共获取了34篇裁判文书，剔除重复的文书12篇，无关的文书2篇，剩余的20篇裁判文书中，认为实际承运人制度不适用于航次租船合同的文书有11篇；认为实际承运人制度适用于航次租船合同的文书有9篇，但其中7篇判决已被最高人民法院改判。

整体情况如下：

如图22－1所示，剔除7篇已被改判的判决，认为实际承运人制度不适用于航次租船合同的文书占85%，不认同的文书占15%。

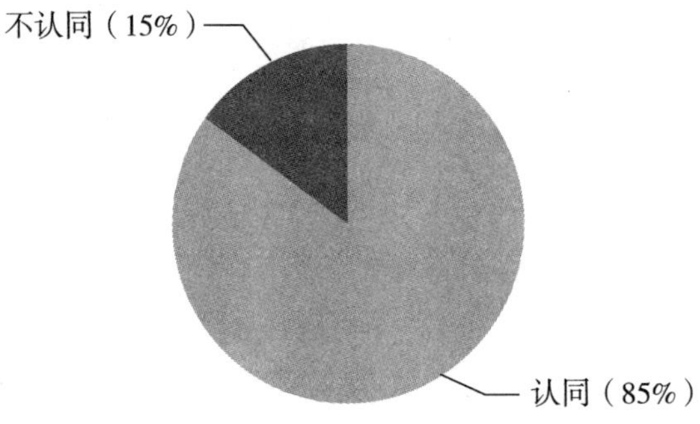

图22－1　实际承运人制度是否适用于航次租船合同比例

从图 22－2 所示的年份分布情况可以看出当前条件下案例数量的变化趋势。

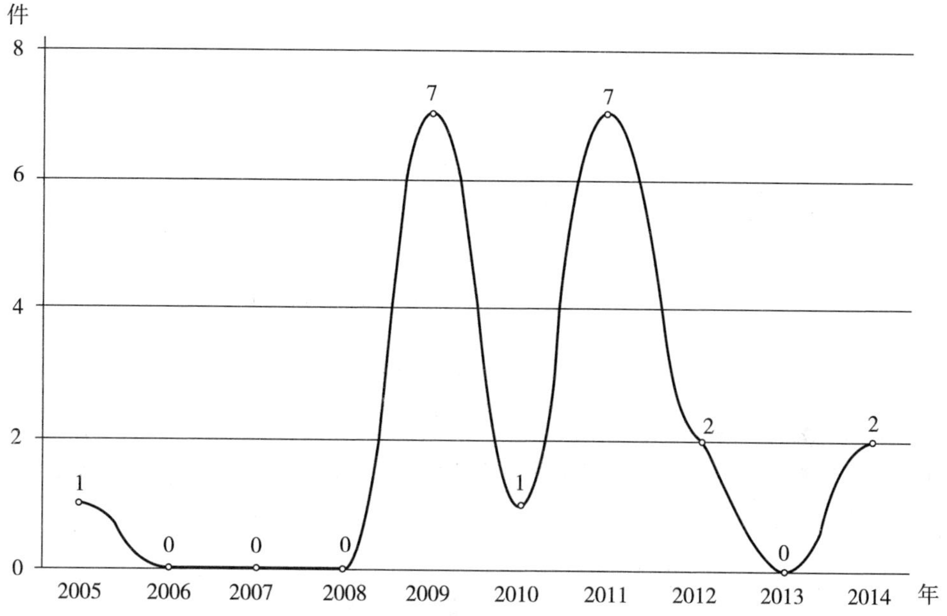

图 22－2　案件年份分布情况

从图 22－3 所示的地域分布来看，当前航次租船合同纠纷案例主要集中在上海市、海南省、山东省等，分别占比 75%、15%、5%，其中上海市的案件量最多，达到 15 件。

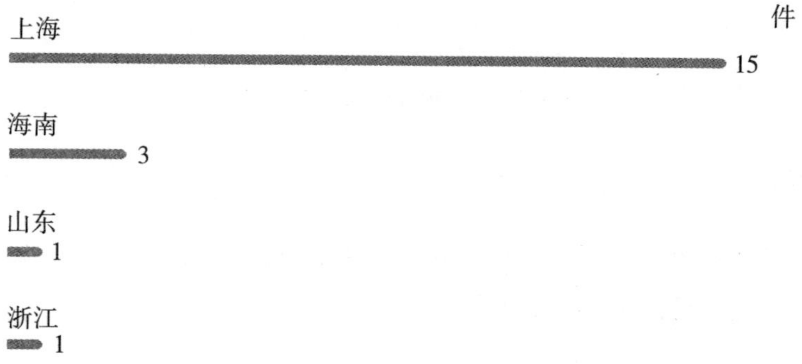

图 22－3　案件主要地域分布情况

从图 22 -4 所示的案由分类情况可以看出,当前的案由均为航次租船合同纠纷。

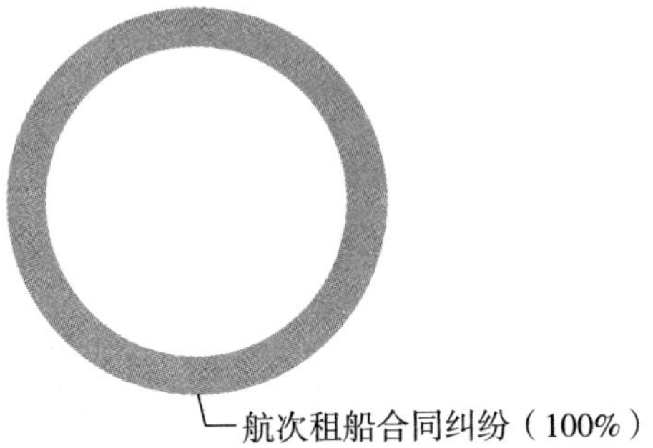

图 22 -4　案件案由分类情况

从图 22 -5 所示的行业分类情况可以看出,航次租船合同纠纷当前的行业分布主要集中在交通运输、仓储和邮政业,金融业,批发和零售业,租赁和商务服务业,农、林、牧、渔业。

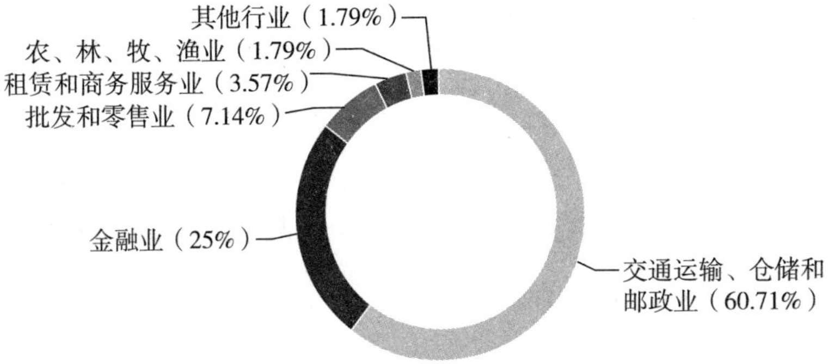

图 22 -5　案件行业分类情况

二、可供参考的例案

例案一　艾斯欧洲集团有限公司与连云港明日国际海运有限公司、上海明日国际船务有限公司航次租船合同纠纷案

【法院】

最高人民法院

【案号】

(2011)民提字第 16 号

【当事人】

再审申请人（一审被告、二审上诉人）：连云港明日国际海运有限公司

再审被申请人（一审原告、二审上诉人）：艾斯欧洲集团有限公司

一审被告、二审上诉人：上海明日国际船务有限公司

【基本案情】

2006年11月，案外人玛吕莎公司及玛吕莎钢铁公司与上海明日国际船务有限公司（以下简称上海明日）签订航次租船合同，约定由上海明日提供“桐城”轮部分舱位以装载玛吕莎公司和玛吕莎钢铁公司托运的货物。根据该合同，上海明日签发了十三套清洁提单。“桐城”轮船舶所有权登记证书记载，连云港明日国际海运有限公司（以下简称连云港明日）系“桐城”轮的光船租赁人。2007年1月22日，“桐城”轮大副发表共同海损声明，经各方检验发现货物严重受损。

2006年1月27日，艾斯欧洲集团有限公司（以下简称艾斯公司）作为共同保险人连同其他八位保险人向被保险人玛吕莎公司和玛吕莎钢铁公司共同出具NR. T099281200601号保险单，承保自2006年2月1日起玛吕莎公司及其关联公司在全球范围内的运输货物风险，险种为一切险，关联公司中包括玛吕莎钢铁公司，并分别出具了保险凭证。涉案货损事故发生后，根据保险单，艾斯公司向被保险人支付了赔偿金，并取得代位求偿权。

艾斯公司主张，涉案货损系因“桐城”轮不适航和承运人未尽管货义务所致，上海明日与玛吕莎公司、玛吕莎钢铁公司达成航次租船合同，并签发了提单。连云港明日系“桐城”轮光船租赁人，实际营运船舶。据此请求判令连云港明日和上海明日就货物损失承担连带赔偿责任。

一审法院上海海事法院、二审法院上海市高级人民法院认为，玛吕莎公司、玛吕莎钢铁公司与上海明日之间成立航次租船合同关系，连云港明日系涉案船舶的光船租赁人，故连云港明日为实际承运人，应当与上海明日承担连带赔偿责任。连云港明日不服原判，申请再审，主张航次租船合同法律关系中不存在实际承运人，原审判决认定其法律地位错误。

【案件争点】

连云港明日作为光船租赁人，是否构成航次租船合同下的实际承运人并应就货物损失承担连带赔偿责任。

【裁判要旨】

最高人民法院认为：根据《海商法》的规定，航次租船合同的当事人应当为出租

人和承租人,连云港明日系涉案运输船舶"桐城"轮的光船承租人,实际承运涉案货物,并非涉案航次租船合同的当事方。《海商法》将航次租船合同作为特别的海上货物运输合同予以规定。该法第 94 条规定:"本法第四十七条和第四十九条的规定,适用于航次租船合同的出租人。本章(海上货物运输合同)其他有关合同当事人之间的权利、义务的规定,仅在航次租船合同没有约定或者没有不同约定时,适用于航次租船合同的出租人和承租人。"因此,航次租船合同当事人的权利义务主要源于合同的约定。在航次租船合同有明确约定的情形下,出租人应当按照航次租船合同的约定履行义务,并履行《海商法》第 47 条、第 49 条规定的义务。在航次租船合同没有约定或者没有不同约定时,出租人和承租人之间的权利义务适用《海商法》第 4 章的规定,但并非第 4 章所有的规定均适用于航次租船合同的当事人,所应适用的仅为海上货物运输合同当事人即承运人和托运人之间的权利义务规定,并不包括实际承运人的规定。

实际承运人是接受承运人委托,从事货物运输或者部分运输的人,包括接受转委托从事此项运输的其他人。在提单证明的海上货物运输法律关系中,法律规定承运人的责任扩大适用于非合同当事方的实际承运人,但实际承运人是接受海上货物运输承运人的委托,不是接受航次租船合同出租人的委托,实际承运人及其法定责任限定在提单的法律关系中。在提单证明的海上货物运输合同项下,合法的提单持有人可以向承运人和/或实际承运人主张提单上所载明的权利。

实际承运人并非航次租船合同法律关系的当事方,本案艾斯公司就航次租船合同提出索赔请求,按照合同相对性原则,应由航次租船合同的出租人上海明日承担相应的责任。艾斯公司主张连云港明日为航次租船合同法律关系中的实际承运人,并无法律依据。故此,最高人民法院认定连云港明日不应承担赔偿责任。

例案二 新兴铸管股份有限公司与中国环洋国际运输有限公司、东桥海运公司航次租船合同纠纷案

【法院】

青岛海事法院

【案号】

(2013)青海法再字第2号

【当事人】

申请再审人(原审被告)：中国环洋国际运输有限公司

被申请人(原审原告)：新兴铸管股份有限公司

原审被告：东桥海运公司

原审被告：青岛新泰国际船舶代理有限公司

【基本案情】

2007 年 1 月 17 日，新兴铸管股份有限公司(以下简称新兴铸管)就售与西班牙 OHL 公司的球墨铸铁管、管件和配件货物的运输事宜，与新泰船务有限公司签订了《海上运输合同》。合同约定了承运船舶为“MV ENFORCER”轮，装货港为青岛，卸货港为西班牙萨贡托(SAGUNTO)，承运船舶在装货完毕后 45 天内到达卸货港。新兴铸管按照上述合同约定向新泰船务有限公司支付了该航次的海运费。

承运船舶“MV ENFORCER”轮由东桥海运公司(以下简称东桥海运)期租经营，出租人为意大利 Hawknet 公司。2007 年 2 月 1 日，货物装上承运船舶“MV ENFORCER”，青岛新泰国际船舶代理有限公司(以下简称青岛新泰)代表承运人东桥海运签发了已装船清洁提单。

因东桥海运未支付租金，该轮抵达中途卸港意大利热那亚后，Hawknet 公司决定撤回船舶并对货物的利益相关方在意大利提起了诉讼。新兴铸管为将货物运抵目的港交予其买方西班牙 OHL 公司，于 2007 年 4 月 19 日与 Hawknet 公司达成协议，由 Hawknet 公司安排该船继续将货物运抵卸货港西班牙萨贡托，并重新签发提单交付货物，由新兴铸管支付 345,000 美元给 Hawknet 公司。协议签署后，“MV ENFORCER”轮将货物于 4 月 22 日运抵目的港。

中国环洋国际运输有限公司(以下简称环洋运输)系由新泰船务有限公司更名而来，并继承了原新泰船务有限公司的权利义务。

新兴铸管认为，作为实际承运人的东桥海运在合同项下的运输义务尚未完毕的情况下即拒绝执行“MV ENFORCER”轮剩余的航程，违反了承运人的义务，致使其不得不另行安排未完成航程的运输，并因此遭受巨额损失，据此要求出租人环洋运输赔偿二次海运费共计 345,000 美元及利息，并要求东桥海运作为实际承运人承担连带责任。

【案件争点】

东桥海运作为提单记载的承运人，是否构成航次租船合同下的实际承运人并应对二次海运费损失承担连带赔偿责任。

【裁判要旨】

青岛海事法院一审认为：新兴铸管与环洋运输之间的《海上运输合同》，根据《海商法》第92条的规定，属于航次租船合同，系双方的真实意思表示，依法成立并有效，被告环洋运输作为出租人负有在合同约定的卸货港卸货的法定义务。新兴铸管另行支付的345,000美元运费系其为履行贸易合同而产生的合理费用，是因环洋运输违约所致，环洋运输应予偿付。

新兴铸管与东桥海运存在提单运输合同关系，新兴铸管作为托运人享有对（无船）承运人东桥海运的提单项下请求权。但因新兴铸管已经选择依据航次租船合同向出租人环洋运输行使权利，而东桥海运并不构成涉案运输的实际承运人，且无证据表明环洋运输与东桥海运之间存在其他法律关系，因此，新兴铸管主张东桥海运承担连带责任并没有事实和法律依据。

一审判决后，环洋运输申请再审，山东省高级人民法院以（2012）鲁民申字第2015号民事裁定，指令青岛海事法院对本案进行再审。青岛海事法院再审认为：新兴铸管与东桥海运之间存在提单运输合同关系，东桥海运是提单记载的承运人。新兴铸管作为托运人享有对承运人东桥海运的提单项下请求权，但因新兴铸管已经选择依据航次租船合同向出租人环洋国际主张权利，且东桥海运不是涉案运输的实际承运人，新兴铸管无权再就涉案运输向东桥海运主张权利。

此外，对于出租人环洋运输是否应当偿付二次海运运费支出，青岛海事法院再审认为新兴铸管未能提交证据证明其已实际额外支付海运费345,000美元，且该项支出是合理的必需的费用，新兴铸管应承担举证不能的责任，据此判决驳回新兴铸管的诉讼请求。

例案三 浙江中远国际货运有限公司温州分公司与通平企业有限公司、林威航运有限公司、深圳市达希海运有限公司航次租船合同纠纷案

【法院】

上海市高级人民法院

【案号】

（2011）沪高民四（海）终字第156号

【当事人】

上诉人（一审原告）：浙江中远国际货运有限公司温州分公司

被上诉人(一审被告)：通平企业有限公司

被上诉人(一审被告)：林威航运有限公司

被上诉人(一审被告)：深圳市达希海运有限公司

【基本案情】

2009年1月15日，浙江中远国际货运有限公司温州分公司(以下简称中货温州公司)与中国二十冶集团有限公司下属的巴新瑞木冶炼项目部签署合同，约定由其为中国二十冶集团有限公司在巴布亚新几内亚瑞木建设的镍钴矿开采冶炼项目运输所需物资。同日，中货温州公司作为承租人，与出租人通平公司签订了航次租船合同，合同约定由通平企业有限公司(以下简称通平公司)指派运输船舶承运上述物资。

2009年2月10日，林威航运有限公司(以下简称林威公司)与海富公司签订订租确认书，约定海富公司承租林威公司所有的“亚洲火星”轮，船舶受载期为2009年3月3日至8日。根据海富公司与通平公司的“周年申报表”，海富公司和通平公司的注册地址一致、股东一致、秘书一致、董事一致，通平公司亦确认其系通过海富公司与林威公司签署订租确认书承租了“亚洲火星”轮。根据涉案船舶“亚洲火星”轮的船舶信息，林威公司系涉案船舶的所有人。2005年5月24日，深圳市达希海运有限公司(以下简称达希公司)与林威公司签署船舶管理协议。

2009年3月7日，通平公司指派“亚洲火星”轮承运中国二十冶集团有限公司托运的约4000吨项目设备，从中国上海运至巴布亚新几内亚。2009年3月11日，“亚洲火星”轮航行至台湾东南的太平洋海域时发生船体右倾事故，船舶沉没，船货全损。为此，该批货物保险人八家保险公司在上海海事法院对中货温州公司提起代位求偿诉讼，上海海事法院经审理后认为，涉案船舶系杂货船，缺乏特殊的集装箱系固设施，事故发生系因货物未妥善积载、绑扎导致涉案事故的可能性极大，而上述原因并非承运人免责事由，最终以(2010)沪海法商初字第348~355号民事判决书判令由中货温州公司向八家保险公司承担赔偿责任。2010年11月15日，中货温州公司与货物保险人签署和解协议，并于11月24日支付赔偿款750,000美元作为对上述民事判决书的履行。

中货温州公司认为，通平公司系涉案货物的承运人，林威公司和达希公司系实际承运人，均负有妥善运输、照料货物的义务，应对货损承担最终责任。据此，中货温州公司诉请判令三被告连带赔偿经济损失750,000美元及利息损失。

【案件争点】

林威公司及达希公司分别作为船舶所有人及船舶管理人，是否构成航次租船合同下的实际承运人并应对中货温州公司的损失承担连带赔偿责任。

【裁判要旨】

一审法院上海海事法院认为：中货温州公司虽以海上货物运输合同为诉由提起本案诉讼，但现有证据表明，涉案运输并未签发过提单，通平公司系依据其与中货温州公司签订的航次租船合同将涉案货物出运，因此本案应为航次租船合同纠纷。

林威公司系涉案运输船舶“亚洲火星”轮的所有人，实际承运涉案货物，达希公司和林威公司签订有船舶管理协议，但该两公司并非涉案航次租船合同的当事方。在中货温州公司就航次租船合同提起的诉讼中，林威公司和达希公司不应作为承担航次租船合同出租人责任的一方。中货温州公司主张林威公司和达希公司为实际承运人，应当与通平公司承担连带赔偿责任，该主张缺乏法律依据。《海商法》将航次租船合同作为特别的海上货物运输合同予以规定，该法第94条规定：“本法第四十七条和第四十九条的规定，适用于航次租船合同的出租人。本章（海上货物运输合同）其他有关合同当事人之间的权利、义务的规定，仅在航次租船合同没有约定或者没有不同约定时，适用于航次租船合同的出租人和承租人。”因此，航次租船合同有明确约定的情形下，出租人应当按照航次租船合同的约定履行义务，并履行《海商法》第47条和第49条规定的义务。在航次租船合同没有约定或者没有不同约定时，出租人和承租人之间的权利义务适用《海商法》第4章的规定，但并非第4章所有的规定均适用于航次租船合同的当事人，所应适用的仅为海上货物运输合同当事人即承运人和托运人之间的权利义务规定，并不包括实际承运人的规定。实际承运人是接受承运人委托，从事货物运输或者部分运输的人，包括接受转委托从事此项运输的其他人。在提单证明的海上货物运输法律关系中，法律规定承运人的责任扩大适用于非合同当事方的实际承运人，但实际承运人是接受海上货物运输承运人的委托，不是接受航次租船合同出租人的委托，实际承运人及其法定责任限定在提单的法律关系中。在提单证明的海上货物运输合同项下，合法的提单持有人可以向承运人和/或实际承运人主张提单上所载明的权利。实际承运人并非航次租船合同法律关系的当事方，本案中货温州公司就航次租船合同提出索赔请求，按照合同相对性原则，应由航次租船合同的出租人通平公司承担相应责任。对于中货温州公司请求林威公司和达希公司承担连带赔偿责任的诉请，因缺乏法律依据，不予支持。

中货温州公司不服原判决，向上海市高级人民法院提起上诉称，关于中货温州公司与林威公司和达希公司之间的法律关系，原审判决书存在定性错误，林威公司和达希公司应为实际承运人的身份。

上海市高级人民法院认为：根据《海商法》的规定，实际承运人是接受海上货物运输承运人的委托，不是接受航次租船合同出租人的委托，实际承运人并非航次租船合同法律关系的当事人，实际承运人及其法定责任限定在提单的法律关系中，且中货温州公司并未提供提单等证据。林威公司和达希公司并非涉案航次租船合同的当事人，中货温州公司在本案航次租船合同纠纷中向林威公司和达希公司提出赔偿请求缺乏法律依据，据此判决驳回上诉，维持原判。

三、裁判规则提要

（一）实际承运人的定义

为了解决海上货物运输合同中的承运人识别问题，《1978 年联合国海上货物运输公约》（United Nations Convention on the Carriage of Goods by Sea, 1978）（以下简称《汉堡规则》）规定了实际承运人制度。根据《汉堡规则》第 1 条的定义，实际承运人是指"受承运人委托从事货物运输或部分货物运输的任何人，包括受托从事此项工作的任何人"[①]。我国《海商法》引入了《汉堡规则》中的实际承运人制度，该法第 42 条第 2 项规定，实际承运人是指接受承运人的委托，从事货物运输或者部分运输的人，包括接受转委托从事此项运输的其他人。

（二）实际承运人制度的适用范围

由于《汉堡规则》调整的是提单或者其他运输单证所包含的运输合同，包括租约项下所签发的提单运输合同法律关系，但并不适用于租船合同本身，因此，实际承运人制度实际上是源于提单运输法律制度。而我国《海商法》虽引入实际承运人制度，但在第 4 章中将航次租船合同作为特别的海上货物运输合同予以规定，并规定在航次租船合同没有约定或者没有不同约定时，该章规定适用于航次租船合同

① 原文为："Actual carrier" means any person to whom the performance of the carriage of the goods, or of part of the carriage, has been entrusted by the carrier, and includes any other person to whom such performance has been entrusted。

的出租人和承租人，因此，对于实际承运人制度能否适用于航次租船合同，实践中曾经存在一定的争议。

随着最高人民法院在例案一“桐城”轮案的再审判决中明确，实际承运人及其法定责任应限定在提单法律关系中而不能适用于航次租船合同，司法实践对这一问题有了较为一致的认定，即航次租船合同的当事人为出租人和承租人，实际承运人制度不适用于航次租船合同。例案二和例案三中，法院也均以此为由，认定承租人无权在航次租船合同下要求实际承运人承担连带责任。从法理上来说，提单运输有国际海上货物运输公约或国内法的制约，合同自由受到相当程度的限制，在这种条件下承运人签发的提单，将其适用于实际从事海上运输或者部分运输的船舶所有人或承租人，突破合同相对性原则，不会对该人产生无法预知的风险和不公。然而，航次租船合同实行较充分的合同自由，没有统一的国际海上租船合同公约制约，出租方与承租方完全可以根据各自的诉求自由约定，只要不违反法律、行政法规的强制性规定，都是合法有效的。在这种条件下订立的航次租船合同，如果突破合同相对性原则，将航次租船合同的出租人的责任，适用于非航次租船合同的船舶所有人或其他当事方，将对其他当事方产生不可预测的风险和不公。① 因此，航次租船合同实行相对严格的合同相对性原则，合同的当事人仅限于出租人和承租人，不包括实际承运人。

（三）承租人诉因的选择

值得注意的是，尽管司法实践中已经明确实际承运人并非航次租船合同法律关系的当事方，但是，上述案件下承租人均是以航次租船合同作为诉因进行起诉，而对于在航次租船合同下签发了提单，提单持有人同时也是航次租船合同承租人的情形下，承租人既可以选择依据航次租船合同向出租人主张权利，也可以选择依据提单关系向承运人和实际承运人主张权利。② 如果承租人即提单持有人选择提单关系之诉，那么即可在提单法律关系项下向实际承运人主张赔偿责任。当然，在提单法律关系下，实际承运人是否应当承担责任，仍需根据具体案件进行具体分析。

---

① 司玉琢：《海商法专论》（第四版），中国人民大学出版社 2018 年版，第 139 页。

② 最高人民法院民四庭庭长张勇健：《在全国涉外商事海事审判庭长座谈会上的讲话》（2016 年 4 月 7 日），载贺荣主编、最高人民法院民事审判第四庭编：《涉外商事海事审判指导》（总第 32 辑），人民法院出版社 2017 年版，第 23 页。

选择不同的诉因起诉，相应的请求权时效是不同的。根据《海商法》的规定，航次租船合同的请求权时效为两年，而海上货物运输合同的请求权时效为一年。在例案一中，艾斯公司如依据提单关系向实际承运人主张权利，自其知道或应当知道权利被侵害之日起至实际起诉之日起刚好满两年，已超出海上货物运输合同一年的诉讼时效。因此，诉讼时效也是承租人在选择诉因时所应该考虑的因素之一。

四、辅助信息

高频词条：

《海商法》

第 92 条 航次租船合同，是指船舶出租人向承租人提供船舶或者船舶的部分舱位，装运约定的货物，从一港运至另一港，由承租人支付约定运费的合同。

第 94 条 本法第四十七条和第四十九条的规定，适用于航次租船合同的出租人。

本章其他有关合同当事人之间的权利、义务的规定，仅在航次租船合同没有约定或者没有不同约定时，适用于航次租船合同的出租人和承租人。

第 95 条 对按照航次租船合同运输的货物签发的提单，提单持有人不是承租人的，承运人与该提单持有人之间的权利、义务关系适用提单的约定。但是，提单中载明适用航次租船合同条款的，适用该航次租船合同的条款。

海上货物运输合同纠纷案件裁判规则第 23 条:
提单中载明适用的航次租船合同条款须具体、明确

〔**规则描述**〕:提单持有人不是承租人的,提单中载明适用航次租船合同条款且该条款具体、明确的,属于有效的租约并入,承运人与该提单持有人之间的权利、义务关系应当适用该租约条款的约定。

一、类案检索大数据报告

时间:2019 年 12 月 15 日之前,案例来源:Alpha 案例库,数据采集时间:2019 年 12 月 15 日。本次检索以法院认为中包含“提单”、“航次租船合同”和“并入”为检索条件,共获取了 40 篇裁判文书,剔除无关、重复的文书 14 篇,剩余的 26 篇裁判文书中:

(1)认为提单中载明适用的航次租船合同条款须具体、明确的文书为 25 篇;

(2)不认同前述规则的文书为 1 篇。

整体情况如下:

如图 23 - 1 所示,认同本项裁判规则的文书占 96.2%,不认同的文书占 3.8%。

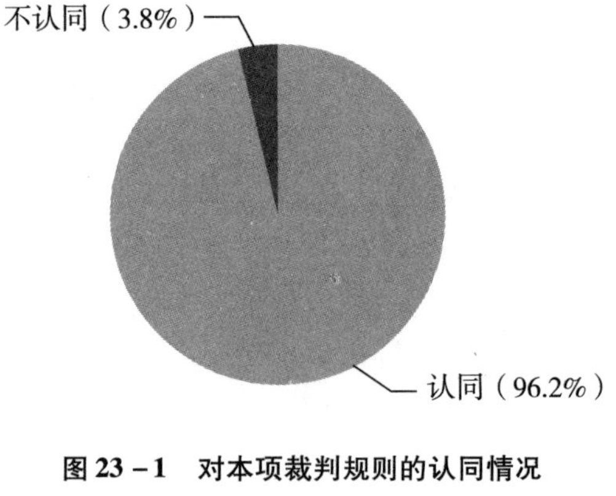

图 23 - 1 对本项裁判规则的认同情况

从图 23－2 所示的年份分布情况可以看出当前条件下案例数量的变化趋势。

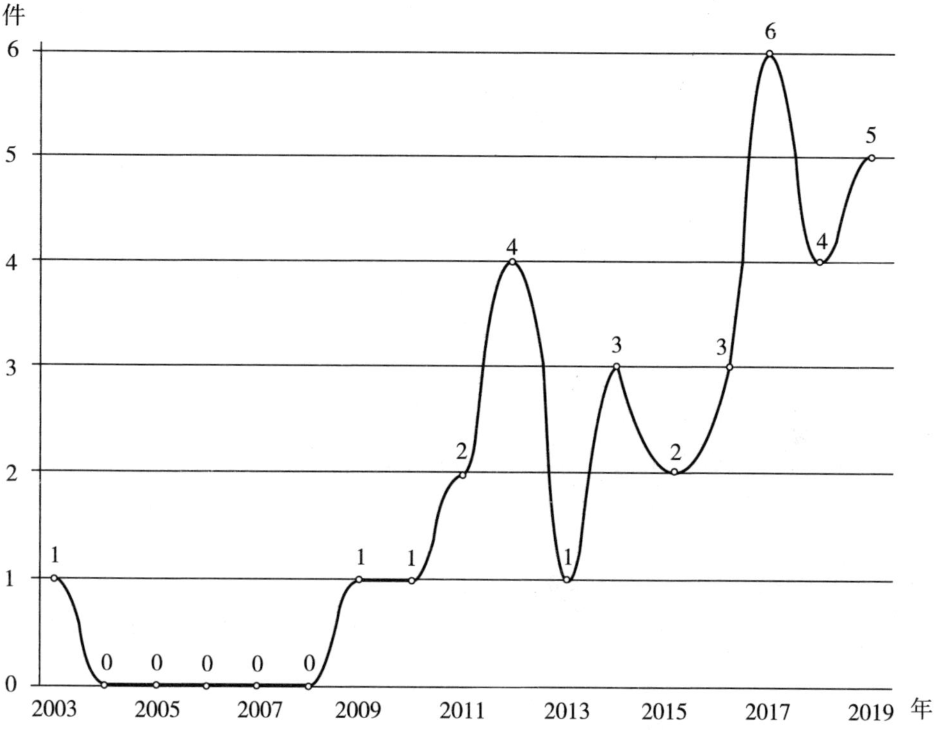

图 23－2　案件年份分布情况

从图 23－3 所示的地域分布来看，当前案例主要集中在上海市、浙江省、山东省等，分别占比 34.62%、26.92%、19.23%，其中上海市的案件量最多，达到 9 件。

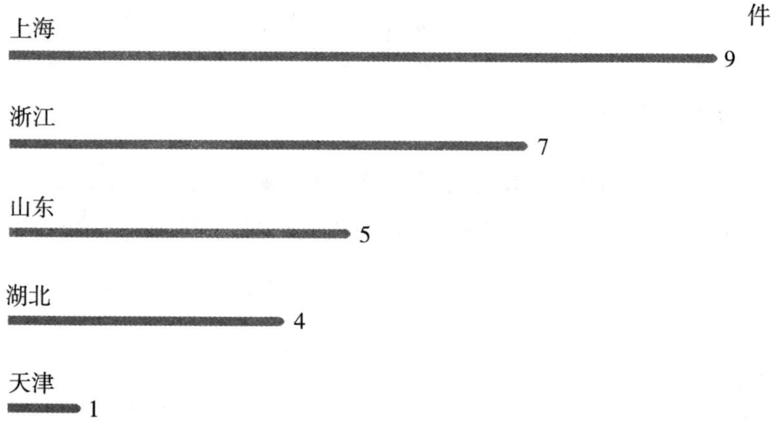

图 23－3　案件主要地域分布情况

从图 23－4 所示的案由分类情况可以看出，当前最主要的案由是合同、无因管理、不当得利纠纷，占一半以上，其次是海事海商纠纷，适用特殊程序案件案由。

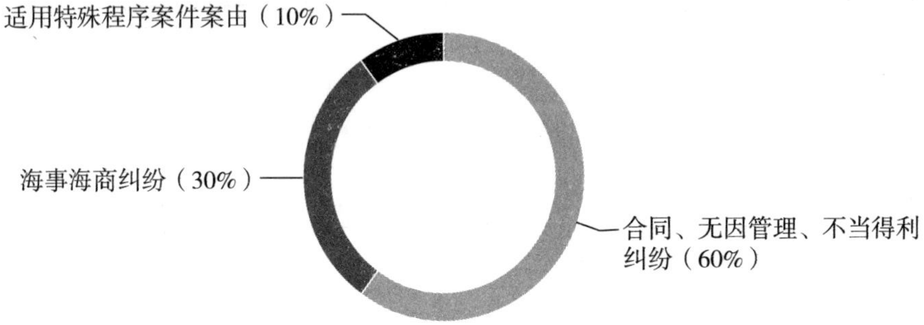

图 23－4 案件案由分类情况

从图 23－5 所示的行业分类情况可以看出，当前的行业分布主要集中在批发和零售业，交通运输、仓储和邮政业，金融业，制造业，建筑业。

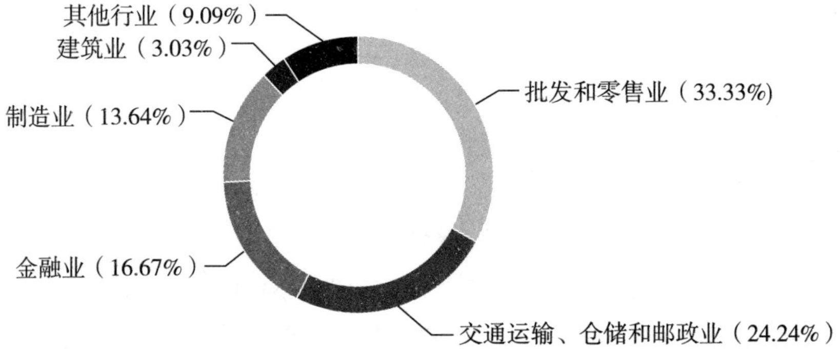

图 23－5 案件行业分类情况

二、可供参考的例案

例案一 中国平安财产保险股份有限公司上海市虹口支公司与上海至精国际船舶管理有限公司、CLC 租船第六有限公司海上货物运输合同纠纷案

【法院】

最高人民法院

【案号】

(2016)最高法民再 18 号

【当事人】

再审申请人(一审原告、二审上诉人)：中国平安财产保险股份有限公司上海市虹口支公司

被申请人(一审被告、二审上诉人)：上海至精国际船舶管理有限公司

被申请人(一审被告、二审被上诉人)：CLC租船第六有限公司

【基本案情】

2010年11月11日，江苏和沐达贸易发展有限公司(以下简称和沐达公司)与中基宁波集团股份有限公司(以下简称中基公司)签订委托代理进口合同，中基公司代理和沐达公司进口10万吨(10%溢短装)巴西铁矿，单价为每吨(干吨)170美元。同日，中基公司与傲能金属国际有限公司(以下简称傲能公司)签订了巴西铁矿石CFR现货买卖合同，购买货物品名为烧结矿，数量为10万湿吨(10%溢短装)，装货港品质预期含水率8%，货物价格为每干吨CFR170美元，装货港为巴西港口，卸货港为日照港或者连云港，装运期不晚于2010年11月5日。同时，中基公司为该批货物向中国平安财产保险股份有限公司上海市虹口支公司(以下简称平安虹口支公司)购买了货物运输险，保险金额16,296,348美元。

该批进口货物实际于2010年10月27日在巴西伊塔瓜伊港装船。根据涉案提单记载，托运人为淡水河谷公司，收货人凭指示，承运船舶名称为"BULK PROSPERITY"轮，卸货港为中国主要港口，提单编号为01号，货物品名烧结矿，共计95,618湿吨。涉案提单由船长签发，并加盖上海至精国际船舶管理有限公司(以下简称至精公司)的船章，提单上有"租约并入"的记载。提单背面有淡水河谷公司背书签章以及中基公司的签章。CLC租船第六有限公司系涉案"BULK PROSPERITY"轮的船舶所有人，至精公司系"BULK PROSPERITY"轮的船舶管理人。

2010年12月8日，涉案货物运抵连云港。根据连云港出入境检验检疫局出具的重量检验证书、水尺计重记录单以及品质证书记载，收货人为中基公司，发货人为傲能公司，货物品名为烧结矿，承运船舶为"BULK PROSPERITY"轮，提单编号为01号，货物报检重量为95,618吨，实际重量91,293吨，货物短少重量4325吨，货物含水率为9.35%，检验日期为2010年12月13日。根据一审法院向连云港海关核实的最终数据显示，2011年3月9日，涉案货物最终结算数据更改为毛重91,293吨，净重82,757.105吨(该净重计算依据是卸货港连云港出入境检验检疫局货物品质证书记载的货物含水率9.35%)，货物价值为14,068,707.85美元。

涉案货损发生后，中基公司签署权益转让书，确认和沐达公司是涉案货物的实际收

货人和所有权人，并同意且授权和沐达公司以自己的名义就货物短少事宜向承运人或保险人索赔、提起诉讼、收取赔款。2013年1月15日，平安虹口支公司依据一审法院(2011)沪海法商初字第881号生效民事判决向和沐达公司支付了人民币4,407,808.16元保险赔款及其他费用后取得代位求偿权。一审诉讼期间(2012年3月9日、4月10日)，至精公司的委托代理人书面确认了至精公司系涉案运输合同关系中的承运人。

【案件争点】

案涉两份提单仅注明"与租约共同使用"，但并未载明并入的租约名称和具体条款，能否构成我国《海商法》上的有效并入。

【裁判要旨】

最高人民法院再审认为：根据《海商法》第71条的规定，提单中载明的交付货物的条款，构成承运人据以交付货物的保证。因此，涉案货物运输承运人至精公司应当按照提单记载的货物品名和重量向提单持有人交付货物。涉案01号提单项下的货物为烧结矿，在目的港交付时的重量与提单记载的重量不相符，存在短重。至精公司对此应当承担赔偿责任。涉案提单为简式提单，虽然注明"与租约共同使用"和"运费按租约规定支付"，但是提单正面并未载明并入的租约名称和条款。至精公司并未举证证明租约有效并入提单的事实，亦未举证证明涉案货物重量在起运港无法予以核对。其以两份提单系履行同一份航次租约，托运人装货不当，提单记载重量系托运人提供，提单上标注了"SAID TO WEIGH"(重量据称)条款为由，主张免除其赔偿责任，缺乏事实和法律依据。

例案二 中国人民财产保险股份有限公司天津市分公司与广西鸿晨投资有限公司、SHL海运有限公司海上货物运输合同纠纷案

【法院】

广西壮族自治区高级人民法院

【案号】

(2016)桂民终69号

【当事人】

上诉人(一审原告)：中国人民财产保险股份有限公司天津市分公司

被上诉人(一审被告)：广西鸿晨投资有限公司

被上诉人(一审被告)：SHL海运有限公司

【基本案情】

2014年6月18日，北大荒马铃薯集团黑龙江贸易有限公司（以下简称北大荒公司）作为买方与作为卖方的AGRICULTURE OF ASIA FUTURES CO. LTD签订了一份木薯淀粉买卖合同，约定：货物名称为2013年产季木薯淀粉，淀粉含量≥85%，水份≤13%，PH值为4.5～7.0，黏度≥650BU，二氧化硫≤30PPM，单价为438美元每吨，总价为438万美元，订货数量为10,000吨（交货数量误差不超过5%），以验货数量为准。

2014年7月3日，中国人民财产保险股份有限公司天津市分公司（以下简称财保天津公司）承保的8590袋（每袋为850千克）木薯淀粉由SHL海运有限公司（以下简称SHL公司）所有的“PRINCESS”轮承运，从泰国曼谷起运。该批货物毛重7,327,270千克，净重7,301,500千克。装货完毕后，SHL公司授权代表人代表“PRINCESS”轮船长在提单签名处签字于同日就此批货物签发了一份清洁提单（提单号为：PRC1408－01），该提单记载的托运人为AGRICULTURE OF ASIA FUTURES CO. LTD，收货人凭指示，通知方为北大荒公司，卸货港为中国钦州港，运费按租约支付，上述表面状况良好的货物已于装货港装上船舶以运往卸货港或船舶所能安全到达的附近港口，提单正面还注明“与租约合并使用”。同日，财保天津公司与北大荒公司就该份提单项下的货物签订了一份货物运输保险单（保单号为：PYII201412009623E00655），记载：被保险人为北大荒公司，保险金额为3,198,057美元。

2014年7月13日，中国外轮理货总公司钦州分部出具进口理货证书及受损货单，记载：由“PRINCESS”轮承运（航次：PR1401）8590袋木薯淀粉理货开始于2014年7月13日，制单日期（完货时间）为2014年7月28日，其中有153袋分级木薯淀粉袋子破损。2014年9月24日，青岛大华保险公估有限公司受财保天津公司及北大荒公司委托于2015年4月24日就案涉货物湿损出具了一份海洋运输货物保险公估报告（公估案卷编号：DHP－14010252），记载：出险日期为2014年9月18日，事故地点为广西壮族自治区钦州保税港区堆场，定损及理算金额为人民币966,678.97元，即157,119.70美元。现场查勘工作时间从2014年9月25日至30日，联合查勘人员为北大荒公司总裁助理苏某、广西农垦明阳生化集团股份有限公司港口业务部经理徐某雄、青岛大华保险公估有限公司公估师解某乐。本次事故极有可能因货物遭受淡水、雨淋导致损坏，根据对整个可能阶段的分析，可排除由于发货人原因、装货时及货物在钦州港堆场存放时造成损害的可能，但不能排除运输途中及卸货时遭受雨淋造成损坏的可能。2015年7月3日,财保天津公司通过中国银行转账支付给北大荒公司157,119.70美元,7月6日,北大荒公司向财保天津公司出具收据及权益转让书,确认将案涉货物湿损的权益和向责任方索赔权在157,119.70美元赔款限额内转让给财保天津公司。

"PRINCESS"轮登记所有人为SHL公司,国籍为韩国,船籍港为济州,型长104.01米,型宽19.20米,型深13.50米,总吨位7433吨。2014年6月19日,广西鸿晨投资有限公司(以下简称鸿晨公司)(船东)与涉案木薯淀粉的卖方AGRICULTURE OF ASIA FUTURES CO. LTD(租家)签订了租船协议,约定鸿晨公司将货物7000吨(850kg)袋装木薯淀粉(正负10%由船东选择)从装货港泰国曼谷运至卸货港中国防城港。二审庭审中,鸿晨公司及SHL公司认可鸿晨公司另与一家船公司签订了租船协议,该船公司又与SHL公司签订航次租船协议,SHL公司最终承运涉案货物。

【案件争点】

在提单未载明并入租约的签订日期且存在多份租约的情况下,如何认定租约并入条款的效力。

【裁判要旨】

广西壮族自治区高级人民法院二审认为:财保天津公司提起本案诉讼的依据是北大荒公司为本案所涉货物的收货人,一审法院经审理查明亦确认北大荒公司即为涉案货物的收货人,各方当事人在二审对此并无异议,且无证据推翻此认定,故本院对北大荒公司系涉案货物收货人的认定予以确认。涉案木薯淀粉买卖是采用CFR贸易方式进行交易的,在CFR贸易术语中,货物运输由卖方即本案的AGRICULTURE OF ASIA FUTURES CO. LTD负责,AGRICULTURE OF ASIA FUTURES CO. LTD随即与鸿晨公司签订租船协议,在该协议中,北大荒公司并非协议当事人,协议亦未约束北大荒公司,北大荒公司不能据此协议主张权利。财保天津公司认为,航次租船合同是海上运输合同的一种,涉案提单是租约并入的提单,那么在租船合同项下所签发的且并入了租约的提单中载明的收货人亦是该租船合同的当事人,因此北大荒公司与鸿晨公司之间实际上也形成了海上货物运输合同关系。对此,本院认为该理由不能成立。首先,航次租船合同是海上货物运输合同的一种特殊方式,但亦有别于海上货物运输合同,根据《海商法》第92条"航次租船合同,是指船舶出租人向承租人提供船舶或者船舶的部分舱位,装运约定的货物,从一港运至另一港,由承租人支付约定运费的合同"之规定,航次租船合同在本质上是租船合同的双方当事人通过租用船舶或者船舶部分舱位用于运输货物而产生的法律关系，作为合同的双方即船舶出租方和承租方只是享有相当于海上货物运输合同承运人和托运人的权利义务。其次，《海商法》第95条规定："对按照航次租船合同运输的货物签发的提单，提单持有人不是承租人的，承运人与该提单持有人之间的权利、义务关系适用提单的约定。但是，提单中载明适用航次租船合同条款的，适用该航次租船合同的条款。"涉案提单正面虽然注明了"与租约合并使用"，但并未注明所并入的是什么租约，财保天津公司认为并入的是AGRICULTURE OF ASIA FUTURES CO. LTD与鸿晨公司之间的租约，鸿晨公司与SHL公司对此予以否认，并认可本案木薯淀粉所涉及的租船协议有三份之多，财保天津公司应对并入提单的是哪份租约负有举证责任，否则应当承担举证不能的后果。故而，虽然涉案提单正面注明租约并入，但并未注明具体签订租约的日期，未能将涉案租约特定化，涉案租约未能有效并入提单，在此情况下，提单持有人亦即收货人的权利、义务只能根据提单来确定，而非航次租船合同。因此，财保天津公司认为鸿晨公司与北大荒公司之间通过并入租约的提单已经形成了海上货物运输合同法律关系的主张不能成立，本院不予支持。

例案三 | 山东省新迈特五金矿产有限公司与天联运输有限公司、德运船务集团有限公司、高田亚太有限公司无正本提单交付货物纠纷案

【法院】

山东省高级人民法院

【案号】

(2017)鲁民终649号

【当事人】

上诉人(一审原告)：山东省新迈特五金矿产有限公司

被上诉人(一审被告)：天联运输有限公司

一审第三人：德运船务集团有限公司

一审第三人：高田亚太有限公司

【基本案情】

2014年1月24日，卖方山东省新迈特五金矿产有限公司(以下简称新迈特公司)与买方佩伽斯国际就出售10,000吨普通硅酸盐水泥达成协议，价格条款为

C&F,每吨为85美元,装货港为中国龙口,卸货港为赤道几内亚巴塔,付款条件为提单日期后90日内付款交单。

2014年2月6日,货物买方与德运船务集团有限公司(以下简称德运公司)签订航次租船合同,由德运公司提供"康龙"轮装运10,000吨袋装货物,自中国龙口运至赤道几内亚巴塔,预计做好装货准备的日期为2014年2月23日,运费为每吨30美元。2014年2月7日,德运公司出具委托书,委托高田亚太有限公司(以下简称高田公司)负责和安排涉案货物的海上货物运输事宜。2014年2月20日,高田公司与天联运输有限公司(以下简称天联公司)签订了"康龙"轮的定期租船合同,约定:(1)租期65天,受载期2014年3月1日至8日;(2)租金为前63天每天5500美元,剩余租期每天10,000美元等。

关于"康龙"轮在龙口港的代理事宜,相关方主要以电子邮件的方式进行联系。2014年2月21日14:49,龙口外代对于高田公司咨询港口使费进行了回复,并列举了进出港引水费、系解缆、港务费、停泊费、进出港拖轮费、理货费、绑扎固定费、边检费等费用估算;16:50,高田公司指定龙口外代作为"康龙"轮在龙口港的代理;17:15时,龙口外代接受了高田公司的委托;18:07,德运公司通知龙口外代涉案提单的制单要求。2014年2月28日15:14,龙口外代向高田公司发送了提单草稿。2014年3月3日14:42,龙口外代向高田公司发出"康龙"轮代理港口使费发票扫描件,显示:付款单位为上海德润船务有限公司。2014年3月8日09:35,新迈特公司要求龙口外代在正本提单中填入2014年2月6日的租约日期;09:51,龙口外代向高田公司发送了提单草稿。2014年3月12日12:18,新迈特公司向龙口外代发出提单格式最终确认。2014年3月13日16:34,德运公司向龙口外代确认签发涉案正本提单。

2014年3月8日,"康龙"轮船长向龙口外代出具授权书,授权该公司根据大副收据就本航次签发正本提单。涉案货物于2014年3月7日装船后,龙口外代代表"康龙"轮船长签发了一式三份KL1417LKGBAT001号正本清洁指示提单。提单记载:本提单与租约并用,承运人为天联公司,托运人为新迈特公司,收货人为凭托运人指示,通知方为佩伽斯国际,船名航次为"康龙"轮1417航次,装货港为中国龙口,卸货港为赤道几内亚巴塔,货物为10,000吨袋装普通硅酸盐水泥(毛重10,023吨),运费依照日期为2014年2月6日的租约预付。此后,天联公司提供的《卸货港装卸时间事实记录》显示:"康龙"轮于2014年5月7日到达巴塔港,5月8日开始卸货,至5月20日卸货完毕。新迈特公司至今仍然持有涉案一式三份正本提单,涉案货物在目的港被无单放货。

【案件争点】

在提单所载租约运费条款有效并入的情况下,可否认定整个租约有效并入提单。

【裁判要旨】

山东省高级人民法院二审认为:关于租约是否与提单并用问题。新迈特公司上诉主张租约没有并入提单。经查,涉案提单为康金 94 格式,在提单正面右上角表述为提单与租约并用,但提单上没有记载所并入的具体航次租约,也没有记载航次租船合同并入提单适用的其他条款。从提单记载内容看,提单正面中只在运费支付一栏载明“依照日期为 2014 年 2 月 6 日的租约预付”,这只是运费的支付方式,不能代表与提单并用航次租约。被上诉人天联公司有关租约并入提单的辩解没有证据支持。所以,新迈特公司有关租约没有并入提单的主张成立,本院予以采纳。

三、裁判规则提要

(一)提单并入条款的含义界定

在海上货物运输中,承租人或发货人基于结汇、货物流转等需要,一般会要求出租人或船长签发提单。此类提单系根据航次租船合同所签发,当承租人持有该提单时,一般不具有海上货物运输合同证明的性质,承租人与承运人的权利、义务关系仍受航次租船合同的约束。当承租人以外的其他人持有该提单时,依照《海商法》第 95 条的规定,该提单持有人与承运人之间的权利、义务关系适用提单的约定,但提单中载明适用航次租船合同条款的,适用该航次租船合同的条款。因此,在提单持有人为非承租人时,船东将可能面临两份合同的约束,从而会产生更大的法律风险。为了尽可能避免此类风险,更好地保护自身权益,出租人试图通过在提单中载明适用租约条款的方式,使其根据提单对货物运输承担的义务和享有的权利尽可能与航次租船合同的约定一致。在提单中载明适用的航次租船合同某些约定条款,被称为“并入条款”(Incorporation Clause)。

(二)提单并入条款具体、明确的方属有效

在海运实践中,提单并入条款,常常因为该并入条款对应租约的信息不明确而发生混乱。究其原因,往往具有复杂性。例如,有时是因为在承运人签发提单时,

书面租约还没有备妥;有时是因为船长、出租人代理人等签发提单时较为粗陋,其并不清楚租约的具体情况。基于此,根据航次租船合同所签发的提单有时为简式提单,即提单注明"与租约共同使用""和租约合并使用"等内容,但提单并未载明并入的租约名称和具体条款。但如例案一"中国平安财产保险股份有限公司上海市虹口支公司与上海至精国际船舶管理有限公司、CLC租船第六有限公司海上货物运输合同纠纷案"所示,简式提单并不意味着租约并入与否的审查要求可以降低。对于此类提单并入条款是否有效,首先须审查提单并入的租约是否具体、明确。因为在海运中,就同一票货物的运输可能存在多份租约的情形。例如,承租人A与出租人B签订了一份航次租船合同,而出租人B自身没有船舶,其又与拥有船舶的第三方C签订航次租船合同。此时,各方之间就存在两份航次租船合同,在提单记载不明确的情况下,提单并入的是哪份租约若无从确定,则法院只能判定租约未能有效并入。如例案二"中国人民财产保险股份有限公司天津市分公司与广西鸿晨投资有限公司、SHL海运有限公司海上、通海水域货物运输合同纠纷案",便属此类情况。当然,如果根据在案证据已能认定"提单持有人与承运人知道也应当知道提单并入的是哪份具体租约",则提单虽未载明租约的具体信息,但也可以判定为并入有效,如"山东翔龙实业集团有限公司与金源海运有限公司、北方航运有限公司海上货物运输合同纠纷案——(2016)最高法民申530号",便是此类情况。

(三)特定租约条款的并入,不能视为租约整体并入

从航运实践来看,提单并入租约的方式可以分为两种:一是整个租约并入提单,如提单记载"与××年×月×日租约合并使用";二是特定租约条款的并入,如提单记载"运费支付按照××年×月×日租约的约定"。就后者来说,除了运费支付以外,提单并入条款通常还涉及滞期费支付与索赔、货物留置权的行使、转租、仲裁等具体事项。此类租约特别条款的有效并入,并不意味着对应租约的整体有效并入。例如,根据航次租船合同签发的提单有时既会注明"与租约并用",又会在运费支付一栏注明"依照××年×月×日的租约预付(或到付)"。基于此,运费支付一栏载明的并入租约可以根据其签订日期而得以明确,故属有效。但此项运费支付租约条款的有效并入不能被视为整体租约的有效并入。在提单所载"与租约并用"中的租约并不明确的情况下,也不能推定该项租约与运费支付一栏载明的租约为同一租约。相反,如例案三"山东省新迈特五金矿产有限公司与天联运输有限公

司、德运船务集团有限公司、高田亚太有限公司无正本提单交付货物纠纷案”，法院会认定“与租约并用”的记载没有法律效力。

四、辅助信息

高频词条：

《海商法》

第71条 提单，是指用以证明海上货物运输合同和货物已经由承运人接收或者装船，以及承运人保证据以交付货物的单证。提单中载明的向记名人交付货物，或者按照指示人的指示交付货物，或者向提单持有人交付货物的条款，构成承运人据以交付货物的保证。

第78条 承运人同收货人、提单持有人之间的权利、义务关系，依据提单的规定确定。

收货人、提单持有人不承担在装货港发生的滞期费、亏舱费和其他与装货有关的费用，但是提单中明确载明上述费用由收货人、提单持有人承担的除外。

第92条 航次租船合同，是指船舶出租人向承租人提供船舶或者船舶的部分舱位，装运约定的货物，从一港运至另一港，由承租人支付约定运费的合同。

第93条 航次租船合同的内容，主要包括出租人和承租人的名称、船名、船籍、载货重量、容积、货名、装货港和目的港、受载期限、装卸期限、运费、滞期费、速遣费以及其他有关事项。

第95条 对按照航次租船合同运输的货物签发的提单，提单持有人不是承租人的，承运人与该提单持有人之间的权利、义务关系适用提单的约定。但是，提单中载明适用航次租船合同条款的，适用该航次租船合同的条款。

海上货物运输合同纠纷案件裁判规则第24条：

判断承运人是否为多式联运经营人，应从合同的签订和履行等方面进行综合分析判断

〔**规则描述**〕：多式联运，是指多式联运经营人以两种以上不同运输方式，其中一种是海上运输方式，负责将货物从接收地运至目的地交付收货人，并且收取全程运费。而判断承运人是否为多式联运经营人，应从合同的签订和履行等方面进行综合分析判断。

一、类案检索大数据报告

时间：2019年12月9日之前，案例来源：Alpha案例库，数据采集时间：2019年12月9日。本次检索以法院认为中包含“多式联运合同纠纷”“货运代理合同关系”作为检索条件，共获取了30篇裁判文书，剔除重复的文书5篇，无关的文书8篇，剩余的17篇裁判文书中：认为多式联运经营人的识别与认定，应从合同的签订和履行等方面进行综合分析判断的文书有17篇。

整体情况如下：

如图24－1所示，认为多式联运经营人的识别与认定，应从合同的签订和履行等方面进行综合分析判断的文书占100%。

图24－1 多式联运人的识别与认定

从图 24－2 所示的年份分布情况可以看出当前条件下案例数量的变化趋势。

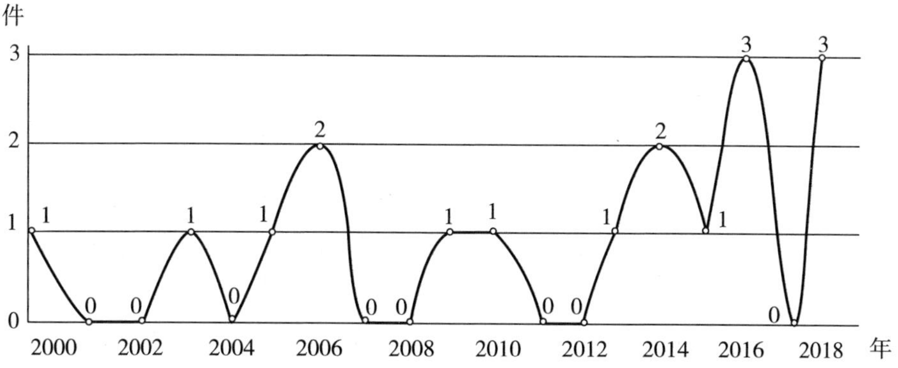

图 24－2　案件年份分布情况

从图 24－3 所示的地域分布来看，当前案例主要集中在广东省、天津市、福建省等，分别占比 52.94%、17.64%、11.76%。其中广东省的案件量最多，达到 9 件。

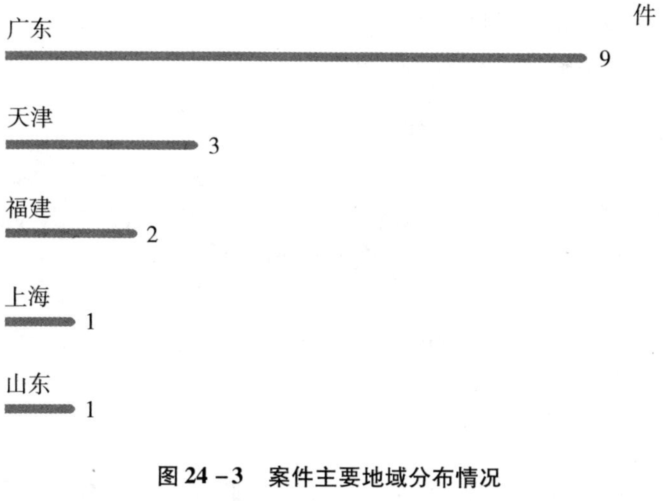

图 24－3　案件主要地域分布情况

从图 24 - 4 所示的案由分类情况可以看出，当前的案由分布由多至少分别是运输合同纠纷，委托合同纠纷。

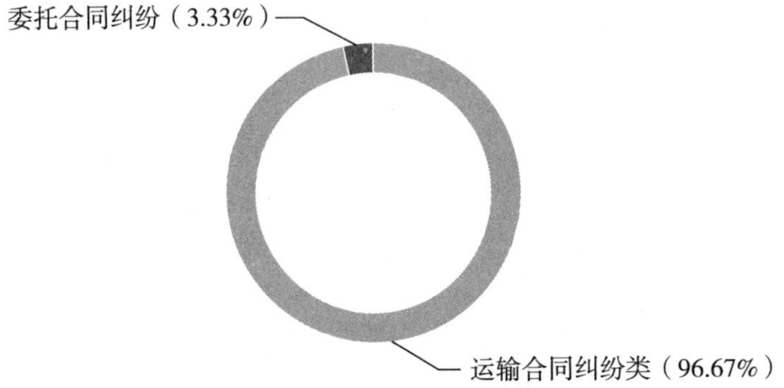

图 24 - 4　案件案由分类情况

从图 24 - 5 所示的行业分类情况可以看出，当前的行业分布主要集中在交通运输、仓储和邮政业，制造业，金融业，批发和零售业，文化、体育和娱乐业，其他行业。

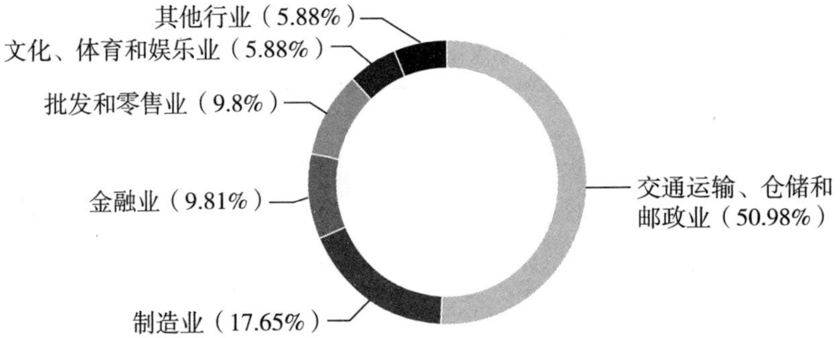

图 24 - 5　案件行业分类情况

二、可供参考的例案

例案一　上海天原国际货运有限公司与宁波四联国际贸易有限公司多式联运合同纠纷

【法院】

上海市高级人民法院

【案号】

(2000)沪高经终字第376号

【当事人】

上诉人(一审原告、反诉被告)：上海天原国际货运有限公司

被上诉人(一审原告、反诉原告)：宁波四联国际贸易有限公司

【基本案情】

1998年3月10日，宁波四联国际贸易有限公司(以下简称四联贸易公司)与德国中间商NBL公司签订了涉案《货物销售合同》，约定价格条款为CIF巴西，付款方式为电汇，合同金额为15,800美元，出运日期为1998年6月30日前。后因最终客户急需，双方将货物出运日期提前至6月25日前，价格条款改为CIF巴西圣保罗海空联运，运费由四联贸易公司垫付，待货收到后NBL公司再行返还。6月中下旬，四联贸易公司电话委托上海天原国际货运有限公司(以下简称天原货运公司)宁波办事处，约定以海空联运方式出运涉案货物，重量为2477千克，海空联运运费为10,750美元。

天原货运公司接受委托后，签发了编号为AS—0598883空运单，抬头显示为"AIR—SEA TRANSPORT INC."，而其英文名称为"SHANGHAI AIR—SEA TRANSPORT INC."。该空运单载明，一程海运由"新东"轮第029航次承运，二程空运日期与航班为7月2日KE061，托运人为四联贸易公司，收货人为巴西KETER公司，运费预付，费率按约定。天原货运公司并将涉案缮制完毕空运单正面条款传真给四联贸易公司，但背面条款并未传真告知。该空运单正面未声明或者加盖天原货运公司为代理人的印章，被告四联贸易公司收到传真件后，也未对此提出异议。天原货运公司前述空运单未向外经贸部登记编号，其司也无经营国际运输的资格。

随后，天原货运公司以其公司名义将该批货物交由大韩航空公司(KOREAN AIRLINE)代理人中菲行空运(香港)有限公司(以下简称中菲行公司)承运。为此，中菲行公司签发了编号为SHA—103932的空运单，载明托运人为天原货运公司，收货人为该司在巴西代理人，运费按约定费率预付，货物重量为2477千克。遂后，中菲行公司又将货物委托新东轮船公司负责上海至釜山一程海运。海运提单载明：托运人为中菲行公司上海办事处，收货人为大韩航空公司，运费预付，货物重量为2477千克。二程空运由大韩航空公司负责承运，该公司空运单载明：托运人为中菲行公司上海办事处，收货人为天原货运公司在巴西代理人，运费根据安排，

货物重量为2477千克。

1998年7月7日，涉案货物出运后，天原货运公司宁波办事处向四联贸易公司提示付款，要求支付海空联运费；该司以货物迟延交付为由拒付。天原货运公司遂扣押了涉案货物核销单、报关单退税联，导致其本案出口货物虽结汇成功，但仍无法办理退税手续，产生退税损失10,655.31元。

1998年7月8日，涉案货物经多式联运后抵达巴西圣保罗机场。但因货物重量更改未加盖更正章，运费未显示具体金额，货物包装箱上标签号与空运单号码不同，致使货物在巴西海关清关时受阻。8月下旬，收货人为此函发天原货运公司在巴西代理人，要求赔偿损失。9月18日，NBL公司传真四联贸易公司及案外人波太铜制品有限公司，称整个运输时间比普通海运还长，采用海空联运已毫无意义，故拒付涉案运费10,750美元，并要求该两家公司赔偿35,000美元。直至9月23日，收货人才最终成功提取货物。

【案件争点】

天原货运公司是否为多式联运经营人而非货运代理人。

【裁判要旨】

上海海事法院认为：本案系国际多式联运合同纠纷。天原货运公司接受四联贸易公司委托，发送含有海空多式联运内容的空运单传真件，双方对此均无异议。天原货运公司涉讼后提供了盖有承运人代理印章的空运单，主张其为货运代理人，与事实不符，故不予认可。庭审查明事实也显示，四联贸易公司当时收到空运单传真件上，并未声明天原货运公司为货运代理人或加盖有其为代理人印章；而且天原货运公司提示付款项目为海空联运费，也非货运代理费和其司代垫运费。天原货运公司以自己的名义委托中菲行公司实际承运货物，故应认定双方建立的是国际多式联运合同关系，而非货运代理关系。其与中菲行公司以及中菲行公司与新东轮船公司、大韩航空公司建立的实际承托法律关系，与四联贸易公司无涉。依照法律规定，天原货运公司作为多式联运合同经营人，对多式联运的货物应当承担自接收货物时起，至交付货物时止的全部责任。1998年7月8日，涉案货物抵达目的地巴西圣保罗。但因天原货运公司过错，货物重量更改未加盖更正章、运费未写明金额，货物包装箱上标签号与空运单号码不同，造成货物清关受阻。直至9月23日，与被告订有贸易合同的收货人NBL公司才提到货物，并据此拒绝按约定返还运费。对此，天原货运公司应当承担过错责任。

按照国际多式联运合同约定，四联贸易公司应当支付海空联运费。但因天原货运公司在合同履行中过错，将会造成其向原告天原货运公司支付运费后，无法从 NBL 公司收回相应费用的后果。四联贸易公司反诉有关运费的请求，性质应为通过反诉抵销其应向天原货运公司支付海空联运费的义务。故其反诉请求，依法有据，也应予确认。天原货运公司扣押相关退税单证，缺乏法律依据，对因此而造成的四联贸易公司退税损失，也应承担法律责任。

一审判决后，天原货运公司不服，以一审法院认定双方法律关系错误为由提起上诉。后经二审法院主持调解，双方当事人达成调解协议，被上诉人四联贸易公司自愿支付上诉人天原货运公司 24,870 元结案。

例案二 北京泰宇博洋国际贸易有限责任公司与上海浦东幸运船务有限公司多式联运合同纠纷

【法院】

天津市高级人民法院

【案号】

(2006)津民终 200 号

【当事人】

上诉人(一审被告)：上海浦东幸运船务有限公司

被上诉人(一审原告)：北京泰宇博洋国际贸易有限责任公司

【基本案情】

2004 年 3 月 20 日，北京泰宇博洋国际贸易有限责任公司(以下简称泰宇博洋公司)与案外人奥米尼哥有限公司签订《货物销售合同》，约定收款银行为中国银行，付款条件与方式为电汇 30% 预付款，余款凭运输单据和提单复印件电汇支付。泰宇博洋公司收到预付款后，在 2004 年 5 月 30 日前，完成了合同项下订单采购。

2004 年 8 月，泰宇博洋公司向上海浦东幸运船务有限公司(以下简称浦东幸运公司)订舱排载。为此，浦东幸运公司签发了编号为 PPILTJ088787 的电放提单，并于 8 月 26 日将提单样本通过电子邮件传送给泰宇博洋公司。该提单样本载明：承运人为浦东幸运公司，托运人为泰宇博洋公司，收货人为奥米尼哥有限公司，起运港为天津新港，卸货港为美国加州长滩港，交货地为休斯敦，货物品名为乳胶气球，集装箱编号为 FCIUXX/XXX，装船和提单签发日期均为 2004 年 8 月 21 日。

2004 年 8 月 27 日，天津新港海关签发的《出口货物报关单》。载明：发货单位为泰宇博洋公司,成交方式为FOB,总价为41,498.93美元,提单号为COSUXX。9月11日,承运船舶到达长滩港;10月2日,集装箱提重;10月7日,还空。泰宇博洋公司与浦东幸运公司员工Huying的往来电子邮件显示:8月29日,泰宇博洋公司给Huying发邮件要求,“该票货物请在我发给您电放保函之前,不能放货”;10月8日,泰宇博洋公司给Huying发邮件要求,“请帮我查一下该票货物目前的状态,我们将尽快付款,请收到水单后将正本提单发给我,或者发给你电放保函再电放”;10月9日,Huying邮件回复称,“会收到你的保函再做电放”。

浦东幸运公司出具的电放提单及涉案货物动态查询记录中均载明,涉案货物卸货港为加州长滩港,交货地为美国休斯敦。涉案提单右下角承运人签章处,载明合同争议应由美国加州法院管辖,并适用美国法。

货物出运后,浦东幸运公司未向泰宇博洋公司提供货物动态;直至2005年1月7日,泰宇博洋公司发现涉案集装箱已经还空。

【案件争点】

浦东幸运公司是否为案涉货物多式联运经营人抑或仅为货运代理人。

【裁判要旨】

天津市高级人民法院认为:根据浦东幸运公司出具的提单及货物动态查询记录载明,涉案货物在天津新港装箱后,应由浦东幸运公司海运至卸货港加州长滩港,后通过陆运方式运抵美国休斯敦,最终完成货物的交付。在二审期间,双方对于上述运输方式亦予以确认。故本案应为涉及海上、陆路运输的多式联运合同纠纷,一审认定本案为海上货物运输合同纠纷不当,应予以纠正。

浦东幸运公司接收泰宇博洋公司托运货物,以泰宇博洋公司为托运人出具了涉案提单,并通过电子邮件发送告知。浦东幸运公司虽主张该提单仅为样本,但相关内容与其制作的正本提单完全一致,故可以作为认定双方权利义务的依据。根据提单记载,货物运输包含海上、陆路运输两种方式,双方应成立多式联运合同关系,泰宇博洋公司为托运人,浦东幸运公司为多式联运经营人。涉案运输合同中天津新港至美国长滩港为海运段,本案争议的事实亦发生在该区段,属于《海商法》第4章第8节调整的多式联运合同。该法第105条规定:“货物的灭失或者损坏发生于多式联运的某一运输区段,多式联运经营人的赔偿责任和责任限额,适用调整该区段运输方式的有关法律规定。”就涉案海运区段运输而言,应当适用《海商法》的相关规定确定双方的权利义务。浦东幸运公司虽主张其仅系SPA公司的代理人,与泰宇博洋公司之间并不存在法律关系,但并未举证证明已经将其与SPA公司之间的关系向泰宇博洋公司进行披露；且其在接受泰宇博洋公司委托后，以自己的名义出具了涉案提单。故其该项主张缺乏事实和法律依据，不能成立。

例案三 | 瑞安市上望针织三厂与温州市达川国际货运代理有限公司、蔡某收等多式联运合同纠纷

【法院】

浙江省高级人民法院

【案号】

(2014)浙海终字第 38 号

【当事人】

上诉人(一审被告)：温州市达川国际货运代理有限公司

被上诉人(一审原告)：瑞安市上望针织三厂

一审被告：蔡某收

一审被告：贾某权

【基本案情】

2012 年 5 月 16 日，瑞安市上望针织三厂(以下简称上望针织厂)(甲方)与温州市达川国际货运代理有限公司(以下简称达川货代公司)(乙方)签订《2012 年温州—乌克兰包国际货运代理合同》，约定上望针织厂委托达川货代公司，将其厂生产的袜子办理国内托运、报关、海运、货物的监装，国外清关、监卸，运抵乌克兰境内指定地点等；运费采用全部包干方式，费用 4.8 万美元，包括国内运费、海运费，以及国外清关费，货物运送到国外客户仓库等一切费用。并约定上望针织厂须向达川货代公司提供接货人与货物详细、准确的资料，如所在城市、护照号码、姓名、地址、电话以及品名、数量、体积、重量、件数、质地、货值等；并承诺不运输违禁品及违反中乌两国海关有关规定的货物。如因隐瞒或提供资料不实造成的延误或罚没等损失，达川货代公司有权向上望针织厂追索，所造成的损失全部由上望针织厂承担。合同还明确达川货代公司出具的运单，作为本合同组成部分一并生效；并明确货物运输时间，从货物装船离岸开始计算，为 40～45 天；如果超过 45 天，从第 46 天每超一天，则以每柜赔偿 100 美元；如果超过 70 天，上望针织厂有权拒收货物。关于风险处理，双方约定如果货物在运输途中发生意外，达川货代公司必须按上望针织厂货物报关金额赔偿。对合同订立、效力、解释、履行、争议的解决，均适用中

华人民共和国法律。双方对于未尽事宜,协商解决;协商不成,任何一方均有权向达川货代公司所在地有管辖权的人民法院提起诉讼。达川货代公司业务员蔡某收、贾国权与公司法定代表人王某川,共同在合同尾部“乙方”栏签名并加盖达川货代公司业务专用章。

签订协议后,案涉货物由上望针织厂委托瑞安市新潮进出口贸易有限公司(以下简称新潮公司)代理出口,由新潮公司出具国内报关单据,并由宁波明正报关有限公司代办宁波港出口申报手续,货物报关价值150,000美元。达川货代公司组织安排货物自瑞安厂家仓库装柜,经陆路拖车拖运至宁波港装船业务,双方确认货柜号为EISUXX、铅封号为EMCAZNX,货物单包510件、双包505件。

2012年5月26日,长荣海运(英国)有限公司[Evergreen Marine(UK)Limited,以下简称长荣公司]代理人签发了正本海运指示提单。载明托运人为新潮公司、通知方为捷克共和国的李跃荣(LIYUERONG)、装货港为宁波,卸货港和交付地均记载为汉堡,箱号和铅封号以及货物数量与前述合同记载一致。6月7日,宁波海关审单批注同意后放行。6月22日,达川货代公司将新潮公司背书后的案涉货物正本提单,邮寄捷克共和国的李某荣。后因上望针织厂在乌克兰的销售网点一直未收到案涉货物,遂与达川货代公司交涉无果。2013年5月3日,上望针织厂以遭受诈骗为由,向当地公安局“110”报案,要求立案侦查。瑞安市公安局上望派出所接警后,经调查发现未涉嫌诈骗,认为双方属于经济纠纷未立案。

2013年8月15日,上望针织厂以其与达川货代公司、贾某权、蔡某收共同签订《货运代理合同》,将其生产的袜子运输到乌克兰。但其将货物交付运输后,至今未运到目的地交付,且无货物任何消息,应是在运输途中已经灭失。虽多次与对方协商赔偿,均无果。为此,以货运代理合同纠纷为由,向瑞安市人民法院提起诉讼,请求判令达川货代公司、蔡某收、贾某权共同赔偿其货物损失945,000元(已按美元兑换人民币汇率折算)、货物迟延交付违约金239,400元。2013年11月19日,瑞安市人民法院将本案移送宁波海事法院审理,该院以海上货物运输合同纠纷在审。

【案件争点】

达川货代公司与上望针织厂的法律关系是否为多式联运合同,或仅为货运代理合同。

【裁判要旨】

浙江省高级人民法院认为:多式联运合同,是指多式联运经营人以两种以上的不同运输方式,其中一种是海上运输方式,负责将货物从接收地运至目的地交付收货人，并收取全程运费的合同。多式联运经营人是指本人或者委托他人以本人名义与托运人订立多式联运合同的人。本案中，虽然上望针织厂与达川货代公司签订的合同名称为《2012 年温州—乌克兰包国际货运代理合同》，但从合同约定内容看，案涉合同约定：乙方（达川货代公司）接受甲方（上望针织厂）委托并根据甲方要求办理如下业务：（1）国内的托运、报关、海运、货物的监装；（2）国外的清关、监卸；（3）将货物运抵乌克兰境内指定地点；费用：全包干费用 4.8 万美元等。同时，合同还对货物的运输时间、运输方的责任期间和托运人的义务等作了约定。可见，合同约定的运输方式既有内陆运输，又有海上运输，符合多式联运合同需具备两种以上运输方式的构成要件。根据合同约定，达川货代公司应按合同约定履行货物监装、国外清关等合同义务，同时需组织并负责将上望针织厂的货物自国内厂家仓库运至乌克兰境内指定地点交付给收货人，并有权收取合同约定的包干费用，达川货代公司对涉案货物的全程运输负责，符合多式联运经营人的特征。在实际履行中，除国内内陆运输达川货代公司认可由其负责完成外，对其余合同约定义务，达川货代公司认为上望针织厂违反合同约定，将报关、海运、国外清关业务、国外运输等均交由新潮公司办理，达川货代公司的义务仅将涉案货物运到船上且货已运至德国汉堡。

虽然涉案货物的出口报关由上望针织厂委托新潮公司办理，且涉案提单载明的托运人亦为新潮公司，但根据查明的事实，涉案合同的下方空白部分手写有“箱号：EISUXX”，并盖有达川货代公司业务专用章，双方确认上述号码分别为箱号和铅封号，在二审庭审时达川货代公司认为上述手写部分内容表示其已收到货物并已装船。达川货代公司在原审时提供的海运提单、ENS 信息表、三联单（预配）/舱单数据等证据显示的货物箱封号均与上述合同记载一致，故签订合同时达川货代公司知道箱封号下的货物即为上望针织厂委托其运输的货物，上望针织厂系涉案货物的所有权人。根据达川货代公司提供的三联单（预配）/舱单数据注明：“请按以上数据发送电子装箱单、拉三联单、发送预配及舱单”，而涉案装箱单显示系新潮公司的装箱单，故作为专门从事国际货运代理业务的达川货代公司就涉案货物委托他人订舱时，应当知晓上望针织厂就涉案货物已以新潮公司名义办理相关出口报关手续。且达川货代公司亦未提供证据证明上望针织厂就涉案货物委托新潮公司办理出口报关事宜提出异议。此外，达川货代公司提交的《情况说明》载明：达川货代公司于 2012 年 6 月 22 日将正本提单送至新潮公司背书并邮寄给提单上的通知人李跃荣。达川货代公司虽称其是凭指示邮寄提单，但未提供证据证明。上述提单流转过程说明正本海运提单，均由达川货代公司控制，而非新潮公司，新潮公司仅是海运提单上的名义托运人，上望针织厂系实际托运人。故从合同约定内容及其实际履行情况看，双方构成多式联运合同关系，达川货代公司系多式联运经营人，上望针织厂将涉案货物的出口报关事宜委托新潮公司办理，并不影响本案双方法律关系。原审据此适用《海商法》第 104 条、第 106 条的相关规定，判决达川货代公司承担货物灭失的民事责任并无不当。

三、裁判规则提要

根据《海商法》第 102 条的规定，“本法所称多式联运合同，是指多式联运经营人以两种以上的不同运输方式，其中一种是海上运输方式，负责将货物从接收地运至目的地交付收货人，并收取全程运费的合同。前款所称多式联运经营人，是指本人或者委托他人以本人名义与托运人订立多式联运合同的人。”本法条定义式规范，明确了多式联运合同与多式联运经营人的法律属性特征，是判断与识别多式联运经营人的法律依据。

提单是双方成立或存在海上货物运输合同关系的证明，实务中，与多式联运有关的提单名称有“多式联运提单”(Multi - mode Transport Bills of Lading)、“全程运输提单”(Through Transport Bills of Lading)以及“联合运输提单”(Combined Transport Bills of Lading)等之分，上述提单均可能是承托双方存有多式联运合同关系的证明，上述提单的记载可以作为判断谁是多式联运经营人的主要依据。在例案二中，法院根据浦东幸运公司出具的提单(样本)，首先认定其为承运人，故而双方存在海上货运合同而非货运代理合同关系；其次涉案提单含有海运与陆路运输内容，货物最终到达地与交付地为美国休斯敦，货物最终交付行为发生在美国内陆，从而进一步认定浦东幸运公司为多式联运经营人。

多式联运经营人，是指本人或者委托他人以本人与托运人订立多式联运合同的人。但在很多情况下当事人并未签订多式联运合同，在此情况下，判断承运人是否为多式联运经营人，关键在于其是否负责履行或者组织履行多式联运合同，并对全程运输享有承运人的权利，承担承运人义务。在例案一中，法院以天原货运公司出具含有海运与空运等多式联运内容的空运单，但未披露或提示其仅为货运代理人，并提示收取海空联运费，并非货运代理费和其司代垫运费；进而“以自己的名义”委托中菲行公司实际承运货物，故认定双方建立的是国际多式联运合同关系，天原货运公司为多式联运经营人。

多式联运经营人的认定不受合同名称的影响。在当事人订有合同的情况下，签订案涉合同的名称不同，并不影响多式联运合同法律关系的成立与确认。在例案三中，法院认为，虽然上望针织厂与达川货代公司签订的《2012 年温州—乌克兰包国际货运代理合同》，名为国际货运代理合同，但根据合同记载内容可见，双方对货物的运输时间、运输方的责任期间和托运人的义务等作了约定；而且合同约定的运输方式既有内陆运输，又有海上运输，符合多式联运合同需具备两种以上运输方式的构成要件。尤其是达川货代公司有权收取合同约定的包干费用，并对涉案货物的全程运输负责，符合多式联运经营人的特征。故认定其为多式联运经营人，应履行多式联运合同义务。

多式联运经营人的认定不受当事人名称的影响。而在集装箱运输条件下，大都涉及多式（海陆）联运。随着无船承运人（NVOCC，Non－vessel Operating Common Carrier）的出现，进而根据提单签发（缮制）人的身份，又分“货代提单”（House Bills of Lading）与“船东提单”（Master Bills of Lading）。前述三个例案均表明，一方当事人均为从事国际货运代理业务的公司，但法院并未就此以企业名称简单认为其为货运代理人，也未拘泥于“以谁的名义”来识别与认定承运人身份，而是更侧重于当事人“合同履行特征”以及相关运输单证所体现的具体内容、责任期间、收取/支付费用性质，乃至交付货物的地点、方式等进行综合判断，最终认定货代公司为多式联运经营人而非货运代理人。

四、辅助信息

高频词条：

《海商法》

第 102 条 本法所称多式联运合同，是指多式联运经营人以两种以上的不同运输方式，其中一种是海上运输方式，负责将货物从接收地运至目的地交付收货人，并收取全程运费的合同。

前款所称多式联运经营人，是指本人或者委托他人以本人与托运人订立多式联运合同的人。

第 103 条 多式联运经营人对多式联运货物的责任期间，自接收货物时起至交付货物时止。

海上货物运输合同纠纷案件裁判规则第25条：

货物的灭失或者损坏发生于境外多式联运的某一区段的，多式联运经营人的赔偿责任和责任限额，适用调整该区段运输方式的有关法律

〔**规则描述**〕：国际货物多式联运合同纠纷应根据冲突规范确定所应适用的法律，但货物的灭失或者损坏发生于境外（法域外）多式联运的某一区段的，多式联运经营人的赔偿责任和责任限额，适用调整该区段运输方式的有关法律。

一、类案检索大数据报告

时间：2019年12月9日之前，案例来源：Alpha案例库，数据采集时间：2019年11月9日。本次检索以法院认为中包含"多式联运合同纠纷""法律适用"作为检索条件，共获取了19篇裁判文书，剔除重复的文书1篇，无关的文书10篇，剩余的8篇裁判文书中：认为货物的灭失或者损坏发生于境外（法域外）多式联运的某一区段的，多式联运经营人的赔偿责任和责任限额，适用调整该区段运输方式的有关法律的文书有8篇。

整体情况如下：

如图25－1所示，认为货物的灭失或者损坏发生于境外（法域外）多式联运的某一区段的，多式联运经营人的赔偿责任和责任限额，适用调整该区段运输方式的有关法律的文书占100%。

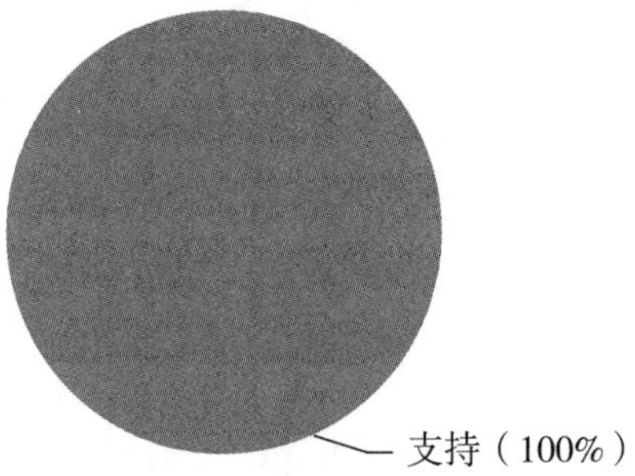

图25－1 多式联运经营人赔偿责任和责任限额的法律适用

从图25－2所示的年份分布情况可以看出当前条件下案例数量的变化趋势。

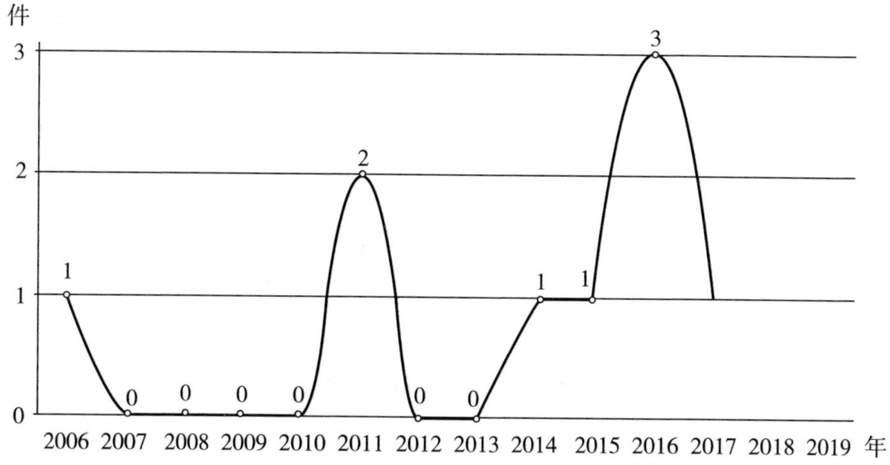

图25－2 案件年份分布情况

从图25－3所示的地域分布来看，当前案例主要集中在天津市、广东省、上海市等，分别占比37.5%、25%，其中天津市的案件量最多，达到3件。

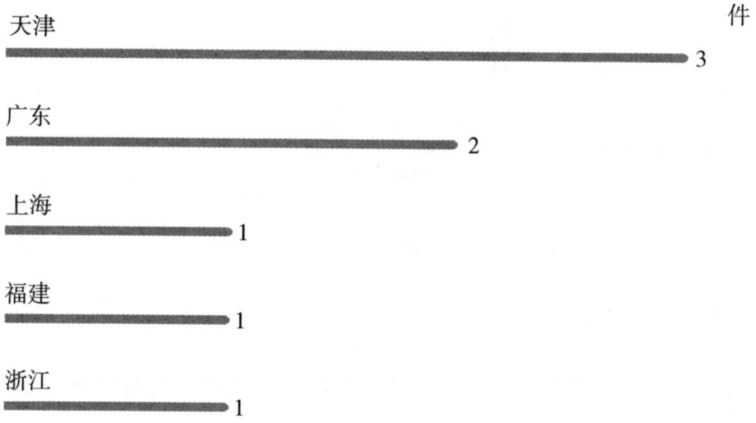

图25－3 案件主要地域分布情况

从图25－4所示的案由分类情况可以看出，当前的案由分布由多至少分别是运输合同纠纷，委托合同纠纷。

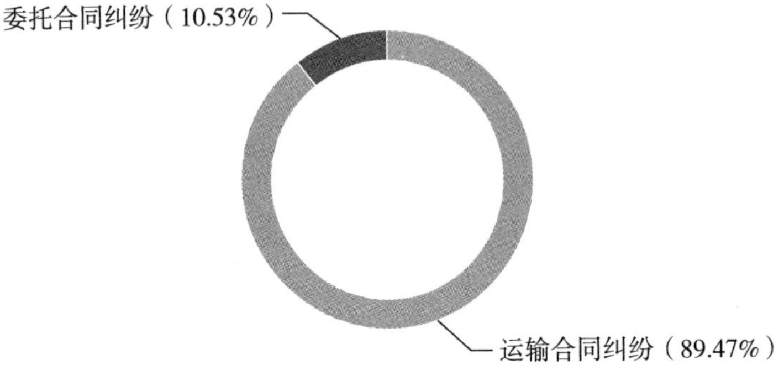

图25－4　案件案由分类情况

从图25－5所示的行业分类情况可以看出，当前的行业分布主要集中在交通运输、仓储和邮政业，制造业，金融业，批发和零售业，租赁和商务服务业。

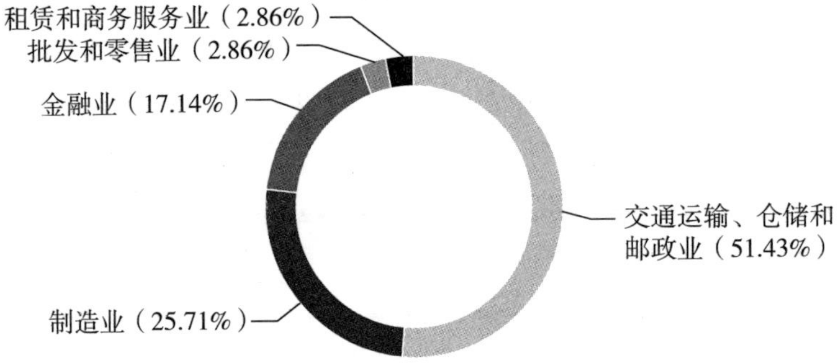

图25－5　案件行业分类情况

二、可供参考的例案

例案一　原告义乌市堆正进出口有限公司与被告韩国现代商船株式会社多式联运合同纠纷

【法院】

宁波海事法院

【案号】

（2014）甬海法商初字第639号

【当事人】

原告：义乌市堆正进出口有限公司

被告：韩国现代商船株式会社

【基本案情】

义乌市堆正进出口有限公司（以下简称义乌堆正公司）与外商签订一份外贸合同，约定向外商供应各类服装，总金额为236,640美元，贸易方式为FOB宁波，收款方式为T/T，交货期为2013年9月2日，装船期为9月5日。义乌堆正公司分别向厂家下单购货后，通过货运代理人向现代商船会社订舱出运。9月5日，涉案集装箱货物在宁波港装船运输。双方事先约定涉案运输货物"电放"，故韩国现代商船株式会社（以下简称现代商船会社）并未签发纸质提单。但是，双方确认的记名提单复印件显示，托运人为义乌堆正公司，承运人为现代商船会社，船名航次为"WANHAI 517"轮第002E航次，装货港为中国宁波港，卸货港为墨西哥曼萨尼约（MANZANILL0），交货地为墨西哥城，交货方式为CY/DR（集装箱堆场到门），箱载四类货物为女用衣裤，共计274件、18,696千克、68立方米，运输方式为"火车加汽车"（RAIL PLUS TRUCK），箱号为SEGUXX。9月18日，上述货物分两票报关出运，报关单所载船名航次、提单号、成交方式等相关内容，与前述提单复印件记载一致。

货到卸货港曼萨尼约后，经由陆路拖运至墨西哥城。2013年11月20日，驾驶拖车司机向墨西哥当地警方报案称，当日约9:20时，在×市×工业区西146号处，其驾驶拖车连同集装箱，被人持械劫走。对于报称劫案最终是否侦破以及涉案货物最终下落，双方均未有主张及证明。义乌堆正公司遂以涉案货物在现代商船会社责任期间内丢失，致其客商无法取得货物为由，提起诉讼，请求判令现代商船会社赔偿货物损失232,000美元、海运费23,955.43元以及前述款项迟延支付违约金。

被告现代商船会社辩称：即使义乌堆正公司有权索赔，其也有权要求适用货物灭失区段的有关法律，享有相应的责任限制权利。根据我国《海商法》第105条的规定，案涉运输货物被抢发生于墨西哥陆路区段，故应当适用墨西哥有关法律。为此，现代商船会社向法院提交了经过当地公证和我国使领馆认证的墨西哥律师《法律意见书》，可以证明墨西哥合众国1993年12月22日公布的《道路、桥梁和联邦汽车运输法》（最终修订版于2014年6月4日公布）为调整该国陆路运输的法律，可以作为认定承运人赔偿责任及其责任限额的依据。

【案件争点】

应根据何种法律来确定发生在墨西哥陆路运输区段承运人的赔偿责任及责任限额。

【裁判要旨】

宁波海事法院认为:本案被告承运人现代商船会社为韩国企业,涉案货物系在至交货地墨西哥城的陆运途中被盗抢,故本案属涉外案件。本案双方分属涉案货物托运人和承运人,根据《涉外关系法律适用法》第8条的规定,双方依法成立海上货物运输合同关系。

关于本案的整体法律适用,现代商船会社主张适用墨西哥合众国法律,但未主张并证明双方已协议选择适用该国法律,也未提供相应该国法文本;且义乌堆正公司系我国企业,涉案运输的始发地是中国宁波港,现代商船会社系经我国交通运输主管部门核准的国际班轮业务经营人,我国与双方间的海上货物运输合同有最密切的联系,故根据《涉外关系法律适用法》第10条以及第41条的规定,本案应当适用我国法律。

根据我国《海商法》第104条的规定:“多式联运经营人负责履行或者组织履行多式联运合同,并对全程运输负责。多式联运经营人与参加多式联运的各区段承运人,可以就多式联运合同的各区段运输,另以合同约定相互之间的责任。但是,此项合同不得影响多式联运经营人对全程运输所承担的责任。”现代商船会社在提单记载中承诺的交货方式为“堆场到门”,应当就货物在陆上运输至收货人仓库前发生的货物灭失向托运人承担赔偿责任。本案双方之间的海上货物运输合同合法有效,双方均应依法履行。义乌堆正公司作为托运人,在运输合同中依法享有货物控制权及相应的合法权益,涉案货物在交付收货人前被盗抢,侵害了原告的货物控制权及相应合法权益。故其诉请被告现代商船会社赔偿货款损失,合法有理,应予支持。

本案双方当事人均确认涉案货物采取“火车加汽车”的多式联运方式,涉案货物系在运抵交货地墨西哥城的陆运途中被盗抢。根据我国《海商法》第46条、第103条、第104条、第105条的规定,被告现代商船会社作为承运人以及该多式联运经营人,均应当负赔偿责任。但其赔偿责任和限额,应适用调整该陆运区段的有关法律规定。对此,现代商船会社所提交的经公证、认证的《法律意见书》中指出,应适用墨西哥合众国1993年12月22日公布的《道路、桥梁和联邦汽车运输法》(最终修订版于2014年6月4日公布)。该法第6部分“责任”第2章(货物汽车运输的责任）中第66条第（5）项规定："提供货物汽车运输服务的许可持有者，作为所运输的货物或产品的丢失和损毁的责任人，责任期间从收货起至交付到收货人，除下列情况：……5. 当服务使用者没有申报货物的价值，责任将被限制在每吨墨西哥联邦区现行的15天的最低工资，若不足一吨则按比例。"根据《法律意见书》及所附相关材料显示，2013年墨西哥城的日最低工资为64.76比索，2013年11月，比索汇率为1美元等于13.05比索，义乌堆正公司未主张并证明其在货物装运前已申报货物价值并在提单中载明，根据涉案提单所载货物重量为18,696千克，故现代商船会社可限制其赔偿责任数额为1391.67美元。且根据我国《海商法》第55条、第56条规定的意旨，义乌堆正公司诉请的运费损失亦应包含在该限额内。故对原告海运费请求，不予支持。

例案二　中国人民财产保险股份有限公司福清支公司与地中海航运有限公司、利胜地中海航运（上海）有限公司福州分公司多式联运合同纠纷

【法院】

福建省高级人民法院

【案号】

（2017）闽民终725号

【当事人】

上诉人（一审原告）：中国人民财产保险股份有限公司福清支公司

上诉人（一审被告）：地中海航运有限公司

一审被告：利胜地中海航运（上海）有限公司福州分公司

【基本案情】

2013年8月，福州思迈特数码科技有限公司（以下简称思迈特公司）向TOP VICTORY ELECTRONICS DE MEXICO SA DE CV（以下简称冠捷墨西哥公司）销售一批平板电脑。根据报关单记载，贸易术语为FOB福州，数量为12,000台，件数为40件，毛重为10,805千克，单价为53美元/台，货物总价值为636,000美元，提单号为181HFXX，集装箱号为TTNUXX。为此，思迈特公司向利胜地中海航运（上海）有限公司福州分公司（以下简称地中海福州公司）订舱排载，代表地中海航运有限公司（MSC Mediterranean Shipping Company S. A.，以下简称地中海公司）安排全程运输事宜。

因事先约定在目的地通过电放指令方式交付货物,故地中海公司未在起运港签发正本联运提单。8月31日,货物在福州港装船起运。9月26日,货物运抵曼萨尼约港卸货。10月10日,地中海公司将货物交付铁路公司,再行通过铁路转运至墨西哥城。铁路公司签发运单上记载集装箱铅封号为FEJXX。10月18日,因收货人目的地提货需要,MSC MEXICO(以下简称地中海墨西哥公司)代表地中海公司向其签发提单副本,载明:托运人为思迈特公司,收货人为冠捷墨西哥公司,承运人为地中海公司;提单号为MSCUFZXX,订舱号为181HFXX,船名航次为CSAV PAPUDO 1334A;装货港为福州,卸货港为曼萨尼约,交付地为墨西哥城;货物为40件平板电脑,毛重为10,805千克,集装箱号和铅封号与前述相同。提单右上角上载明:FCL/FCL(整箱交付);在墨西哥境内运输发生的全部以及任何货物损害或灭失所致的承运人责任,严格适用2008年6月1日以后的墨西哥联邦有关路桥以及内陆运输的法律规定。

货物运抵墨西哥城后,收货人持提单副本和身份证明提货物时发现短少。经当地公司联合检查、核对,出具《核对记录》,载明:事由为客人声称收到与原装不同物品;始发地铅封号FEJXX、终点地铅封号FEXXX;平板电脑丢失2200台。地中海公司已就平板电脑丢失事宜,向当地警方报案;并委托地中海墨西哥公司与铁路公司协商索赔事宜。为此,铁路公司出具《货物丢失确认单》,载明平板电脑存档吨数10,805千克,短缺吨数1981千克;每吨成本971.4比索,赔偿损失1,924.34比索。并"备注"载明:因顾客未购买铁路公司提供的货物保险,故赔偿金按照法定责任计算(15个工作日一般最低工资×吨数),即64.76比索×15=971.4比索/吨。2014年3月26日,铁路公司支付前述款项,地中海墨西哥公司代表地中海公司出具《赔偿金及清算收据》与赔款发票,载明:地中海公司收到1924.34比索作为事故赔偿金,此结算涵盖了作为承运人铁路公司承担的赔偿总额,由此解除其作为承运人责任。

受国内某律师事务所委托,墨西哥××律师事务所Roger律师,出具证言及相关附件,并经由墨西哥当地公证机构公证以及我国驻墨西哥大使馆领事部认证,主要内容为:(1)Roger律师具有相应资质、执业经验及其主要代表国内外公司在墨西哥处理涉及航运交易和海事事故等纠纷案件;同时,被美国佛罗里达州巡回法院聘为墨西哥法专家;墨西哥为成文法国家,在该国内铁路货运,适用《铁路监管法》与《铁路条例》。(2)《铁路监管法》生效于1995年5月13日,后于2015年1月26日修订,但该修订版实际未对1995年版中有关铁路承运人的责任或责任限制的规定进行任何修改。《铁路条例》生效于1996年10月1日，2000年8月8日以及2011年12月15日两次修订。(3)根据《铁路监管法》第51条的规定："公共铁路货物运输服务经营者应对其运送的物品或产品自收到货物至将货物交给收货人过程中的丢失和损坏负责，以下情况除外：①因财产或产品本身问题，或因包装不当；②在约定的交付期限内，因货物本身特性造成的全部或部分变质或损坏；③根据发货人的书面要求使用不适当的车辆运送物品，而根据该物品本身的特性应使用其他性质的车辆运输；④因发货方、收货人或提单持有人有关货物操作的声明或指示错误。"该法第52条规定："若用户希望经营者对其物品包括因偶然或不可抗力原因造成的丢失或损坏承担全部金额，应申报其相应价值，并支付经营者所约定的相当于保价费用的额外费用。当用户未申报货物价值，赔偿责任限额按减少的货物重量计算，每吨相当于联邦特区现行的15日最低基本工资金额。"(4)《铁路条例》第183条规定："经营者对货物的全部或部分损失、或出于任何原因因被盗或事故造成的货物丢失，包括意外或不可抗力因素，根据《铁路监管法》第52条第2款规定的内容承担赔偿责任。就全部丢失或损失，若用户要求按照所申报的货价总额获取赔偿，用户在签订服务合同时应向经营者申报该货物价格并支付相关保价的额外费用。若为部分丢失或损坏，经营者的赔偿义务为申报货价的按比例计算的部分金额。"(5)墨西哥国家最低工资保障委员会确定自2013年1月1日起，最低基本工资和当前职业人员工资，每日最低工资标准，地理区域A为64.76比索，地理区域B为61.38比索，墨西哥城属于A区。

案涉货物由中国人民财产保险股份有限公司福清支公司(以下简称人保福清公司)按货物报关价值的10%加成承保。2013年11月27日，人保福清公司签发《货物运输保险单》，载明：被保险人冠捷墨西哥公司，承保险别一切险，保险货物12,000件平板电脑，保险金额699,600美元，运输工具CSAV PAPUDO 1334A(自福州港至曼萨尼约港)，免赔额为5000美元或者损失的5%。11月29日，人保福清公司出具《批单》，将目的港为曼萨尼约港改为目的地墨西哥城。

冠捷墨西哥公司收到剩余货物后，要求人保福清公司就货物短少部分进行保险理赔。2014年8月14日，人保福清公司扣除免赔额5%后，支付理赔款项121,847美元，并按照当日中国人民银行外汇市场人民币汇率中间价1美元兑换6.1545元计算，折合人民币749,907.36元。

【案件争点】

地中海公司能否援用墨西哥铁路运输的相关法律享受赔偿责任限制。

【裁判要旨】

厦门海事法院认为：本案纠纷系因货物自福州港海运至曼萨尼约港，再通过铁路运至墨西哥城时发生数量短少，由人保福清公司代位收货人向地中海公司、地中海福州公司提起的承运人违约赔偿之诉，故本案为多式联运合同纠纷。本案卸货港和铁路运输区段均在墨西哥，地中海公司住所地在瑞士，说明本案具有多重涉外因素。

本案属国际多式联运合同纠纷，应通过冲突规范确定准据法的适用。多式联运合同属于一种运输合同形态，按照《涉外关系法律适用法》第41条的规定，该类合同允许当事人通过协议的方式选择纠纷所适用的法律。人保福清公司主张本案适用中国法，地中海公司与地中海福州公司认为本案全程运输整体上适用中国法，但有关墨西哥运输区段应适用墨西哥法。可见，双方在庭审辩论终结前，就货物全程运输整体上适用中国法达成一致意见，予以确认。同时，地中海公司向收货人签发提单副本用于在目的地提取货物，其正面记载亦构成多式联运合同内容的证明。庭审中，当事人对提单副本正面右上角记载“在墨西哥境内运输发生的全部以及任何货物损害或灭失所致的承运人责任，严格适用2008年6月1日以后的墨西哥联邦有关路桥以及内陆运输的法律规定”无异议，说明当事人关于墨西哥境内运输区段有关承运人责任的准据法达成了特别约定。《涉外关系法律适用法》允许当事人协商选择合同适用的法律，也未就同一合同的不同事项分割选择适用不同的法律作出禁止性规定。本案多式联运合同在当事人关于整体运输达成适用中国法的一致意见之外，有关墨西哥铁路运输区段引发的承运人责任适用墨西哥法的特别约定，符合当事人意思自治原则，不违反我国社会公共利益，确认有效。故本案除墨西哥铁路运输区段引发的承运人责任问题适用墨西哥法外，其他方面适用中国法。

根据《涉外关系法律适用法》第10条第1款的规定：“涉外民事关系适用的外国法律，由人民法院、仲裁机构或者行政机关查明。当事人选择适用外国法律的，应当提供该国法律。”可见，我国法律关于外国法的查明是以法院等机构依职权查明为原则，在当事人协议选择域外法的情况下，由当事人负责提供该域外法。本案中，有关铁路运输区段适用墨西哥法是当事人协商一致的结果，故双方均负有提供墨西哥法的义务。地中海公司委托墨西哥Roger律师提供了墨西哥《铁路监管法》与《铁路条例》等法律文本，并对该文本履行了一系列的证明手续。鉴于原告未提供该区段墨西哥相关法律规定，也未证明前述法律文本不属实，故确认Roger律师提供的法律文本真实可信。

根据提单副本记载，地中海公司是全程运输的承运人。地中海公司承担自福州到曼萨尼约再到墨西哥城的货物运输并交付收货人，属于《海商法》第102条规定的多式联运经营人。根据《海商法》第103条、第104条的规定，地中海公司的责任期间自接收货物时起至交付货物时止，并对全程运输负责。收货人凭提单副本和身份证明在墨西哥城从被告地中海公司提取货物之后，有权就货物损失要求其承担运输合同项下的赔偿责任。人保福清公司取得代位求偿权后，收货人索赔权益相应转移。但是，被告地中海福州公司仅为地中海公司在起运港订舱代理，并非运输合同项下承运人，不应承担货运责任，故人保福清公司对其诉讼请求，应予驳回。

收货人在墨西哥城提取货物时发现平板电脑丢失，多家公司联合检验的《核对记录》证实，提取货物时的集装箱铅封号是FEXXX，而铁路公司运单以及提单副本记载的集装箱铅封号FEJXX，说明集装箱铅封在铁路运输期间发生了变更。集装箱铅封变更证实集装箱门被打开，由此可以推定货物在铁路运输区段丢失。且从铁路公司赔付地中海公司事实，也可以佐证货物丢失发生在铁路运输区段。根据《海商法》第105条的规定："货物的灭失或者损坏发生于多式联运的某一运输区段的，多式联运经营人的赔偿责任和责任限额，适用调整该区段运输方式的有关法律规定。"据此，能够确定货损发生区段的，则适用调整该运输区段的相应法律。同时，提单副本关于墨西哥境内运输所致的承运人责任适用墨西哥联邦法律的约定也有效。鉴于本案货物丢失发生在墨西哥铁路运输区段，而墨西哥《铁路监管法》和《铁路条例》是调整墨西哥境内铁路运输的法律规定，故本案应适用该墨西哥法律来确定地中海公司的赔偿责任。根据墨西哥《铁路监管法》第51条的规定，铁路货物运输服务经营者应对运送的物品或产品自收到货物至将货物交给收货人过程中的丢失和损坏负责。因货损失发生原因为部分货物丢失，不符合墨西哥《监管法》第51条规定之4种除外情形，故地中海公司应承担货物丢失的赔偿责任。

根据墨西哥《铁路监管法》第52条的规定："若用户希望经营者对其物品、包括由于偶然或不可抗力原因造成的丢失或损坏承担全部金额，应申报其相应价值，并支付经营者所约定的相当于保价费用的额外费用。当用户未申报货物价值，赔偿责任限额按减少的货物重量计算，每吨相当于联邦特区现行的15日最低基本工资金额。"其体现了两个层面含义，即当铁路运输的托运人申报了货物价值并支付了额外的保价费用，若发生货损，则铁路运输承运人应在保价范围内承担全部赔偿责任；当托运人未申报货物价值并支付保价费用的，则承运人可以按照减少的货物重量享有赔偿责任限额。就本案而言,丢失货物是平板电脑,本身重量较轻,且重量与价值不成比例,按照重量确定赔偿金额对托运人显然不利。一般来说,国内货主在起运港向地中海公司托运货物时,并不具有申报货物价值的义务。而地中海公司作为全程运输的承运人,在起运港既未要求托运人申报货物价值,也未告知货主后续区段选择铁路运输。尤其是铁路运输是由地中海公司委托当地铁路公司完成,当地中海公司委托铁路运输时,理应知道当地法律关于赔偿金额的规定,但其并未选择保价运输,也未征询货主是否需要保价,从而导致货损发生后铁路公司只按照丢失货物的重量向地中海公司赔偿这一后果。故本案铁路运输区段未予保价运输造成当地铁路公司赔偿金额过低,应归咎于地中海公司,故其不能再援用墨西哥《铁路监管法》第 52 条来对抗全程运输的委托方,从而享受赔偿责任限额,否则对全程运输委托人极不公平,故地中海公司应按照丢失货物全部价值予以赔偿。本案报关单记载价格应属销售境外客户的价格,且从常理看,其应低于货物到达目的地市场价格。故人保福清公司主张按报关单记载的货物单价计算损失,予以认可,即损失金额为 53 美元/台 ×2200 台 =11,6600 美元。人保福清公司理赔金额为 121,847 美元,超过了货物损失实际金额。在无证据证明还有其他损失时,故其应在理赔范围内按照实际损失金额索赔,赔偿金额折合人民币为 717,614.70 元。因地中海公司未及时赔偿货物损失,人保福清公司还主张相应利息,合法有据,也予以支持。综上所述,人保福清公司诉讼请求,部分能够成立,不能成立的部分,予以驳回。依照墨西哥合众国《铁路监管法》第 51 条、第 52 条,《海商法》第 103 条、第 104 条第 1 款、第 105 条,《涉外关系法律适用法》第 10 条第 1 款、第 41 条,《海事诉讼特别程序法》第 93 条规定,判决被告地中海公司赔偿原告人保福清公司货物损失 717,614.70 元以及相应利息。

福建省高级人民法院认为:地中海公司已就案涉货物灭失向当地警方报案,虽然尚未破案,但铁路公司签发的铁路运单上记载的集装箱铅封号与地中海公司签发的海运提单上记载的集装箱铅封号一致,表明案涉集装箱在海运阶段未曾被打开;而且铁路公司已就案涉货物灭失向地中海公司作了赔付,原审法院据此推定货物灭失发生在铁路运输阶段并无不当。人保福清公司以铁路运输货运单记载的集装箱交付时间与地中海公司的集装箱跟踪查询系统记载的交付时间的差异,主张案涉货物灭失发生在案涉集装箱处于地中海公司监管阶段,显然依据不足,不予采纳。

根据《海商法》第 105 条的规定:“货物的灭失或者损坏发生于多式联运的某

一运输区段的，多式联运经营人的赔偿责任和责任限额，适用调整该区段运输方式的有关法律规定。”而案涉提单载明，在墨西哥境内运输发生的全部以及任何货物损害或灭失所致的承运人责任，严格适用2008年6月1日以后的墨西哥联邦有关路桥以及内陆运输的法律规定。墨西哥《铁路监管法》第52条规定：“若用户希望经营者对其物品包括由于偶然或不可抗力原因造成的丢失或损坏承担全部金额，应申报其相应价值，并支付经营者所约定的相当于保价费用的额外费用。当用户未申报货物价值，赔偿责任限额按减少的货物重量计算，每吨相当于联邦特区现行的15日最低基本工资金额。”因案涉货物未作保价运输，故承运人只能根据货物灭失的重量，按照上述责任限额标准承担责任。故地中海公司应向人保福清公司赔偿案涉货物损失金额为1924.34比索，按照其理赔日墨西哥比索对美元汇率折算为147.21美元，再按照当日美元对人民币汇率折算为906.03元。

《海商法》并未规定承运人在接受托运人的托运时有征询是否需要保价的义务，托运人在办理托运业务时可以根据货物的价值、运输方式以及其他情况决定是否对货物作保价运输。案涉提单载明货物的卸货港是曼萨尼约港、货物交付地为墨西哥城，托运人对于案涉货物运输是海陆联运清楚，但其并未要求对货物作保价运输。而在办理案涉保险业务过程中，人保福清公司也未要求托运人对案涉货物作保价运输，故其应对此产生的风险自行承担相应的责任。原审法院以地中海公司委托铁路运输时理应知道当地关于赔偿金限额的法律规定，但其未选择保价运输，也未征询货主是否需要保价，从而导致货损发生后当地铁路公司赔偿金额过低为由，认定地中海公司享受墨西哥法律规定的赔偿责任限额对全程运输的委托人极不公平并据此作出判决，缺乏事实和法律依据，显属不当，应予纠正。

例案三　第一产物保险股份有限公司与新加坡长荣海运股份有限公司、长荣海运股份有限公司多式联运合同纠纷

【法院】

最高人民法院

【案号】

（2018）最高法民再196号

【当事人】

再审申请人（一审被告、二审上诉人）：新加坡长荣海运股份有限公司

再审被申请人(一审原告、二审被上诉人):第一产物保险股份有限公司

一审被告:长荣海运股份有限公司

【基本案情】

第一产物保险股份有限公司(以下简称第一产物公司)承保华硕电脑股份有限公司(以下简称华硕公司)及其所有子公司和关联公司的全球货物流程保险,期限自2011年10月1日至2012年9月30日。

2012年9月,新加坡长荣海运股份有限公司(以下简称新加坡长荣海运)接受泰立国际货运代理(上海)有限公司(以下简称泰立公司)订舱,从中国上海出运一批电脑至墨西哥曼萨尼约。9月20日,泰立公司出具改港保函,要求将目的港曼萨尼约改为墨西哥城,并承担由此产生的费用。9月22日,上海航华国际船务代理有限公司(以下简称航华公司)代表新加坡长荣海运签发两份提单,分别载明托运人为华硕公司在新加坡的子公司华硕科技私人有限公司(ASUS TECHNOLOGY PTE ,LIMITED. ,以下简称ASUS公司),收货人为单一贸易经纪物流公司;装货港为中国上海,卸货港为墨西哥曼萨尼亚,交货地为墨西哥城;货物为11,934台笔记本电脑,分别装载于编号为EMCU13XX、IMTU10XX集装箱内,交接方式为"集装箱堆场至门"(CY-DOOR)。涉案货物到达曼萨尼亚后,新加坡长荣海运委托墨西哥承运人汽车运输新世界有限公司公路运输至墨西哥城。10月23日,货物在陆路运输过程中灭失。

2013年1月10日,E&P全球保险公估顾问有限公司出具《查勘报告》,载明:按照卡车运输公司与押运团队提交报告,集装箱编号为EMCU13XX、IMTU10XX的货物在2012年10月23日约1:15,从曼萨尼亚运往墨西哥城内陆运输过程中遭遇灭失,虽集装箱已被找到,但仅为空箱,具体情况警方仍在调查。该报告显示的保险理赔总金额为3,082,795.79美元,系按照商业发票金额2,802,541.62美元加10%。

2013年1月30日,第一产物公司向ASUS公司支付上述保险赔款,并取得代位求偿权。据海关出境货物备案清单显示,提单编号为EGLVXX货物,总价为1,212,590.21美元;提单编号为EGLVXXX货物,总价为1,088,854.20美元,共计2,301,444.41美元。一审庭审中,第一产物公司解释商业发票金额含有相关利润,故大于出境货物备案清单所显示金额;并确认其就涉案货物损失金额,已从天豪公司处获得5,000,000元新台币的赔偿,根据2013年10月17日台湾银行公布的新台币与美元兑换汇率计算,折合172,146.67美元,新加坡长荣海运、长荣海运股份

有限公司（以下简称长荣海运）对此予以认可。

第一产物公司与泰安产物保险股份有限公司（以下简称泰安保险公司）、新光产物保险股份有限公司（以下简称新光保险公司）、兆丰产物保险股份有限公司（以下简称兆丰保险公司）联合签发编号为 2011××的《全球货物流动保险单》，被保险人为华硕公司及其所有的子公司与联营公司，保险期限自 2011 年 10 月 1 日至 2012 年 9 月 30 日，保险估值按照发票金额所列一切费用另加 10%。其中共同保险条款载明：第一产物公司承保份额为 40%、泰安保险公司为 35%、兆丰保险公司为 15%、新光保险公司为 10%。

2013 年 1 月 30 日，第一产物公司向 ASUS 公司支付 3,082,795.78 美元，ASUS 公司出具《权利转让同意书》，确认就案涉提单项下的货物所受毁损、减少而向运送人等应负责之人主张的一切契约及侵权行为损害赔偿请求权全数转让于第一产物公司。同年 9 月 30 日，泰安保险公司、新光保险公司及兆丰保险公司签发《声明书》，确认由第一产物公司作为共同保险领导者处理上述保险合同中有关理赔及索赔事宜。

ASUS 公司委托天豪公司安排案涉货物运输，2012 年 9 月 17 日，天豪公司又委托泰立公司向新加坡长荣海运订舱。有关两份《订舱确认函》载明：承运人为新加坡长荣海运、订舱客户为泰立公司、发货人为 ASUS 公司。2012 年 9 月 22 日，航华公司代表新加坡长荣海运就案涉两个集装箱货物各签发一套提单，分别载明货方申报的货物重量为 11,869.18 千克、12,031.12 千克（合计 23.9 吨）。2012 年 9 月 26 日，根据天豪公司的指示，泰立公司向新加坡长荣海运发出《"电放"保函》，载明：泰立公司将案涉货物的全套正本提单交还新加坡长荣海运，请新加坡长荣海运准予以"电放"（由托运人以电传方式，指示承运人直接向指定收货人交付货物而无须再凭提单交付）方式处理，将货物交由收货人单一贸易经纪物流公司。之后，泰立公司向航华公司交还案涉货物的两套提单，航华公司在提单上加盖该公司"全套正本提单收讫，同意电放"印章。案涉货物损失发生后，2013 年 6 月 5 日，天豪公司与第一产物公司签署和解书，同意由天豪公司赔付第一产物公司新台币 500 万元结案。在一审中，天豪公司向一审法院出具证明书，确认上述和解事实，并确认其于 2012 年 9 月以契约承运人身份承揽案涉货物运输，委托泰立公司为其签单代理人。第一产物公司以美元请求赔偿货物损失，新加坡长荣海运主张将其责任限额由墨西哥比索兑换为美元。据国际货币组织网站公布的美元汇率标准，在 2012 年 10 月 23 日，1 美元兑 12.8571 墨西哥比索。

《墨西哥合众国政治宪法》第73条规定该国国会的权利，其中第10项、第13项、第17项分别包括在全国范围内对商业等立法、制定和平与战争时期的海事法律、制定有关交通运输方式的法律。

《墨西哥合众国商法典》第1条规定："本法及其他适用的商业法律的规定，仅适用于商业行为。"该法第2条规定："对于本法和其他商业法规没有规定的情况，联邦事务方面的民法所含普通规定适用于商业行为。"根据该法第75条的规定，该法调整的商业行为共有25类，其中第8类为通过陆路或水路运送人员或货物的公司以及旅游公司的商业行为。该法第592条规定："对于灭失、被盗或损坏，承运人的赔偿责任止于：(1)货物交收并未收到投诉；(2)货物在墨西哥境内灭失、被盗或损坏超过六个月，但货物在境外丢失、被盗或损坏超过一年。"该法第593条规定："在货物丢失情况下，诉讼时效期间从运输预计完成日的次日开始起算，而在货物发生故障情况下，诉讼时效期间从交付完成24小时后开始起算。"该法第1041条规定："如果为了确认义务，或为了更新那些确立债权人权利的文件，而出现针对债务人的起诉或其他任何类型的司法要求，则时效中断；如果行为人放弃起诉，或其起诉被驳回，则时效将被视为未因司法要求而中断。"

墨西哥《联邦道路桥梁和车辆运输法》第1条规定："本法的立法目的是规范第2条第1款和第5款规定的构成一个整体道路网络的道路和桥梁的施工、操作、开发、养护和维修，同时本法也调整在该道路网络内营运的联邦车辆货运服务、辅助服务和在该等道路上的交通。"根据该法第2条第1款的规定，该法中的道路或公路是指：与任何外国道路接壤者、在国内与两个州或多个州接壤者和完全或大部分由国家修建者（包括用联邦资金或由个人、州政府或市政府经联邦政府审批建造者）。该法第5条第1款规定："一切与道路、桥梁和其上交通和联邦车辆运输及其配套服务有关事项，均为联邦管辖范畴。"根据该法第8条第1款的规定，需要由主管机关授予许可证情形共有11项，其中第1项为货物、旅客和旅游方面的联邦汽车运输服务的营运和拓展。该法第66条规定："许可证持有人从收货时起至将货物送交收货人时止，须对运送货物灭失和损坏负责，但以下情况除外：(1)由于货物或产品本身的瑕疵或由于包装不妥当；(2)货物因本身性质遭受损害或部分、全部损毁；(3)物品根据托运人书面要求用敞篷的车辆运载，但基于货物的性质应该用密斗车辆运输；(4)托运人、收货人或运单持有人提供虚假申报或指示；(5)委托人如没有申报货物的价值，赔偿一般按每吨货物计算，责任限制为相当于联邦区一般最低工资15天的金额，货物重量不足一吨的，则以相应比例计算赔偿限额。"该法

第67条规定："若委托人欲在货物于运输中灭失或损坏时(包括由不可预见的情况或不可抗力等所致)获得承运人全额赔偿，则委托人应申报货物的相应价值；在此种情况下，经双方同意并购买附加保险，委托人须支付相当于购买附加保险的附加费。"

墨西哥《联邦车辆运输及附属服务条例》第1条规定："本条例旨在规范联邦客运、旅游、货运和配套服务，并规范交通运输部行政管理法规的适用和解释。"根据该条例第2条第5项的规定，该条例适用的法律系指《联邦道路桥梁和车辆运输法》。根据该条例第74条的规定，承运人应为每一批货物运输签发一份内陆运单，如已申报货物价值，运单应当载明货物的申报价值。该条例第84条规定："货物灭失或损坏的，陆路承运人应当赔偿货物申报价值；没有申报价值的，适用法律第66条第5款。"

上述《墨西哥合众国政治宪法》《墨西哥合众国商法典》和墨西哥《联邦道路桥梁和车辆运输法》《联邦车辆运输及附属服务条例》，均是墨西哥在2012年内有效的法律法规。案涉货物在墨西哥内陆运输由新加坡长荣海运委托墨西哥承运人汽车运输新世界有限公司运输。根据由墨西哥政府管理的"国家机构信息公开、信息获取和个人数据保护义务网"登载的信息，墨西哥交通运输部于2006年许可该公司从事墨西哥内陆运输，该许可至2018年1月16日查询时仍有效。

墨西哥出版物《2012劳动工作事项》载明：根据墨西哥联邦政府授权成立的国家最低工资委员会所确定墨西哥2012年一般最低(每工作日)工资标准，该国"A""B""C"三类区域的一般最低日工资分别为62.33比索、60.57比索、59.09比索；联邦地区(墨西哥城)适用"A"类区域标准。

本案无证据表明ASUS公司、泰立公司在向新加坡长荣海运订舱托运案涉货物时，至货物装运(装船)前申报了货物价值，也无证据表明新加坡长荣海运委托汽车运输新世界有限公司运输时，至货物装运(装车)前申报了货物价值。

【案件争点】

货物灭失发生于墨西哥公路运输区段，新加坡长荣海运的赔偿责任及责任限额是否适用该区段的相关法律。

【裁判要旨】

最高人民法院认为：案涉货物运输系从中国上海经海路和公路运输至墨西哥内陆城市墨西哥城的国际货物多式联运，货物灭失发生于墨西哥公路运输区段，各方当事人之间由此发生货损赔偿民事纠纷，该纠纷具有涉外因素。依照《涉外关系法律适用法》第8条的规定,涉外民事关系的定性,适用法院地法律。本案首先应当根据中华人民共和国法律认定当事人诉争的民事法律关系的性质,其次依次确定本案的法律适用以及有关赔偿责任和责任限额问题。

(1)关于当事人诉争的民事法律关系的定性。第一产物公司作为案涉货物的保险人在赔偿被保险人(托运人)ASUS公司的货物损失后,取得代位求偿权,请求长荣海运与新加坡长荣海运承担赔偿责任,一审、二审法院认定长荣海运非案涉运输的承运人而不应承担赔偿责任,各方当事人对此均无异议。但对于一审、二审法院认定新加坡长荣海运为承运人(多式联运经营人),新加坡长荣海运有异议,有关争议主要在于新加坡长荣海运与ASUS公司之间是否存在运输合同关系。案涉货物运输由ASUS公司委托天豪公司安排,泰立公司受天豪公司委托向新加坡长荣海运订舱托运,泰立公司订舱时明示托运人为ASUS公司,而没有以天豪公司的名义订舱托运。航华公司代新加坡长荣海运就案涉货物签发两套提单,均记载托运人为ASUS公司,由此进一步明确新加坡长荣海运与ASUS公司在运输合同项下双方主体身份(承运人与托运人)。天豪公司接受ASUS公司委托安排案涉货物运输,天豪公司可能以承运人身份,也可能以其他受托人身份行事,尽管天豪公司自称其以契约承运人身份承揽案涉货物运输,但在本案中仅凭该案外人单方陈述尚不足以相应认定其所称自身身份,新加坡长荣海运并不能据此否定其与ASUS公司形成的运输合同关系,一审、二审法院认定ASUS公司与新加坡长荣海运之间成立运输合同关系并无不当。鉴于该合同双方约定的运输为多式联运,ASUS公司与新加坡长荣海运之间的法律关系为国际货物多式联运合同关系,货物保险人第一产物公司行使保险代位求偿权,其与新加坡长荣海运之间的纠纷仍应按该合同关系进行审理,故本案当事人诉争的民事法律关系应当定性为国际货物多式联运合同关系。一审、二审法院将本案案由认定为海上货物运输合同纠纷欠准确,本案案由应确定为国际货物多式联运合同纠纷。

(2)关于本案的法律适用。《海商法》第269条规定:"合同当事人可以选择合同适用的法律,法律另有规定的除外。合同当事人没有选择的,适用与合同有最密切联系的国家的法律。"各方当事人对于一审、二审法院整体上适用中华人民共和国法律审理本案纠纷并无异议,并在再审中一致表示同意,故最高院予以确认。各方当事人在同意本案审理整体上适用中华人民共和国法律的前提下,对于认定新加坡长荣海运的赔偿责任和责任限额以及有关诉讼时效是否应当适用墨西哥法律有争议。

《海商法》第105条规定："货物的灭失或者损坏发生于多式联运的某一运输区段的，多式联运经营人的赔偿责任和责任限额，适用调整该区段运输方式的有关法律规定。"多式联运经营人新加坡长荣海运的赔偿责任和责任限额应适用墨西哥调整当地公路运输的民商事法律。《海商法》第105条规定，多式联运经营人赔偿采用"网状责任制"，主要目的是尽可能使多式联运经营人的赔偿责任与各区段承运人的赔偿责任保持一致，尽量避免多式联运经营人在可向区段承运人追偿的损失数额之外对货损另作赔付，以促进多式联运的发展。在《海商法》中，承运人的赔偿责任、责任限额与有关（诉讼）时效属不同概念，分别规定于第4章（海上货物运输合同）与第13章（时效）中，该法关于承运人赔偿责任的规定主要是（货物权利人）要求承运人赔偿的请求权成立的依据，而该法关于时效的规定则是请求权成立后权利人胜诉的依据；从该法整个体系和具体法条文义上看，该法第105条不涉及诉讼时效，故难以将该条规定的"赔偿责任"扩大解释为涵盖诉讼时效。另从法源上考察，在《海商法》于1992年11月7日颁布前，国际上有关规则和公约主要有《1973年多式联运单证统一规则》《1980年联合国国际货物多式联运公约》《1991年联合国贸易和发展会议/国际商会多式联运单证规则》，该三个国际规则和公约将多式联运经营人的责任形式分别规定为"网状责任制"、统一责任制、折中的"网状责任制"（介于"网状责任制"与统一责任制之间的责任形式），但均规定了单独的诉讼时效条款，其所规定的多式联运经营人的责任形式主要针对赔偿责任限额，并不涵盖诉讼时效。虽然相关国际规则和《海商法》规定多式联运经营人"网状责任制"具有其规范目标，但"网状责任制"在其具体条文中均没有得到全面贯彻，主要限于赔偿责任、责任限额，而不涉及诉讼时效。尽管全面推行多式联运经营人"网状责任制"有其合理性，但鉴于《海商法》第105条规定的多式联运经营人"网状责任制"有其明确适用事项（赔偿责任和责任限额），在案件审理中尚不宜将该"网状责任制"扩大解释适用于诉讼时效。法律规定诉讼时效，基本上系以不同请求权所赖以发生的法律关系为标准相应作出不同规范。故对于有关多式联运合同的请求权，也应当基于其所涉法律关系相应确定诉讼时效的法律适用。《海商法》没有规定有关多式联运合同的请求权的诉讼时效，本案多式联运合同项下货损赔偿请求权的诉讼时效期间，应当依据中华人民共和国在案涉运输行为发生当时所施行的法律规定，即《民法通则》第135条关于二年诉讼时效期间的规定予以确定。新加坡长荣海运主张第一产物公司请求其赔偿的诉讼时效应当适用案涉货损发生区段的法律即墨西哥法律，没有法律依据，不予支持。案涉货损发生于2012年10

月23日，之后托运人（被保险人）ASUS公司知道货损事实，保险人第一产物公司于2013年10月18日向一审法院起诉，二审法院认定第一产物公司起诉没有超过法定二年诉讼时效期间正确，予以维持。

（3）关于新加坡长荣海运的赔偿责任和责任限额。如上所述，新加坡长荣海运的赔偿责任和责任限额均应当适用货损发生区段的法律即墨西哥法律。本案适用墨西哥法律的依据是《海商法》第105条的规定，而不是各方当事人之间的约定，第一产物公司主张新加坡长荣海运在接受订舱和签发提单过程中应当向托运人特别提示墨西哥法律关于承运人责任限制的规定，没有事实和法律依据，不予支持。根据墨西哥《联邦道路桥梁和车辆运输法》第66条的规定，除非具有该条规定的免责情形，公路承运人原则上应对运输期间的货物损失负责；委托人如没有申报货物的价值，赔偿一般按每吨货物计算，责任限制为相当于墨西哥联邦区一般最低工资15天的金额。新加坡长荣海运作为多式联运经营人，其赔偿责任应当根据该条法律规定确定。新加坡长荣海运没有举证证明其对案涉货损具有墨西哥《联邦道路桥梁和车辆运输法》第66条规定的免责情形，其应当对案涉货物灭失承担赔偿责任。一审法院认定第一产物公司扣除从天豪公司获得500万元新台币后的实际损失为2,129,297.74美元，具有事实依据，可予认定。但本案没有证据表明ASUS公司、新加坡长荣海运分别作为案涉多式联运与墨西哥公路运输的委托人在托运时至货物装运前申报货物价值，新加坡长荣海运根据上述墨西哥法律的规定可以主张赔偿责任限制。案涉货物的提单载明货物重量合计23.9吨，根据上述墨西哥法律的规定，计算该国内公路运输承运人对案涉货物损失的赔偿限额标准为每吨934.95墨西哥比索（墨西哥联邦地区2012年一般最低日工资62.33比索/日×15日），案涉货物的赔偿限额为22,345.305墨西哥比索（23.9吨×934.95比索/吨）。第一产物公司以美元请求货物损失，新加坡长荣海运主张将上述责任限额由墨西哥比索兑换为美元，按照案涉货物灭失当日（2012年10月23日）墨西哥比索兑换美元的汇率（12.8571墨西哥比索兑1美元），上述赔偿限额折合1737.97美元。货损发生后，新加坡长荣海运应当依法及时赔偿，其迟延赔偿，第一产物公司可以相应请求利息损失。第一产物公司请求自其作出保险赔付之次日（2013年1月31日）起至判决生效之日止按中国银行同期美元活期存款利率计算货损赔偿金的利息合理，予以支持。

综上，二审法院在能够查明墨西哥法律的情况下，未予查明并据以确定新加坡长荣海运的赔偿责任和责任限额，认定事实与适用法律错误，予以纠正。

三、裁判规则提要

(一)整体适用与分割适用相结合

尽管在我国国际私法理论与学术界中,对准据法的适用存有"整体(统一)适用(说)"与"分割适用(说)"的理论。[①] 但在国际货物多式联运合同纠纷中,上述三个例案均采用了"分割适用"模式。对于整个国际货物多式联运合同而言,整体适用同一法律。《海商法》第 269 条规定,合同当事人可以选择合同适用的法律,法律另有规定的除外。合同当事人没有选择的,适用与合同有最密切联系的国家的法律。上述三个例案均为涉外纠纷,当事人虽然没有直接约定所适用的法律,但在诉辩过程中均援引中华人民共和国法律,应视为双方对法律适用达成一致,就整个纠纷的解决而言应适用中华人民共和国法律。而就国际货物多式联运合同履行过程中的某个运输区段发生的货物灭失或损坏,法院则援引《海商法》第 105 条的规定,对同一法律关系的不同方面进行分割,对不同部分或不同环节适用不同的法律,也就是采用分割适用的方法。

(二)《海商法》第 105 条的适用限制

根据《海商法》第 105 条的规定,货物的灭失或者损坏发生于多式联运的某一区段的,多式联运经营人的赔偿责任和责任限额,适用调整该区段运输方式的有关法律。关于本条的性质存在争议,有认为本条为冲突规范的,也有认为本条并非冲突规范。其实,这涉及货物发生灭失或损坏的地域,如果货物的灭失或者损坏的运输区段位于境外(法域外),本条实际上将起到冲突规范的作用,将多式联运经营人的赔偿责任和责任限额的法律适用指向境外(法域外)的运输区段,适用该运输区段的相关法律。如果货物的灭失或者损坏的运输区段位于境内(法域内),本条实际上不能起到冲突规范的作用,只是将多式联运经营人的赔偿责任和责任限额的法律适用指向境内(法域内)的不同运输方式,适用该运输方式的相关法律,如铁路、公路和航空运输等。就此,我国《合同法》第 321 条[②]规定,货物的毁损、灭失发生于多式联运的某一运输区段的,多式联运经营人的赔偿责任和责任限额,适用调整该段运输方式的有关法律规定。货物毁损、灭失发生的运输区段不能确定的,依

---

① 韩德培主编:《国际私法》,高等教育出版社 2007 年版,第 97 页。

② 参见《民法典》第 842 条。

照本章规定承担损害赔偿责任。姑且不论该法条本身是否属于冲突规范，在“网状责任制”归责原则下，才有“分割适用”这一方法得以适用的余地。《海商法》第105条不完全是把多式联运经营人的赔偿责任和责任限额指向域外法，而是决定于货物灭失或损坏发生的区段。

此外，依据《海商法》第105条的规定，“适用调整该区段运输的有关法律”，仅限于“多式联运经营人的赔偿责任和责任限额”，而不包括诉讼时效制度等，这是对《海商法》第105条适用范围的限制，对此应予明确。

（三）有关法律的查明

《涉外关系法律适用法》第10条规定，涉外民事关系适用的外国法律，由人民法院、仲裁机构或者行政机关查明。当事人选择适用外国法律的，应当提供该国法律。不能查明外国法律或者该国法律没有规定的，适用中华人民共和国法律。据此，我国在立法上将外国法作为法律，法院负有查明法律的责任。只有在当事人有效约定适用准据法（实体法）的前提下，当事人才负有提供该相关法律的义务。在分割适用的场合，首先是应查明货物灭失、损坏的发生区段，进而确定适用于该区段运输方式的有关法律，并予查明。在例案一与例案二中，主张适用域外法的多式联运经营人，有效举证了适用发生货物灭失、损坏的区段相关（公路、铁路）墨西哥法，法院据此查明相关法律并直接作出了有利于该方的判决。在例案三中，最高人民法院提审改判的主要原因除认为一审、二审法院将本案应定性为国际货物多式联运合同纠纷外，主要在于：一审阶段，新加坡长荣海运应提供完整、有效的域外法而不提供，一审法院已尽合理查明义务仍无法查明，故尚不具备适用该域外法的相关条件，并无不当。其次，在二审法院审理过程中，业已具备适用该区段墨西哥法的条件下，理应适用该法，故予以改判。最后，在判决新加坡长荣海运实体胜诉的同时，让该司负担一审案件受理费，体现了程序正义。

对于外国法的查明和适用，法院至今整体情况仍不容乐观。法院主要应注意把握以下原则：（1）当事人约定适用外国法的，在法院指定的合理期限内无正当理由未提供该外国法的，适用中国法；（2）承办案件法院了解查明途径的，可以告诉当事人，从而有利于当事人提供相关法律；（3）根据冲突法应当适用外国法的，法院应当依职权查明外国法。未根据《涉外关系法律适用法》第10条规定的途径予以查明的，不得简单地以未能查明为由适用中国法。[①]

四、辅助信息

高频词条：

《海商法》

第105条 货物的灭失或者损坏发生于多式联运的某一区段的，多式联运经营人的赔偿责任和责任限额，适用调整该区段运输方式的有关法律。

第106条 货物的灭失或者损坏发生的运输区段不能确定的，多式联运经营人应当依照本章关于承运人赔偿责任和责任限额的规定负赔偿责任。

《民法典》

第842条 货物的毁损、灭失发生于多式联运的某一运输区段的，多式联运经营人的赔偿责任和责任限额，适用调整该区段运输方式的有关法律规定；货物毁损、灭失发生的运输区段不能确定的，依照本章规定承担赔偿责任。

---

① 贺荣主编：《涉外商事海事审判指导》（总第32辑），人民法院出版社2016年版，第19页。对此，最高人民法院业已采取了许多措施，包括依托中国人民大学建立了外国法查明中心、西南政法大学建立东盟法律查明中心、深圳前海港澳台和外国法查明中心，并正在抓紧研究外国法查明的具体细则。

海上货物运输合同纠纷案件裁判规则第 26 条：

就海上货物运输向承运人要求赔偿的请求权，时效期间为一年

〔**规则描述**〕：就海上货物运输向承运人要求赔偿的请求权，时效期间为一年，自承运人交付或者应当交付货物之日起计算。

一、类案检索大数据报告

时间：2019 年 11 月 12 日之前，案例来源：Alpha 案例库，数据采集时间：2019 年 11 月 12 日。本次检索以引用法条为“《海商法》第 257 条”，法院认为中包含“诉讼时效”，法院认为中不包含“航次租船合同”作为检索条件，共获取了 301 篇裁判文书，认为就海上货物运输向承运人要求赔偿的请求权，时效期间为一年的文书有 301 篇。其中：

(1)认为应以货物具备交付条件，提单持有人可以提到货物的合理日期作为诉讼时效的起算点的文书有 15 篇；

(2)以债务人同意履行义务为由认定构成诉讼时效中断的文书有 49 篇；

(3)认为诉讼时效抗辩只能在一审期间提出的文书有 5 篇；

(4)其他情况的文书有 232 篇。

整体情况如下：

如图 26－1 所示，认为应以货物具备交付条件，提单持有人可以提到货物的合理日期作为诉讼时效的起算点的文书占 5%；以债务人同意履行义务为由认定构成诉讼时效中断的文书占 16%；认为诉讼时效抗辩只能在一审期间提出的文书占 2%；其他情况的文书占 77%。

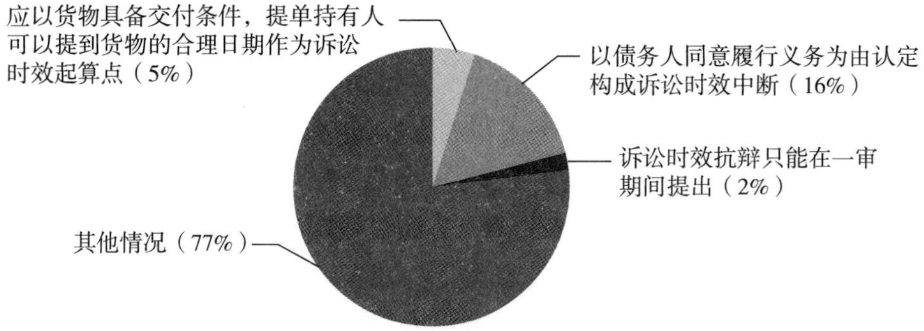

图 26－1　就海上货物运输向承运人要求赔偿的请求权，时效期间为一年的比例分布情况

从图 26－2 所示的年份分布情况可以看出当前条件下案例数量的变化趋势。

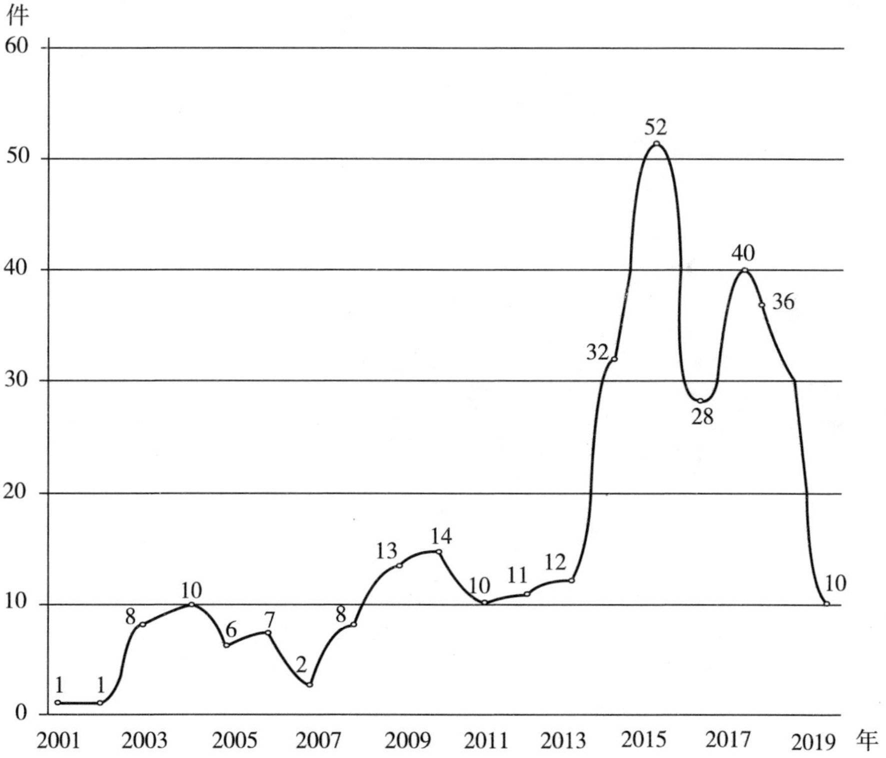

图 26－2　案件年份分布情况

从图 26－3 所示的地域分布来看，当前案例主要集中在上海市、浙江省、广东省等，分别占比 38.21%、21.59%、12.96%，其中上海市的案件量最多，达到 115 件。

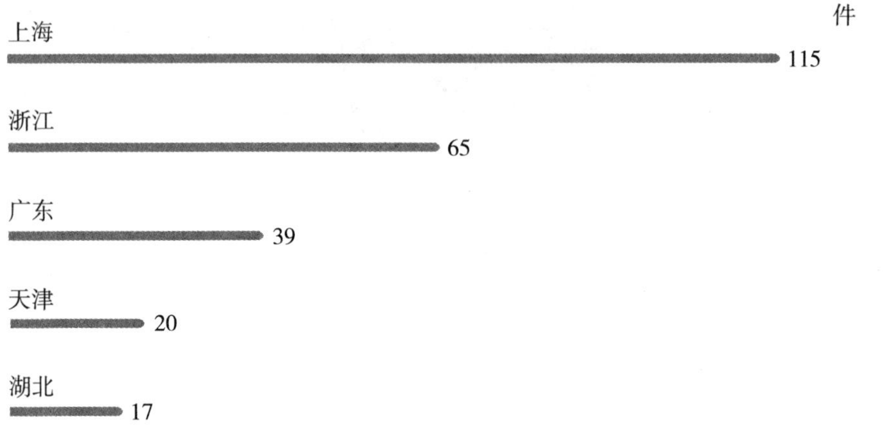

图 26－3　案件主要地域分布情况

从图 26－4 所示的案由分类情况可以看出，首先最主要的案由是合同、无因管理、不当得利纠纷，占一半以上，其次是海事海商纠纷，与公司、证券、保险、票据等有关的民事纠纷，侵权责任纠纷，适用特殊程序案件案由，其他案由。

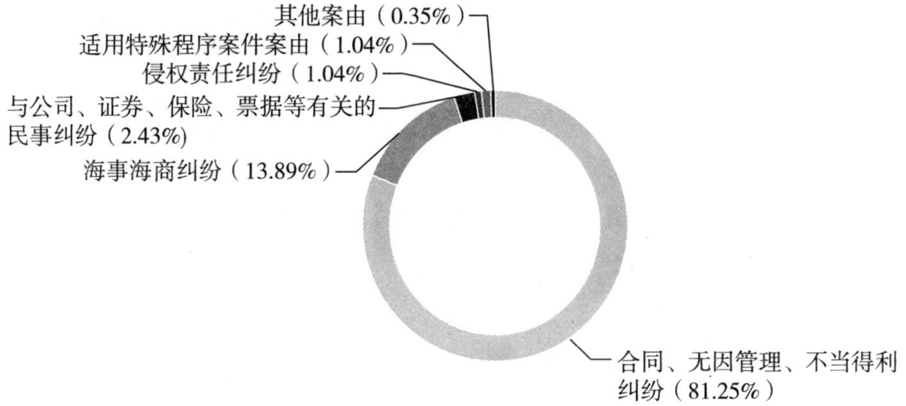

图 26－4　案件案由分类情况

从图 26 -5 所示的行业分类情况可以看出,当前的行业分布主要集中在交通运输、仓储和邮政业,制造业,批发和零售业,金融业,租赁和商务服务业,其他行业。

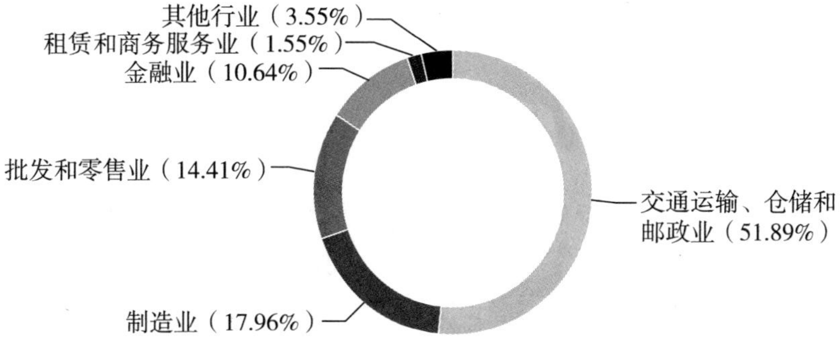

图 26 -5　案件行业分类情况

二、可供参考的例案

例案一　山西杏花村国际贸易公司与港捷国际货运有限公司海上货物运输合同纠纷案

【法院】

最高人民法院

【案号】

(2013)民提字第 5 号

【当事人】

再审申请人(一审被告、二审上诉人):港捷国际货运有限公司

被申请人(一审原告、二审被上诉人):山西杏花村国际贸易公司

【基本案情】

2007 年 5 月初,山西杏花村国际贸易公司(以下简称杏花村公司)委托港捷国际货运有限公司(以下简称港捷公司)出运 1000 吨元明粉从中国镇江运往巴西桑托斯,涉案货物装载于“WUXIANG7”轮上。同年 5 月 8 日,港捷公司签发了编号为 K700203K 的正本提单一式三份。提单载明货物品名元为明粉;数量为 40 个集装箱;重量为 1000 吨;起运港为中国镇江港;目的港为巴西桑托斯港;托运人为杏花村公司;收货人为 INTERCONDORS 公司。同日,负责实际承运涉案货物的

MITSUI O. S. K. LINES,LTD(以下简称三井公司)签发了编号为 MOLU488863121 的实际承运人提单一式三份,提单载明的托运人为港捷公司,载明的货物品名、数量、重量、起运港和目的港均与港捷公司签发的提单相同。当日,杏花村公司就涉案货物向海关申报出口,涉案货物于2007年5月12日被海关获准出口。

2007年6月11日,杏花村公司的托收行中国银行山西分行向代收行巴西银行寄交了包括港捷公司签发的3份正本提单、3份商业发票、3份装箱单、3份原产地证明、3份质量证明、2份支票等在内的与涉案货物有关的全套托收单证。该份托收指示参考号为 OC68007S00697,付款人为 INTERCONDORS 公司。商业发票载明的货物 CFR 价格为167,000美元,包括货物 FOB 价格101,400美元和运费65,600美元。装箱单载明涉案货物数量为1000吨。商业发票和装箱单上均载明涉案货款的支付方式为"CAD"方式,即凭单交付。2007年11月8日,巴西银行告知中国银行山西分行,尽管其多次提示付款人,托收款项至今尚未支付,并要求中国银行山西分行指示如何处理托收单证。2007年12月28日,巴西银行应中国银行山西分行询问,再次告知其尚未收到托收款项,要求中国银行山西分行指示如何处理托收单证。中国银行山西分行随后指示巴西银行将全套托收单证寄回中国银行山西分行。

涉案货物共装载了40个集装箱,在2007年11月8日至12月22日,已被先后拆箱,载货集装箱先后被返还并被再次投入流转;2007年6月9日至11月30日,涉案货物一直被存放在位于巴西桑托斯港的海关监管仓库中。货物出运后,2008年10月,杏花村公司的工作人员多次与港捷公司的工作人员直接或通过电话的方式联系货物的去向,要求港捷公司赔偿,港捷公司工作人员在电话中表示赔偿。

武汉海事法院一审认为:本案系涉外海上货物运输合同纠纷。杏花村公司、港捷公司在庭审中均表示同意本案适用中国法律,故本案适用中国法律进行审理。本案的主要争议焦点之一:杏花村公司的起诉是否超过诉讼时效,即涉案货物应当交付的时间应如何确定问题。涉案货物应当交付之日,为涉案船舶抵达目的港后经过一段合理期间后的日期,且应具备交货的客观条件。本案中,从2007年6月9日至11月30日,涉案货物一直被巴西海关监管于桑托斯港仓库之中,而从2007年11月8日至12月22日,涉案集装箱先后被拆箱并被再次投入流转,集装箱作为载货工具与货物是可以分离的。涉案集装箱的流转系港捷公司的单方行为,与是否放货和应当交付货物之间并无必然联系。此外,在涉案货物存放在目的港期间,港捷公司作为承运人并未积极告知杏花村公司涉案货物被当地海关监管的事实，也未履行凭其签发的提单交付涉案货物的义务，其行为存在过错。

2007 年 6 月 11 日，杏花村公司通过中国银行山西分行向巴西银行寄交了包括一式三份正本提单在内的全套托收单证。2007 年 12 月 28 日，中国银行山西分行指示巴西银行将全套托收单证寄回。按照交易习惯，中国银行山西分行收到巴西银行退回的全套托收单证，距发出指示之日最少也需要 15 个工作日，这与中国银行山西分行出具的情况说明称其在 2008 年 1 月 17 日收到巴西银行退回的全套托收单证相印证。由于涉案货物买卖的付款方式系凭单交付，杏花村公司在全套托收单证尚存放在巴西银行的情况下，无法明确得知涉案货物已经被无单放货的事实，也无法要求港捷公司交付货物。港捷公司没有收回其签发的正本提单，缺乏应当交付货物的前提条件，也就不具备交付或应当交付货物的情形，故诉讼时效无从起算。因此，本案诉讼时效至少应当从 2008 年 1 月 17 日起算，即至此日，杏花村公司收到退回的全套托收单证，方有权要求港捷公司交付或停止交付货物，该日期也即是港捷公司作为承运人应当交付货物之日。从上述日期起算，2008 年 12 月 26 日杏花村公司向一审法院提起诉讼，并未超过一年的诉讼时效。杏花村公司在 2008 年 10 月就同港捷公司进行联系要求赔偿，港捷公司工作人员在电话中也表示赔偿，只是赔偿金额和索赔方式没明确，构成诉讼时效中断。对港捷公司关于杏花村公司起诉超过诉讼时效的抗辩理由不予采纳。

港捷公司不服一审判决，向湖北省高级人民法院提起上诉，湖北省高级人民法院维持一审判决，港捷公司向最高人民法院申请再审。

【案件争点】

应当交付货物之日即诉讼时效期间的起算点如何确定。

【裁判要旨】

最高人民法院认为：本案是海上货物运输合同纠纷，港捷公司签发的 K700203K 号记名提单证明，其与杏花村公司之间存在海上货物运输合同。港捷公司是承运人，杏花村公司是托运人也是提单持有人。涉案运输目的港在巴西，承运人港捷公司注册地为香港，本案具有涉外及涉港因素。双方当事人对涉案海上货物运输合同的效力没有异议，且一致同意适用中国内地法律处理本案争议。本案的争议焦点之一是杏花村公司的起诉是否超过诉讼时效。本案系海上货物运输合同纠纷，根据《海商法》第 257 条的规定，就海上货物运输向承运人要求赔偿的请求权，时效期间为一年，自承运人交付或者应当交付货物之日起计算。其中“应当交付货物之日”的规定适用于货物没有实际交付给提单持有人的情况，是指承运人在正常航次中,将货物运抵目的港,具备交付条件,提单持有人可以提到货物的合理日期。现有证据证明,涉案货物自2007年6月9日起,即被存放在目的港海关监管仓库,说明2007年6月9日承运人已经具备交付货物的条件。根据上述事实和法律规定,本案诉讼时效应自2007年6月9日起开始计算。

如前所述,"应当交付货物之日"是按照运输合同正常履行情况推定出来的期日,其中的正常情况既包括船舶运输环节的正常,也应包括交付环节的正常,即提单持有人正常提货,承运人正常交付的情况。提单持有人未在合理期限内提货,不影响诉讼时效的起算。否则提单持有人迟迟不提货,该时效就无法起算,这不符合法律规定时效制度的目的。承运人向收货人交付货物不同于收货人完成通关提到货物,不能将收货人完成通关提到货物的时间认定为承运人应当交付货物的时间。一审、二审判决认定本案诉讼时效应自2008年1月17日起算,没有法律依据,应予纠正。

综上,本案诉讼时效应自2007年6月9日起计算,杏花村公司提交的证据不能证明时效发生中断,其在2008年12月26日提起本案诉讼,超出了《海商法》第257条规定的一年时效期间。

例案二　绍兴兆丰纺织品有限公司与宁波美航物流有限公司、百斯特欧神环球物流公司、东方海外货柜航运(中国)有限公司海上货物运输合同纠纷案

【法院】

浙江省高级人民法院

【案号】

(2017)浙民终331号

【当事人】

上诉人(一审被告):宁波美航物流有限公司

上诉人(一审被告):百斯特欧神环球物流公司

被上诉人(一审原告):绍兴兆丰纺织品有限公司

一审被告:东方海外货柜航运(中国)有限公司

【基本案情】

绍兴兆丰纺织品有限公司(以下简称兆丰公司)委托众城公司出运两个集装箱货物自绍兴至美国洛杉矶,众城公司负责货物的装箱、从绍兴至宁波港的国内陆路运输、代理报关、确认提单等事项。众城公司委托宁波吉波国际货运代理有限公司报

关，委托宁波美航物流有限公司（以下简称美航公司）订舱。美航公司向百斯特欧神环球物流公司（以下简称百斯特公司）订舱后取得 NB1401BES617、NB1401BES619 两套正本提单，并直接交付给兆丰公司。NB1401BES617 提单载明发货人为兆丰公司，收货人为 Ultra Fabrics Inc. Dba Think Fabrics，装货港为宁波，卸货港为美国洛杉矶，船名航次为 OOCL ITALY41E05，货物数量为 1298 箱，集装箱号为 OOLU8426915，装船日期为 2014 年 2 月 6 日。NB1401BES619 提单载明发货人为兆丰公司，收货人为 Ultra Fabrics Inc. Dba Think Fabrics，装货港为宁波，卸货港为美国洛杉矶，船名航次为 OOCL ITALY41E05，货物数量为 1050 箱，集装箱号为 TCLU5178159，装船日期为 2014 年 2 月 6 日。两份提单抬头显示承运人为百斯特公司，提单由 RICHARD WANG 代表百斯特公司签章。根据出口货物报关单及发票记载，OOLU8426915 集装箱货物价值 150,527.17 美元，TCLU5178159 集装箱货物价值 109,951.2 美元，合计 260,478.37 美元。涉案两个集装箱实际由东方海外货柜航运有限公司承运，东方海外货柜航运（中国）有限公司（以下简称东方海外公司）代东方海外货柜航运有限公司签发海运提单，提单号分别为 OOLU2543326810、OOLU2543326650。海运提单载明的发货人为美航公司，收货人为百斯特公司。根据 OOCL 官方网站货物状态显示，OOLU8426915 集装箱于 2014 年 2 月 22 日到达美国洛杉矶、2014 年 3 月 27 日空箱流转，TCLU5178159 集装箱于 2014 年 2 月 22 日到达美国洛杉矶、2014 年 3 月 14 日空箱流转。因兆丰公司未收到货款，于 2014 年 5 月 20 日通过电子邮件向美航公司发送索赔函，要求美航公司赔偿货款损失 279,905.29 美元及利息。美航公司以自己的名义于 2014 年 5 月 21 日通过电子邮件向百斯特公司发送索赔函，要求百斯特公司赔偿货款损失 279,905.29 美元及利息。2014 年 6 月 4 日，百斯特公司起草了协议及转让书，协议载明“兆丰公司作为转让人和百斯特公司作为受让人在此同意，产生于向 Ultra Fabrics Inc. Dba Think Fabrics 销售 NB1401BES617、NB1401BES619 号提单项下的货物的货款 279,905.29 美元，兆丰公司在转让的过程中保留 100% 的权益”，转让书载明“兆丰公司在此陈述并保证，百斯特公司有权收取 279,905.29 美元的一笔货款，该款项产生于向 Ultra Fabrics Inc. Dba Think Fabrics 销售 NB1401BES617、NB1401BES619 号提单项下的货物。兆丰公司在此将其对上述索赔请求的所有权利、利益转让给百斯特公司，仅用于收取货款。”百斯特公司盖章后将协议及转让书寄给兆丰公司，兆丰公司于 2014 年 6 月 12 日盖章后扫描传给百斯特公司。兆丰公司至今未收到货款。兆丰公司于 2015 年 5 月 19 日向宁波海事法院提出诉讼请求：判令美航公司、百斯特公司和东方海外公司连带赔偿兆丰公司货款损失279,905.29美元 。

宁波海事法院认为:本案系具有涉外因素的海上货物运输合同纠纷。宁波港系海上货物运输始发地,根据《民事诉讼法》第27条及《海事诉讼特别程序法》第6条的规定,该院对本案具有管辖权。各方当事人对适用中华人民共和国法律均无异议,根据《涉外关系法律适用法》第3条,本案应适用中华人民共和国法律。关于兆丰公司的主张是否超过诉讼时效问题。根据《海商法》第257条的规定,海上货物运输合同的时效自承运人交付或者应当交付货物之日起计算,涉案集装箱货物到达目的港是2014年2月22日,空箱流转是2014年3月14日、3月27日,兆丰公司的权利于2014年3月27日受到侵害,时效自该日起开始起算。兆丰公司与美航公司系海上货运代理合同关系,时效为两年,兆丰公司于2015年5月19日起诉美航公司,没有超过诉讼时效。对于百斯特公司的行为是否符合《海商法》第267条规定的时效因"被请求人同意履行义务而中断",参照《诉讼时效规定》第16条的规定"义务人作出分期履行、部分履行、提供担保、请求延期履行、制定清偿债务计划等承诺或者行为的,应当认定为民法通则第一百四十条规定的当事人一方同意履行义务",本案中兆丰公司向美航公司发出索赔通知,美航公司以自己的名义向百斯特公司发出索赔通知,百斯特公司收到索赔通知后未提出异议,并和兆丰公司于2014年6月12日签订了协议及权利转让书,应视为"同意履行义务"的行为,时效自该日起重新计算。综上,兆丰公司的主张没有超过诉讼时效。

【案件争点】

本案的诉讼时效是否因达成兆丰公司与百斯特公司签订协议和权利转让书而中断。

【裁判要旨】

浙江省高级人民法院认为:百斯特公司系在美利坚合众国登记设立的公司,本案属涉外海上货物运输合同纠纷。各方当事人均同意适用中华人民共和国法律,故一审法院适用中华人民共和国法律作为处理本案纠纷的准据法正确,应予维持。关于兆丰公司主张本案损失是否超过诉讼时效问题。美航公司上诉认为,本案应依据《无单放货解释》适用一年诉讼时效,一审法院在认定百斯特公司适用一年时效前提下,却以美航公司系订舱代理与兆丰公司成立海上货运代理合同关系为由错误认定适用两年时效。百斯特公司上诉认为,一审法院适用《诉讼时效规定》认定时效中断不当。本院认为,《海商法》第257条规定:"就海上货物运输向承运人要求赔偿的请求权,时效期间为一年,自承运人交付或者应当交付货物之日起计算”，《无单放货解释》第 14 条规定：“正本提单持有人以承运人无正本提单交付货物为由提起的诉讼，适用海商法第二百五十七条的规定，时效期间为一年，自承运人应当交付货物之日起计算。正本提单持有人以承运人与无正本提单提取货物的人共同实施无正本提单交付货物行为为由提起的侵权诉讼，诉讼时效适用本条前款规定。”故正本提单持有人向承运人就其无单放货行为提起的赔偿请求，无论基于合同法律关系还是侵权法律关系，均规定适用一年诉讼时效。但法律或司法解释并未规定正本提单持有人向货代企业提起无单放货赔偿请求也适用一年诉讼时效。因此，一审判决认为兆丰公司向美航公司主张权利时效为两年正确，应予维持。美航公司上诉要求对其适用一年诉讼时效期间的规定，于法无据，本院不予支持。涉案两个集装箱分别于 2014 年 2 月 22 日到达目的港，同年 3 月 14 日、27 日空箱流转，故兆丰公司主张权利的时效从 2014 年 3 月 27 日起计算，其于 2015 年 5 月 19 日向美航公司提起诉讼并未超过诉讼时效期间。《诉讼时效规定》第 16 条规定“义务人作出分期履行、部分履行、提供担保、请求延期履行、制定清偿债务计划等承诺或者行为的，应当认定为民法通则第一百四十条规定的当事人一方同意履行义务”。本案中，百斯特公司收到索赔通知后于 2014 年 6 月 12 日与兆丰公司签订协议及权利转让书。一审判决参照上述司法解释认为该行为应视为“同意履行义务”的行为，亦无不妥。《海商法》第 267 条规定：“时效因请求人提起诉讼、提交仲裁或者被请求人同意履行义务而中断。”故本案的时效自该日起重新计算，兆丰公司于 2015 年 5 月 19 日向百斯特公司提起诉讼未超过一年诉讼时效期间。

例案三 | 宁波凯越国际贸易有限公司与天津华丰货运代理有限责任公司、天津华丰货运代理有限责任公司上海分公司海上货物运输合同纠纷案

【法院】

浙江省高级人民法院

【案号】

（2010）浙海终字第 165 号

【当事人】

上诉人（一审被告）：天津华丰货运代理有限责任公司

被上诉人（一审原告）：宁波凯越国际贸易有限公司

一审被告：天津华丰货运代理有限责任公司上海分公司

【基本案情】

2008年8月13日宁波凯越国际贸易有限公司(以下简称凯越公司)委托天津华丰货运代理有限责任公司上海分公司(以下简称华丰上海分公司)办理一个集装箱货柜到芬兰的出运手续。华丰上海分公司接受委托办理相关出运手续,货物装船后向凯越公司交付了编号为SHA0808054A的全套正本提单,该提单显示承运人为天津华丰货运代理有限责任公司(以下简称天津华丰),提单载明:托运人为凯越公司,收货人为"TO ORDER",运费到付,起运港为宁波,目的港为ROTTERDAM,集装箱号码为CCLU6947288,装船日期为2008年8月28日。出口货物报关单显示货物价值为13,899.38美元。货物出口后,凯越公司持有正本提单未能收到货款。经凯越公司于2009年11月27日查询涉案集装箱,该集装箱已重新进入流转。凯越公司认为,天津华丰作为承运人应依法凭正本提单放货,故于2009年12月3日起诉,请求法院判令天津华丰、华丰上海分公司共同赔偿其货款损失88,200元人民币及利息。

宁波海事法院认为:华丰上海分公司接受凯越公司委托出运一批货物,货物出运后向凯越公司提交了天津华丰为承运人的提单,故凯越公司与天津华丰之间海上货物运输合同关系依法成立,应确认有效。天津华丰作为承运人负有凭正本提单交付货物的义务,而其关于货物仍在海关监管仓库的抗辩,证据不足,不予采信。现凯越公司已提供初步证据证明货物在目的港被拆箱,并仍持有全套正本提单未能收回货款,故推定货物已被无单放货,天津华丰应赔偿凯越公司货款损失。华丰上海分公司并非本案承运人,故凯越公司要求其共同赔偿的诉请,与事实不符,不予支持。至于本案时效问题,由于天津华丰、华丰上海分公司未在庭审中进行抗辩,故不予审查。

【案件争点】

兆丰公司的起诉是否超过诉讼时效。

【裁判要旨】

《无单放货解释》第14条规定:"正本提单持有人以承运人无正本提单交付货物为由提起的诉讼,适用海商法第二百五十七条的规定,时效期间为一年,自承运人应当交付货物之日起计算。"经审理查明,本案货物2008年8月13日装船起运,合理航期1个月,应于2008年9月14日之前到港,而凯越公司起诉的时间为2009年12月3日。根据《诉讼时效规定》第4条的规定"当事人在一审期间未提出诉讼时效抗辩,在二审期间提出的,人民法院不予支持,但其基于新的证据能够证明对方当事人的请求权已过诉讼时效期间的情形除外”。天津华丰及华丰上海分公司未在一审庭审中就凯越公司的诉请是否超过诉讼时效进行抗辩，二审中，天津华丰也未基于新的证据能够证明对方当事人的请求权已过诉讼时效期间的除外情形，故对天津华丰的该上诉请求不予支持。

三、裁判规则提要

诉讼时效制度目的是督促权利人及时行使权利，但其实质并非否定权利的合法存在和行使，而是禁止权利的滥用，以维护社会交易秩序的稳定，进而保护社会公共利益。海上货物运输具有涉及国与国之间货物往来以及载运船舶流动性大等特点。目前国际公约以及国际海事司法的通常做法，对涉及海上货物运输纠纷的索赔时效均规定为一年，我国《海商法》也不例外，并且规定诉讼时效只因请求人提起诉讼、提交仲裁或者被请求人同意履行义务而中断。因此，相比较而言，海上货物运输的诉讼时效是一种特殊的时效制度。特殊性不仅体现在时效期间，还体现在时效中断事由少于《民法典》规定的中断事由。

（一）应当交付货物之日的确定

例案一中，海上货物运输合同的托运人杏花村公司向承运人港捷公司提出索赔，超过了自承运人应当交货之日起的一年诉讼时效期间，因此诉讼请求不能得到法院的支持。但应当交货之日的认定在实践中确实存在不同认识。一审、二审法院倾向于认为“应当交货之日”不仅仅是货物到达目的港，经过一段时间，具备交货的条件的时间，还应包含提单持有人具备提货条件的时间，如案中涉及的海关监管问题，托运人未收到退回的全套正本提单因而无法行使提单权利问题等。而最高人民法院认为，“应当交付货物之日”的规定适用于货物没有实际交付给提单持有人的情况，是指承运人在正常航次中，将货物运抵目的港，具备交付条件，提单持有人可以提到货物的合理日期。该案中，涉案货物自 2007 年 6 月 9 日起，即被存放在目的港海关监管仓库，说明 2007 年 6 月 9 日承运人已经具备交付货物的条件。由此可知，“应当交付货物之日”作为时效起算点时，最高人民法院为避免该日期因各种运输合同之外因素的影响，导致承运人责任的加重，因此对“应当交付货物之日”作了严格的限定。

（二）承运人同意履行债务的认定

提起诉讼或仲裁导致时效中断，不容易产生争议。但债务人同意履行债务的行为是否存在,实践中纷争不断。如何认定债务人作出了同意履行债务的意思表示,是个较难的问题。例案二中,法院依据《诉讼时效规定》第16条的规定"义务人作出分期履行、部分履行、提供担保、请求延期履行、制定清偿债务计划等承诺或者行为的,应当认定为民法通则第一百四十条规定的当事人一方同意履行义务"的内容,对是否有同意的意思表示进行认定。该案中,百斯特公司收到索赔通知后于2014年6月12日与兆丰公司签订协议及权利转让书,该签订协议的行为符合前述规定,因此该行为应视为"同意履行义务"的行为。由此可知,实务界对于"同意履行义务"的认定把关甚严,同意的认定,必须有债务人明确的履行债务的意思表示,且该意思表示有证据足以证明。至于债务人同意的内容是债务的一部分或者是全部,则对于诉讼时效的中断而言在所不问。

(三)应在一审期间提出诉讼时效的抗辩

通说认为,诉讼时效是一种抗辩权,非因债务人提出时效已超期,其可不履行义务的抗辩,不发生法律效力。因此,法院不应对债务人主动释明诉讼时效,债务人未提出诉讼时效超过抗辩的,即使时效确已超过,法院仍应判决债务人履行义务。但这种抗辩权何时提出才有效,在《诉讼时效规定》出台前,存在较大的争议。司法实践中,甚至有认可二审也可提出时效抗辩的。但《诉讼时效规定》终结了争议,明确诉讼时效抗辩只能在一审期间提出。由于《海商法》对时效抗辩权问题没有特别的规定,因此应适用一般民事法律的一般规定,故前述《诉讼时效规定》的时效抗辩权行使规则也应适用于海上货物运输合同纠纷。

但接下来的问题是,"一审期间"如何理解。有人认为,从字面含义看,只要一审程序尚未终结,就应允许提出,因此"一审期间"应理解为一审判决作出前。有人认为,从当事人可以实际提出主张的阶段以及诉讼效率考虑,应理解为一审法庭辩论终结前。如何认定,尚待今后的司法解释予以明确。

诉讼时效属抗辩权,法律规定诉讼时效制度的本意不是为义务人提供逃避债务的工具,其法理根据在于意思自治原则以及诚实信用原则。债务人基于诉讼时效而免于债务的履行应严格限定在一定的范围内。例案三中,天津华丰在一审审理过程中,未提出诉讼时效已超过的抗辩,二审才提出这一抗辩。根据《诉讼时效规定》第4条第1款的规定,债务人未及时提出时效抗辩的,法院不能主动适用,因而债务人天津华丰的诉讼主张未能得到支持。

四、辅助信息

高频词条：

《海商法》

第 257 条 就海上货物运输向承运人要求赔偿的请求权，时效期间为一年，自承运人交付或者应当交付货物之日起计算；在时效期间内或者时效期间届满后，被认定为负有责任的人向第三人提起追偿请求的，时效期间为九十日，自追偿请求人解决原赔偿请求之日起或者收到受理对其本人提起诉讼的法院的起诉状副本之日起计算。有关航次租船合同的请求权，时效期间为二年，自知道或者应当知道权利被侵害之日起计算。

第 267 条 时效因请求人提起诉讼、提交仲裁或者被请求人同意履行义务而中断。但是，请求人撤回起诉、撤回仲裁或者起诉被裁定驳回的，时效不中断。

请求人申请扣船的，时效自申请扣船之日起中断。

自中断时起，时效期间重新计算。

《诉讼时效规定》

第 4 条 当事人在一审期间未提出诉讼时效抗辩，在二审期间提出的，人民法院不予支持，但其基于新的证据能够证明对方当事人的请求权已过诉讼时效期间的情形除外。当事人未按照前款规定提出诉讼时效抗辩，以诉讼时效期间届满为由申请再审或者提出再审抗辩的，人民法院不予支持。

第 16 条 义务人作出分期履行、部分履行、提供担保、请求延期履行、制定清偿债务计划等承诺或者行为的，应当认定为民法通则第一百四十条规定的当事人一方“同意履行义务”。

海上货物运输合同纠纷案件裁判规则第 27 条：
承运人主张集装箱超期使用费的诉讼时效期间为一年

〔**规则描述**〕：根据《最高人民法院关于承运人就海上货物运输向托运人、收货人或提单持有人要求赔偿的请求权时效期间的批复》，承运人请求支付集装箱超期使用费的诉讼时效为一年，自其知道或者应当知道权利被侵害之日起算，是否实际返还集装箱和集装箱超期使用费的数额是否确定均不影响诉讼时效的起算。

一、类案检索大数据报告

时间：2019 年 12 月 12 日之前，案例来源：Alpha 案例库，数据采集时间：2019 年 12 月 12 日。本次检索以法院认为中包含"集装箱超期使用费" 和"时效" 为检索条件，共获取了 27 篇裁判文书，剔除无关、重复的文书 0 篇，剩余的 27 篇裁判文书中：

（1）认为承运人主张集装箱超期使用费的诉讼时效为一年的文书为 27 篇；

（2）不认同前述规则的文书为 0 篇。

整体情况如下：

如图 27 – 1 所示，认同本项裁判规则的文书占 100%。

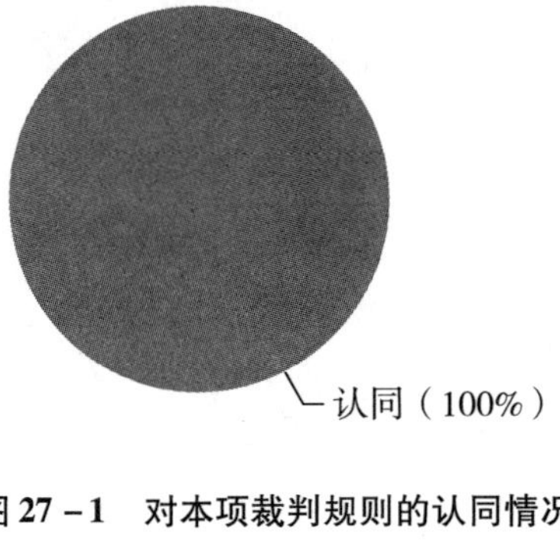

图 27 – 1　对本项裁判规则的认同情况

从图 27－2 所示的年份分布情况可以看出当前条件下案例数量的变化趋势。

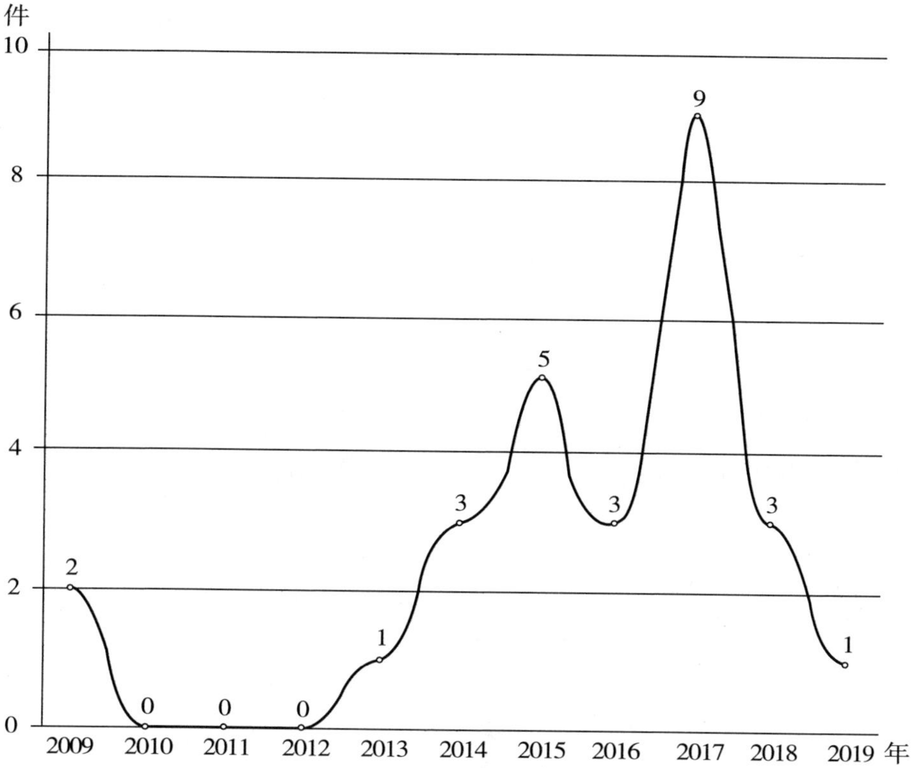

图 27－2　案件年份分布情况

从图 27－3 所示的地域分布来看，当前案例主要集中在上海市、广东省、山东省等，分别占比 37.03%、33.33%、14.81%，其中上海市的案件量最多，达到 10 件。

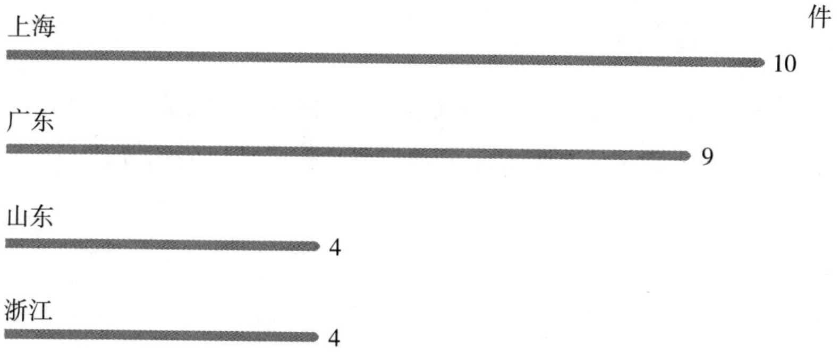

图 27－3　案件主要地域分布情况

从图 27－4 所示的案由分类情况可以看出，当前的案由均为运输合同纠纷。

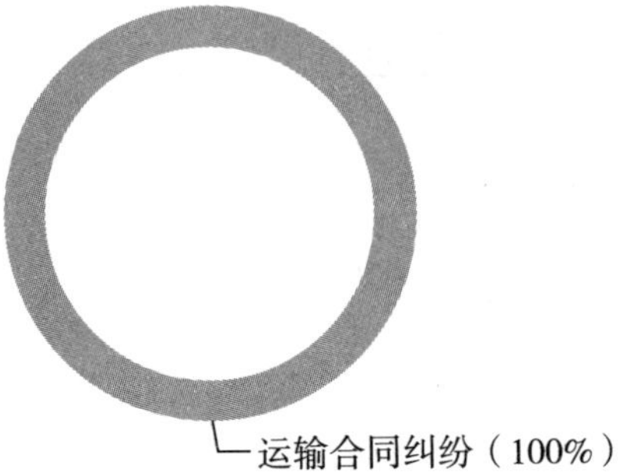

图 27－4　案件案由分类情况

从图 27－5 所示的行业分类情况可以看出，当前的行业分布主要集中在交通运输、仓储和邮政业，制造业，批发和零售业，居民服务、修理和其他服务业，科学研究和技术服务业。

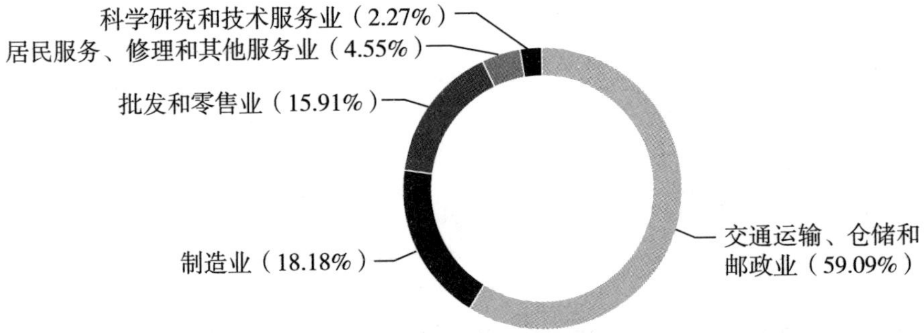

图 27－5　案件行业分类情况

二、可供参考的例案

例案一　A. P. 穆勒－马士基有限公司与上海蝉联携运物流有限公司深圳分公司、上海蝉联携运物流有限公司海上货物运输合同纠纷案

【法院】

最高人民法院

【案号】

(2015)民提字第 119 号

【当事人】

再审申请人(一审被告、二审上诉人)：上海蝉联携运物流有限公司深圳分公司

再审申请人(一审被告、二审上诉人)：上海蝉联携运物流有限公司

被申请人(一审原告、二审被上诉人)：A. P. 穆勒－马士基有限公司

【基本案情】

2010年1月，上海蝉联携运物流有限公司深圳分公司(以下简称蝉联深圳公司)委托A. P. 穆勒－马士基有限公司(以下简称马士基公司)将5个40英尺集装箱货物从广东黄埔运到印度新德里，马士基公司接受订舱后制作了订舱确认单，后目的港(卸货港)从"印度新德里"更改为"孟买新港"。货物的出货指示于2010年2月10日作出，2月13日涉案集装箱由马士基公司承运并在盐田港装上"马士基·斯托克霍"轮运至孟买新港。提单记载的装船时间为2月13日，运费未付，该提单未予签发，留存在系统里，原件未交给蝉联深圳分公司。涉案货物于2010年2月23日到达孟买新港，但长期无人提取。蝉联深圳分公司从2月26日至6月2日期间因客户清关问题多次通过电子邮件与马士基公司的起运港代理联系更改目的港及托运人、收货人等事宜。2011年2月28日孟买新港海关处理部海关专员签发了编号67的提货单，记载孟买海关通过编号为56的拍卖，出售了位于马士基(旧)集装箱货运站的编号为MSKU9591614、TCNU9520396、AMFU8702814、MSKU9053162、MSKU0824459的5个集装箱中的货物，拍卖所得26,526,500卢比。另查明，马士基公司在其网站上公布的孟买新港进口的40英尺集装箱的超期使用费收费标准为第1天至第5天免费、第6天至第12天每箱每天940卢比、第13天至第19天每箱每天1598卢比，第20天至第26天每箱每天1786卢比，之后每箱每天4653卢比。马士基公司于2012年2月27日向广州海事法院起诉，请求判令蝉联深圳分公司和蝉联公司共同承担集装箱超期使用费8,026,425卢比。广州海事法院作出(2012)广海法初字第329号一审民事判决，判令蝉联深圳分公司、蝉联公司共同赔偿马士基公司集装箱超期使用费损失人民币150,000元，驳回马士基公司的其他诉讼请求。蝉联深圳分公司、蝉联公司不服提出上诉。广东省高级人民法院经审理认为：涉案货物运抵目的港后，因无人提货导致马士基公司的集装箱一直处于不能归还的状态，该损害事实一直持续至货物被作为逃税物品被孟买新港海关拍卖，即马士基公司根据海关的指示将货物交付新的买主之后，涉案集装箱才得以归还，此时集装箱被超期使用的损害才得以终止，集装箱超期使用费的数额才得以固定。因此，马士基公司行使请求权的时效期间应从印度孟买新港海

关向其发出“关于被拍卖货物的交付”文书之日起算，即2011年2月28日起算，至2012年2月27日马士基公司向一审法院提起本案诉讼，未超过一年的诉讼时效期间，遂作出二审判决：驳回上诉，维持原判。蝉联深圳分公司、蝉联公司仍然不服，提出再审申请。最高人民法院提审后，作出(2015)民提字第119号终审民事判决：撤销一审、二审判决，驳回马士基公司的诉讼请求。

【案件争点】

集装箱超期使用费纠纷的诉讼时效应从权利人知道或应当知道权利被侵害之日起算，还是从侵害终止之日或损失金额确定之日起算。

【裁判要旨】

最高人民法院认为：根据《最高人民法院关于承运人就海上货物运输向托运人、收货人或提单持有人要求赔偿的请求权时效期间的批复》的规定，本案的诉讼时效期间为一年，自权利人知道或者应当知道权利被侵害之日起计算。故本案马士基公司要求赔偿集装箱超期使用费的请求权，应从马士基公司知道或者应当知道其权利被侵害之日起算诉讼时效。承运人马士基公司与托运人蝉联深圳分公司并未单独约定涉案集装箱的超期使用费标准，马士基公司在本案再审时主张按照其网站上公布的集装箱超期使用费标准，从2010年3月1日开始收取集装箱超期使用费，蝉联深圳分公司和蝉联公司没有提出异议。涉案货物于2010年2月23日抵达印度孟买新港，装载货物的集装箱免费使用期限于2月28日届满。因货物在目的港无人提取，涉案集装箱在免费使用期限届满后没有及时归还承运人马士基公司，从3月1日开始应当向马士基公司支付集装箱超期使用费，马士基公司请求给付集装箱超期使用费的权利已经产生，即马士基公司从2010年3月1日起就知道或者应当知道其权利被侵害。马士基公司在2010年3月30日的传真中亦确认集装箱超期使用费已经产生。虽然蝉联深圳分公司在涉案货物抵达孟买新港之后仍然不断指示变更目的港，但最终并未实际变更，并不影响承运人马士基公司主张集装箱超期使用费的权利。马士基公司就义务人迟延履行集装箱返还义务造成的违约损失主张赔偿的权利，并不是从侵害行为终止之日才产生，赔偿数额是否最终确定也并不影响马士基公司诉权的行使。马士基公司以其权利持续受到侵害为由，认为应当以侵权行为终了之日起算诉讼时效缺乏依据。二审判决以涉案货物被拍卖，集装箱被超期使用的损害才得以终止，集装箱超期使用费的数额才得以固定为由，认为马士基公司行使请求权的时效期间应当从海关发出“关于被拍卖货物的交付”文书之日起算，显然与法律规定的“自权利人知道或者应当知道权利被侵害之日起计算”不符。本案中，马士基公司知道或者应当知道权利被侵害之日为2010年3月1日，蝉联深圳分公司于2010年3月30日通过电子邮件承诺托运人将承担集装箱超期使用费。蝉联深圳分公司的该项意思表示构成《海商法》第267条规定的时效因被请求人同意履行义务而中断的情形。故本案时效应当从2010年3月30日起算，马士基公司于2012年2月27日提起诉讼已经超过一年的诉讼时效。按照马士基公司网站公布的集装箱超期使用费收费标准，从集装箱在目的地卸货（或进入内陆集装箱堆场）次日起第一天至第五天免费，之后开始收取集装箱超期使用费。由此可见，涉案集装箱超期使用费并不是从收货人实际提取货物开始计算，无论收货人是否实际提取货物，集装箱超期使用费都已经产生。承运人有权要求义务人支付集装箱超期使用费，义务人是否能够支付，并不影响承运人主张该费用的权利。蝉联深圳分公司对马士基公司主张的自2010年3月1日开始收取集装箱超期使用费并无异议，双方于2010年3月30日的往来传真也证明双方均知道集装箱超期使用费已经产生。马士基公司以没有确定提取货物的时间，不能确认蝉联深圳分公司是否能够履行支付义务，诉讼时效起算点无法确认为由，主张以海关通知交付拍卖货物的时间起算诉讼时效，缺乏事实和法律依据，本院不予支持。承运人收取集装箱超期使用费的目的是督促用箱人及时返还集装箱，加速集装箱的流转。因用箱人没有及时返还集装箱造成的损失，承运人应当在法律规定的时效内提起诉讼，否则将丧失对该项请求的胜诉权。马士基公司主张按照超期使用费不同的产生时间分别计算诉讼时效，缺乏事实和法律依据，本院亦不予支持。

例案二 | 正利航业股份有限公司与大连忠进国际货运有限公司、大连顺星国际物流有限公司、大连中宇国际贸易有限公司海上货物运输合同纠纷案

【法院】

辽宁省高级人民法院

【案号】

（2018）辽民终274号

【当事人】

上诉人（一审被告）：大连忠进国际货运有限公司

上诉人（一审被告）：大连顺星国际物流有限公司

被上诉人（一审原告）：正利航业股份有限公司

被上诉人(一审被告):大连中宇国际贸易有限公司

【基本案情】

2016年5月30日,东日船务(中国)有限公司[ESA SHIPPING(CHINA)CO.,LTD,以下简称东日公司]作为无船承运人签发了2016050795号提单,载明托运人为ZD公司,收货人为大连中宇国际贸易有限公司(以下简称中宇公司),承运人货物目的港代理为大连忠进国际货运有限公司(以下简称忠进公司),船舶名称为E. R. MARTINIQUE,航次为V. 090XKNCNC,货物装载于40HC箱号为ECMU9562808、CAIU8288575的集装箱内,毛重为38,700千克,装货港为香港,卸货港为大连。同日,正利航业股份有限公司(以下简称正利公司)作为实际承运人签发CGK0208559号提单,载明托运人为ESA LOGISTICS(HONGKONG)CO.,LTD,收货人为忠进公司,船舶名称、航次、货物名称、集装箱号均与东日公司同日签发的提单一致;提单同时记载,货方需根据www. cnc - line. com公布的、或从代理处获得承运人的收费标准支付滞箱费。2016年6月6日,东日公司作为无船承运人分别签发了2016060004、2016060160、2016060161号提单,载明托运人为ZD公司,收货人为中宇公司,承运人货物目的港代理为忠进公司,船舶名称为"LORRAINE",航次为"V. 092XKNCNC",装货港为香港,卸货港为大连。同日,正利公司作为实际承运人分别签发CGK0208732、CGK0208733、CGK0208734号提单,载明托运人为ESA LOGISTICS(HONGKONG)CO.,LTD,收货人为忠进公司,船舶名称、航次、货物名称、集装箱号均与东日公司同日签发的三份提单一致。2016年5月31日,正利公司代理人华港公司就CGK0208559号提单货物到港事宜向忠进公司发送到货通知书。2016年6月8日,华港公司就CGK0208732、CGK0208733、CGK0208734号提单货物到港事宜向忠进公司发送到货通知书。之后,大连顺星国际物流有限公司(以下简称顺星公司)从华港公司处换取了涉案货物的4份提货单,提货单记载收货人是忠进公司。但是,涉案集装箱货物到达大连港卸船后一直存放于码头,并处于大窑湾海关监管下。正利公司诉请判令忠进公司、顺星公司、中宇公司连带给付集装箱滞箱费2,086,000元及其利息、给付堆存费159,938元及其利息、返还集装箱或按照新箱市场价格予以赔偿。大连海事法院经审理作出(2017)辽72民初520号一审民事判决,判令忠进公司、顺星公司连带向正利公司给付8个集装箱滞箱费336,000元及其利息,驳回正利公司的其他诉讼请求。忠进公司、顺星公司不服上诉,辽宁省高级人民法院作出二审民事判决:驳回上诉,维持原判。

【案件争点】

集装箱超期使用费的诉讼时效应从什么时间起算。

【裁判要旨】

大连海事法院认为：依据《最高人民法院关于承运人就海上货物运输向托运人、收货人或提单持有人要求赔偿的请求权时效期间的批复》规定“承运人就海上货物运输向托运人、收货人或提单持有人要求赔偿的请求权，在有关法律未予以规定前，比照适用《海商法》第257条第1款的规定，时效期间为一年，自权利人知道或者应当知道权利被侵害之日起计算”，正利公司主张滞箱费的诉讼时效为一年，时效起算时间为涉案集装箱抵达目的港大连后经过7天免费使用期之日。涉案集装箱分别于2016年6月6日、13日抵达目的港大连卸船，正利公司提起本案诉讼时间是2017年6月8日，正利公司关于集装箱滞箱费的诉讼请求未经过一年的诉讼时效。正利公司关于堆存费的诉讼请求，因正利公司未提供证据证明其是法律规定或合同约定的支付堆存费的义务主体且其未提供证据证明已实际支付了堆存费，本院对正利公司的该项诉讼请求不予审理，对该项诉讼请求的诉讼时效不予审查。正利公司关于返还集装箱的诉讼请求属于《物权法》第34条[①]规定的物上请求权，该请求权不适用诉讼时效的规定。正利公司关于忠进公司、中宇公司不能返还集装箱时要求赔偿新集装箱价格的诉讼请求，因涉案8个集装箱存放在大连集装箱码头有限公司码头尚未灭失，正利公司主张按照新集装箱市场价格予以赔偿的诉讼请求，不具有事实基础，对正利公司该项诉讼请求不予审理，对该项诉讼请求的诉讼时效不予审查。

正利公司依据海运提单提起本案诉讼，并无不当。忠进公司作为海运提单收货人在换取提货单后，应履行收货人的义务，提取货物、向正利公司返还集装箱。忠进公司在卸货港迟延提取货物，必然导致涉案8个集装箱被长期占用而不能及时重新投入运输经营，最终致使正利公司遭受滞箱费损失。正利公司向忠进公司主张滞箱费损失，符合合同相对性原则，予以支持。正利公司与中宇公司不是合同相对方，不存在海上货物运输合同关系，正利公司向中宇公司主张给付滞箱费，不予支持。顺星公司出具承诺书的行为应视为是忠进公司不能向正利公司支付滞箱费等费用时，顺星公司向正利公司支付滞箱费的保证，顺星公司应同忠进公司连带向正利公司支付上述滞箱费及利息。正利公司基于物上请求权向提单收货人忠进

① 参见《民法典》第235条。

公司、实际收货人中宇公司主张返还集装箱,并无不当。但收货人尚未办理完货物清关手续,涉案集装箱货物现仍处于海关监管下,判令返还集装箱目前在客观上无法实际履行,故正利公司应当在收货人提取货物后另行主张。

辽宁省高级人民法院二审判决支持上述一审判决的观点。上诉人也未就一审诉讼时效的认定提出上诉。

例案三 中远海运集装箱运输有限公司与厦门嘉联恒进出口有限公司海上货物运输合同纠纷案

【法院】

广州海事法院

【案号】

(2016)粤72民初953号

【当事人】

原告:中远海运集装箱运输有限公司

被告:厦门嘉联恒进出口有限公司

【基本案情】

2013年5月,受厦门嘉联恒进出口有限公司(以下简称嘉联恒公司)委托,深圳市佳洋国际货代有限公司(以下简称佳洋公司)向中远海运集装箱运输有限公司(以下简称中远集运)的代理公司华南中远国际货运有限公司(以下简称华南中远公司)订舱出运一批女士衬衫,自深圳盐田运输至巴西桑托斯。华南中远公司作为中远集运的代理人接受了佳洋公司的订舱,并代表中远集运签发了7300号记名提单,提单载明托运人为嘉联恒公司,收货人为MERIDIAN公司,承运船舶和航次为OOCL QINGDAO轮001W航次,整箱运输,集装箱号为CBHU8951435。6月12日,该批货物被运抵桑托斯港并卸船。

因MERIDIAN公司一直未凭正本提单提取货物,涉案货物及装载货物的CBHU8951435号集装箱被巴西联邦税务局以弃货为由依据当地法律法规拍卖处理。2015年7月6日,中远集运在巴西的代理公司自桑托斯Fassina Alemoa码头取回CBHU8951435号集装箱。根据中远集运公布的集装箱超期使用费计费标准,本案集装箱卸船后的免费使用期为10个日历日,超期使用费为25,950美元。

2015年11月4日,中远集运委托律师通过EMS快递(快递单号:1057257098617)

向嘉联恒公司法定代表人温某林寄送了律师函。11 月 27 日，中远集运起诉要求嘉联恒公司赔偿 CBHU8951435 号集装箱超期使用费 25,950 美元，广州海事法院立案号为(2016)粤 72 民初 222 号。后因中远集运经法院传票传唤，无正当理由拒不到庭参加该案庭审，广州海事法院裁定该案按中远集运撤诉处理。2016 年 6 月 17 日，中远集运再次起诉，经补正材料后，广州海事法院于 2016 年 8 月 17 日受理此案。

【案件争点】

中远集运的起诉是否超过诉讼时效。

【裁判要旨】

广州海事法院认为：根据《最高人民法院关于承运人就海上货物运输向托运人、收货人或提单持有人要求赔偿的请求权时效期间的批复》的规定，本案的诉讼时效期间为一年，自权利人知道或者应当知道权利被侵害之日起计算。故本案中远集运要求嘉联恒公司赔偿集装箱超期使用费的请求权，应从中远集运知道或者应当知道其权利被侵害之日起算诉讼时效。本案货物于 2013 年 6 月 12 日被运抵巴西桑托斯港并自船上卸载，装载货物的集装箱免费使用期限于 2013 年 6 月 22 日届满。因货物在目的港无人提取，本案集装箱在免费使用期限届满后没有及时归还承运人中远集运，义务人应自 2013 年 6 月 23 日开始向中远集运支付集装箱超期使用费，自该日起中远集运请求给付集装箱超期使用费的权利已经产生，即中远集运从 2013 年 6 月 23 日起就知道或者应当知道其权利被侵害。虽然本案集装箱系被巴西桑托斯政府部门连同货物扣押，但并不影响中远集运向义务人主张集装箱超期使用费的权利。中远集运就义务人迟延履行集装箱返还义务造成的违约损失主张赔偿的权利，并不是从侵害行为终止之日即本案集装箱空箱返还该公司控制之日才产生，赔偿数额是否最终确定并不影响中远集运诉权的行使。中远集运以 2015 年 7 月 6 日本案集装箱空箱返还之日才知道所受经济损失具体金额为由，认为本案诉讼时效应当自该日起算的诉讼主张，缺乏法律依据，不予支持。本案中，中远集运知道或者应当知道权利被侵害之日为 2013 年 6 月 23 日，中远集运并未举证前述期间存在《海商法》第 266 条规定的诉讼时效中止以及该法第 267 条规定的诉讼时效中断的情形，本案诉讼时效止于 2014 年 6 月 22 日。中远集运于 2016 年 6 月 17 日才向本院提起诉讼，已经超过 1 年诉讼时效。且嘉联恒公司在(2016)粤 72 民初 222 号案件及本案中也未对中远集运超过诉讼时效期间主张的债权予以确认，故嘉联恒公司关于中远集运起诉超过 1 年诉讼时效、诉讼请求应予驳回的抗辩，具有事实和法律依据，应予支持。

三、裁判规则提要

(一)集装箱超期使用费请求权的诉讼时效期间为一年

将集装箱超期使用费请求权的诉讼时效期间确定为一年,主要理由是:集装箱超期使用费系发生于海上货物运输合同履行过程中,集装箱超期使用费纠纷属于海上货物运输合同纠纷,故有关集装箱超期使用请求权的诉讼时效理应适用海上货物运输合同的诉讼时效。依照《最高人民法院关于承运人就海上货物运输向托运人、收货人或提单持有人要求赔偿的请求权时效期间的批复》[法释(1997)3号],承运人就海上货物运输向托运人、收货人或提单持有人要求赔偿的请求权,在有关法律未予以规定前,比照适用《海商法》第257条第1款的规定,时效期间为一年,自权利人知道或者应当知道权利被侵害之日起计算。因此,承运人集装箱超期使用费请求权的诉讼时效期间为一年,自其知道或者应当知道权利被侵害之日起算。

(二)知道或者应当知道其权利被侵害之日的界定

集装箱的免费使用期应自集装箱被卸下且具备提货条件时起算,通常情况下,承运人均给予数天的集装箱免费使用期限。在集装箱免费使用期限届满后,义务人应向承运人开始支付集装箱超期使用费。也即承运人从集装箱在免费使用期限届满后仍未归还之日起就知道或者应当知道其权利被侵害,其主张集装箱超期使用费的诉讼时效应自该日起算。虽然集装箱被超期使用是一个持续的过程,但承运人追究义务人迟延还箱违约责任的权利,并非从集装箱实际回归控制之日才产生,义务人违约应予赔偿的数额是否最终确定也不应影响承运人诉权的行使。因此,承运人以集装箱空箱返还之日才知道所遭受损失的具体金额为由主张诉讼时效自该日起算,或请求按照集装箱超期使用费不同的产生时间分别计算诉讼时效,均缺乏法律依据,不应予以支持。在例案一中,最高人民法院对一审、二审诉讼时效起算点的错误认定予以了纠正。

(三)诉讼时效的其他相关问题

(1)集装箱货物因涉嫌走私或违反检验检疫等被目的港政府部门扣押,属于货主责任,不影响承运人向义务人主张集装箱超期使用费的权利及诉讼时效期间。

(2)承运人清空、返还集装箱的请求权,系基于集装箱所有权而行使的排除妨碍、返还财产等权利，不属于债权请求权，不适用诉讼时效的规定。在例案二中，法院认为返还集装箱的请求权不存在诉讼时效的适用问题。

四、辅助信息

高频词条：

《海商法》

第 257 条第 1 款 就海上货物运输向承运人要求赔偿的请求权，时效期间为一年，自承运人交付或者应当交付货物之日起计算；在时效期间内或者时效期间届满后，被认定为负有责任的人向第三人提起追偿请求的，时效期间为九十日，自追偿请求人解决原赔偿请求之日起或者收到受理对其本人提起诉讼的法院的起诉状副本之日起计算。

《最高人民法院关于承运人就海上货物运输向托运人、收货人或提单持有人要求赔偿的请求权时效期间的批复》〔法释（1997）3 号〕

……承运人就海上货物运输向托运人、收货人或提单持有人要求赔偿的请求权，在有关法律未予以规定前，比照适用《中华人民共和国海商法》第二百五十七条第一款的规定，时效期间为一年，自权利人知道或者应当知道权利被侵害之日起计算……

海上货物运输合同纠纷案件裁判规则第 28 条：
国际货物多式联运合同的请求权适用普通诉讼时效

〔**规则描述**〕：就货物多式联运向多式联运经营人要求赔偿的请求权，适用普通诉讼时效，自权利人知道或者应当知道权利被侵害时起算。

一、类案检索大数据报告

时间：2019 年 12 月 9 日之前，案例来源：Alpha 案例库，数据采集时间：2019 年 12 月 9 日。本次检索以法院认为中包含“多式联运合同纠纷”“诉讼时效”作为检索条件，共获取了 33 篇裁判文书，剔除重复的文书 6 篇，无关的文书 8 篇，剩余的 19 篇裁判文书中：

(1)认为就货物多式联运向多式联运经营人要求赔偿的请求权，适用普通诉讼时效的文书有 14 篇；

(2)认为就货物多式联运向多式联运经营人要求赔偿的请求权，适用《海商法》第 257 条规定的文书有 5 篇。

整体情况如下：

如图 28 – 1 所示，就货物多式联运向多式联运经营人要求赔偿的请求权，认为适用普通诉讼时效的文书占 74%，认为适用《海商法》第 257 条规定的文书占 36%。

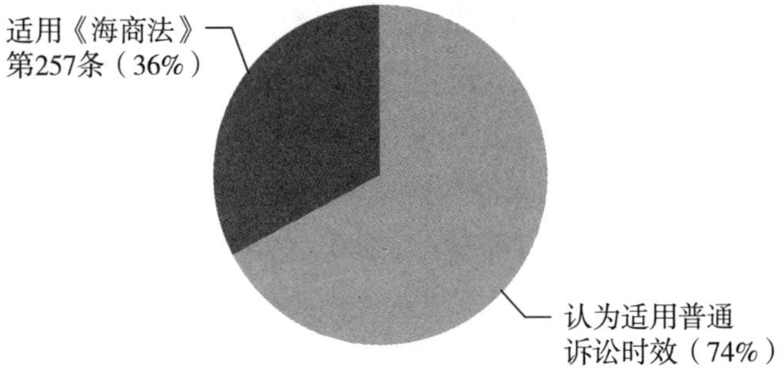

图 28 – 1 就货物多式联运向多式联运经营人要求赔偿的请求权，是否适用普通诉讼时效

从图28-2所示的年份分布情况可以看出当前条件下案例数量的变化趋势。

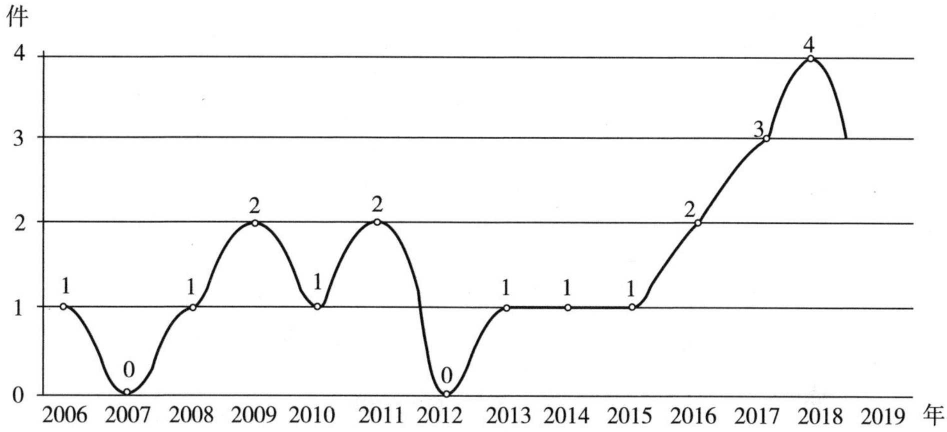

图28-2　案件年份分布情况

从图28-3所示的地域分布来看，当前案例主要集中在天津市、广东省、上海市等，分别占比26.31%、21.05%、15.78%，其中天津市的案件量最多，均达到5件。

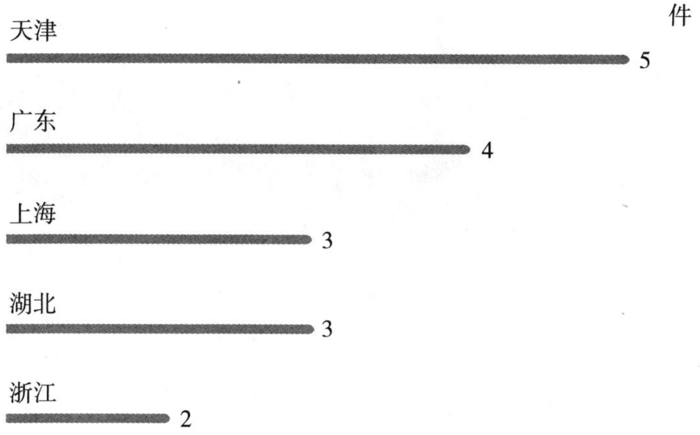

图28-3　案件主要地域分布情况

从图28－4所示的案由分类情况可以看出,当前的案由分布由多至少分别是运输合同纠纷类,追偿权纠纷。

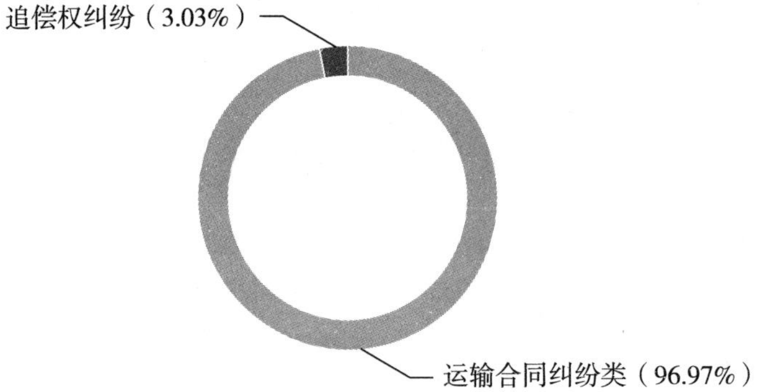

图28－4　案件案由分类情况

从图28－5所示的行业分类情况可以看出,当前的行业分布主要集中在交通运输、仓储和邮政业,金融业,制造业,批发和零售业,租赁和商务服务业,其他行业。

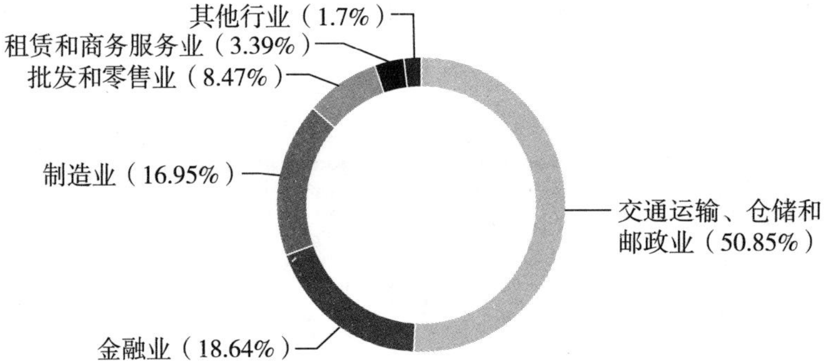

图28－5　案件行业分类情况

二、可供参考的例案

例案一　保定天威保变电气股份有限公司与中远海运物流有限公司多式联运合同纠纷

【法院】

最高人民法院

【案号】

(2018)最高法民申3153号

【当事人】

再审申请人(一审被告、二审上诉人):中远海运物流有限公司

被申请人(一审原告、二审上诉人):保定天威保变电气股份有限公司

【基本案情】

2012年4月16日,保定天威保变电气股份有限公司(以下简称保变电气公司)(甲方)与中远海运物流有限公司(以下简称中远物流公司)(乙方)签订《保变世行项目》;2013年9月13日,签订《保变3445项目》;2013年12月27日,通过电子邮件达成《保变2970项目》。《保变3445项目》第4.3条约定,“合同中规定的陆运费用开具税率为11%的货物运输业增值税专用发票;合同中规定的海运费及保险费开具税率为6%的北京增值税专用发票”(以下简称发票开具条款)。

《保变世行项目》第1.2条约定,运输标的(物)为印度国网世行项目7台自耦变压器。第1.3条,“起运地:变压器:甲方公司指定地点,其余货物:甲方公司院内车板接货”(以下简称起运地条款)。第1.4条,“交付地点:买方如下变电站,本体电站内指定地点卸货上台。零件需卸货到电站内指定地点,并负责掏箱(如果适用的话),卸货至指定地点”(以下简称交付地点条款)。第1.5条,“第一批3台起运时间为2012年7月初,运到现场时间为2012年9月25日;第二批3台或4台起运时间为2012年9月30日(预计),运到现场时间为2012年12月19日;第三批1台(如果有)起运时间为2012年12月1日(预计),运到时间为2013年2月18日(备注:如果发生第三批运输,则甲方补充给乙方57万元)。实际的厂内接货时间与甲方通知的接货时间偏差在正负3天的时间范围内是合理的,乙方不得以此为由索赔额外费用。甲方有权对第二批和第三批的起运时间进行调整,但应提前通知乙方,并且提前20天正式通知产品具备发运时间。乙方保证从实际起运日开始计算,运输时间不多于80天,因乙方原因造成的时间延误由乙方承担相应责任”(以下简称运输时间条款)。第3.1.8条“……变压器主体及组部件到达交货地的前20天,书面通知收货人和甲方,并且对到卸车位置的路况进行勘查并提交正式整改报告至甲方,若因通知不及时导致延误卸车的费用由乙方承担。在主体和零部件到达现场前2天,乙方需对到卸车位置的路况进行勘查并需派人入驻现场(直到主体就位完毕)确保卸车”(以下简称路况勘查条款)。第3.1.19条,中远物流公司“负责按照甲方要求的运到现场时间安全运到甲方指定的收货地(卸货上台)并

与收货人或甲方办理交接手续"(以下简称交货条款)。第4.1条,"中国境内陆运600万元+海运497.5万元+印度内陆运输4224万印度卢比。以上运费包含了从起运地到收货地(卸货上台)运输途中的所有费用,为固定不变价,不因任何理由调价"(以下简称运费结算条款)。第5.1条,"乙方未按照合同约定的到达现场时间与收货人交接,每延误一天乙方向甲方支付该次运费1%的违约金,违约金上限不超过运费的10%"(以下简称延期违约金条款)。

《保变世行项目》下的7台变压器工作号分别为20121S09、20121S10、20121S11、20122S05、20123S07、20123S08、20122S07。其中:2012年7月10日,20121S10变压器主体装车;7月11日,20121S11装车;8月21日,20122S05装车。2012年8月30日,上述三台变压器装载至"大翠云"轮第8航次离港。提单载明装货港为天津新港,卸货港为印度蒙德拉,件数为172件,总重为1,715,100千克,尺码为2866.6立方米。

2012年7月9日,20121S09首次装车。当拖车行驶至江城路口时,为躲避一辆私家车,司机紧急制动,导致变压器主体发生位移、产品端子箱与承运车辆碰撞损坏、控制箱受挤压严重变形,为此返厂处理。维修完毕后,7月22日,二次装车起运。10月21日,20123S07装车。10月25日,20123S08装车。2012年10月30日,上述三台变压器装载于"大玉霞"轮第16航次离港。提单载明装货港、卸货港与前述提单记载相同,件数为82件,总重为845,580千克,尺码为1392.7立方米。

2012年10月19日,针对上述20121S09变压器阀门受损,保变电气公司向中国人民财产保险股份有限公司厦门市分公司(以下简称厦门人保)提出索赔。2012年10月30日,中远物流公司出具《整改方案》,载明:"我司承运的四套变压器于10月18日靠泊蒙德拉港口,卸船前我司工作人员上船检查变压器,1S09变压器外观无破损、三块表的度数都在正常范围内,可以判断此次事故是在卸船装卸过程中发生的。根据阀门缺口方向朝上,有可能是在船舱内起吊木箱时,木箱剐蹭到变压器阀门,致使阀门弯曲破损"。2012年12月17日,中远物流公司邮件告知,"2S05/1S11/1S10三台变压器在贵司技术人员的全程监督下,于今天上午全部就位完毕"。

2013年2月4日,中远物流公司邮件告知保变电气公司,"保变第二批变压器从1月19日到达现场,并于2月2日已全部交货并签字"。2013年6月10日,双方签订了《世行项目补充条款》,约定:乙方(中远物流公司)"同意将其中一台变压器(20122S07)运输由GWLIOR电站,变更至CHARMPA电站"。9月17日,保变电气公司邮件告知，“我司印度国网世行项目最后一批变压器，应用户要求将换站至Charmpa站，即贵司负责的最后一批产品中，一台变压器及其组部件运至Charmpa站，Gwalior站备品备件运至G站”。9月23日，保变电气公司再次邮件告知，“附件为换站运至Charmpa站的变压器20122S07箱单、Gwalior站备品备件的箱单以及印度国网通知我公司换站的文字确认”。

2013年10月25日，20122S07装车。2013年11月13日，装载于“中波寰宇”轮第15航次离港，提单载明装货港为天津新港，卸货港为印度孟买，件数为59件（1套），总重为517,248千克，尺码为1249.15立方米。

2014年4月2日，中远物流公司邮件回复，“经过核实，所有发往Gwalior的配件都在Charmpa站，裴经理在印度正在积极协调JMB（J. M. BAXI & CO.，中远物流公司在印度分包商，以下简称同）进行转运事宜”。2014年4月3日，中远物流公司向保变电气公司发送电子邮件，要求确认20121S09蒙德拉港阀门事故是否只有人工费用19,094.4元。4月10日，保变电气公司邮件回复，“BTW答复：确认1S09港口阀门处理未索赔配件费用，只涉及上述人工费用”。双方通过邮件确认，前述事故导致20121S09的货损材料费用为20,090元；受损控制箱返厂维修，产生内检人工费以及二次配线人工费分别为21,148.18元与3121.56元。2014年4月16日，保变电气公司邮件询问中远物流公司：“请告知世行项目Gwalior站备品备件（明细详见附件箱单），是否已进行转运？预计到达G站时间？”同日，中远物流公司邮件回复记载，“由于Charmpa站外道路正在施工，致使车辆无法驶入电站。因此，目前无法进行相关的操作。另外，对于货物的转站，我司需贵司给予确认相关的转站费用，稍后将费用明细提供给贵司”。次日，保变电气公司邮件称：“世行项目Gwalior站备品备件是因为贵司工作失误，将货物错发至Charmpa站……我司保留对贵司迟延交货罚款的权利。”2014年7月8日，保变电气公司通过电子邮件向中远物流公司发送20121S09控制箱货损的《索赔通知书》和《说明函》。称：“……此次事故的处理产生如下费用：购买新端子箱费用20,090元；人工费涉及两部分工作，一是产品返厂后内检、工艺处理等人工费，此部分费用为21,148.18元；二是更换端子箱二次配线等相关费用，此部分费用为3121.56元。我司就如上补件费用、维修费用以及因此次货损事故导致的迟延交货罚款等关联费用，正式向贵司提出索赔。”

5月8日，保变电气公司邮件称：“我司刚刚收到印度国网Charmpa站负责人的通知，通往Charmpa站的路已修好，其他变压器供货商的三台产品已经运抵电站现场。"7月7日,保变电气公司邮件记载,"国网再次反馈公共道路早已修好……贵司坚持反馈路没有修好,但一直没有提供能够证明路没有修好的照片和路堪报告"。

2015年2月6日,保变电气公司邮件告知中远物流公司,"如果三天之内贵司没有完成到运,我司将重新寻找新的分包商负责到运工作,届时我司将按照时间发生费用金额向贵司追偿。"2月11日,保变电气公司与JMB公司签订《会议纪要》,载明:"为完成将变压器主体运至Charmpa站的工作,保变同意一次性支付JMB公司250万印度卢比(还包括在印度产生的所有税费)……为将备件从Charmpa站转运至Gwalior站,保变同意一次性向JMB公司支付220万印度卢比(还包括在印度产生的所有税费)。"2015年3月20日,20122S07变压器交货。2015年7月1日,JMB公司邮件确认已收到该司支付的4,746,114印度卢比。2016年3月29日,20122S07备件交货。

厦门人保于2016年出具的《赔付协议书》记载"……9笔保单承保的货物于(详见附件清单)于2014年在印度发生货损。经保险合同当事人协商一致,双方同意:保险人根据保单约定向被授权人保变天威保变电气股份有限公司赔付总款额USD96175.25……"保变电气公司已收到上述保险理赔款。因双方无法就案涉相关费用与损失达成一致,为此,2015年12月7日,保变电气公司向天津海事法院起诉,请求判令中远物流公司赔偿各项损失2,510,046.63元及其相应利息损失;并承担本案诉讼费用以及翻译费10,000元和公证费12,000元。

【案件争点】

案涉货物运输合同约定分期交付,保变电气公司的诉请是否适用"同一债务分期履行",应从最后履行期限届满之日起算时效期间。

【裁判要旨】

天津海事法院认为:双方签订的保变世行项目、保变3445项目、保变2970项目合同性质属于多式联运合同,双方存在多式联运合同关系,保变电气公司是托运人,中远物流公司是多式联运经营人。

对于保变电气公司的诉请,是否超过诉讼时效期间问题:(1)就债务性质而言,世行项目约定的债务是具有整体性的同一债务。根据世行项目第1.2条约定,运输标的(物)为印度国网世行项目7台自耦变压器;亦即世行项目合同签订时运送7台变压器的债务已然确定,该债务的内容和范围并不随着时间的经过而变化。而且根据运输时间条款约定,上述7台变压器可能分二批运送(第一批3台,第二批 4 台),也可能分三批运送(第一批 3 台,第二批 3 台,第三批 1 台);亦即 7 台变压器运送义务的履行方式,双方可以在合同履行过程中根据实际情况进一步协商,但是总共运送 7 台变压器的债务不会发生变化。此外,运费结算条款亦是针对 7 台变压器的整体运费进行约定。(2)就立法目的而言,诉讼时效制度是稳定交易秩序,而非限制甚至剥夺权利人的权利。针对世行项目下具有整体性的债务,保变电气公司没有在每一期履行期限届满后即主张权利,并非怠于行使权利,而是基于对双方合作关系的信赖和促进,也即基于稳定交易秩序的考虑。(3)与此相关,就商业交易而言,诉讼时效制度不能强人所难。就本案而言,要求保变电气公司在每批次履行期限届满后即主张权利,将直接影响未履行批次的正常履行,并有可能导致其司对国外买方承担违约责任。故多式联运合同项下各项诉请的诉讼时效,应适用 2 年的时效期间。

根据《诉讼时效规定》第 5 条的规定,"当事人约定同一债务分期履行的,诉讼时效期间从最后一期履行期限届满之日起计算"。本案中,2013 年 10 月 25 日,第三批(最后一批)运送的 20122S07 变压器主体装车;根据运输时间条款约定,运输时间不多于 80 天,故迟延交付违约金的诉讼时效,应从最后一期履行期限届满之日,即 2014 年 1 月 14 日起算。2015 年 12 月 7 日,保变电气公司提起诉讼,并未超过 2 年的诉讼时效,中远物流公司关于诉请超过诉讼时效的抗辩意见,不予采纳。

天津市高级人民法院认为:本案为多式联运合同纠纷,双方先后订立的保变世行项目、保变 3445 项目、保变 2970 项目等三个合同,意思表示真实,不违反法律、行政法规强制性规定,应认定为合法有效。

保变世行项目系双务合同,中远物流公司所负债务为将 7 台变压器运输至约定地点,其中各批次运输义务均为总运输义务的组成部分,该债务内容和范围在合同订立时已经确定,不会随着时间的经过而发生变化,受到时间因素影响的仅为履行方式。保变电气公司所负债务为支付运费,运费按 7 台变压器整体运费计算,总额为固定不变价。据此,保变世行项目下债务具有整体性、唯一性,应认定为同一债务分期履行。合同作为一个整体,其债权债务密不可分,中远物流公司所负债务内容作为一个整体,构成了保变电气公司的债权内容,该债权亦应属于整体的合同权利,故保变电气公司可以在该项作为整体的权利的最终到期而未能实现时,即最后一期履行期限届满之日,就该项权利一并提出主张。据此,一审法院将保变电气公司世行项目认定为同一债务分期履行,并依照《诉讼时效规定》第 5 条之规定,确定诉讼时效期间于 2014 年 1 月 14 日起算,进而认定保变电气公司于 2015 年 12

月7日提起本案诉讼未超出多式联运合同2年诉讼时效期间,依据充分,应予确认。

最高院经审查认为:本案为申请再审案件,应当围绕再审申请进行审查,也即主要审查保变电气公司的诉讼请求是否超过了诉讼时效期间等问题。

《诉讼时效规定》第5条规定:"当事人约定同一债务分期履行的,诉讼时效期间从最后一期履行期限届满之日起计算。"同一债务分期履行是某一债务发生后,当事人依照约定的时间和数额分期履行,其债务是在合同订立之时即确定,具有同一性和整体性。涉案《运保服务合同条款》第1.2条约定运输标的为印度国网世行项目7台自耦变压器的运输服务,第1.5条约定了起运和运到时间,7台变压器分三批次运输。可见,《运保服务合同条款》所涉债务自合同订立之时即确定为7台变压器,该债务的内容和范围不随着时间的经过而变化,受到时间因素影响的只是履行的方式,该债务具有整体性。7台变压器分3批运输,但各批次之间的运输安排可调整,具有内在关联性和同一性。该债务属于同一债务分期履行的情况,《运保服务合同条款》项下各项诉讼请求的诉讼时效期间应自最后一批变压器运输期限届满之日起算。《运保服务合同条款》第1.5条约定,从实际起运日开始计算,运输时间不多于80天,因中远物流公司原因造成的时间延误由该公司承担相应责任。本案中,第三批运送的变压器本体于2013年10月25日装车,按运输时间至多为80日计算,运输第三批变压器的履行期限自2014年1月14日届满,也即《运保服务合同条款》项下各项诉讼请求的诉讼时效期间应自该日起算。本案为多式联运合同纠纷,《海商法》第13章并未就多式联运合同作出特别规定,本案应适用2年普通诉讼时效。保变电气公司于2015年12月7日向天津海事法院提起诉讼,中远物流公司关于二审判决认定本案诉讼时效错误的主张不能成立。

例案二 | 联邦保险公司与赫伯罗特股份公司、环球物流集装箱班轮有限公司、天腾国际物流(上海)有限公司多式联运合同纠纷

【法院】

广州海事法院

【案号】

(2015)广海法初字第980号

【当事人】

原告：美国联邦保险公司

被告：德国赫伯罗特航运股份公司

被告：英属维京环球物流集装箱班轮有限公司

被告：天腾国际物流（上海）有限公司

【基本案情】

2012年12月24日，中国船舶重工国际贸易有限公司（以下简称中船重工公司，买方）与麦格制造有限责任公司（Mega Manufacturing Inc.）（以下简称麦格公司，卖方）签订《买卖合同》，约定中船重工公司从麦格公司购进一台等离子切割复合机，价格条款CIF昆明船舶设备集团公司（以下简称昆船公司），总价为1,094,939美元，装运日期不迟于2013年5月10日，装船口岸为美国主要港口，目的地为经中国广州黄埔港至昆船工业园。并约定中船重工公司具体付款期限、方式与金额；麦格公司负责租船订舱、安排运输和支付运费，海运提单的日期将被认为是货物的实际交货日期；麦格公司将设备在中国港口交货给中船重工公司后，设备灭失风险由中船重工公司承担，运输至中国港途中的货损由麦格公司向设备承运商索赔，而在由中国港运输至目的地途中的货损将由中船重工公司向承运商索赔；麦格公司应以合同货币办理保险，并按发票金额的110%，投保“仓至仓”一切险和战争险。

同日，麦格公司开具商业发票，金额为1,094,939美元，并按买卖合同总价加成10%的保险金额，向美国联邦保险公司（以下简称联邦保险公司）投保货物运输保险。为此，联邦保险公司出具《保险单》，载明：保险货物为1台等离子切割复合机，金额为1,204,432.90美元，险别为“一切险”和“战争险”，保险期间为从美国洛杉矶港至中国昆船工业园的运输期间。签订买卖合同后，中船重工公司通过中信银行向麦格公司支付了全额货物价款。

2013年5月17日，英属维京环球物流集装箱班轮有限公司（以下简称环球物流公司）签发LAXXXX号正本提单，提单右上方抬头为环球物流公司，右下方载明环球物流公司作为代理人，代表承运人德国赫伯罗特航运股份公司（以下简称赫伯罗特公司）签发。载明：托运人为麦格公司，收货人和通知方为中船重工公司，承运船舶为“东方深圳”（OOCL SHENZHEN）轮，装货港为美国洛杉矶，卸货港为中国广州黄埔港，交货地为昆船工业园，装载于集装箱号为HLXUXX、HLXUXXX内，责任期间为“堆场至堆场”（CY/CY），运费预付，货物交付向重庆会通华联物流有限公司上海分公司提出申请。

2013年6月4日,在本案货物到达香港中转前,赫伯罗特公司向环球物流公司发出《到货通知书》,要求其确认收货人等相关信息。环球物流公司回复确认收货人为中船重工公司,并出具重庆会通华联物流有限公司广州分公司盖章的《进口放货证明》。货物运抵广州黄埔港后,赫伯罗特公司据此予以放货。

2013年6月19日与7月12日,受麦格菲(天津)贸易有限公司委托,天腾国际物流(上海)有限公司(以下简称上海天腾公司)安排粤A×车和粤A××车将装载本案货物的两集装箱从广州黄埔港运至昆船工业园。其中运载集装箱HLX-UXX号粤A×拖车,箱内装有机床主体、X轴导轨、X轴导轨支撑架、等离子电源、集尘器、带支架的镜子、滚珠转换装置。7月13日约18:30,拖车行驶至福昆线K2395处转弯时,撞到道路中央隔离带,造成驾驶员受伤,HLXUXX号集装箱因惯性侧翻到车辆左前方,集装箱外壳严重变形并破损,所载货物脱离集装箱,散落在地。事故发生后,上海天腾公司另行安排车辆将HLXUXX号集装箱内货物运至昆船工业园。上海天腾公司员工阎某辉称,麦格菲(天津)贸易有限公司(以下简称麦格菲天津公司)为麦格公司在亚洲的子公司,负责麦格公司在中国的货物销售和运输安排;上海天腾公司已从麦格菲天津公司或麦格公司处收取了本案货物运输的海运费和陆运阶段的费用,并向环球物流公司支付了海运费。

2013年7月17日,麦格菲天津公司对本案货物进行检验;7月19日,出具《毁损评估报告》,称:重达16吨的高精度机床主体从运输卡车上掉落,机床精度完全毁损,导致等离子切割复合机完全报废。修复受损货物所付出的人工和零件成本,远高于重新制作新机床;而且即使在原机上修复,也不能保证其合格的机床精度。受损集装箱内的货物占有整台机器近全部货值,故客户需要订购一台新设备。

2013年7月18日至25日,云南出入境检验检疫局对本案货物进行检验。7月25日,出具《检验证书》,载明:本案货物装载于2个集装箱内,货证相符。到货时,HLXUXX号集装箱严重变形,该集装箱内所装货物为裸装;HLXUXXX集装箱内的货物为木箱包装;按合同、发票、装箱单开箱检验,HLXUXX号集装箱内货物中等离子电源、集尘器、X轴导轨、机床主机等损坏,上述设备丧失基本使用功能,现场无法修复;上述问题系在货物运输途中产生,损坏货物为裸装,系无包装防护且未采取有效的固定措施。对此,联邦保险公司称,HLXUXX号集装箱内的货物,在洛杉矶港装港时并非裸装,因在国内陆路区段发生交通事故后,货物散落在地后重新装回集装箱,才导致检验检疫局到货检验时为“裸装”。

2013年12月3日，受联邦保险公司委托，北京华泰保险公估有限公司（以下简称华泰公估公司）派员到云南省昆明市官渡区归十路的仓库，对本案货损情况进行现场勘查、定损，发现机床主体和等离子电源严重损坏、X轴导轨精密度准确性品质未知、西门子发动机和2台锥形传动装置（电机）表面存在问题、X轴导轨支撑和集尘器的部分表面存在问题、其他较低价值的部件看上去处于良好状态。基于上述初步检验结果，华泰公估公司认定机床主体和等离子电源全损、需要进一步技术测试X轴导轨的精密度准确性品质、需要进一步评估修复X轴导轨支撑和集尘器的可能性，故对本案货物损失的最终判定，需要进一步评估且需要更多来自麦格公司的观点支撑。12月9日，麦格公司工程师检验认为，损坏使得本案货物主要部件完全不合格且不能在原始价值范围内维修，未受损集装箱内的附件是根据特定品质、指标要求，并与设备主机等搭配使用、定制生产。因此麦格公司或中船重工公司不可能将附件再次出卖，设计和启动未受损集装箱内的附件，达到适应其他类似机械模具的费用，将超过重新制作新零件的费用。2014年3月18日，华泰公估公司出具《检验报告》，认定承载HLXUXX号集装箱的粤A×车辆，在2013年7月13日发生的严重交通事故，是造成该集装箱内货物受损的原因，货物因严重损坏而被推定全损；全部损失金额为1,094,939美元，残值为发票金额的5%即54,746.95美元，保险金额为1,204,432.90美元，为此建议联邦保险公司和解金额为1,149,685.95美元。

根据被保险人中船重工公司指示，要求联邦保险公司作为案涉货物保险人，将本案货物的保险赔款支付给麦格公司。为此，联邦保险公司向麦格公司支付了保险赔款1,156,447美元。中船重工公司出具《权益转让书》，载明：将本案货物损失引起的或与之有关的向任何人、公司或财产提出的任何和所有索赔和请求的追偿权利转让给联邦保险公司；并承诺任何从本案货物损失中所获得的残值，均将移交给联邦保险公司。联邦保险公司认为，本案货损发生在陆路区段，上海天腾公司作为陆路区段承运人，赫伯罗特公司和环球物流公司作为多式联运经营人，均应对本案货损承担连带赔偿责任。为此请求判令三被告连带赔偿货物损失7,108,539.48元及其相应利息，并承担本案诉讼费用。

本案货损发生在2013年7月13日，2014年7月17日，联邦保险公司向法院起诉。

【案件争点】

原告联邦保险公司的起诉是否超过诉讼时效期间。

【裁判要旨】

广州海事法院认为:本案为多式联运合同纠纷。因本案原告联邦保险公司、被告赫伯罗特公司、环球物流公司均为外国当事人,故本案属涉外多式联运合同纠纷。原告联邦保险公司依据本案提单提起本案诉讼,主张被告赫伯罗特公司和被告环球物流公司为多式联运经营人,被告天腾上海公司作为陆路区段承运人,故双方为多式联运合同当事人。因双方均选择适用我国法律解决本案合同纠纷,根据《海商法》第269条的规定:"合同当事人可以选择合同适用的法律,法律另有规定的除外。合同当事人没有选择的,适用与合同有最密切联系的国家的法律。"故本案应适用我国法律解决。

中船重工公司作为本案货物买方,通过保单转让成为该货物保险的被保险人。原告联邦保险公司作为本案货物的保险人,根据保险合同的约定支付了本案货物损失的保险赔款,根据《海商法》第252条第1款:"保险标的发生保险责任范围内的损失是由第三人造成的,被保险人向第三人要求赔偿的权利,自保险人支付赔偿之日起,相应转移给保险人。"以及《海事诉讼特别程序法》第93条规定:"因第三人造成保险事故,保险人向被保险人支付保险赔偿后,在保险赔偿范围内可以代位行使被保险人对第三人请求赔偿的权利。"故原告联邦保险公司在保险赔偿范围内,取得本案货物损失的代位求偿权,有权依据中船重工公司与造成本案货物损失的当事人之间的法律关系向该当事人提出索赔请求。

环球物流公司以被告赫伯罗特公司代理人的名义,签发了本案货物运输的LAXXX号提单,因被告赫伯罗特公司否认其委托被告环球物流公司代理其签发本案提单,而被告环球物流公司对此不能提供证据加以证明取得授权,故其本项抗辩主张,缺乏事实依据。因被告环球物流公司不能提供足够相反证据证明,应认定其以自己的名义签发案涉提单,是提单及其承运本案提单项下货物的当事人。根据《海商法》第71条的规定:"提单,是指用以证明海上货物运输合同和货物已经由承运人接收或者装船,以及承运人保证据以交付货物的单证。提单中载明的向记名人交付货物,或者按照指示人的指示交付货物,或者向提单持有人交付货物的条款,构成承运人据以交付货物的保证。"第78条第1款明确:"承运人同收货人、提单持有人之间的权利、义务关系,依据提单的规定确定。"中船重工公司作为收货人持有本案提单,即与被告环球物流公司形成以本案提单为证明的运输合同关系,双方货物运输权利和义务根据本案提单来确定。

案涉提单记载的装货港为美国洛杉矶港,卸货港为中国广州黄埔港,交货地为昆船工业园，本案货物运输涉及海上和陆路两种运输方式，根据《海商法》第102条的规定："本法所称多式联运合同，是指多式联运经营人以两种以上的不同运输方式，其中一种是海上运输方式，负责将货物从接收地运至目的地交付收货人，并收取全程运费的合同。"中船重工公司与被告环球物流公司之间货物运输合同为多式联运合同，被告环球物流公司为本案提单运输项下货物的多式联运经营人。被告环球物流公司关于其仅收取海运费，并未安排本案货物陆路区段运输，无须对陆路区段运输造成的货物损失负赔偿责任的抗辩，因中船重工公司与被告环球物流公司的运输权利义务，依据本案提单确定，除非有证据证明中船重工公司另行安排了该陆路区段的运输，被告环球物流公司需根据本案提单对全程运输负责。在本案各方当事人均未能举证证明本案陆路运输为中船重工公司另行委托的情况下，对被告环球物流公司的上述抗辩，不予支持。

根据《海商法》第103条的规定："多式联运经营人对多式联运货物的责任期间，自接收货物时起至交付货物时止。"第104条规定："多式联运经营人负责履行或者组织履行多式联运合同，并对全程运输负责。多式联运经营人与参加多式联运的各区，可以就多式联运合同的各区段运输，另以合同约定相互之间的责任。但是，此项合同不得影响多式联运经营人对全程运输所承担的责任。"被告环球物流公司作为多式联运经营人，对本案货物运输的责任期间为自其接收货物时起至交付货物时止，对全程运输负责。本案货物损坏发生在陆路运输区段，属于被告环球物流公司运输责任期间造成的损失。被告环球物流公司主张其在黄埔港已将本案货物交付中船重工公司，责任期间为洛杉矶港堆场到广州黄埔港堆场的抗辩，因其未能提供证据证明中船重工公司已在黄埔港收货，故其上述抗辩缺乏事实依据，不予支持。

根据《海商法》第105条的规定："货物的灭失或者损坏发生于多式联运的某一运输区，多式联运经营人的赔偿责任和责任限额，适用调整该区段运输方式的有关法律规定。"本案货物在从广州黄埔港运往昆船工业园的陆路运输途中损坏，被告环球物流公司的赔偿责任和责任限额，应适用《合同法》的相关规定。根据该法第311条[①]的规定："承运人对运输过程中货物的毁损、灭失承担损害赔偿责任，但承运人证明货物的毁损、灭失是因不可抗力、货物本身的自然性质或者合理损耗以及托运人、收货人的过错造成的，不承担损害赔偿责任。"被告环球物流公司未能充分举证证明本案货损可以免责，即应向联邦保险公司承担本案货损的赔偿责任。

---

① 参见《民法典》第832条。

但是,被告赫伯罗特公司和被告上海天腾公司并非与中船重工公司成立本案多式联运合同的当事人,联邦保险公司请求被告赫伯罗特公司与被告上海天腾公司连带承担赔偿责任的主张,缺乏事实和法律依据,不予支持。至于被告上海天腾公司在陆运本案货物过程中造成本案货物损失,被告环球物流公司可通过其与上海天腾公司的法律关系另寻途径解决。

本案货物运输发生在陆路运输期间,根据《海商法》第105条的规定,本案诉讼时效适用调整陆路区段运输方式的《民法通则》等相关法律规定。根据《民法通则》第135条的规定,中船重工公司向人民法院请求保护民事权利的诉讼时效为两年。原告联邦保险公司向法院起诉时,未超过两年的诉讼时效,被告赫伯罗特公司辩称原告起诉时已超过诉讼时效的抗辩,缺乏法律依据,不予支持。

例案三 | 中国太平洋财产保险股份有限公司浙江分公司与中远集装箱运输有限公司多式联运合同纠纷案

【法院】

上海海事法院

【案号】

(2011)沪海法商初字第40号

【当事人】

原告:中国太平洋财产保险股份有限公司浙江分公司

被告:中远集装箱运输有限公司

2009年,万向进出口有限公司与万向美国公司签订了编号分别为TZY09021-1和TZY09021-2《货物买卖合同》,向万向美国公司出售汽车配件和动力传动部件,总计28,812件和304,024件,货物价值分别为213,934美元和392,478.10美元,约定起运港为上海,付款条件为电汇,运输日期为2009年10月3日,保险由万向进出口有限公司购买。

2009年12月7日,上海中远集装箱船务代理有限公司代表承运人中远集装箱运输有限公司(以下简称中运集运公司)签发了编号为COSUXXX的正本全程提单。载明:托运人为万向进出口有限公司,收货人为万向美国公司,货物接受地和装货港为中国上海,卸货港为加拿大鲁帕特王子港,交货地为美国伊利诺伊州埃尔金,船名为“中远厦门”轮(COSCO XIAMEN)第0051E航次,货物品名为汽车配件和动力传动部件，唛头为 TZY09021，共计 9 个集装箱，总计 294，408 千克。相关随附商业发票以及装箱单证明出运的涉案货物品名、件数、重量与价值，与前述货物买卖合同相同。

2009 年 12 月 10 日，原告中国太平洋财产保险股份有限公司浙江分公司（以下简称太保浙江公司）签发了 2 份编号为 AHAZXX、AHAZXXX 保单。载明：被保险人为万向进出口有限公司，保险货物分别为汽车配件和动力传动部件，保险金额分别为 235，327.40 美元和 431，725.91 美元，船舶开航日期如提单所示，运输工具为“中远厦门”轮（COSCO XIAMEN）第 0051E 航次，承保险别为海运“一切险”。

2009 年 12 月 17 日，涉案货物运抵卸货港鲁帕特王子港，集装箱卸离船舶。12 月21 日，涉案集装箱货物交由加拿大国家铁路公司承运，经铁路运输运至交货地伊利诺伊州埃尔金。12 月 27 日约 6:00，装运集装箱货物火车在加拿大 MIDDLEBRO 地方出轨。

2010 年 1 月 4 日，受太保浙江公司委托，VERICLAIM，INC. 派出保险公估师并会同加拿大国家铁路风险管理专员、中远集运公司代表以及收货人万向美国公司代表，分别于 2010 年 1 月 11 日、19 日、21 日和 22 日，在加拿大温尼伯铁路站、伊利诺伊州加拿大铁路联运站以及位于伊利诺伊州埃尔金的万向美国公司场地，对编号为 COSUXXX 提单项下的 9 个集装箱进行了共同检验，确认 3 个编号为 TCKUXX、CBHUXX 和 CBHUXXX 集装箱在铁路运输中受损，因箱内所装运的货物均为汽车部件，基于安全考虑，所有汽车零部件应完好无瑕疵。在火车出轨过程中，箱内货物受到了影响，已不可能完好无瑕疵；且检测成本超过零部件价值，检测也会损坏零部件，故确认 3 个集装箱内的货物发生全损；并按合同号划分，损失价值分别为 97，599.40 美元和 58，655.59 美元。2010 年 11 月 23 日，原告太保浙江公司向收货人万向美国公司分别支付了货物损失保险赔款，取得代位求偿权。

2010 年 12 月 27 日，原告太保浙江公司提起诉讼。

被告中远集运公司就案涉时效问题辩称：按照原告证据证明，货损发生在铁路运输区段，按照我国相关法律规定，索赔时效为 180 天，原告太保浙江公司起诉已经超过诉讼时效，请求法院依法驳回原告的诉请。

【案件争点】

原告太保浙江公司的起诉是否应受 180 天索赔期限制。

【裁判要旨】

上海海事法院认为：被告中远集运公司作为承运人签发提单交付给托运人万

向进出口有限公司,收货人万向美国公司依据该提单向被告提取了涉案货物,万向美国公司依据提单记载与被告之间就涉案货物运输形成的多式联运合同依法成立且合法有效。被告承认涉案的3个集装箱在其负责的运输区段受损,即应对此造成的损失承担赔偿责任。

按照我国《海商法》第105条规定:"货物的灭失或者损坏发生于多式联运的某一运输区段的,多式联运经营的赔偿责任和责任限额,适用调整该区段运输方式的有关法律规定。"现双方均确认货损系发生于加拿大铁路运输区段,但对于由谁提供该区段的有关法律规定持有异议。原告的被保险人将涉案货物交由被告全程运输,被告出具涉案货物的全程提单,即涉案货物的具体运输区段均由被告安排。因实际委托加拿大国家铁路公司运输涉案货物的应为被告或被告的代理,只有被告方才可以掌握相关货运单证,涉案货物的托运人或收货人与加拿大国家铁路公司并无运输合同关系。故未能提供该铁路运输区段相关法律的责任在于被告。被告关于原告未能提供涉案货物由加拿大国家铁路公司出具的相关货运单证,未能提供加拿大铁路运输的相关法律,而要求按照我国国内铁路运输规程的规定享受责任限额缺乏法律依据。被告应该按照我国海商法的相关规定来确认其责任限额。按照提单记载,货物的重量超过294,408千克,现原告诉请远低于该限额,故应该按照实际损失计算。

本案系多式联运合同纠纷。我国《海商法》对多式联运合同的诉讼时效未作特别规定,故应适用我国《民法通则》有关一般诉讼时效期间为2年的规定。涉案事故发生于2009年12月27日,检验师于2010年1月19日检验时,货物仍在伊利诺伊州加拿大铁路联运站。据此可以认为,此时货物尚未交付。2010年12月27日,原告太保浙江公司向法院提起诉讼,并未超过诉讼时效。被告认为时效期间仅为180天,应是其理解法律错误。我国《海商法》对于多式联运的特殊规定,仅限于赔偿责任和责任限额,适用于调整具体区段运输方式的有关法律规定,而诉讼时效并不包含在内。故被告该项抗辩理由,不予采纳。

三、裁判规则提要

(一)多式联运适用普通诉讼时效

根据《海商法》第257条第1款的规定,就海上货物运输向承运人要求赔偿的请求权时效期间为一年。上述三个例案中,货物的灭失或者损坏发生于公路、铁路等陆路运输区段,因此不适用《海商法》关于诉讼时效的规定。例如,在例案二中广州海事法院认为，货物损坏发生在我国陆路运输阶段，故本案诉讼时效不应适用《海商法》关于诉讼时效的规定。再如，在例案三中，货物损坏发生在加拿大铁路运输阶段，上海海事法院认为，我国《海商法》对于多式联运的特殊规定，适用于调整具体区段运输方式的有关法律规定，第 105 条的仅限于赔偿责任和责任限额，诉讼时效并不包含在内。故本案应适用我国《民法通则》第 135 条有关一般诉讼时效期间为 2 年的规定。

若货物的灭失或者损坏发生于海上货物运输区段或者发生货物灭失、损坏的区段不明的，其时效期间是否适用《海商法》第 257 条第 1 款不无争议。《海商法》第 13 章对诉讼专门作出规定，但并没有明文规定第 13 章各条与其他各章建立一一对应关系，认为第 4 章相关时效问题应适用《海商法》第 257 条的观点不能成立。明显的例证是《海商法》第 257 条第 2 款规定，有关航次租船合同的请求权，时效期间为 2 年，航次租船合同与多式联运合同均为第 4 章中的特别规定，但《海商法》仅对航次租船合同的诉讼时效作出特殊规定。《海商法》把多式联运合同作为第 4 章海上货物运输合同的特别规定，但从文义上分析多式联运合同与海上货物运输合同显然不同，就多式联运向多式联运经营人要求赔偿的请求权与就海上货物运输向承运人要求赔偿的请求权也是有区别的。从国际上来看，《1973 年多式联运单证统一规则》《1980 年联合国国际货物多式联运公约》《1991 年联合国贸易和发展会议/国际商会多式联运单证规则》等关于多式联运的国际规则和公约都对时效问题专门作出，而非援引其他国际海上货物运输公约规定的诉讼时效，即在诉讼时效问题上采取的是单独立法的模式。因此，应该认为《海商法》对多式联运合同的诉讼时效没有作出规定，就多式联运向多式联运经营人要求赔偿的请求权适用普通诉讼时效。

在上述三个例案中，法院均认为货物多式联运合同的诉讼时效应适用《民法通则》第 135 条规定的两年普通诉讼时效，不适用《海商法》第 257 条规定的一年诉讼时效期间。但在《民法典》生效后，普通诉讼时效为该法第 188 条规定的三年诉讼时效期间，诉讼时效期间自权利人知道或者应当知道权利受到损害之日起计算。

（二）需要注意的问题

虽然多式联运合同适用普通诉讼时效，但需要注意的是国际货物多式联运往往会涉及整个合同项下的货物分批装运的问题，即同一债务分期履行，在此情形下诉讼时效的起算应自最后一期履行期限届满之日起计算。在例案一中，一审、二审法院以及最高人民法院均认为，本案为多式联运合同纠纷，《海商法》第 13 章并未就多式联运合同作出特别规定,故应适用二年普通诉讼时效。并应根据《诉讼时效规定》第5条规定、案涉《运保服务合同条款》第1.5条约定以及最后一批变压器交付实际期限来确定时效起算点。

国际上有关多式联运的规则和公约对多式联运均作出短时效的规定,《1973年多式联运单证统一规则》《1991年联合国贸易和发展会议/国际商会多式联运单证规则》规定了9个月的诉讼时效,并从货物交付或应当交付之日起算。《1980年联合国国际货物多式联运公约》虽然规定了2年的诉讼时效,但要求索赔人在货物交付或应当交付之日起6个月内提出书面索赔及说明,否则丧失诉讼时效。可见,相对我国司法实践认可的普通诉讼时效,这些国际规则和公约均对多式联运规定了较短的诉讼时效,且从货物交付或应当交付之日起算,我们是否应予借鉴值得考虑。

四、辅助信息

高频词条:

《民法通则》

第135条 向人民法院请求保护民事权利的诉讼时效期间为二年,法律另有规定的除外。

第137条 诉讼时效期间从知道或者应当知道权利被侵害时起计算。但是,从权利悲情之日起超过二十年的,人民法院不予保护。有特殊情况的,人民法院可以延长诉讼时效期间。

《民法典》

第188条 向人民法院请求保护民事权利的诉讼时效期间为三年。法律另有规定的,依照其规定。

诉讼时效期间自权利人知道或者应当知道权利受到损害以及义务人之日起计算。法律另有规定的,依照其规定。但是,自权利受到损害之日起超过二十年的,人民法院不予保护,有特殊情况的,人民法院可以根据权利人的申请决定延长。

《海商法》

第257条第1款 就海上货物运输向承运人要求赔偿的请求权,时效期间为一年,自承运人交付或者应当交付货物之日起计算;在时效期间内或者时效期间届满后,被认定为负有责任的人向第三人提起追偿请求的,时效期间为九十日,自追偿请求人解决原赔偿请求之日起或者受到受理对其本人提起诉讼的法院的起诉状副本之日起计算。

图书在版编目(CIP)数据

海上货物运输合同纠纷案件裁判规则 / 王淑梅主编
. -- 北京 : 法律出版社, 2021
ISBN 978 - 7 - 5197 - 5197 - 5

Ⅰ. ①海… Ⅱ. ①王… Ⅲ. ①海上运输 - 货物运输 - 运输合同 - 合同纠纷 - 审判 - 研究 - 中国 Ⅳ. ①D923.64

中国版本图书馆 CIP 数据核字(2020)第 244014 号

海上货物运输合同纠纷案件裁判规则
HAISHANG HUOWU YUNSHU HETONG
JIUFEN ANJIAN CAIPAN GUIZE

王淑梅 主编

责任编辑 程 岳 连晓敏
装帧设计 李 瞻

出版 法律出版社
总发行 中国法律图书有限公司
经销 新华书店
印刷 固安华明印业有限公司
责任校对 王 丰 郭艳萍
责任印制 胡晓雅

编辑统筹 司法实务出版分社
开本 710 毫米 × 1000 毫米 1/16
印张 23.5
字数 405 千
版本 2021 年 3 月第 1 版
印次 2021 年 3 月第 1 次印刷

法律出版社/北京市丰台区莲花池西里 7 号(100073)
网址/www.lawpress.com.cn
投稿邮箱/info@lawpress.com.cn
举报维权邮箱/jbwq@lawpress.com.cn
销售热线/400 - 660 - 8393
咨询电话/010 - 63939796

中国法律图书有限公司/北京市丰台区莲花池西里 7 号(100073)
全国各地中法图分、子公司销售电话:
统一销售客服/400 - 660 - 8393/6393
第一法律书店/010 - 83938432/8433
西安分公司/029 - 85330678
重庆分公司/023 - 67453036
上海分公司/021 - 62071639/1636
深圳分公司/0755 - 83072995

书号:ISBN 978 - 7 - 5197 - 5197 - 5
定价:55.00 元